管理文库

人力资源管理

（第五版）

The Management of Human Resources

王国颖　陈天祥　编著

中山大学出版社
SUN YAT-SEN UNIVERSITY PRESS

·广州·

版权所有　翻印必究

图书在版编目（CIP）数据

人力资源管理/王国颖，陈天祥编著.—5版.—广州：中山大学出版社，2016.1
（管理文库）
ISBN 978-7-306-05598-9

Ⅰ.①人… Ⅱ.①王… ②陈… Ⅲ.①人力资源管理 Ⅳ.①F241

中国版本图书馆 CIP 数据核字（2016）第 019331 号

出 版 人：	王天琪
策划编辑：	章　伟
责任编辑：	章　伟
封面设计：	林绵华
责任校对：	李海东
责任技编：	黄少伟
出版发行：	中山大学出版社
电　　话：	编辑部 020-84111996，84111997，84113349，84110779
	发行部 020-84111998，84111981，84111160
地　　址：	广州市新港西路 135 号
邮　　编：	510275　传　真：020-84036565
网　　址：	http://www.zsup.com.cn　E-mail: zdcbs@mail.sysu.edu.cn
印 刷 者：	佛山市浩文彩色印刷有限公司
规　　格：	787mm×1092mm　1/16　21.5 印张　453 千字
版次印次：	2001 年 4 月第 1 版　2016 年 1 月第 5 版　2021 年 4 月第 30 次印刷
印　　数：	102001～104000 册　定　价：39.80 元

如发现本书因印装质量影响阅读，请与出版社发行部联系调换

内 容 提 要

本书共分八章,包括人力资源管理概述、工作分析、人力资源规划、人员招聘与录用、员工培训与发展、绩效考核、薪酬与福利和劳动关系管理。在编写过程中力图做到:

系统的完整性。本书涵盖人力资源管理的整个框架,对各部分的主要概念、理论和技术都做了系统介绍,使读者通过阅读可以对人力资源管理有一个全面的认识。

内容的前沿性。本书尽量收集国内外在本学科的理论与实践方面的最新进展,尤其是所选企业事例和案例都比较新。

理论性和实践性。每一章均以两个小的实践情景引入正文,在介绍理论性知识的基础上提供涉及该章内容的著名公司人力资源管理实例供学习,在每一章的末尾精心选择两个案例供讨论反思。从而使得读者能将人力资源管理知识与实践活动联系起来。

本书适合高等院校管理专业作教材,也适合企事业单位作培训教材,同时也可供企事业单位管理人员或感兴趣者自学之用。

目 录

第一章 导论 …………………………………………………………………… (1)
 第一节 人力资源管理概述 …………………………………………………… (2)
  一、人力资源的概念及特点 ………………………………………………… (2)
  二、人力资源管理的定义与内容 …………………………………………… (4)
  三、人力资源管理的作用 …………………………………………………… (5)
 第二节 人力资源管理的演变与发展 ………………………………………… (7)
  一、人事管理阶段 …………………………………………………………… (7)
  二、人力资源管理阶段 ……………………………………………………… (8)
  三、战略人力资源管理阶段 ………………………………………………… (9)
 第三节 人事管理、人力资源管理和战略人力资源管理三者之间的关系 …… (9)
  一、人事管理与人力资源管理的不同 ……………………………………… (10)
  二、人力资源管理与战略人力资源管理的不同 …………………………… (12)
 第四节 直线管理与职能管理中的人力资源管理 …………………………… (13)
 第五节 人力资源管理面临的挑战和角色的改变 …………………………… (15)
  一、人力资源管理面临的挑战 ……………………………………………… (15)
  二、人力资源管理角色的变化 ……………………………………………… (16)
 第六节 人力资源管理的原理、手段和技术 ………………………………… (18)
  一、人力资源管理的基本原理 ……………………………………………… (18)
  二、人力资源管理的基本手段 ……………………………………………… (22)
  三、人力资源管理技术 ……………………………………………………… (26)
 练习题 …………………………………………………………………………… (29)
 案例1 关于新生代农民工问题的研究报告 ………………………………… (30)
 案例2 劲霸老总致员工的信及某员工致老总的信 ………………………… (32)

第二章 工作分析 ……………………………………………………………… (39)
 第一节 工作分析的概念 ……………………………………………………… (40)
  一、工作分析的含义及其作用 ……………………………………………… (40)

二、工作分析过程中的相关术语 …………………………………………… (41)
　第二节　工作分析的程序 …………………………………………………… (43)
　　一、目标选择与组织 ………………………………………………………… (43)
　　二、制定工作分析的计划和方案 …………………………………………… (45)
　　三、信息的收集和分析 ……………………………………………………… (46)
　　四、结果表达 ………………………………………………………………… (47)
　　五、结果的运用 ……………………………………………………………… (47)
　　六、工作分析的控制 ………………………………………………………… (48)
　第三节　工作分析的方法 …………………………………………………… (48)
　　一、定性的工作分析方法 …………………………………………………… (48)
　　二、定量的工作分析方法 …………………………………………………… (64)
　第四节　工作说明书 ………………………………………………………… (67)
　第五节　基于胜任素质的工作分析 ………………………………………… (73)
　　练习题 ………………………………………………………………………… (75)
　　案例1　某机构秘书处的工作研究 ………………………………………… (75)
　　案例2　企业如何做好职位分析 …………………………………………… (76)

第三章　人力资源规划 ……………………………………………………… (79)
　第一节　人力资源规划的含义及其作用 …………………………………… (80)
　　一、人力资源规划的发展和含义 …………………………………………… (80)
　　二、人力资源规划的作用 …………………………………………………… (82)
　第二节　人力资源规划的内容 ……………………………………………… (83)
　　一、晋升规划 ………………………………………………………………… (84)
　　二、补充规划 ………………………………………………………………… (85)
　　三、培养开发规划 …………………………………………………………… (85)
　　四、配备规划 ………………………………………………………………… (86)
　　五、薪酬规划 ………………………………………………………………… (86)
　　六、员工生涯规划 …………………………………………………………… (86)
　第三节　人力资源规划的程序 ……………………………………………… (87)
　第四节　人力资源需求供给预测及平衡 …………………………………… (91)
　　一、人力资源需求预测 ……………………………………………………… (91)
　　二、人力资源供给预测 ……………………………………………………… (94)
　　三、人力资源需求和供给的平衡分析 ……………………………………… (100)
　　四、人力资源规划实例——某IT企业2016年的人力资源规划过程 …… (102)
　　练习题 ………………………………………………………………………… (104)

案例1　创业公司怎么做人力资源规划 ……………………………… （104）
　　案例2　A集团的人力资源规划 ………………………………………… （105）

第四章　人员招聘与录用 …………………………………………………… （107）
第一节　招聘过程管理 …………………………………………………… （108）
　　一、企业的用人策略 …………………………………………………… （108）
　　二、招聘人员的选择 …………………………………………………… （109）
　　三、真实工作预览 ……………………………………………………… （110）
　　四、招聘程序 …………………………………………………………… （112）
　　五、招聘表格的设计 …………………………………………………… （113）
　　六、招聘过程中的其他问题 …………………………………………… （119）
第二节　招聘渠道的类型与选择 ………………………………………… （120）
　　一、内部招聘 …………………………………………………………… （121）
　　二、外部招聘 …………………………………………………………… （123）
　　三、内部招聘实例——通用电气如何选拔接班人 …………………… （133）
　　四、校园招聘实例——2015年宝洁的校园招聘 ……………………… （134）
第三节　招聘筛选的方法 ………………………………………………… （136）
　　一、简历（或求职申请表）的筛选 …………………………………… （136）
　　二、测试 ………………………………………………………………… （136）
　　三、面试 ………………………………………………………………… （141）
　　四、几种特殊的面试方法 ……………………………………………… （151）
　　五、对工作申请人的背景调查 ………………………………………… （155）
　　练习题 …………………………………………………………………… （156）
　　案例1　招兵买马之误 …………………………………………………… （156）
　　案例2　情景面试 ………………………………………………………… （158）

第五章　员工培训与发展 …………………………………………………… （161）
第一节　员工培训的组织与实施 ………………………………………… （162）
　　一、培训部门的职责及要求 …………………………………………… （163）
　　二、培训需求分析 ……………………………………………………… （164）
　　三、培训的组织与实施 ………………………………………………… （169）
　　四、现代企业员工培训的新趋势 ……………………………………… （179）
第二节　新员工入职培训 ………………………………………………… （180）
　　一、入职培训要达到的目的 …………………………………………… （181）
　　二、入职培训的内容 …………………………………………………… （181）

三、入职培训的跟踪检查及评估 …………………………………… (182)
　　四、员工入职培训实例——联想的新员工入职培训 ………………… (183)
第三节　管理人员培训 …………………………………………………… (185)
　　一、工作轮换 ………………………………………………………… (185)
　　二、在企业内或企业外开设进修班 ………………………………… (186)
　　三、海外培训 ………………………………………………………… (186)
　　四、领导者匹配培训 ………………………………………………… (186)
　　五、维罗姆—耶顿领导能力训练 …………………………………… (187)
第四节　员工职业发展 …………………………………………………… (188)
　　一、员工职业计划的类型 …………………………………………… (189)
　　二、职业计划的制定 ………………………………………………… (190)
　　三、对职业生涯设计方案的评估 …………………………………… (196)
　　四、员工职业发展管理 ……………………………………………… (197)
练习题 ……………………………………………………………………… (200)
案例1　骨干员工培养缘何失败 ………………………………………… (200)
案例2　培训效果不佳该怎么办？ ……………………………………… (201)

第六章　绩效考核 …………………………………………………… (203)

第一节　绩效考核概述 …………………………………………………… (204)
　　一、绩效的含义及特点 ……………………………………………… (204)
　　二、绩效考核的含义及功能 ………………………………………… (206)
　　三、有效的绩效考核系统的要求 …………………………………… (208)
第二节　绩效考核的方法 ………………………………………………… (210)
　　一、绩效考核方法的基本类型 ……………………………………… (210)
　　二、绩效考核方法 …………………………………………………… (212)
第三节　绩效考核的实施 ………………………………………………… (229)
　　一、实施绩效考核过程中的职责分工 ……………………………… (229)
　　二、考核者的选择 …………………………………………………… (230)
　　三、培训考核者 ……………………………………………………… (231)
　　四、考核时间的确定 ………………………………………………… (232)
　　五、绩效面谈 ………………………………………………………… (232)
　　六、考核结果的信度和效度 ………………………………………… (234)
　　七、常见的考核误差 ………………………………………………… (234)
　　八、绩效考核实例——联想的绩效考核 …………………………… (237)
练习题 ……………………………………………………………………… (240)

案例1　一个假设的考核——对和珅和纪晓岚的360度考核 …………(240)
　　案例2　绩效主义毁了索尼 ……………………………………………(243)

第七章　薪酬与福利 ……………………………………………………(248)
第一节　薪酬管理概述 …………………………………………………(249)
　　一、薪酬的概念及构成 …………………………………………………(249)
　　二、薪酬管理的基本原则 ………………………………………………(249)
　　三、影响薪酬制定的主要因素 …………………………………………(252)
第二节　薪酬制度设计 …………………………………………………(253)
　　一、薪酬制度设计的基本过程 …………………………………………(253)
　　二、职位评价 ……………………………………………………………(255)
　　三、薪酬调查 ……………………………………………………………(265)
　　四、绘制市场薪酬线和企业薪酬曲线 …………………………………(267)
　　五、薪酬水平定位 ………………………………………………………(270)
　　六、确定薪酬结构 ………………………………………………………(271)
　　七、薪酬结构设计 ………………………………………………………(273)
　　八、几种常见的薪酬制度 ………………………………………………(275)
　　九、薪酬调整政策 ………………………………………………………(275)
第三节　奖金计划 ………………………………………………………(277)
　　一、个人奖金计划 ………………………………………………………(277)
　　二、集体奖金计划 ………………………………………………………(279)
　　三、薪酬管理实例——微软公司的期权革命 …………………………(282)
第四节　员工福利 ………………………………………………………(284)
　　一、福利的含义及其重要性 ……………………………………………(284)
　　二、福利的形式 …………………………………………………………(285)
　　三、福利实例——GOOGLE 的超豪华福利 …………………………(286)
　　练习题 ……………………………………………………………………(287)
　　案例1　A 公司的薪酬 …………………………………………………(288)
　　案例2　工资改革的风波 ………………………………………………(289)

第八章　劳动关系管理 …………………………………………………(293)
第一节　劳动关系管理概述 ……………………………………………(294)
　　一、劳动关系和劳动关系管理概念 ……………………………………(294)
　　二、劳动关系的类别 ……………………………………………………(295)
　　三、劳动关系的性质 ……………………………………………………(295)

第二节　入职管理 (296)
一、劳动合同的订立 (296)
二、试用期管理 (297)
三、培训协议与服务期 (298)
四、竞业限制 (299)
五、劳动合同的效力 (299)

第三节　在职管理 (300)
一、工资报酬 (300)
二、工作时间和休息、休假 (301)
三、社会保险 (303)
四、住房公积金 (303)
五、劳动合同的履行 (304)
六、劳动合同的变更 (305)
七、劳动合同的续订 (305)

第四节　离职管理 (306)
一、劳动合同的解除 (306)
二、劳动合同的终止 (308)
三、劳动合同解除或终止时的经济补偿 (309)

第五节　集体合同 (310)
一、集体合同的主体 (310)
二、集体合同的签订程序 (310)
三、集体合同的内容 (311)
四、集体合同的解除、终止和续订 (312)

第六节　劳务派遣和非全日制用工 (312)
一、劳务派遣 (312)
二、非全日制用工 (313)

第七节　职业安全卫生管理 (314)
一、职业安全卫生保护概述 (314)
二、职业安全卫生管理制度的内容 (315)
三、职业安全卫生管理 (317)

第八节　劳动争议处理 (319)
一、劳动争议的处理机构及途经 (320)
二、劳动争议调解 (321)
三、劳动争议仲裁 (322)
四、劳动争议诉讼 (324)

练习题	(324)
案例1　月薪9 000元的清洁工	(325)
案例2　苹果公司"中毒门"事件	(327)

主要参考书目 …… (329)

第一章 导　　论

示例1：

2015年8月13日，联想集团宣布将在全球范围内减少约3 200名非生产制造员工，约占公司非生产制造类员工的10%。这是联想有史以来最大规模的裁员。裁员的原因是联想新财报的危机。截至2015年6月30日集团营业额为107亿美元，同比增长3%，税前利润同比减少80%，净利润同比减少51%。联想方面给出的数据显示，此次裁员及其他一系列措施将年化减省13.5亿美元开支。

联想上一次大裁员是6年前。2008年第四季度联想亏损2.2亿美元。2009年1月，联想宣布裁员2 500人。之后柳传志复出担任董事长，杨元庆接替阿梅利奥出任CEO。在"杨柳配"的领导下，年底联想业绩就大幅提高，并逐步扭亏为盈。

"我觉得今天联想所面对的市场挑战，严峻度不亚于2008年。"杨元庆说。那么，这一次裁员能否成为联想的救命稻草呢？

示例2：

2011年2月21日，阿里巴巴B2B公司宣布，公司CEO卫哲、COO李旭晖引咎辞职，由淘宝网CEO陆兆禧接任，原B2B公司人事资深副总裁邓康明引咎辞去集团CPO，降级另用。引发这一人事"地震"的震源是：公司发现在阿里巴巴B2B平台上，2009年、2010年两年间分别有1219家（占比1.1%）和1107家（占比0.8%）的"中国供应商"客户涉嫌欺诈，同时近百名为了追求高业绩高收入明知是骗子客户而签约的直销人员及部分主管和销售经理被认为负有直接责任，这些人员将按照公司制度接受包括开除在内的多项处理。马云在给员工的公开信中说："对于这样触犯商业诚信原则和公司价值观底线的行为，任何的容忍姑息都是对更多诚信客户、更多诚信阿里巴巴人的犯罪！我们必须采取措施捍卫阿里巴巴价值观！所有直接或间接参与的同事都将为此承担责任，B2B管理层更将承担主要责任！"

任何组织如果没有人的存在都是不可想象的，人是组织中必不可少的要素。在工业时代，企业常常通过对机器、地域、资源等的控制来保持持久竞争优势。而在互联网时代的今天，物力资本变得越来越不重要。更糟糕的是，客户忠诚度低，任何竞争对手的APP（移动应用客户端）与企业拥有的客户之间仅有手指点几下的距离，竞争对手可以随时跨界进入。因此，企业要生存发展，就只有持续创新。而要做到持续创新，没有其他捷径，只能靠吸引和留住最优秀的创造性人才，并创造一个有利于持续创新的人才环境，如充分的授权、丰厚的薪水、内部创业机制等。怎样培育企业在人力资本和创造力上的持续竞争优势，是摆在所有管理者面前的任务。

本章首先介绍人力资源管理的概念和特点，然后讨论人力资源管理的作用和职能，回顾人力资源管理的发展演变，区分人事管理、人力资源管理、战略人力资源管理的关系，探讨人力资源管理面临的挑战和角色的改变，最后论述人力资源管理的基本原理、手段和技术。

第一节 人力资源管理概述

一、人力资源的概念及特点

"人力资源"这一概念最早是在1954年由德鲁克在《管理实践》一书中提出的。德鲁克认为管理具有最宽泛的三个职能：管理企业、管理其他经营管理人员、管理员工及其工作。人力资源"和其他所有资源相比较而言，唯一的区别就是它是人"，他认为人事管理不应成为"救火队"或"解决麻烦"的活动，而是积极的、富有建设性的活动。在我国，最早使用人力资源概念的文献是毛泽东于1956年为《中国农村的社会主义高潮》写的按语。在按语中他写道："中国妇女是一种伟大的人力资源，必须发掘这种资源，为建设一个伟大的社会主义中国而奋斗。"

资源可以分成自然资源、资本资源、信息资源和人力资源，人力资源是其中最重要、最独特的资源。一切经济活动首先是人力资源的活动，由它的活动才引发、带动其他资源的活动。人力资源的活动总是处于经济活动的中心位置，操纵和控制其他资源的活动。人力资源在经济活动中是唯一起创造性作用的因素，社会生产要谋求不断发展、进取和创新，只有人力资源才能担负起这种任务。对于什么是人力资源，众多学者从不同的角度做了规定。我们可以将其定义为：人力资源是指在一定区域内的人口总体所具有的劳动能力的总和，或者是具有智力劳动和体力劳动的能力的人们的总和。具体到一个企业，人力资源就是企业所拥有的能达成其组织目标的人的能力的总和。

由上述定义可以看出，我们提到人力资源，既指其数量，更指其质量。数量是指拥有劳动能力的人口数量，投身于有用工作的人口比例及实际劳动量。质量是指最能体现人的体力和脑力状况的生理素质和科学文化素质以及这两者的综合。人力资源的数量和质量是密切联系的两个方面。既要有数量，又要有质量。数量是基础，质量是关键。一个组织的人力资源管理，首先要谋求的是规模效益。但是，在规模达到一定程度之后，就要把着力点迅速转移到提高人力资源的质量上来。这是因为，在创造社会财富方面，人力资源的质量远远优胜于它的数量。20世纪初发生在美国福特公司的一件事恰恰说明了这一点。有一天福特公司一台电机坏了，相关工作都停了下来，公司的维修人员几经努力都没修好，于是他们请来了著名的电机技术专家斯坦门茨，他检查两昼夜之后，在电机外壳画了一条线，说："打开电机，把记号处里面的线圈减少16圈。"人们将信将疑地照办，果然故障排除了。电机修好后，他向老板索要了1万美元的报酬。老板问为何要收1万美元，要知道当时福特公司最著名的薪酬口号就是"月薪5美元"，这在当时是很高的工资待遇，以至于全美国许许多多经验丰富的技术工人和优秀的工程师为了这5美元月薪从各地纷纷涌来。一条线，1万美元！斯坦门茨看大家迷惑不解，转身开了个清单：画一条线，1美元；知道在哪儿画线，9 999美元。最后，公司很乐意地付了报酬。亨利·福特对斯坦门茨赞赏有加，一定要请他到福特公司工作，但斯坦门茨说："我所在的公司虽小，但是老板却对我非常好，是他给了我来美国的第一份工作，我不能见利忘义。"福特更加钦佩斯坦门茨的人品，用3 000万美元买下他所在的公司，终于得到了想要的人才。因此，"兵不在多而在精"，数量与质量相统一，数量适中且素质精良，这是人力资源管理的理想目标之一。

与其他资源相比，人力资源具有以下特点：

第一，生物性。人力资源的载体是人，从而决定了它是有生命的、"活"的资源，与人的自然生理特征息息相关。

第二，能动性。这是人力资源的一个最重要的特征，是人力资源与其他一切资源最根本的区别。人是有思想、有感情的，具有主观能动性，能够有目的、有意识地进行活动，能动地认识自然和改造自然，并能有意识地对所采取的行为、手段及结果进行分析、判断和预测。这种意识不是低级水平的动物意识，而是对自身和外界具有清晰看法、对自身行动作出抉择的、调节自身与外部关系的社会意识。人力资源的能动性主要表现在以下两个方面：①自我开发。人在劳动过程中一方面会有自身的损耗，但另一方面，可以通过合理的行为得到补偿、更新和发展。人可以通过教育和学习活动以及经验积累增长自己的知识和能力，深化对社会规律和自然规律的认识，在这一过程中，人类不断地进行创新和发明，创造出越来越多的社会财富，也推动了人类历史不断向前发展。②功利性的投向。趋利避害是动物的一种本能，但动物只能被动地接受周围环境的影响，而不能主动选择、积极适应。人则不仅拥有，而且也能自主地支配自身的人力资源，以一定的功利性目的为依据，有目的、有意识地控制和选择人力资源的投向，决定或指导其对于专业、职业、工作单位等问题的选择和变动。

第三，时效性。人力资源的形成、开发和利用都要受时间方面的限制。从个体角度来看，作为生物机体的人，有其生命周期，如幼年期、青壮年期、老年期，各个时期的劳动能力各不相同。从社会角度来看，人力资源也有培养期、成长期、成熟期和老化期。这要求我们要研究人力资源运动的内在规律，使人力资源的形成、开发、配置和使用等处于一种动态的平衡之中，从而更好地发挥人力资源的效用。

第四，智力性。人类在劳动中创造了机器和工具，通过开发智力，使器官得到延长、放大，从而使自身的功能大大扩大。而人的智力具有继承性，人的劳动能力随着时间的推移而得以积累、延续和增强。

第五，再生性。资源可以分为可再生资源和不可再生资源两大类。不可再生资源如矿藏（煤矿、金矿、铁矿、石油等），可再生资源如森林。人力资源基于人口的再生产和劳动力的再生产而具有再生性，但是人力资源的再生性不同于一般生物资源的再生性，它除了遵循一般生物规律之外，还受到人类意识的支配和人类活动的影响。此外，人力资源的再生性还体现在其能力的再生上。由于现在知识更新换代的速度快了很多，因此人的劳动能力在满足社会需要方面的衰减速度也加快了。人们可以通过学习不断更新知识，提高技能和能力，从而使其能跟上组织和社会的发展需要。

第六，社会性。从人类社会活动的角度来看，任何人都生活在一定的群体之中。人类的劳动是群体劳动，劳动者一般都处于劳动集体之中，这是人力资源社会性的微观基础。从宏观上来看，人力资源总是与一定的社会环境相联系的。它的形成、开发、配置和使用都离不开社会环境和社会实践，是一种社会活动。人们在长期的社会环境和社会文化的影响下，形成特有的价值观念和行为方式，这些都会对人力资源管理产生影响。

二、人力资源管理的定义与内容

人力资源管理，是指利用人力资源完成组织目标所采用的各种方法和技术，是对人力资源进行有效开发、合理配置、充分利用和科学管理的制度、法令、程序和方法的总和。其内容主要包括：

1. 工作分析

这是对组织中的各个工作岗位进行考察和分析，确定它们的职责、任务、工作环境、任职人员的资格要求和享有的权利等，以及相应的教育与培训等方面的情况，最后制成工作说明书。

2. 人力资源规划

这是根据组织的发展战略和经营计划，评估组织的人力资源现状及其发展趋势，收集和分析人力资源供求信息和资料，预测人力资源供求的发展趋势，制订人力资源的招募使用、培训与发展规划。

3. 招聘和选择人员

招聘是通过制订招聘计划、选择招聘方式等一系列方式吸引足够数量的人申请到企业中工作的过程。选择是企业从申请人中录取最适合企业及其招聘岗位的人的过程。

4. 员工培训与发展

主要是通过各种形式的培训，对员工进行旨在提高技能和知识以及增强企业凝聚力的培训，帮助员工设计职业生涯发展计划，制订个人发展计划，以提高员工素质，并使其与组织的发展目标相协调。

5. 绩效考核

绩效考核就是对照工作说明书，对员工的工作作出评价。这种评价涉及员工的工作表现和工作成果等，应定期进行，并与奖惩挂钩。开展绩效考核和奖惩，目的是为了调动员工的积极性，检查和改进人力资源管理工作。

6. 薪酬和福利

制定公平合理且具激励性的薪酬制度，从员工的资历、职级、岗位及实际表现和工作成绩等方面考虑，制定相应的、具有吸引力的工资报酬标准和制度，并安排养老金、医疗保险、工伤事故、节假日等福利项目，使企业在保持一定的人力成本的基础上，能够吸引优秀的员工加入企业，并保持稳定性。

7. 劳动关系

劳动关系是企业在劳动法律、法规指导和调整下形成的一种权利义务关系，只有拥有和谐的、发展的劳动关系，才能使企业得到稳步快速的发展。

三、人力资源管理的作用

有效的人力资源管理无论对社会、组织还是对管理人员抑或员工，都是非常重要的，其作用主要体现为：

1. 人力资源管理是社会发展的基础

目前我国正经历着由粗放型增长向集约型增长的转变。粗放型增长方式是通过各种生产要素（人力要素和物质要素）的大量投入和消耗实现经济的增长；集约型经济增长方式，是以生产要素的节约和有效利用为前提，注重规模效益、技术效益，克服经济增长过程中"瓶颈"要素的束缚，实现经济的持续增长。在这种增长方式下，人力资源成了第一资源，依靠高素质的劳动力和管理人员组合各种生产要素，最大限度地发挥和利用资本和技术的潜力，以丰富的人力资本优势替代物质资本和技术的优势。在21世纪的今天，知识经济大行其道，技术创新已成为经济发展的最重要的动力，高科技代替了传统的技术，如信息科学技术、生命科学技术、新能源新材料技术、空间技术、海洋技术等等。在这里，智力资源即人才和知识在经济中起着关键的作用。谁舍得在人力资源上投资和开发，谁就能够在激烈的市场竞争和国家竞争中占据优势。

2. 人力资源管理是实现组织目标的关键要素

企业生产经营活动要实现其既定的目的，必须具备两方面的基本要素：第一，要有一定数量和质量的劳动者，即人力资源；第二，要有一定的设备、工具和原材料，即物质资源。生产经营活动就是劳动者运用机器和工具，作用于原材料这些劳动对象，使劳动者与生产资料相结合，也即人力资源与物质资源相结合，从而形成现实的生产力，创造出财富。而管理也可分为两个方面，即对物的管理和对人的管理。在当今世界，生产力水平和科学技术高度发展，技术创新已成为企业发展的最重要的动力，高科技代替了传统的技术，智力资源即人才和知识在企业中起着关键的作用。对一个企业来说，有没有活力，并不取决于资金是否雄厚、生产设备是否先进、规模是否宏大，而在于如何科学地管理人力资源，充分发挥人的主动性、积极性和创造性。谁舍得在人力资源上投资和开发，谁的产品技术含量高、更新换代快，谁就能够在激烈的市场竞争中占据优势。谁舍不得人力资源投资，墨守成规，陶醉于已有的成就之中，凝结在产品中的知识技术就会越来越陈旧，最终就会在激烈的市场竞争中被淘汰。所以，科学的管理应该以人力资源管理为中心，做好对人的管理。人的积极性、主动性和创造性得到充分发挥了，企业就有强大的活力，资金和设备就会得到合理的利用，生产出更多更好的产品，从而在激烈的市场竞争中保持优势。

3. 人力资源管理是企业内所有管理人员的重要工作

管理员工是每一位管理者的职责，因此，处理人力资源方面的事务并不仅仅是人力资源部门的事情。在一个企业里，雇用恰当的人来承担工作，激发员工的积极性，通过培训、考核等一系列措施提高部门和团队的工作效能，合理设置薪酬福利，保障工作环境的安全，与员工进行充分的沟通协调，提高员工的满意度，这是所有管理者的愿望，也是所有管理者的工作内容之一。任何管理者都要通过借助别人的努力才能达到目标，掌握一定的人力资源管理的理论、方法和技术，是对管理者的必然要求。我国现在大力推进创业创新，民间创业热情高涨。作为创业者，管理自己创建的企业，尤其是这些企业在初创期规模较小，没有专业或专门的人力资源管理者时，创业者自身更需要了解人力资源管理的知识。

4. 人力资源管理是员工发展的必要保证

对企业来说，只有求得有用的人才，合理使用人才，科学管理人才，有效开发人才，才能实现企业的目标，促进企业的发展；而对员工个人来说，人力资源管理也非常重要。员工是企业人力资源管理的主要对象，人力资源管理的最终效果将体现在员工的具体行动中，员工从企业得到的种种回报也与人力资源管理的水平有直接关系。只有在卓有成效的人力资源管理下，才能开发自己的潜能，提高自己的技能，实现自己的价值，从而不断发展职业生涯。

第二节 人力资源管理的演变与发展

一、人事管理阶段

18世纪末到20世纪70年代初为人事管理阶段。在这个阶段，人事管理经历了从无到有、逐步完善的过程。

在工业革命开始之前，经济活动中的主要组织形式是家庭手工工场，工场内部并没有明显的员工管理。18世纪末，工业革命开始在英国出现，之后向其他国家蔓延。机器的应用使生产效率和劳动专业化水平大幅度提高，工厂取代了手工工场。随着工厂规模的扩大和生产的程序化，管理和监督工人变得更为必要。在这个时期，工厂主与管理者常常是一体的，有的会任命一些工头，管理方式大都简单、粗暴。员工管理主要是雇佣工人、岗位调动、工资设定、纠纷处理和解雇工人等等。也有一些人在人事管理上做了尝试性的探索，如著名的空想社会主义者欧文（Robert Owen）于1799年在苏格兰建立了一家棉纺厂。他认为人的行为是所受待遇的反应，雇主和组织应该努力发掘人的天资，消除影响员工天资充分发挥的障碍。欧文还创建了最早的工作绩效评价体系，他把一个木块的四面分别涂成白黄蓝黑四种颜色，其中，白色代表优秀，黄色代表良好，蓝色代表平均水平，黑色代表差。他把这一木块安装在机器上，每天将反映员工前一天工作表现的颜色转向通道，及时向员工提供工作业绩的反馈信息，取得了很好的效果。为此，欧文被誉为"人事管理的先驱"。

19世纪末至20世纪30年代是以法约尔、韦伯、泰勒为代表的古典管理理论时期，在这个阶段，研究者已经认识到工人对企业生产效率的重要贡献，工人的产出是企业效益的关键，管理的目标应让工人的财富最大化，从而保证雇主的财富最大化，因此要通过科学的方法设计工作和企业组织结构。这个阶段的早期并没有专门的人事管理人员，人事工作由主管人员担任。其管理特点为：①都把职工看成被动的、纯理性的"经济人"，提倡用纪律规章来控制员工，用金钱的刺激来调动人的积极性。②都把重点放在管理的"物"、"硬"的方面，如结构、控幅、工艺、奖酬等。③都认为存在着一种适用于一切组织与环境的通用的"最佳"管理模式，如行政层系结构、管理通则、科学定额等。在这个时期，为了缓解员工对工作的不满情绪，企业开始建立一些休闲娱乐设施、员工援助项目和医疗服务项目。到20世纪初，人事管理人员才第一次从主管人员手中将雇用和解雇的权力接收过来，开始组建薪资部门并且管理福利计划。人事管理工作主要是按程序办事。在测试和面谈等方面的技术出现以后，人事管理开始在雇员的甄选、培训和晋升方面发挥越来越大的作用。

20世纪30年代，行为主义理论出现，运用心理学、社会学和人类学等理论研究人们行为的动机、人们对外界刺激的反应等，以求在企业内部妥善处理人群关系，减少冲突，发挥人的积极性。这个阶段，人事管理开始在雇员的甄选、培训、薪酬和晋升方面发挥越来越大的作用，人事管理系统开始建立并不断优化。第二次世界大战以后，随着生产的发展和科学技术的进步，管理由原来重视物的作用逐渐向重视人的作用发展，有效的人事管理活动越来越重要，人事管理人员在企业日常管理中发挥着重要的作用，但是，主要的工作仍是执行企业的决策，就人事管理的具体环节向企业管理者提供专家意见，并且保护企业避免许多不良问题。

二、人力资源管理阶段

人力资源管理的出现是和人力资本理论直接相关的。

1935年，美国经济学家沃尔什在其《人力资本观》一书中第一次提出"人力资本"这个概念，其后明赛尔、舒尔茨、贝克尔、阿罗等人将其不断完善。其中，舒尔茨对人力资本理论进行了一系列的理论阐述，为这一流派的理论体系奠定了基础，被称为"人力资本之父"。

舒尔茨的人力资本理论有五个主要观点：①人力资本存在于人的身上，表现为知识、技能、体力（健康状况）价值的总和。一个国家的人力资本可以通过劳动者的数量、质量以及劳动时间来度量。②人力资本是投资形成的。投资渠道有五种，包括营养及医疗保健费用、学校教育费用、在职人员培训费用、择业过程中所发生的人事成本和迁徙费用。③人力资本投资是经济增长的主要源泉。④人力资本投资是效益最佳的投资。人力资本投资的目的是为了获得收益。舒尔茨对1929—1957年美国教育投资对经济增长的关系作了定量研究，得出如下结论：各级教育投资的平均收益率为17%；教育投资增长的收益占劳动收入增长的比重为70%；教育投资增长的收益占国民收入增长的比重为33%。也就是说，人力资本投资是回报率最高的投资。⑤人力资本投资的消费部分的实质是耐用性的，甚至比物质的耐用性消费品更加经久耐用。

虽然"人力资本"概念早在19世纪30年代便已诞生，但一直到70年代，人力资源管理才被提出来。1972年，美国管理协会（AMA）出版了由达特尼克（R. L. Datnik）编著的《改革人力资源管理》一书。书中强调了员工的需求、兴趣、期望与组织目标之间的一致性，以及"在组织中，人是最重要的资源"的观点。70年代早期，人力资源管理理论主要集中在讨论如何实施有效的人力资源管理活动，以及通过对员工行为和心理的分析来确定其对生产力和工作满意度的影响，从而使人力资源管理理论更加关注员工的安全与健康。其后，研究不断丰富和深入，人力资源管理功能的重要性提高，被认为是关系企业组织效率的一项极为重要的管理工作。人力资源管理发生了很多变化，表现为：①企业把人的因素放在第一位，出现了"以人为中心"、"人本管理"、"合乎人情的管理"、"人是企业最宝贵的财富"、"企业的首要目标是满足员工发展需要"、"以人为本"等新的提法与概念。"以人为本"不是简单地解决员工的生活问题、待遇问题，创造好的工作环境，而是要把人当成企业最根本的元素，一切靠人，也一切为了人。②人力资源方面的投资有大幅度增长，企业越来越重视对员工的培训工作，提倡全员培训和终生培训，立体多维地开发人力资源，构建学习型组织。③强调实行民主管理、参与管理，鼓励员工发表意见，提倡员工参与决策。④重视和加强人力资源管理部门的工作。人力资源管理部门在企业中有较大的发言权，并参与企业战略规划的实施，但是，在企业战略目标的形成中，人力资源问题常常未被考虑进去。

三、战略人力资源管理阶段

战略人力资源管理是20世纪80年代初产生的。1981年戴瓦纳在《人力资源管理：一个战略观》一文中提出了战略人力资源管理的概念，其后，不少学者相继对此进行了研究。1984年比尔等人《管理人力资本》一书的出版标志了战略人力资源管理理论的确立。

战略人力资源管理是指为了企业能够实现目标所进行和采取的一系列有计划、具有战略性意义的人力资源部署和管理行为。其特点表现在五个方面：①人力资源的战略性。战略人力资源管理将人力资源视为获取竞争优势的首要资源。②人力资源管理的系统性。强调通过人力资源的规划、政策及管理实践达到获取竞争优势的人力资源配置。③人力资源管理的应变性，强调通过人力资源管理活动达到组织战略的灵活性。④人力资源管理的战略性，强调人力资源与组织战略的匹配。也即"契合性"，包括"纵向契合"，即人力资源管理必须与企业的发展战略契合，"横向契合"，即整个人力资源管理系统各组成部分或要素相互之间的契合。⑤人力资源管理的目标导向性，强调人力资源管理活动的目的是实现组织目标——企业绩效最大化。

因此，战略人力资源管理是要将人力资源管理部门作为能够创造价值并维持企业核心竞争能力的战略性部门，而不仅仅是执行企业战略规划的职能部门，人力资源管理的各项方针、政策都与企业的经营战略相结合，成为企业经营战略的重要组成部分，强调人力资源管理从对企业战略的"反应"、"执行"转变为参与企业战略的"制定"和"贡献"。

第三节 人事管理、人力资源管理和战略人力资源管理三者之间的关系

有人开玩笑说，人事管理、人力资源管理和战略人力资源管理三者最大的不同就是字数越变越多，不过是文字上的游戏。在实践中，的确看到一些企业赶时髦，把"人事部"改为"人力资源部"却"换汤不换药"，人力资源部的职能未变，做的还是以前的工作；或者张口闭口谈战略人力资源管理，以为这样人力资源管理就上了一

个新台阶，但实践上并没有什么变化。实际上，虽然三者是一脉相承逐步发展过来的，但绝不仅仅是字面上的不同。

一、人事管理与人力资源管理的不同

1. 基础不同

传统的人事管理是基于科学管理的原则以及提高员工效率而进行的工作专业化，以职位为基础，通过职位分析来确定职位目的、职位工作关系、职位主要职责和活动、职位权限、任职者的基本素质要求等职位要素，并在此基础之上建立规范稳定的组织结构体系和人事管理系统。而人力资源管理则采用宽松灵活的控制，尽量减少对员工行为和行动的约束，允许员工进行广泛的工作设计，从而使组织保持发展能力和对迅速变化环境的反应能力。工作流程和工作职责更具有灵活性，工作不受过多的规则和规章的束缚，而只受成功所必需因素的控制，并且能根据适应环境变化的需要修改控制体系。

2. 内容不同

传统的人事管理主要存在于雇佣关系从发生到结束的运动过程。人员的招聘、录用、委任标志着雇佣关系的建立，之后的考核、奖惩、职位升降、工资福利待遇、申诉控告等，构成了管理阶段的主要内容，而辞职、辞退、解雇、退休等则意味着雇佣关系的结束。

人力资源管理不仅涵盖了传统人事管理的这些基本内容，而且进一步地纵向加深、横向拓宽，形成全方位的管理。在纵的方面，人力资源管理不仅圈定于传统人事管理的雇佣关系的范围，而且把管理触角伸至雇佣关系发生之前（如就业指导，就业培训等）和雇佣关系结束之后（如银发人才的第二次开发）；不仅充分地发挥现有才能的作用，而且开发其尚未形成和尚未利用的潜力。如招聘，以前就是调动、分配，人力资源部不管选拔什么样的人才，而现代人力资源管理的一个最大的功能就是为企业的发展战略和市场竞争需要提供足够、合适的人才。人员选定之后，还有一项非常重要的工作，就是要把招进来的人留住，真正为企业服务。如果招进来的人品德不行，或招进来的人才留不住，这对企业都是一个不小的损失。

在横向方面，人力资源管理首先要提高考核、奖惩、职位升降、培训、交流、工资福利待遇、申诉控告等环节的科学性，如薪酬福利应该行之有效且具有竞争力；而员工培训，不单是技能、素质的培训，还有人品的培训，他们的职业生涯要通过科学的设计，使人力资源得到有效开发、合理配置、充分利用，同时还要如"社会人"、"复杂人"所主张的那样，把管理拓展至人的社会关系、情感世界和心理活动等领域，而不是把人看作仅是可供利用的资源，从而避免重蹈传统人事管理的错误。其次，人力资源管理不仅把眼光放在上层精英和管理人员身上，而且把每一个员工都看作宝贵的人力资源，不忽视、不排斥其中的任何一个，实行全员培训、全员开发，以发挥每一个人的最大效能。再次，知识工作者的出现给人力资源管理提出了新的挑战。知识性员工拥有的知识资本随着员工的流动而流动，如何激励知识性员工，如何适应知识性员工的自身特点设计管理模式，如何建立学习型组织，是人力资源管理面临的新问题。因此，与传统人事管理相比，人力资源管理具有明显的全方位性、综合性和创新性。

3. 工作性质不同

传统的人事管理一般注重作业性、行政事务性等操作层的人力资源管理活动，活动范围有限，短期导向，主要由人事部门职员执行，很少涉及企业高层战略决策。人事部门扮演的是控制人工成本的"成本中心"的角色，强调监控费用支出和核算一般管理费用。

而人力资源管理以投资的方法考虑回报，从关注人力资源活动"附加价值"的角度考虑费用支出，重视对人的能力、创造力和智慧潜力的开发和发挥，扮演的是增加产出的"利润中心"的角色。随着信息技术的发展，人力资源管理系统软件层出不穷，人力资源部将事务性的工作标准化、自动化和程序化，而更注重于设计实施各种有利于提高员工生产力和企业整体绩效的方案，努力为企业创造价值。例如，结合人力资源战略和企业战略，调整企业的组织结构；通过准确的绩效考核、有效的激励来加强员工的团队协作，提高员工的满意度和忠诚度；通过培训和教育提高员工的能力和水平以及进行员工职业生涯设计；等等。

4. 地位不同

传统的人事管理活动被看作低档次的、技术含量低的、无须特殊专长的、谁都能掌握的工作，人事部门则被看作安置不能胜任其他部门工作的人员的场所，人事功能本身被贬低和轻视了。

人力资源管理在企业管理中占有非常重要的地位。企业的战略管理必须以开发人为基础，无论是经营计划、绩效提升还是管理激励，都应以企业成员为中心，注重人力资源诸要素的整合。

人力资源部除了作为职能部门的管理职能外，在 21 世纪的今天，还增加了新的职能。在企业整个价值链上，人力资源部应该是一个服务部门，要把其他部门和员工当作客户，努力满足其他部门和员工的需求，提供增值型的人力资源产品和服务。因此，从事人力资源管理的人员不但要求具备相应的人力资源管理技能，较高的领导组织能力，还要具备与其他部门对话的能力。人力资源部不再是作为一个职能部门去行使管理职能，而是要扮演一种新的角色。如深圳华为公司提出人力资源管理者要成为工程师加销售员。所谓工程师加销售员就是说你要会做方案，你要了解专业的知识，同时要学会跟上下左右之间的沟通，你要把你的人力资源的产品和服务推销给你的高层，推销给你的下属，比如各个事业部，或者其他的相关的单位，同时推销给员工。

二、人力资源管理与战略人力资源管理的不同

战略人力资源管理与传统的人力资源管理在许多方式上有根本的区别。①

1. 职责的承担者不同

传统的人力资源管理将人员管理的主要职责放在公司人力资源部门的职能管理专家身上;而战略人力资源管理将之放在与员工联系最多的人,即各员工的业务管理人员身上。从本质上讲,战略人力资源管理强调组织中对人有责任的任何人,无论是人力资源工作者还是高层管理者、直线经理,都是人力资源管理人员。

2. 工作的焦点不同

传统的人力资源管理专注于人力资源技术和专业方面的活动,比如保证员工有积极性和生产力。战略人力资源管理方法将专注点转向竞争优势方面的活动,注重如何与企业环境、企业战略的匹配,并监察是否执行与战略达到一致性。

3. HR 的角色不同

传统人力资源管理承担着处理事务的角色。战略人力资源管理更具有变革性,它认识到组织内部任何成长、调整或变革创新的成功都取决于员工。因此,人力资源部更多的是在扮演改革者的角色,保证内部机制促进适当的变革,从而帮助组织确定和适应外部环境中比较大的挑战。

4. 变革创新不同

来自传统人力资源管理的任何变革和创新通常是缓慢和支离破碎的,缺乏整体思考;而战略人力资源管理在变革创新方面则比较主动、系统。例如,传统人力资源管理常常表现为:矫正某个员工的纪律问题,转入实施某种新的销售佣金制度。而战略人力资源管理十分灵活,能够处理需要兼顾各种时间期限(短期、中期、长期)的问题,有利于为适应组织所面临的关键性挑战而制订计划和政策。

5. 控制方式不同

传统人力资源管理表现为通过保证公平对待员工和正常工作的规则、程序以及政策进行官僚主义控制。人力资源管理在制定和执行员工行为规则和标准方面担当管理专家的角色。而战略人力资源管理认识到,这种方法限制了一个组织的发展能力以及对迅速变化的环境的反应能力。战略人力资源管理采用比较"有机的"或宽松灵活的控制,尽可能减少对员工行为和行动的约束。工作流程和工作职责通常具有灵活性,工作不受过多的规则和规章的束缚,而只受成功所必需的因素的控制,而且根据适应环境变化的需要修改控制体系。

---

① 本部分参考杰弗里·梅洛著《战略人力资源管理》,吴雯芳译,中国财政经济出版社 2004 年版。

第四节 直线管理与职能管理中的人力资源管理

任何一个管理者都是通过对下属的管理来完成任务的，因此，从某种意义上说，人力资源管理是所有管理者的职责之一，他们要参与招聘、考核、晋升、培训等方面的工作。但是，这些同时又是专门的人力资源管理部门的工作。加里·德斯勒总结了某些人力资源管理职责在直线和职能部门之间的划分（见表1.1）。

表1.1 人力资源管理职责在直线与职能部门之间的划分

	部门主管人员（直线人员）的活动	人力资源部人员（职能人员）的活动
招募与甄选	• 列出特定工作岗位的职责要求，以便协助进行工作分析 • 向人力资源管理人员解释对未来雇员的要求以及所要雇用的人员类型 • 描述出工作对"人员素质"的要求，以便人力资源管理人员能够设计出适当的甄选和测试方案 • 同候选人进行面谈，作出最后的甄选决策	• 在部门主管人员提供的资料的基础上编写工作描述和工作说明书 • 制订雇员晋升人事计划 • 开发潜在的合格求职者来源并开展招募活动，力争为组织聚集到一批高质量的求职者 • 对候选人进行初步面试、筛选，然后将可用者推荐给部门主管人员去考虑
培训与开发	• 根据企业工作的具体情况，将雇员安排到不同的工作岗位上，并对新雇员进行指导和培训 • 对人力资源开发活动进行评价并向人事管理人员提出建议 • 领导建立有效的工作小组，并进行适当的授权 • 运用企业规定的评价形式对雇员的工作绩效进行评价 • 对下属的职业进步情况进行评估，然后就他们个人的职业发展可能性向他们提出建议	• 拟定培训文件，制订培训计划，准备培训材料 • 根据企业CEO所阐述的企业未来发展需求，为CEO提供管理人员开发方面的建议 • 为制订和推行质量改善计划以及团队建设计划提供信息 • 开发工作绩效评价工具并保存评价记录 • 制定职业发展计划和晋升制度，其中包括按既定程序晋升的制度、职业发展咨询手段以及雇员职业进步跟踪记录制度等

续上表

	部门主管人员（直线人员）的活动	人力资源部人员（职能人员）的活动
工资报酬	• 向人力资源管理人员提供每项工作的性质和相对价值方面的信息，帮助他们确定工资水平 • 评价雇员的工作绩效，以便人力资源管理部门根据雇员的工作绩效适当地调整他们的报酬 • 根据奖励的性质决定支付给雇员的奖金数量 • 制订企业福利计划和由企业提供的服务项目的总体方案	• 执行工作评价程序，以确定每一种工作在企业中的相对价值 • 进行薪资调查，以审查企业是否对与其他企业雇员处于相似职位上的雇员支付了相近的工资 • 就奖励以及各种备选奖金分配方案和工资支付计划等向直线管理人员提供建议 • 在同直线管理人员协商的基础上，制订包括健康保健和养老金在内的企业福利和服务项目的详细计划 • 监督企业所交纳的失业税税率的变化以及雇员的薪资绩效，就减少与这两个方面有关的成本的步骤向直线管理人员提供建议
劳资关系	• 根据维护健康劳资关系的需要，建立一种互相尊重、互相信任的日常工作环境 • 一贯地遵守劳资协议中各项条款的规定 • 确保企业的不满申诉程序按照劳资协议所规定的方式发挥作用，并且确保在经过调查之后对雇员的申诉加以妥善解决 • 在就集体合同进行集体谈判的时候，同人力资源管理人员共同工作	• 密切注意那些可能导致工会化倾向的情绪和问题的出现，对可能导致劳动者不满的那些问题的根本原因进行研究和诊断 • 为准备进行劳动合同谈判而展开调查，在调查中尤其要注意以下情况：企业如满足工会所提出的要求将要付出多大的成本；工会所提出的各种要求在社会上有多大的普遍性；相关企业是怎么做的 • 培训直线管理人员如何解释劳动合同条件以及如何在工会发起组织活动的时候避免落入法律陷阱 • 就如何处理雇员的申诉对管理人员进行培训并且协助有关各方就申诉事件达成协议 • 同工会干部保持联系

续上表

	部门主管人员（直线人员）的活动	人力资源部人员（职能人员）的活动
雇员保障与工作安全	• 使雇员和管理者之间的信息沟通渠道保持畅通，以便雇员能够随时了解企业的重大问题，并且使雇员可以通过各种渠道表达他们对企业问题的关注，以及使他们及时同企业的命令指挥系统保持联系 • 确保雇员在纪律处罚、解雇以及工作保障方面得到公平待遇 • 经常性地指导雇员坚持形成良好的安全工作习惯 • 对雇员的安全生产行为加以肯定和奖励 • 及时准确地完成事故报告 • 为了给各部门（包括人力资源部门）提供指导，就所要雇用的雇员类型和数量以及各种类型报酬计划的适用性问题制订长期的战略性计划	• 向直线管理人员提出建议，告诉他们哪些技术有利于促进和鼓励自下而上以及自上而下的信息沟通 • 制定确保公平待遇的程序性规定并训练直线管理人员运用它们 • 对工作进行分析以制定安全操作规程，并就如何设计及其保护装置一类的安全保护设备提出意见 • 及时调查发生的事故，分析事故原因，为事故防范提出建议，以及向职业安全与健康委员会提交某种相应形式的报告 • 研究与雇员薪资有关的法律规定，同保险机构接触，在必要的时候同律师接触，以处理雇员的工伤事件

本表格选自加里·德斯勒著：《人力资源管理》第 6 版，刘昕等译，中国人民大学出版社 1999 年版，第 8—9 页。

第五节　人力资源管理面临的挑战和角色的改变

一、人力资源管理面临的挑战

这是一个以知识和信息的生产、使用、分配为社会发展和经济增长的基础的时代，科学技术的迅猛突破与运用，使人们的生活、工作、学习变得更快、更丰富。世界变化如此之快，以至于如果一年不充电，自己就会像门外汉一样。广博的知识和技能是员工自身最重要的核心竞争力。同时，知识型员工在企业中的比例不断增加，人力资源管理的重心转向知识管理，学习成为员工和企业的终身需要。从员工培训到员工职业生涯设计，从组织扁平化到学习型组织的建立，从分权到虚拟型企业，人力资源开发和管理从内容到形式都发生了很多变化，而且必将发生更多的变化。

这是一个高度信息化、网络化的时代，飞驰在信息的公路上，让彼此的沟通跨越时空的阻隔，在任何时刻、任何地点都可以瞬时展开。各种管理软件的开发也加快了人力资源管理现代化、自动化的进程。更重要的是，信息技术深入人力资源管理，使得雇员和管理者前所未有地相互联系在一起。企业高层管理者可以向全球的员工发布即时信息，雇员也享有前所未有的相互交流信息的权力。人力资源管理可以运用广泛的网络，创造共享、合作的企业文化，促进员工的沟通，让大家彼此合作，共同分享和解决问题。同时，在家办公、自由办公、人才租赁已为越来越多的企业采纳，灵活的工作环境、灵活的工作方式更利于完满人性的展开和丰富化，在自己卓越创造与贡献基础上的合作与共享是未来工作模式的主流。

这是一个没有边界的世界，所有的工作都需要内装一个全球的理念，不仅经营、贸易在24小时里全面展开，连同文化、语言都需要基于全球的认识和理解。一方面，随着不断高涨的全球化浪潮，我国不少企业已经感受到了残酷的人才竞争。我们不得不和那些实力雄厚、条件优越、管理完善的外企争夺本来就很稀缺的人才资源，而在争夺中又常常只能无奈地甘拜下风。怎样设计更具竞争力的人力资源系统，是全球化首先给我们提出的课题。另一方面，在资金、产品、人员迁移、流动全球化的世界里，对于一个企业来说，劳动力的国际化并不是一个让人感到惊诧的结果，不同肤色的经理可能坐在公司最高会议的同一个圆桌上，讨论公司的发展战略；来自不同国家的员工也完全有可能在同一条起跑线上装配同一辆轿车。因此，对于专门从事与人打交道的人力资源经理来说，必须具有全球化的观念，必须逐渐培养起对国际经营实践、国际人力资源实践、国际劳动法规及其习惯的全面感知和体认，需要更多关于其他文化、语言和经营的知识；必须理解别人的文化，促进不同文化背景的人相互合作，相互帮助。因为，这是企业能在全球范围寻找并融入市场的关键。

这是一个变化的时代，是一个变化决定结果的时代。如今，85后、90后成为职场主力，这些年轻一代的劳动者可能与其父辈有不同的工作价值观，给企业人力资源管理带来了巨大的挑战。企业面对变化的环境必须要做自我改变，所以，要进行组织变革，要实行人本化管理，要实行雇佣制，要培养团队精神，要建立企业文化……而在这种变化当中，又出现了一些以前没有的问题，如分权可以提高工作的自主性，但同时存在着如何控制的问题；强调个性化的管理，重视员工个人价值和自我实现，但又要使之与团队合作结合起来；人才的自由流动可以使人才资源得到更好的配置，保持一定的流动率也可以使企业保持活力，但如何提高员工尤其是核心员工的忠诚度，又是一个困扰很多企业的问题。所有这些并不能说明我们不要变化，相反，只有不断求变，才能以更有力的姿态迎接挑战。

二、人力资源管理角色的变化

面对各种挑战，人力资源管理者的角色也会发生相应的变化，以便帮助企业迅速应变，将战略转化为组织内自上而下所有人员的行为，使员工和组织共同发展（见图1.1）。

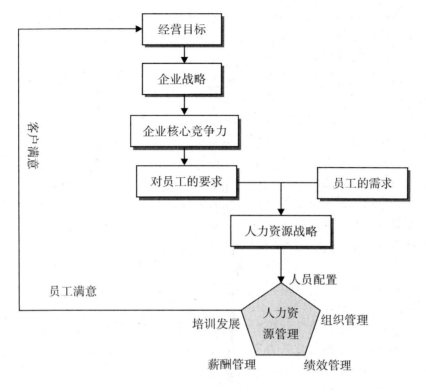

图 1.1

1. 角色一：改革的催化者①

组织为迎接变化，必然要引进新的理念，实行新的战略，采用新的管理模式，如组织再造、虚拟团队、工作多样化等。当今的管理中，许多战略都需要将新的管理理念转化为员工的行动，这使得人力资源专业人员的工作比过去任何时候都更复杂。不少员工面对持续的剧烈的变化，有时会无所适从，从而一方面降低他们的效率，另一方面引起他们对变化的抗拒。人力资源管理者可以帮助员工从抗拒变化变成欢迎变化，通过调动成员的积极性来建立高效率的工作团队，减少变革所需要的周期。随着以信息和知识为主的学习型组织的到来，人力资源管理者更应该成为带动变革的先锋，去督导、促进组织的变革。

2. 角色二：战略制定的参与者

企业的任何决策和业务策略都是通过企业的人力资源——企业雇员来完成的，而人力资源部成员是公司内部人力资源管理的专家和顾问，人力资源管理者应该在企业战略制定的早期就参与进来，不只是完成诸如招聘、培训等一般事务性的工作，而是

---

① 参考金涛《重塑人力资源管理新职能》，暨南大学硕士论文，2007 年。

能够帮助高层管理者制定并执行组织的长期规划和战略，识别出能够帮助员工更好地为企业的成功作出贡献的变化，并且使这些变化得以制度化。

3．角色三：员工的代言人

不断变换的环境使得员工承受的压力越来越多，要掌握的知识和技能越来越复杂，对员工投入的要求越来越高，而随着企业临时性雇员的增加，企业对员工所做的承诺越来越少，雇员对企业的效忠程度也越来越低。在人力资源管理的新角色中，人力资源管理人员必须努力使得雇员保持对公司最大的投入，即让雇员感觉到企业是值得效忠的，同时贡献出他们最大的努力。人力资源管理者不再仅仅是组织的管理者，而更多地承担员工代言人的角色，从员工的发展和需求出发，在管理讨论中充分考虑他们的利益，为员工提供专业和个人成长的咨询服务，并提供资源来帮助他们满足自我实现的需要。

4．角色四：获取竞争优势的发动者

在决定企业核心竞争力的众多因素中，与人有关的因素主要包括：学习与开发、组织承诺的工作环境、吸引/甄选/维系人才、管理继承人的储备、科学的绩效管理与合理的薪酬设计。在竞争者之间，人力资源管理水平的差别相当大，能够有效地管理人力资源，会对公司获得竞争优势有很大的帮助。人力资源管理者应该善于运用新方法、新技术来提供并不断优化人力资源服务。同时，有效的人力资源管理可以吸引、留住优秀的人才，使员工具备很强的工作能力，树立良好的态度，焕发高涨的积极性，忠诚于企业。这才是当今企业竞争的最关键所在。

第六节　人力资源管理的原理、手段和技术

一、人力资源管理的基本原理

人力资源管理的基本原理是指导人力资源管理制度建设和实践的思想、理论的总和。这些原理是否正确，运用是否得当，关系到人力资源能否有效开发、合理配置、充分使用和科学管理，关系到人力资源管理工作的成败。提出和确立人力资源管理的基本原理是一项重要的理论建设，需要吸取其他学科的研究成果，更需要在实践中不断总结，不断地补充和修正。

1．分类管理

分类是任何管理的基础和前提。没有分类，不能发生管理活动，而分类不科学，同样不能使管理活动取得成功。人力资源的管理分类可按不同的标准。例如，按管理主体分类，有政府的人力资源管理，有企事业单位及其他社会组织的人力资源管理；按管理客体分类，有国家公务员的管理、企事业单位工作人员的管理以及社会各类人员的管理；等等。还可以按分类需要和分类对象本身的特点逐一、逐层分解，如企

可把员工分为管理人员和非管理人员两类,管理人员又可分为高层管理人员、中层管理人员、基层管理人员三类,一线工人又可按工种进行细分。由于不同类型的人员所从事的工作不一样,人员的素质结构有异,因此,对他们的管理方式也应有所不同。

2. 系统优化

系统是由两个以上要素所组成的,相互关联又相互作用的,具有特定功能、向同一目标行动的有机整体。系统可大可小,可简单可复杂。大系统由许多子系统组成,而每个子系统又可能由更小的子系统组成。每个组织都是一个系统,每一个组织机构、每一个管理者和每一个员工都是组织系统的要素。如果系统内各个要素合理组合,就可以发挥整体功能大于个体功能之和的优势。如果系统内各个要素组合不合理,就会产生内耗,不能形成合力,出现整体功能小于个体功能之和的结果。系统优化原理要求系统内各部分之间要相互协调,使整体功能大于部分功能之和。人力资源管理就是这样的系统,其各个环节都是这个系统的组成要素。在人力资源管理中,运用系统优化原理对于人力资源效能的最大化有着重要的意义。

运用系统优化原理应遵循以下几个原则:

(1) 整体性原则。即要求管理者在管理工作中重视整体效应,把着眼点移到系统整体上来,把具体事物放在系统整体中来考察,在必要时舍弃部分保存整体。此外,还要注意处理好各部分的比例关系。

(2) 结构性原则。系统的结构决定着系统的整体功能。所谓结构,是系统内各要素的组织形式,是要素间的关系,系统通过结构将要素联结起来。结构是保持系统稳定性的根据和基础。它通过对要素的制约,使要素的变化限制在一定的范围内。例如,职工可以看作企业的要素,规章制度可以看作企业的结构。规章制度约束着职工的自由,维护企业的整体利益,保持企业的生机和活力。这就表明,一个组织不仅要提高人员的素质,还要进行人事制度、管理体制等方面的结构改革;否则,人员素质再好,也难以充分发挥作用。

(3) 层次性原则。系统要素的组织形式是系统的结构,但结构又可分为不同的层次。在简单的系统里,结构只有一个层次,在复杂的系统里,存在着多个层次。例如,企业职工按年龄分,可分为老、中、青不同年龄段的职工;按文化程度分,可分为初中生、高中生、专科生、本科生、研究生;等等。因此,要根据系统的实际情况,合理设置结构层次,处理好层次之间的关系,解决好集权与分权的问题,扬长避短,提高组织活动的效率。

(4) 相关性原则。即系统的要素之间、要素与系统整体之间、系统与环境之间是相互联系、相互影响的,它要求管理者在管理工作中要注意事物之间的相互联系,防止孤立片面地看问题。

3. 能级对应

人的能力有大小,这是普遍的社会现象。由于先天和后天条件的不同,每个人所蕴含的人力资源也就有层次和级别的差异。此外，组织系统内的职位或工作岗位，由于任务的难易程度不同，责任大小有异，所需资格条件也就各不一样。如何使有着大小差别的人力资源和所需资格各不一样的工作岗位科学地、合理地配置起来，实现人适其事、事得其人、人事两宜的目标，就需要坚持能级对应的原则。为此，就必须：①设立合理的能级结构。现代组织中的"级"不是随便设置的，各个级也不能随意组合。要破除"人多好办事"的小生产的效率观，树立"用最少的人办最多的事，多一个人就是多一个故障因素"的现代观念。②不同的能级应表现出不同的权力、责任、利益和荣誉。③能级的对应不是一成不变的，它是一个动态的过程。人的能力可以随着知识的增长和经验的积累而不断增强，也可能因年龄的增长、体力和智力的减退而下降，而随着社会的发展与进步，对各个职位的要求也会不断变化，因此，应该经常地调整"能"与"级"的对应关系。

4. 互补增值

人的能力不仅有大小的差别，而且各有长短。任何一个有劳动能力的人都可以在不同的组织系统中和工作岗位上发挥作用。没有无用之人，只有不用之人。"智者千虑，必有一失"，而近乎平庸的人，也有其闪光的一面。这就是互补增值的客观可能性。所以，在人力资源群体中，如果能够合理地把各有长短的个体有机地组织在一起，取长补短，就能形成 $1+1>2$ 的新的整体优势，达到互补增值的基本要求。人力资源群体的互补内容主要包括：①知识互补。即把不同知识领域、深度和广度的人组合在一起，实现互补，使整体的知识结构比较全面、科学和合理。②能力互补。即把不同能力类型、能力大小的个体组合在一起，实现互补，形成合理的能力结构。③性格气质互补。即把不同性格气质特征的人组合在一起，实现互补，从而使群体形成良好的人际关系和胜任处理各种问题的良好的性格气质结构。④年龄互补。一般来说，年老的人经验丰富、稳重；中年人有一定的经验，精力充沛，处理问题果断，反应快速；年轻人有闯劲，敢于开拓。老、中、青相结合，就可以实现互补，把工作做得更好。⑤性别互补。不同性别有不同的长处，女性较细心和耐心，男性则较粗犷和坚强。男女性别的合理搭配，可以实现互补优势。

运用互补增值原理时，应注意：能互补增值的人力资源群体，必须有共同的理想、事业和追求，有合作的意愿、宽宏大度的品格和便于沟通的渠道，否则，就难以取得互补增值的效果。目标不同，志向各异，缺乏理解，沟通困难，就会"道不同不相为谋"，甚至钩心斗角，互相拆台，这样不仅不能互补增值，反而是内耗不断，使群体的价值消耗殆尽。

5. 竞争强化

竞争是人力资源管理的有效途径，是人尽其才、才尽其用的推动器。竞争强化是指通过各种有组织的良性竞争，培养人们的进取心、毅力和胆魄，使他们能全面施展才华，为组织的发展作出更大的贡献。为使竞争产生积极的效果，应注意以下几点：

①竞争必须公平。也就是说，竞争的条件、规则、结果考核、奖惩标准等，对所有人应一视同仁，不偏不倚。人力资源竞争也同商品竞争一样必须走向法制化。②竞争必须以组织发展为重要目标。良性的竞争应紧紧围绕组织目标，把个人目标与组织目标结合起来。在竞争中，每个人不仅要同周围的人相比，更主要的是同组织目标比。即使同他人比，也是要取人之长，补己之短，形成学先进、赶先进和超先进的良好风气。这样的竞争才有利于效率的提高、活力的增强。而恶性竞争，则是不顾组织目标，完全以个人目标为动力，为了取胜不惜损害组织或他人的目标和利益。这种竞争难以提高组织的效率，只会损害组织的凝聚力。

人力资源竞争贯穿于人力资源管理的整个过程，但表现得比较明显和激烈的是招聘录用、职位晋升、奖励、培训、考核和工资晋级等环节。人力资源竞争大致可分为排他性竞争和非排他性竞争两种。排他性竞争是实力强、条件优越者胜利，相形见绌者被淘汰。例如在招聘录用中，一般地说，招聘录用的名额指标是既定的，而应聘者的人数通常又多于既定的录用数额。尽管应聘者都达到录用标准的基本要求，但由于名额限制，只能是其中的优秀者获胜，而相当数量的应聘者则名落孙山。这种百里挑一、千里挑一的淘汰性竞争，保证了招聘录用的高质量，达到了择优的目的。而对于落选者来说可能是不愉快的，甚至是"残酷"的，但只要正确对待，将压力变动力，将来仍有获胜的机会。所以，排他性竞争中的排他或淘汰是相对于一定的指标数量而言的，实质上对胜利者或落选者都是一种强劲的动力，都能达到强化的目的。非排他性竞争一般不受指标数量的限制，因而不存在你胜我负、你上我下的局面，而是你追我赶，力争上游，共同攀登新的高峰。比如，在培训中，知识的掌握和技能的增长，一般不具排他性质。可能有合格和不合格的差别，也可能是全体优秀。排他性竞争和非排他性竞争各有适用的范围，正确运用就能做到择优和强化人力资源的目的。

6. 文化凝聚

组织管理诸要素在组织管理机制的作用中，组织文化处于整个构架的最上端，起着高屋建瓴、统率全局的作用。组织文化是一个组织在长期发展过程中，把组织内部全体成员结合在一起的行为方式、价值观念和道德规范。它对组织成员具有巨大的凝聚作用，使组织成员团结在组织内，形成一致对外的强大力量。同时，组织文化强调个人的自由全面的发展，实行自主管理、自我诊断、自我启发和自我完善，可以调动组织成员的积极性、主动性和创造性。一个组织的凝聚力和激励力，虽然与组织给予其成员的物质预期有关，但归根到底取决于组织内在的共同价值观念。如果组织有了良好的群体价值观，管理就会达到事半功倍的效果。特别是在人们的温饱问题解决以后，人们的需求层次在逐渐提高。这就要求我们在管理工作中，要抛弃那种"大棒加胡萝卜"的方式，而应该把着眼点放在满足员工的高层需要、精神需要上来，实现以人为中心的管理，用高尚的组织目标和组织精神塑造人才、凝聚队伍、激励员工，取得人力资源开发和管理的高效益。

二、人力资源管理的基本手段

人力资源管理的基本手段包括法律手段、行政手段、经济手段和目标管理手段等。这些手段涉及宏观、中观、微观等三个层次。在宏观方面，国家和政府利用这些手段进行宏观调控和指导，使人力资源的数量、质量、结构等与经济社会发展进程相适应；在中观和微观方面，企事业单位和其他社会组织利用这些手段进行直接的管理，使本单位的人力资源的数量、质量、结构等与组织目标相适应，充分发挥人力资源的最大效能。一般来说，国家和政府较多地利用法律手段和行政手段，而企事业单位和其他社会组织则较多地利用经济手段和目标管理手段。

1. 法纪（法律、纪律）手段

法律由国家依法定程序制定、颁布和实施，纪律则由国家机关、企事业单位和其他社会组织在其权力范围内制定和执行，两者都具有规范行为的作用，统称法纪手段。要实现人力资源管理的法制化就必须用法纪手段规范开发、配置、使用和管理的全过程，使人力资源管理有法可依，有章可循。我国已制定和颁布了《企业法》、《劳动法》、《劳动合同法》、《劳动争议调解仲裁法》、《职业教育法》、《未成年人保护法》以及有关劳动力流动、劳动关系调整、社会保险、劳动保护、劳动争议、劳动监察、劳务派遣等方面的法律法规，以调整管理方和劳动者之间的权利义务关系，规范人力资源市场行为等，初步形成了与社会主义市场经济相适应的人事法规体系；企事业单位和其他社会组织除遵守和执行国家的有关法律外，还根据权限和需要制定纪律和各种规章制度来规范员工的劳动行为，保证组织的正常运转和组织目标的实现。所有这些，使人力资源管理逐步走上法制化的道路。

人力资源管理的法纪手段也如其他领域的法纪手段一样，具有如下特点：①普遍性和规范性。行为规范制约的对象是不特定的人，对全体社会组织或组织成员都有约束力。它规定了各种社会组织或组织成员在一定条件下，应该做什么，不应该做什么，从而具有指导的作用，又能作为评价人们行为的标准。法纪手段适于处理共性的问题，便于高层次的集权和统一领导。②强制性。行为规范对全体社会组织或组织全体成员具有强制的约束力。如果有谁违反了这些准则，就会受到相应的惩处和制裁，从而增强了管理的权威性和有效性。③稳定性和行为结果的可预测性。法律具有极高的严肃性，一经确定，任何组织或个人非经法定手续和程序不能随意改变。而且法律一经颁布和实施，人们就可据此估计自己或他人行为的合法与否，预测其后果和所承担的责任，从而自觉以其作为行为的参照物，遵守法纪，沿着国家或组织所期待的方向努力，从而使组织管理系统有一种自动调节的功能，节约了大量的调解工作。

在人力资源管理中运用法纪手段需注意以下几个问题：①法纪的内容要与整个社会和组织体内的道德舆论水平相适应，也要与人力资源发展水平相适应。②要在全社会和社会组织内部强化法纪意识。人们有了强烈的法纪意识，就会自觉地同一切违法乱纪行为作斗争，维护法纪的尊严和权威，从而使人力资源管理活动规范化。③要以有效的监督机构和体系来保证法纪的实施和保持法纪手段的公正性。

2. 行政手段

行政手段是政府对人力资源进行宏观管理的基本手段。但从广义上说，企事业单位和其他社会组织依靠组织和领导者的权威，运用强制性的命令和措施，通过组织自上而下的行政层次的贯彻执行，直接对下属人员施加管理的手段，通常也称为行政手段。比如，上级部门任命下级部门的领导人员，管理者对员工工作岗位和责任的安排，组织对员工实施的奖惩和工资报酬的确定等都属于行政手段。行政手段在人力资源管理活动中具有以下主要特点：①权威性。各种组织及其负责人，可以根据法律、上级或组织章程赋予的权力，运用自己的威望，直接指挥、监督和调节下属人员的行动，使管理取得预期效果。②强制性。强制性以权威作基础。对于组织及其领导者下达的命令和指示，下级都必须认真贯彻执行。如拒不服从，组织和领导有权追究其责任。③垂直性。行政方法是通过组织系统、组织层次自上而下来管理的。因此，基本上是采取纵向直线传达指示和命令。下级只服从直接上司领导，低一层次只听从上一层次指挥。横向则不存在领导或指挥的关系。

行政手段的优点主要表现为：①有利于集中统一的管理。人力资源管理系统是一个多因素的复杂的有机整体，要获得稳定的发展，离不开统一目标、统一行动。而在现实生活中，人们看问题的立场、观点和方法不同，个人目标和组织目标、个人利益和组织利益也往往存在分歧和矛盾之处，因而对完成组织任务的态度也会有所不同。如果没有一定的权威和服从，人人各行其是，组织就会处于一盘散沙的状态，人力资源就无法实现整体效益。而通过行政手段可以实现必要的集中统一，使全体组织成员服从统一的意志，在统一指挥下，协调一致地行动。②快速、有效地调节下属的行为。由于行政手段具有的权威性，在处理一些特殊问题时一般都可快速、有效地调节下属人员的行为。例如，为纠正一些严重的错误倾向需要对人员进行惩处或调离原工作岗位，环境发生突然变化时需要改变工作性质和任务，等等。但行政手段也有不足之处，主要是：①不利于发挥下属的积极性。行政手段以权威为后盾，行政命令的执行效果、管理的好坏，很大程度上取决于领导人的知识水平、领导艺术、道德修养等个人素质，而下属部门和人员则是被动的执行者。我们前面已经讲过，人力资源的最重要特性是具有主观能动性，是有思想、有感情的，有尊重的需要。如果人仅是被动的被管理者，难以参与决策和管理，他们的尊重需要得不到满足，就会影响他们的主动性、积极性和创造性的发挥。企事业单位和其他社会组织不宜过多地使用行政方法。如果命令过多过细，就会束缚下属的手脚，不利于下属根据实际情况采取灵活性、适应性的行为措施，阻碍下属人员充分发挥自己的主动性、积极性和创造性，而易造成脱离实际的瞎指挥和形式主义的"一刀切"。②横向沟通困难，信息传递容易失真。由于行政手段是纵向的垂直的管理，下属各部门之间较少发生联系，横向沟通困难，协调任务重。而当机构层次较多时，信息传递迟缓，甚至严重失真。所以，企事业单位和其他社会组织要处理好跨度与层次的关系，做到集中领导、分级管理，跨度和层次均适当。而且在运用行政手段时，要伴之以说服教育，让被管理者消除抵触情绪，心悦诚服。

3. 经济手段

经济手段也称物质利益手段，是通过把个人行为结果与经济利益联系起来，用经济利益的增减来调节人的行为的一种管理手段。例如，利用良好的工资福利待遇吸引人才，用奖金激励员工完成或超额完成任务，以罚款惩治违反组织纪律或不能按时按质完成任务的员工，等等。这种手段的主要特点是非强制性和间接性。它主要是通过工资、福利、奖金、罚款等经济杠杆来调节和控制人们的行为，而不像行政手段对被管理者的行为进行直接和强制性的干涉和支配。

经济手段的优点主要表现在：①能较好地处理各方面的物质利益关系。经济手段实际上是通过调整各方面的经济利益关系，把个人利益、集体利益和国家利益结合起来，在不损害国家利益的情况下，根据实际情况不断提高集体和个人的利益。②由于经济手段是建立在物质利益原则基础上的，能使职工通过努力满足物质方面的需要，从而能调动他们的工作积极性，促进组织目标的实现。经济手段的缺点主要表现在：①容易使职工产生单纯追求物质利益的思想，斤斤计较个人的物质得失，失去远大的目标和高尚的情操，影响精神文明建设。所以，在运用经济手段时，与考核联系起来，使职工的物质收入与其实际贡献相符，同时要加强思想政治工作，克服"一切向钱看"的思想，帮助职工树立远大的理想和情操。②由于各单位都需要建立和巩固自己的物质利益机制，因而容易导致利益目标的分散和混乱，增加相互之间的矛盾。所以，要有统一的方针、政策和计划作指导，进行大量的组织协调工作，使各层次、各方面的积极性互相衔接而不是互相抵消地发挥出来。

4. 宣传教育手段

宣传教育手段，是指通过对政策、法律、规章制度的宣传和理想、道德的教育，提高人们的认识水平和思想水平，使他们自觉地为实现组织目标而努力的方法。例如，国家通过普法教育和法制宣传提高社会组织和个人的法律意识，自觉遵守法律规定的人力资源管理组织和个人的权利和义务；各种组织通过宣传教育使组织成员自觉遵守组织内部的规章制度；等等。宣传教育手段的特点主要有：①目的性。不同的组织有不同的目的，同一组织在不同时期的目的也不同。宣传教育方法就是要为实现组织的目的服务。目的性决定了宣传教育手段的具体内容、方式和性质。②启发性。通过宣传教育启发人们的觉悟，使人们自觉地为实现组织的目标而努力，因此，它具有非强制的性质。通过宣传教育，可以在组织内部形成某种气氛和舆论压力。但这是一种内在的无形的强制力，不像行政手段和法纪手段那样表现为一种外在形式上的强制性。③长期性。人们的观念、理想和信念形成的周期长,且处于不断变化之中,这就决定了需要长期不懈地激励、教育和引导,才能达到好的管理效果。

运用宣传教育手段时应遵循以下几个原则:①理论联系实际的原则。防止空洞的说教、形式主义的生搬硬套,要结合职工的业务,把宣传教育工作落到实处,做到生动活泼,讲求实效。同时,把宣传教育工作同解决实际问题结合起来。关心职工的切身利益和疾苦,采取措施,帮助他们解决一些实际困难。一时解决不了的,要作耐心的解释,给人以希望和信心,并努力创造条件去解决。②民主平等的原则。管理者应以平等的态度对待被管理者,不能高高在上,以势压人;对职工中存在的一些思想问题和不同意见,不要采取简单粗暴、无限上纲的做法,而应该循循善诱,做细致的思想工作,以理服人;要充分相信群众的认识能力,相信群众能够自己教育自己;要让群众充分参与组织的决策和管理,让他们真正拥有作为组织的主人的权利。③身教与言教相结合的原则。要发挥宣传教育工作的效力,首先是管理者要以身作则,起表率作用。如果做不到这一点,说话就没有分量,宣传教育手段的运用就缺乏了基础。榜样的力量是无穷的,言行一致,管理者才能树立起威信。④表扬与批评相结合,以表扬为主的原则。表扬和批评都有疏导的作用,一正一反,互相配合,不可偏废。但表扬是正面引导,起着积极的作用,批评则是负向抑制,易引起逆反心理。因此,要注意以表扬为主,即表扬的量要多于批评,表扬的场合宜大,而批评的场合宜小。

5. 目标管理手段

目标管理手段是指组织的管理者与下级成员一起协商,通过制定和实施具体的目标来提高职工的积极性和工作效率的一种综合管理方法。目标管理的基本理论和方法是美国学者杜拉克创立的。他认为,组织工作的目的和任务必须转化为目标,管理人员应该通过目标对下级进行管理,以保证组织总目标的实现。各级管理人员要根据分目标对下级进行考核,根据目标完成的情况和取得成果的大小进行评价和奖励。目标管理的特点主要有:①目标管理是一种系统整体的管理方法。目标管理,即通过发动组织成员自下而上和自上而下地制定目标,建立起一个纵横交错、相互联系的目标体系,并层层分解,把目标固定下来。与其他手段相比,它具有鲜明的科学性、系统性和整体性。目标体系把组织的全体成员有机地联系起来,使他们产生整体观念和团结精神,有利于发挥组织整体的力量。它能发挥组织各部门、各单位及全体成员的积极性,是一种总体管理,可以达到全面的管理效果。②目标管理是一种民主管理。目标管理是一种参与管理制度,在目标的制定和实施过程中都让组织全体成员参与,实现管理的民主化。它有利于上下级之间的沟通,缓和上下级之间的矛盾,调动成员的积极性和创造性。③目标管理是一种自主管理。这主要表现在:第一,目标主要由下级和组织成员自己来制定。人人心中有了自己认定的目标,便会使压力变成动力,动力又转化为潜力的发挥,最后形成良好的激励过程,使成员主动参与组织管理。第二,由于目标明确、责任明确和奖罚标准明确,每个人都可以据此评价自己的工作,为自我管理和控制创造了条件。第三，目标管理要求用目标指导行动，上级少干预下级的工作，下级可以创造性地进行工作，充分发挥自己的聪明才智。这样有利于使成员发现自己的工作兴趣和价值，享受工作的满足感和成就感，也使组织目标得以完成。④目标管理是一种注重实效的管理。目标管理通过考核，以实绩作为评价每个成员工作好坏的唯一标准，并且成果的评定方法规定得具体、明确、易行、客观和公平，考核的结果与成员的晋级、提升和调资等挂钩。一个人优异成果的取得和奖励主要靠个人的能力、知识和努力，有利于打破"大锅饭"，促进凭成果说话的好风气，鼓励多劳多得的工作热情，促进勤奋向上和能力开发，改善管理方法，提高工作效率。

确定目标时，应坚持以下几个原则：一是关键性与全面性相结合的原则。所谓全面性，是指目标要能反映组织的全面工作，体现本组织的基本任务，使各部门乃至每个人都有目标。所谓关键性，是指不能对所有工作等量齐观，而必须突出重点，抓主要矛盾，从资源分配上优先保证重点目标。二是灵活性与一致性相结合的原则。在确定组织目标时，必须使组织目标与上级目标保持一致，组织各部门、各单位的分目标与组织的总目标保持一致。同时，还要从本组织的实际出发，发挥组织的优势和长处，使组织目标有一定的弹性，以适应客观情况的变化和形势发展的需要。三是可行性与挑战性相结合的原则。这是指目标的制定要先进合理，切实可行，才能发挥激励的作用。也就是要本着"跳一跳，够得着"的分寸制定。所谓"跳一跳"，是指目标具有挑战性，有一定的难度。如果目标没有挑战性，不需要付出多大努力就唾手可得，就会没有激励作用。所谓"够得着"，是指目标的可行性，是经过努力可以实现的。如果目标定得太高，无法实现，让人感到可望不可即，就会使人丧失信心。四是明确、具体、定量化原则。组织目标不应是一些空洞的口号，而应该是看得见、摸得着的。在实施的过程中，要让职工努力有方向、检查有依据、考核有标准。为此，目标应该明确、具体，尽量用定量的指标描述，如缺勤率、离职率、人均雇佣成本、人力资本投资回报率、职工福利提高的幅度等。对于那些难以定量化的目标，也应尽量具体化，定出衡量的标准，便于实施考核。

三、人力资源管理技术

人力资源管理是实用性很强的一种管理，除了法律规范、制度保障、政策指导之外，还必须有一整套使人力资源管理付诸实施的技术和方法。随着社会主义市场经济的发展和人力资源管理为市场经济服务功能的加强，我国人力资源管理技术也有了很大的进展。诸如招聘考试（笔试和面试）技术、人才测评技术、培训技术、考核技术、人事诊断技术、工资设计技术等已在实践中应用并取得了很好的效果。但还需依靠现代工程技术和其他现代化工具才可能获得进一步发展、完善并提高效益。

1. 系统工程技术

系统工程的基本含义就是用处理工程的办法对系统进行组织管理。它以系统为对象，把要组织和管理的事物，用概率、统计、运筹、模拟等方法，经过分析、推理、综合、判断，建成系统模型，进而以最优化的技术，求得系统最佳的结果。简言之，就是用系统的观点和方法去解决各种复杂的工程问题（包括自然的、技术的、社会的等等）。而人力资源的系统工程技术就是指用系统的观点和方法去解决复杂的人力资源问题，即根据组织发展的目标，运用概率、统计、运筹和数学模型等，进行人力资源的规划、配置、培训、考核、报酬，以及人力资源的成本和效益核算等等，从而实现人力资源管理的最佳效益。

系统工程技术的主要特点是：①用最优化的方法使人力资源管理系统达到最佳的结果。也就是说，经过系统技术的处理，使人力资源管理系统达到技术先进、管理效益合算、时间上节约，人力资源管理系统各个组成部分之间能协调运转的最佳效果。②所涉及的专业门类较多。上面讲过，系统工程要运用多学科的知识，既有社会科学的知识，也有自然科学的知识。③它着眼于人力资源系统整体的状态和过程，而不拘泥于局部的、个别要素的得失。④系统工程技术的精华是其无形的"软技术"（如人力资源预测中的数学模型、人员配置方案、人力资本成本预算和效益估算等），而不是有形的"硬工程"（如专业技术人员的数量、工作环境、管理的物质力量等）。

2. 调查技术

调查就是管理者根据一定的管理目的，通过一定的程序，对与人力资源管理活动有关的现象进行系统、科学的考察，为认识管理活动的规律性提供准确全面的材料的方法和技术。通过调查获得丰富而可靠的材料，是管理者发现和解决管理问题的前提和出发点。调查的方法很多，我们这里简单介绍典型调查、抽样调查和个案调查。

（1）典型调查。是从调查对象总体中抽选出若干有代表性的个体进行深入细致的调查，其目的是通过深入地"解剖麻雀"，以少量典型来概括或反映全体。例如，对某些工作性质相同、责任轻重繁简相同的工作岗位进行职位调查，就可选取其中的一个或少数几个进行调查，最后概括出所有这类职位的工作说明书，以达到工作分析的目的。典型调查的优点是，由于只调查少量的典型，因此，可节省时间、人力、经费；调查内容比较深入、全面，可以细致地解剖人力资源管理某一方面的情况；调查方式较为灵活。缺点是所选择的调查对象是否有代表性很难判断，因此，得出的调查结论并不一定能适用于总体或全局。

（2）抽样检查。就是按照随机的原则，从调查对象总体中，抽取作为总体代表的部分单位作为调查点进行调查，并以部分单位的调查结果来推论总体的方法。例如，考核方案初稿制订出来后，为了了解员工对方案的意见，就从各类员工群体中按照随机的原则抽取一定数量的员工来进行调查，通过对这些被抽取员工意见的调查来大体了解全体员工对方案的看法，然后据此修改和完善方案。抽样调查与普查相比，其优点是费用较低、速度快，可获得丰富的资料，而且现代的抽样技术已相当完善，使调查得到的资料的准确性比较高。因此，它的应用范围很广，是调查方法中用得最多的一种。缺点是技术要求较高，要有较好的概率统计方面的知识和丰富的经验。

（3）个案调查。是对调查对象个体进行深入的研究，其目的不是为了推论总体，而是要深入、细致地了解具体单位的全貌。也就是具体问题具体分析，有针对性地解决个别的问题。例如，帮助某个员工进行生涯设计，管理人员就要深入了解这个员工的知识、能力、气质、性格、发展潜力，以及组织能为其提供什么样的条件，等等，在掌握充分材料的基础上再向他提出各种建议。

3. 信息技术

所谓信息技术，就是指在进行人力资源管理时，要充分掌握和利用各有关信息，才能进行科学的决策和管理。人力资源信息在人力资源管理中有着重要的作用，它为人力资源决策和规划的制定提供基本的依据，是组织和控制人力资源管理的依据和手段，是人力资源管理工作各个环节和各个层次互相沟通的纽带。

人力资源信息管理的主要内容有：人事档案、文书档案和各类人员信息管理，人力资源的统计调查（如干部统计、工资统计、编制统计等）、综合分析、预测和辅助决策等。信息管理的原则有：①实事求是的原则。它要求如实反映人力资源的客观情况，保证资料的真实、准确，从而才能保证信息分析结果的可靠性。②全面性和统一性原则。全面性，就是要求人力资源信息必须反映人力资源管理的全面情况，提供完整的资料；统一性，就是要求人力资源资料必须有统一的指标和指标体系，统一的口径，统一的分组，统一的调查、汇总和报告时间，等等。③时效性原则。它要求信息应及时反映人力资源管理方面的情况。时过境迁的信息失去了时效性，对于人力资源管理活动没有裨益。④适用性原则。各级各类人力资源决策和管理部门所要求的信息，在范围、内容、详细程度和需要时间等方面都不相同。因此，必须提供符合需要的信息，使各级各类决策和管理部门及时得到与本组织、本部门工作有关的重要资料和数据，以便作出相应的决策并进行管理工作。

信息的处理过程包括信息的收集、加工、传输和存贮等几个方面的工作，它们相互联系、相互穿插、相互补充，形成一个连续统一的过程。

4. 电子计算机和互联网技术

随着计算机和互联网的发展，eHR（Electronic Human Resource，电子人力资源管理）已经在不少组织中应用并成为人力资源管理的趋势。它是基于先进的软件系统和高速、大容量的硬件基础上的新型人力资源管理模式，通过集中式的人事核心信息库、自动化的信息处理、员工自助服务桌面、内外业务协同以及服务共享，从而达到降低管理成本、提高管理效率、改进员工服务模式以及提升组织人才管理的战略地位等目的。

eHR 将人力资源管理的各个环节整合成不同的模块，如人事管理模块、招聘甄选模块、薪酬福利管理模块、绩效考核模块、培训开发模块、合同管理模块等。eHR 中的 e 包含四层含义：①通过互联网改进人力资源管理流程，进一步实现人力资源管理的自动化与无纸化。②基于 B2B 的人力资源管理。eHR 要求企业与外部人力资源管理服务机构紧密联系，以提高自身的工作效率。③通过互联网进行员工自助服务，让企业全体员工参与人力资源管理，建立员工可在线查看的企业规章制度、组织结构、重要人员信息、内部招聘信息、个人福利累计情况、个人考勤休假情况、注册内部培训流程、提交请假/休假申请、更改个人数据、与人力资源管理部门进行电子方式的沟通等。④上级管理者网上审批和管理。基于 e 化的人力资源管理，即上级管理者可利用系统在网上进行权限内的审批和管理。比如，允许直线经理在授权范围内在线查看所有下属员工的人事信息，更改员工考勤信息，审批员工的培训、请假、休假等申请，并能在线对员工进行绩效评估。①

企业实施 eHR 后，人力资源的服务和模式将会发生很多改变：一些管理人员过去所做的工作被网络技术替代，由门户或自我服务完成。一些人力资源管理人员从事务作业执行者转变为内部专家和教导员，工作重心从以事务处理行为为基础转向以价值增加为基础。人力资源管理程序和运作更容易形成标准化，并在较低成本下以更快速度运作。新的系统能够在不同的地区、不同的规章制度、不同的权限体系下精确地进行 HR 操作。标准化的系统让人们能够轻而易举地在不同地区和部门间分享信息。新的信息一经产生，就能在所有部门得到识别和确认，并起到辅助决策的作用。不但管理者，HR 工作人员、一般的员工也能够随时更新其个人数据，以及读取相关重要数据，并能使用系统进行自我管理和工作协同。随着互联网和电子商务的发展，eHR 在越来越多的企业得到应用，并在提高人力资源管理效率和效果方面发挥作用，是人力资源管理发展的趋势所在。

练习题：

1. 人力资源与其他资源相比有哪些特点？
2. 人事管理与人力资源管理相比较有哪些不同？
3. 人力资源管理职能在职能部门与直线部门之间是如何分工的？
4. 试述人力资源管理的重要性。
5. 人力资源管理的基本原理有哪些？
6. 人力资源管理的基本手段有哪些？
7. 人力资源管理的技术有哪些？

---

① 参见徐洪波《eHR——人力资源管理的发展趋势》，《市场周刊》2002 年第 3 期。

[案例1]

关于新生代农民工问题的研究报告

全国总工会新生代农民工问题课题组

在本报告中,新生代农民工系指:出生于20世纪80年代以后、年龄在16岁以上,在异地以非农就业为主的农业户籍人口。

一、新生代农民工概况与基本特征

(一)新生代农民工问题是传统农民工问题的延续和发展(略)

(二)新生代农民工的概况

①新生代农民工占外出农民工的六成以上,在经济社会发展中日益发挥主力军的作用。②平均年龄23岁左右,初次外出务工岁数基本上为初中刚毕业。③近80%的人未婚。④受教育程度和职业技能培训水平相对传统农民工有所提高。⑤在制造业、服务业中的就业比重有所上升,在建筑业中的就业比重有所下降。⑥成长经历开始趋同于城市同龄人。很多新生代农民工自小就跟随父母移居城市,或是在农村初中(高中)一毕业就到城市"谋出路";即使出生、成长在农村,他们在务工前也大多数时间在学校读书,不熟悉农业生产。此外,新生代农民工大多只有一两个兄弟姊妹,较之父辈,生活是优越的。

(三)新生代农民工的四大特征:时代性、发展性、双重性和边缘性

时代性的体现:新生代农民工处在体制变革和社会转型的新阶段,物质生活的逐渐丰富使他们的需要层次由生存型向发展型转变;他们更多地把进城务工看作谋求发展的途径,不仅注重工资待遇,而且也注重自身技能的提高和权利的实现;大众传媒和通信技术的进步使他们能够更迅捷地接受现代文明的熏陶,形成多元的价值观与开放式的新思维,成为城市文明、城市生活方式的向往者、接受者和传播者。

发展性的体现:新生代农民工年龄大多20岁出头,其思维、心智正处于不断发展、变化的阶段,因此外出务工观念亦处于不断发展、变化中,对许多问题的认识具有较大的不确定性;他们绝大多数未婚,即将面临结婚、生子和子女教育等问题,也必然要承接许多可以预见及难以预见的人生经历和变化;他们大多刚从校门走出3—5年,虽然满腔热情、满怀理想,但是,职业经历刚刚开始,职业道路尚处于起步阶段,在职业发展上也存在较大的变数。

双重性的体现:他们处于由农村人向城市人过渡的过程之中,同时兼有工人和农民的双重身份。从谋生手段来看,靠务工为生,重视劳动关系、工作环境,看重劳动付出与劳动报酬的对等,关注工作条件的改善和工资水平的提高,具有明显的工人特征;但是受二元体制的限制,他们的制度身份仍旧是农民,作为农民的后代,也不可

避免地保留着一部分农民的特质。

边缘性的体现：新生代农民工生活在城市，心理预期高于父辈，耐受能力却低于父辈，对农业生产活动不熟悉，在传统乡土社会中处于边缘位置；同时，受城乡二元结构的限制与自身文化、技能的制约，在城市中难以获取稳定、高收入的工作，也很难真正融入城市主流社会，位于城市的底层，因此，在城乡两端都处于某种边缘化状态。

二、新生代农民工的观念转变

（一）外出就业动机从"改善生活"向"体验生活、追求梦想"转变

选择"出来挣钱"的，20世纪60年代出生的农民工占76.2%，70年代出生的占34.9%，80年代出生的只占18.2%。同时，在80年代出生的农民工中，选择"刚毕业，出来锻炼自己"、"想到外面玩玩"、"学一门技术"，以及"在家乡没意思"的人高达71.4%。

（二）对劳动权益的诉求，从单纯要求实现基本劳动权益向追求体面劳动和发展机会转变

他们就业选择不仅看重硬件——工资，更看中软件——福利待遇、工厂环境、企业声望乃至发展机会等。新生代农民工对劳动权益相对较高的主观诉求，既体现为当所在单位与自己的诉求存在一定差距时"用脚投票"催发的高跳槽率上，又表现为对就业行业、就业岗位和单位正规程度的更高要求上。

（三）对职业角色的认同由农民向工人转变，对职业发展的定位由亦工亦农向非农就业转变

对于职业身份，90年代出生的农民工中，认为自己是"农民"的仅占11.3%，认为自己是"工人/打工者"的占34.5%。另据一项调查，关于"未来发展的打算"，选择"回家乡务农"的，在新生代农民工中只有1.4%；打算"做小生意或创办企业"的，新生代农民工中有27%；打算"继续打工"的，新老两代农民工均占到一半以上。

（四）对务工城市的心态，从过客心理向期盼在务工地长期稳定生活转变

在新生代农民工中，有55.9%的人准备将来"在打工的城市买房定居"，远远高于17.6%的农业流动人口整体水平。相对于传统农民工，新生代农民工希望在务工地长期稳定生活的愿望更加强烈。

（五）维权意识日益增强，维权方式由被动表达向积极主张转变

新生代农民工比上一代有更强的平等意识和维权意识，对获得平等的就业权、劳动和社会保障权、教育和发展权、政治参与权、话语表达权以及基本公共服务权等方面，都比父辈有更高的期待，并表现出维权态度由被动表达向积极主张转变。

（六）对外出生活的追求，从忽略向期盼精神、情感生活需求得到更好满足转变

新生代农民工更渴望在外出就业的同时，爱情能够有所收获，思想可以交流，困

扰能够倾诉。

三、新生代农民工面临的主要问题

1. 工资收入水平较低、务工地房价居高不下，是阻碍其在务工地城市长期稳定就业、生活的最大障碍。

2. 新生代农民工的受教育程度和职业技能水平滞后于城市劳动力市场的需求，是阻碍其在城市长期稳定就业的关键性问题。

3. 受户籍制度制约，以随迁子女教育和社会保障为主的基本公共需求难以满足，是影响其在城市长期稳定就业和生活的现实性、紧迫性问题。

4. 职业选择迷茫、职业规划欠缺、学习培训的需求难以有效实现，是阻碍其实现职业梦想不可忽视的因素。

5. 情感、精神的强烈需求不能很好地满足，是困扰他们的首要心理问题，也是在现实生活中最少得到关注的深层问题。

6. 劳动合同签订率低、欠薪时有发生、工伤事故和职业病发生率高等劳动权益受损问题，是其亟须解决的突出问题。

（资料来源于《工人日报》2010年6月21日版，有删减）

讨论参考题：

1. 在后金融危机时代，企业面临着原料、能源、土地等价格上涨以及人民币汇率不断升高而利润空间越来越小的困境。在这种状况下，针对新生代农民工的特点，企业应该如何进行人力资源管理？

[案例2]

劲霸老总致员工的信及某员工致老总的信

以下是网络上流传的劲霸男装董事长给员工的一封信和离职的某位员工给董事长的一封信。

一、劲霸老总洪忠信致劲霸员工的一封信

我的心情很沉重，这样的沉重延续了将近一年时间。订货会上，我与三千名经销商、加盟商合作伙伴们进行一年一度的工作沟通，今天，我想跟大家交流一下。

我们劲霸遭遇了有史以来最严重的市场下滑，这只是我心情沉重的次要原因，更重要的原因，是我这一年来看到、听到、经历的工作中管理中的种种问题、现象、行为，让我不断地意识到：劲霸目前存在的内部管理和工作作风问题，已经远远超过了市场给我们的打击。而一个企业的毁灭，外部市场环境只是诱因，真正的核心是内部

的问题导致。正像我们知道的，天气寒冷冻死的都是老弱病残，因为他们的体质抵御不了寒冷，而所有癌症的产生是源自于自身细胞的病变。目前我们自身的病变已经显现，外部环境加重了这种病变的危害，再不面对我们自身的问题，成就伟大企业的愿景可能真的就变成了梦想、不能实现的梦想，我们的价值观也仅仅成为一个挂在墙上的口号。

"企业存在的价值是创造绩效，是成长员工，是担负社会责任。"德鲁克的这个观点，最精准的说出了企业存在的价值，或者说，什么样的企业才能够生存、成长乃至百年长青。最重要的是，这三点是有先后次序的。企业首先是创造绩效，才能保证企业健康发展，才能谈论给予员工成长的平台和机会，才能承担社会责任。一个没有绩效或者低绩效的企业，三天两头被内部损耗、市场波动、资源贫乏、资金短缺弄得朝不保夕，谈什么员工发展，更遑论什么社会责任。这样的企业早晚会成为社会的负担。

而目前我看到我们的内部，一些人关心企业福利、工作环境居多，为一个水果、一瓶酸奶、一趟班车津津乐道，却鲜有人关心工作绩效工作成果；为加班费、下雨是否放假、假期什么时间休息而议论不休，却很少探讨如何改良自己的工作、提出合理化建议。谈到工作，基本在抱怨其他的部门和同事；谈到工作中的不顺畅、沟通中的障碍，语言激烈、情绪负面。加班一个小时就要义正词严的索要加班费，一些不合格的员工不惜用泡病假来对待工作、对待公司制度。这不是成就一个伟大企业的文化价值观，更不是能够抵御市场不同环境、众志成城迈向未来的工作文化！

我们为终端提供 POP，由三大系统合作完成。本应协作完成的这项很简单的工作，却因为责任心和职业操守而导致延误；更荒谬的是，各个系统、部门明知出现延误会影响终端店铺的表现，不是迅速解决问题而是一再推诿、互相指责，沟通会议开了无数次，依旧无法推进工作，一位经理级员工居然说"让我缩短时间，质量出了问题我不负责"。在这样的紧急事件处理中，计算时间居然把周末、节假日扣除。这就是我们"勇于承担"的价值观的反面典型。这件事情最终不得不开全体高管会议进行裁定。我们的三大业务系统本应是互相支撑、相辅相成的铁三角，产供与商品，却不断因为本位的工作心态和简单的 KPI 导向，造成很多环节的低效沟通、反复推脱、互相责怪，为一件小事情居然邮件来回几十次而最后仍然让工作停顿，直至要最高层出面调停。我们的供应链货期项目进行了一年，目标是为了缩短供应周期、按照市场需求准时交货，而结果是什么？结果是每一个与货期有关的部门都给自己留了更多时间，计算出来有些产品的加工周期长达半年以上。至今为止我们有很多交货的延误。这就是我们站在消费者、客户角度的工作导向？我认为这是为了所谓的 KPI，损害公司利益的渎职行为。

我听说我们的一个品质经理，居然在检验品质的时候说，没有标准，他就是标准。若是不招待好了吃喝玩乐，货就不收。我听说我们个别同事与供应商、经销商一起工作时,要对方高级别招待,吃喝住提要求,对公司制度置若罔闻,俨然成为腐败的蛀虫、职场的垃圾!

我们的协同指标连年下降,两大核心业务部门分别排列倒数一、二,我们还在继续为工作细节相互指责、为本位互不相让、为部门利益不停争执,甚至到了目前,大家连互相沟通都不愿意进行,以所谓职责明确作为不协同的借口、以职业化作为不合作的理由、以流程规定作为不负责任的说辞。

我们下班后空调、电灯没有人关,有个别人出差时开虚假发票、利用手中职权牟取私利造成公司重大损失,有人把公司办公用品看作私人财产随意取用,看到问题不伸手解决,遇到困难首先想的是如何解释推诿,我们有的同事甚至高管开会准备的资料通篇都是对于工作任务无法完成的解释而不是解决方案。

管理者理应是团队的领头人,是行为准则的标杆,是以身作则的榜样;而不是画地为牢的部门孤井的建立者,不是找借口不找方法的不负责任的高明的推脱者,更不是不为企业贡献价值,天天沉浸于低效、冗长、议而不决的会议中而不能推动工作有效落地甚至成为流程运行的障碍的绊脚石。

我一直以为,符合劲霸价值观的员工尤其是管理者,首先要具备的是使命感和奉献精神,其次要在遇到困难时勇于承担、坦诚正直、挺身而出,但是目前,一些人却与这样的文化渐行渐远,与劲霸的核心价值观背道而驰。

我说过,我对于企业的愿景和理想,是我们的企业和员工受人尊重,企业愿意给员工提供发展成长的平台、优越的薪资待遇和完善的福利机制。但是给予和获取永远都是对等的,这个世界的逻辑是先贡献再收获,这也是每一个优秀企业的最基本的规则。

企业可以是火炉,但是员工首先是热炭不是凉水;企业可以为员工提供成长的平台,但员工首先是具备使命感、责任心的优秀员工。每一个优秀企业都是由一群优秀的员工组成的。世界五百强的公司,天天晚上灯火通明,而我们这个还处在发展、创业阶段的企业,有人上班上网浏览与工作无关的内容,下午四五点开始无所事事、犯困打盹,下班时间一到立即走人。我们的明天若还是如此,不要说成为优秀企业,就连未来也会葬送在这样的懒惰、低效的文化中。

请每一个员工问问自己,你为企业做了什么贡献?创造了什么价值?请每一位管理者也问问自己,你是如何秉承劲霸价值观,以身作则、带领团队创造绩效的?若你不认同劲霸的价值观,以不劳而获、不负责任、不思进取的态度工作,那么,我明确地告诉你,你不是劲霸一员,我会毫不客气地请你离开。若你以为工作就是天天混日子,你的追求就是不求无功但求无过,你也不是劲霸的一员,我也会请你离开。所谓"道不同,不相为谋"。

我们是时候肃整我们内部了,就像一个人要改变不利于健康的习惯、切除产生病变的肿瘤一样,我们要动动手术了。"开放自省"是劲霸的价值观,我们就把这个作风首先落实到这次的肃整中,坚决消除冗余、消灭低效、精简优化、提升效率。我们不仅今天这样做,未来我们的组织也要不断这样做,以随时保持组织的健康活力,我坚信这也是我们大部分员工的愿望,因为我相信大部分员工是希望为企业创造价值同时获得成长的,是有事业追求和成就意愿的。

我说过,为了实现"百年基业"的企业梦想,我将不遗余力,鞠躬尽瘁。同样,为了保证组织的健康,我也一样义无反顾、坚定不移。任何对实现这个梦想有害的行为、态度,我绝不容忍。

各位同事,我相信你们加入劲霸是希望选择一家优秀的企业,劲霸选择你们也是选择一名合格的员工。为了双方的选择,我们要进行一次彻底的体检。请大家做好体检的准备。

二、给劲霸董事长的一封信

被裁员三个月了,我也重新找到了一份工作,本来心情已经渐渐平静,但是有这么一天,朋友转给我一封信,赫然就是裁员前洪总发给内部员工的这封信,随后网上用百度搜了一下,网络上竟然非常火,微博到处转载,并且《海峡都市报》专题刊登,为什么这么火,就因为说出了中国企业的通病?!对于这封信有人评价洪总勇于自曝家丑,精神可嘉。更多的是对洪总的指责,说劲霸没有解决好员工福利问题,洪总自己应该反省等等。

其实劲霸的福利还是很不错的,劲霸的员工待遇,可以说在晋江排名数一数二的,五险一金样样不缺,每季度每人100元团建费,每年有1500元的培训费,个人学习公司每年可报销1500元的费用,节假日、老板生日都请客发钱,宿舍有空调,工资从没拖欠过一天,每天8小时,每周休息1.5天,法定节假日带薪休假,还有给员工过生日了什么的等等,所以福利问题不是造成这种现状的原因。再说针对企业现状洪总到底要负多大责任的问题,诚然,洪总肯定是负主要责任的,但是不要认为一个老板在企业里拥有无上的权利,就可以左右公司的发展进程。古代的皇帝尚不能随心所欲,何况一个私企的老板?一个大企业的老板不顾后果、言辞激烈地写了这样一封信,足以看出作为一个老板对企业的现状是多么的痛恨!痛恨之外,我们还要看到一个企业老板深深的无奈。崇祯皇帝不可谓不勤奋,最终落得个国破人亡的下场。朕非亡国之君,臣乃亡国之臣,对于这句话,一个企业的掌门人应该反思,上上下下的管理层更应该反思。

四年前,我收到了劲霸公司的面试电话。从来没有在品牌企业工作过的我,是怀着崇敬的心情去的。我这人不善言谈,普通话说得不标准,但是劲霸没有嫌弃,决定录用我。当时我的家人和朋友知道我进了劲霸,都为我高兴,我自己也很自豪。我快40岁了,可能大家认为我说这话很天真不成熟,我说这话没有虚伪之情,完全是真情实意的流露。在不到四年的时间里,劲霸给了我很好的发展平台。我认为我的人生有了质的飞跃。不单单是普通话进步了,电脑打字快了,也有了参加工作以来很多的第一次：第一次通过 CNAS 认可，第一次研发国家级科研项目，第一次在国家期刊发表论文，解决了大大小小的服装质量问题，我真的感觉到了自己的存在价值。我不善言谈，也不太会管理，但是我用我的行动去感化我负责的团队，因为我用心，我总能最快地发现问题的所在，所以我的团队对我的专业能力还是认可的。

　　如果拿劲霸的企业文化勇于承担、开放自省、坦诚正直、专业专注、突破创新、协作共赢来评价我的话，我不是一个合格的员工。因为我实在不可能完全做到，尽管我一直努力想做到。因为勇于承担的结果是自己倒霉，坦诚正直的结果也是自己倒霉，开放自省也是自己倒霉。到底是明哲保身呢，还是认同企业价值观，我一直在困惑。举个例子吧：为什么勇于承担会自己倒霉呢？有一次副总裁为缩短供应链货期召开专门会议，问我：检测时间可否缩短？当时在会议上我必须表态啊！我说：如果取消室外测试，可以由 5 天缩短为 3 天。大家想想，检测时间缩短，单日工作量必然加大，工作压力增大，我这是秉承公司勇于承担的价值观吧，结果会后被直接上级批评了一通：就你能，你这是在给我找麻烦！呵呵，为啥呢？因为我这部门属于技术创新中心，供应链货期长短与我们这个部门没有半点关系！缩短检测时间，虽然对公司货期有好处，但是对技术创新中心没有半点好处！可以说是给部门找麻烦！洪总您这封信苛责我们不秉承企业价值观，但是如果公司利益和上级利益有矛盾的情况下，我们这些基层人员该怎么做呢？得罪了领导的后果，大家都懂的，这价值观如何去秉承呢？

　　我们有个经理，有一天把自己的衣服拿到我们实验室洗，洗好了发现不知道被谁剪了一个洞，雷霆大怒，对我们实验室的人说：你们还要加工资，没门！因为以前他答应我们过了 CNAS 认可，就给我们加工资的，就因为他的裤子不知道被谁剪了这种理由拒绝给我们加工资。天天讲德鲁克有效沟通，对于这样的上级，大家说说如何有效沟通！就因为某些员工能迎合领导，给领导扛水，就可以得创新奖！然后我的贡献就一句话否定：这是你应该做的！我据理力争，反而说我心胸狭窄！洪总您说我们不愿意晒绩效晒贡献，说实话谁不愿意晒自己的贡献，不愿意那是傻子，但是我们敢晒吗？能晒吗？

　　关于这次裁员的问题，您裁就裁了，本来从法律角度无可厚非，企业和个人的双向选择嘛，也不能说您不近人情，但是您让这封信流传出来，对我们这些曾经的劲霸人很不公正。尽管中国企业的裁员基本没有公正过，但是人家好歹没有公开埋汰被裁人员。有个部门技术经理把底下一个主管裁了，理由竟然是这个主管工资比他高！把人裁了工资就高了？武大郎开店——高的不要啊！您不感觉荒唐吗？实验室有个做了 7 年的老职工，裁员的理由是他不喜欢说话，不参加集体活动。我晕，企业不是 KTV 夜总会，非要人人都像陪酒小姐？其实裁这些人，都是有说不出口的原因的。

　　一般处于弱势群体的更有公平公正的诉求，希望有个公正公平的环境维护自己的权益。具体到企业的上下级关系，下级属于弱势，更渴望有个公平公正的上级。所谓明主难求，很多管理者在企业里既是上级，又是下级。这些管理者在抱怨上级不公正、不守规矩的同时，又对自己的下属做着同样不公正的事，并认为理所当然。这和我们中国人长期受"官本位"思想的影响是分不开的。曾经有个芝麻绿豆大的小主管，因为女下属不去喝酒就威胁说：你不听我的，裁员的时候你就知道了。真是世界不行了，老鼠给猫当伴娘了。我始终认为真正有能力的管理者，是不屑于用这些下三滥手段的。什么样的将带什么样的兵，一个上级如果总是官话连篇，他的下属必然效仿，说起话来都拿腔拿调，是个人都弄块大机械表，还不时优雅地抬起手腕看看表，戴块表就觉得自己是领导了。

曾经因为评奖不公正问题与上级交流过，上级说：他（获奖者）经常帮我扛水，你比较牛，从没帮我扛过水！呵呵，我作为一个部门主管，我的责任不是帮你扛水！你要没水了，不会自己扛啊！就算你怕掉架子不想扛，你给我说一声，我可以让下属给你扛上来！我本来刚进劲霸都是自己扛水的，但是被同事笑话，最后只有随俗了。大环境如此，个人无法改变。劲霸虽然有审计中心，虽然有 CEO 信箱，但是上级不公正我们敢去投诉吗？投诉的结果无论输赢，我们这些下属还能继续工作下去吗？洪总您不可能因为这些事就罢免了上级吧！如何革除这种根深蒂固的官僚习气是老板该考虑的问题。

再谈谈培训问题，劲霸有很多的培训，但是我认为那些如何做一个合格的管理者啊，还有什么团队精神啊，德鲁克培训之类的培训纯属浪费时间，压根没几个人往心里去！因为这些东西不是靠嘴说出来的，是每个企业大大小小的管理者用实际行动表现出来的，从而才能打动员工。在讲台上侃侃而谈，说一套做一套，只说官话套话，最终结果就是让员工感到虚伪虚假，不是争相效仿，就是对企业文化失去信念，感觉企业文化就是个屁！比如有句培训名言：做正确的事，不做领导认为正确的事。道理那是肯定没有错，但在实际工作中，你按照这句话去做做看。别告诉我没提醒你，后果自负。说现阶段中国企业的所谓企业文化就是个屁，话粗理不粗，相信大部分人也有这感觉。这个企业文化和屁是有共同点的，都是人放出来的，并且效果就是让人感觉不舒服，甚至恶心。空谈误国，一样可以误企业。现在中国企业动辄西方什么什么理念，西方什么什么管理大师，完全是东施效颦，就比如劲霸崇尚德鲁克，推崇他的有效沟通，强调上下级之间、部门之间工作沟通技巧，但是公司忽略了中国人独有的特性和文化基因，最终有效沟通结果就是每个人口才提高了，变成耍嘴皮子、互相推诿。有效沟通的前提是要有一个统一的目标：公司效益。如果每个人心里都有自己的小算盘，沟通双方没有一个统一的目的，有效沟通就是一件很滑稽的事情，就是脱口秀表演。中国人恰恰是这样的。现在中国人就是信仰真空的年代，不敬天不敬地不敬祖宗不敬鬼神，人一旦无所敬畏，万恶可做，于是就出现了老太太跌倒没人敢扶这种荒唐现象。中国企业的老板先不要急着奢谈企业文化，因为现阶段不可能建立良好的企业文化，你甚至根本不用去尝试。如果你真要搞什么企业文化，那么我认为不必骑驴找马，舍近求远，把我们老祖宗的仁义礼智信拿来当企业文化教材最合适不过。中国几千年的文化，给我们积淀了博大精深的民族文化，比如古人举孝廉，就是一种朴实的智慧思想，自己的父母都不孝顺，肯定不会是一个好人、一个好官。古人还是很有智慧的，拾起我们自己的民族文化，再奢谈企业文化吧。

作为管理者空谈一些大道理，是令人很厌恶的事情。我对下属从来不说大道理，如我要下属要有大局观，我经常说两句话，第一句：拿人钱财，替人办事，老板给咱们工资，我们就要为老板负责；第二句：不要认为工作中出现的问题不是自己的职责就不关心，企业效益不好，老板看谁都不顺眼。用浅显易懂的话，大家更容易接受。不幸的是，我这第二句话真被我言中了。我相信洪总现在看谁都不顺眼，闭着眼睛挥起不认同企业价值观的大棒子，狠狠地砸了下去。洪总您可知道您的企业价值观早就成为一张贴在墙上的纸了吗？

洪总，其实不是没人向你们洪氏家族反映过一些企业员工收受回扣等不法行为，但是得到的答复是：做企业，这些事情是不可避免的。是你们这些老板承认了这种潜规则，助长了这种不良风气。马云因为他手下的一个销售状元同意给客户回扣，直接把这位员工开除，并且这位员工的目的是好的，不过是为了再争取次销售状元而已，而劲霸却认为收回扣现象是不可避免的。比比马云，劲霸百年企业的梦想还很遥远。前几年，男装行业高歌猛进的外表下，一些企业的不良习气其实早已经凸显。劲霸有自己公司内部的论坛，上面常常有对不公正现象的激烈抨击之词。但是洪总您不关心这个，却把眼睛盯着员工讨论福利上面，在您的眼里这才是大事。您有没有考虑员工为什么会这样呢？在您向公司全体工作人员下达那封信之后，您有没有到论坛里看看，众口一词都支持您整风：是该整整了！可见大部分员工痛恨公司这种现状，但是也有的员工担忧：这次整风不要成为"顺昌逆亡"的工具啊！现在风您也整了，人您也裁了，您认为达到您想要的效果了吗？

我不是个合格的员工，虽然我一直想做一个合格的员工。我上班迟到，我也上班上网浏览与工作无关的网页，我不会管理，我不善于沟通，但是我坚持认为我的主要职责没有丢。在接近4年的时间里，我高兴过，但更多的是郁闷、愤怒，甚至曾经想过辞职另寻他处，但是劲霸作为我第一家工作的品牌企业，我又是那么的不舍，并且我拖家带口，顾虑较多。终于裁员了，一了百了，我彻底解脱了。离开了劲霸，我们这些小人物，还是要混口饭吃的，希望您能封杀掉那封信，我们不是像您说的那样一无是处。

讨论参考题：

请根据两封信中反映出来的老板和员工的不同困惑与感受，来谈谈劲霸男装在人力资源管理中存在的问题及可以采取的对策。

第二章 工作分析

示例1：

小米是一家通信公司的人力资源主管，他很苦恼的一件事是：公司正处于发展的调整期，因此老板在进行业务调整时不断受到市场等因素的影响，年内已经对公司的组织结构进行了三次比较大的调整，比如说部门的拆与合、部门管理人员的上与下、员工的流动等等。在这个过程中，人力资源部非常被动，年初的计划一再改变，而且每次变动带来大量的事务性工作，如组织结构图的调整、工作说明书的修订、人员的调配等。面对这种状况，他疲于应付但又不知有什么好的解决办法。

示例2：

某平价购物中心企业管理部需招聘副经理一名、营业部商场主任十名，其招聘广告为：副经理：工作作风干练、果断，有魄力，事业心强，具有较强的管理、组织、沟通、协调等能力，三年以上外企或大中型企业管理经验。商场主任：具有较强的管理、组织、协调、沟通能力，从事过二年以上管理工作。广告发布出去后，收到了大量的简历，人力资源部在初步挑选后提供给业务部门。结果业务部门抱怨说很多人根本不符合要求，浪费了时间和精力。人力资源部则感到很委屈，招聘广告就是按照业务部门给的要求写的，挑选的简历也符合这些条件，为什么说很多人都不符合要求呢？是不是业务部太挑剔了？

示例1的情况在一些小企业或环境变化较大的企业中比较常见。对一个组织来说，组织结构的确立以及各职位的职责、权力、关系的划分是最基础的工作。因此，要做好人力资源管理，一个重要的前提就是要了解各种职位的特点以及能胜任该职位的人员的特点。否则，管理工作就会无的放矢，失去了科学的依据。

示例2的情况反映了人力资源管理中一个普遍存在的情况，我们翻开每天报纸中的招聘广告都可以看到类似的例子。它实际上是由于职位说明不准确造成的，广告上的要求都是模糊主观的，且两个职位的要求相差无几，这样就使得应聘者不清楚职位的具体要求，而是靠自己的理解来决定是否投递求职申请。因此，人力资源部虽然收到了大量的简历，但真正适用的不多，做了很多无用功。明确每个职位的职责、要求，进行科学的工作分析，是解决这个问题的关键所在。

本章介绍工作分析的程序、方法和内容。

第一节 工作分析的概念

一、工作分析的含义及其作用

工作分析（job analysis）又称为职位分析、职务分析，是指对某特定的职位作出明确规定，并确定完成这一职位需要有什么样的要求的过程。也就是说，它是全面了解一个职位的管理过程，是对该职位的工作内容和工作规范（任职资格）进行描述和研究，并制定工作说明书和工作规范的系统过程。该过程还需要符合公司的战略目标，并将工作与个人的业绩管理、职业发展以及薪酬等人力资源计划相连接。

具体地说，工作分析就是全面收集某一职位的有关信息，对该职位的工作从六个方面开展调查研究，即：工作内容（What）、责任者（Who）、工作岗位（Where）、工作时间（When）、为什么要这样做（Why）、怎样操作（How）等，然后再将该职位的任务要求进行书面描述、整理成文。

工作分析在人力资源管理中的作用主要表现在：

第一，有利于合理招募和使用人员。通过工作分析，按照每个职位的特点和内容，设定最低任职资格，并用工作说明书的形式固定下来，这就为招募人员提供了客观的标准。任用时可以根据人的能力的大小、个性特点作出合理安排，从而把人放到最适合的岗位上去，避免了招募和使用人员过程中的盲目性，并且确保所有应聘者和雇员不会因为非功绩性因素被歧视性对待。

第二，有利于避免人力资源浪费和提高生产效率。提高生产效率的关键是简化工作程序，改进生产工艺，明确工作标准与要求，让每个人从事其最适合的工作，以达到工作的最佳效果。另一方面，现代生产过程越来越复杂，分工越来越细，要科学地配置与协调不同劳动者的工作，就需要对生产过程中分解后的基本单位——工作岗位，进行科学的分析。通过工作分析，使每个人的职责分明，提高个人和部门的工作效率与和谐性，从而避免工作重叠、劳动重复等浪费现象。

第三，有利于人员培训。工作分析可提供工作内容和任职人员条件等完备的信息资料，使组织可据此制订出培训计划，开展培训工作。

第四，有利于科学评价人员的工作实绩。通过工作分析，每一种职位的内容都有明确界定。员工应该做什么、不应该做什么，应该达到什么要求，都十分清楚，为考核工作实绩提供了客观的标准,从而使考核比较合理和公正,达到科学评价员工工作实绩的目的。

第五,有利于设计出合理的工资、奖酬、福利制度。通过工作分析可以明确各个工作岗位在企业中所处的地位,该职位的工作人员所承担的责任、工作的数量和质量要求,任职者的能力和知识,等等,从而为制定合理的报酬制度提供重要依据。

第六,有利于制定科学的人力资源规划。通过工作分析,对每一职位的职责、权限作明确规定,清楚界定职级间的界限,这样,有利于更好地落实岗位责任制,合理制定人力资源规划。组织的各项工作和任务能够落实到最基层,避免出现工作交叉或空置的状况,做到人与事的很好结合,提高个人和部门的工作效率与和谐性。

二、工作分析过程中的相关术语

工作分析过程中所涉及的相关术语有:

(1) 工作要素。指工作活动中不能再继续分解的最小单位。例如,速记人员书写各种速记符号、锯工从工具箱中拿出一把锯子、秘书从抽屉中拿出文件、工人盖上瓶盖等。

(2) 任务。任务是工作活动中达到某一工作目的的要素集合。例如,包装工人盖上瓶盖是一项任务,打字员打印一封英文信也是一项任务。

(3) 职责。职责是指某人担负的一项或多项相互联系的任务集合。例如,打字员的职责包括打字、校对、简单维修机器等一系列任务;人事管理人员的职责之一是进行工资调查,它包括设计调查问卷、把问卷发给调查对象、将结果表格化并加以解释、把调查结果反馈给调查对象等任务。

(4) 职位。职位是任务与责任的集合体,是组织最基本的构成单位。随着任务和责任的变动,职位内容发生变更,职位数量发生增减。职位因工作需要而定,可以是常设的,也可以是临时的;可以是实授的,也可以是空缺的。组织中的职位和人员是一一对应的,二者数量相等。例如,办公室主任,同时担负单位的人事调配、文书管理、日常行政事务处理等三项职责。

(5) 职务。职务是指主要职责在重要性与数量上相当的一组职位的集合或统称。例如,一个工厂设两个副厂长,一个分管生产,一个分管供销。根据组织规模的大小和工作性质,一种职务可以有一至多个职位。在政府机关中,职务具有职务地位和职务位置的双重含义,如第一副厅长、第二副厅长的职位均是副厅长,但是职务地位不同。

(6) 职业。职业指在不同时期、不同组织中,工作要求相似或职责平行(相近、相当)的职位集合。例如,教师、工程师、会计等都是职业。

(7) 职系。职系指工作性质充分相似,但职责繁简难易、轻重大小及所需资格条件不同的所有职位集合。例如,人事行政、社会行政、财税行政、保险行政等均属于不同的职系。

（8）职组。职组指工作性质相近的若干职系的集合。例如，人事行政与社会行政可以并入普通行政职组；财税行政与保险行政可以并入专业行政职组。职组又叫职群，是工作分类中的一个辅助划分，并非工作评价中不可缺少的因素。

（9）职门。职门指工作性质大体相近的若干职组的集合。例如，人事行政、社会行政、财税行政和保险行政均可并入同一个行政职门之下。

（10）职级。职级指同一职系中职责繁简、难易、轻重程度和所需任职资格条件充分相似的职位的集合。例如，中教一级的数学教师与小教高级的数学教师属于同一职级，中学的一级语文教师与一级英语教师也属同一职级。

（11）职等。职等指不同职系之间，职责繁简、难易、轻重程度和所需任职资格条件充分相似的职位的集合。例如，不同职系的科长、讲师、工程师、会计师、农艺师等等。职级的划分在于同一性质工作程度差异的区分，形成职级系列；而职等的划分则是在于寻求不同性质工作之间的差异比较或共同点比较。

可见，职系和职组是按照职位的工作性质和特点对职位进行的横向分类，职级和职等是按照职位的责任大小、技能要求、劳动强度、劳动环境等要素指标对职位进行的纵向分级。横向分类时，首先将全部岗位按照工作性质划分为若干大类，即职门；然后将各职门内的职位，根据工作性质的异同继续进行细分，把业务相同的职位归入相同的职组；再将同一职组内的职位再一次按照工作性质进行划分，把业务性质相同的职位组成一个职系。纵向分级时，可以按照预定的标准进行职位排序，对同一职系中的职位划分出不同职级，并对不同职系中的职位进行统一规定职等。如对生产性职位，通过选择职位评价要素，建立职位要素指标评价标准表，按照要素评价标准对各职位打分，并根据结果划分职级。最后再根据各个职位的职级统一归入相应的职等。

职系、职组、职级、职等之间的关系和区别见表2.1。

表2.1 职系、职组、职级、职等之间的关系与区别

职组	职等 职级 职系	V 员级	Ⅳ 助级	Ⅲ 中级	Ⅱ 副高职	Ⅰ 正高职
高等教育	教师		助教	讲师	副教授	教授
高等教育	科研人员		助理工程师	工程师	高级工程师	
高等教育	实验人员	实验员	助理实验师	实验师	高级实验师	
高等教育	图书、资料、档案	管理员	助理馆员	馆员	副研究馆员	研究馆员
科学研究	研究人员		研究实习员	助理研究员	副研究员	研究员

续上表

职组	职系 职级 职等	V 员级	VI 助级	III 中级	II 副高职	I 正高职
医疗卫生	医疗、保健、预防	医士	医师	主治医师	副主任医师	主任医师
	护理	护士	护师	主管护师	副主任护师	主任护师
	药剂	药士	药师	主管药师	副主任药师	主任药师
	其他	技士	技师	主管技师	副主任技师	主任技师
新闻	记者	记者	助理记者	记者	主任记者	高级记者
	广播电视播音	三级播音员	二级播音员	一级播音员	主任播音指导	播音指导
出版	编辑	编辑	助理编辑	编辑	副编审	编审
	技术编辑	技术编辑	技术设计人员	助理技术编辑	技术编辑		
	校对	三级校对	二级校对	一级校对		

第二节 工作分析的程序

工作分析的基本程序由六个相互联系的阶段构成,见图2.1。

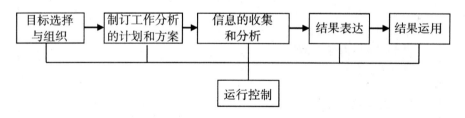

图2.1 工作分析流程

一、目标选择与组织

目标选择与组织阶段主要要解决以下几个问题。

1. **确定所获取工作信息的使用目的**

工作分析信息的价值对于不同的需求对象是不一样的,在企业管理过程中,解决不同的管理问题(如员工缺席率高、事故多、劳动生产率低、培训效果甚微、太多的牢骚等)所需要的信息及其组合各不相同,因此,在进行工作分析时,首先要明确目的，做到有的放矢。

2. 确定工作分析时信息收集的类型和范围

为了确保信息的质量，减少信息分析的工作量，必须事先确定信息的种类和范围。工作分析所需要的信息的主要类型如表2.2所示。

表2.2 工作分析信息的类型

一、工作活动
1. 工作任务的描述 　　工作任务是如何完成的 　　为什么要执行这项任务 　　什么时候执行这项任务 2. 与其他工作和设备的关系 3. 进行工作的程序 4. 承担这项工作所需要的行为 5. 动作与工作的要求 6. 绩效要求
二、工作中使用的机器、工具、设备和辅助设施
1. 使用的机器、工具、设备和辅助设施的清单 2. 应用上述各项加工处理的材料 3. 应用上述各项生产的产品 4. 应用上述各项完成的服务
三、工作条件
1. 人身工作环境 　　在高温、灰尘、放射、辐射和有毒环境中工作 　　工作是在室内还是室外 2. 组织的各种有关情况 3. 社会背景 4. 工作进度安排 5. 激励（财务和非财务的）
四、对员工的要求
1. 与工作有关的特征要求 　　特定的技能 　　特定的教育和训练背景 　　与工作相关的工作经验 　　身体特征 　　态度

资料来源：张一驰编著：《人力资源管理教程》，北京大学出版社1999年版，第33页。

3. 选择工作分析人员

为了提高信息分析的质量,要选择适当的工作分析人员。要求工作分析人员要有丰富的经验,较高的受教育层次,分析的公正性、独立性和认真负责的精神,良好的分析能力和合作能力,良好的视觉记忆能力,熟悉多方面的工作、工艺及机器等。

工作分析人员通常有三种类型:工作分析专家(人事专家)、主管和任职者。三种人员各有优点和缺点。工作分析专家在分析过程中的优点是最客观公正,保持信息的一致性,在分析方法的选择上有专长;缺点是价格昂贵,而且他们可能会因对企业的情况缺乏了解而忽略工作中某些无形的方面。主管人员参加分析的优点是对所要分析的工作包括无形方面具有全面而深入的了解,收集信息的速度也比较快;缺点是需要首先对他们进行工作分析的方法、技巧等方面的培训,而且工作分析需要占用他们大量的时间,从而影响他们的积极性,使分析的客观性没有保证。由任职者分析的优点是他们对工作最为熟悉,收集信息的速度也最快;缺点是所收集到的信息的标准化程度和职责的完整性较差,如果不是承担该类工作的所有员工都承担分析任务,那么就会引起那些被要求分析的员工的抵触。

4. 取得认同和合作

工作分析涉及面往往很大,需要占用大量的时间、人员和费用,没有各方面的支持和合作是难以完成任务的。因此,应当把工作分析的有关设想上报高级领导并力争取得他们的同意。同时,要取得中层管理者的支持,因为在工作分析的实施过程中,他们起着举足轻重的作用。此外,还要把工作分析的作用向各类人员,至少是实施过程中涉及的每个人,作出清晰而完整的说明,使他们充分理解计划方案,更好地配合分析工作。

5. 制定规范用语

工作分析过程中,信息的表达方式是多种多样的,对于一个问题的理解也不尽相同。为了消除对所获得的信息的误解,便于整理和归类,事先要确定用语的规范性,不能随意使用不规范的术语。

二、制订工作分析的计划和方案

这一阶段的工作主要包括以下几个方面。

1. 制订工作分析的计划

工作分析计划包括整个工作的进程、企业内应进行分析的各个职位的名称和任职者人数、估计工时需要和分析人员人数、所需费用和其他条件、分析过程中各个环节的责任划分等。

2. 选择分析的目标职位

应如何确定哪些工作岗位作为工作分析的对象呢?一般来说,影响分析对象选择的因素有工作岗位的重要性、完成难度和工作内容变化等。也就是说，越是关键的职位越要进行分析，越是难度大、需要进行较多培训的工作越要进行分析。当由于技术原因或管理方式等使工作内容与以前制定的工作描述出现了差异，使以原来的工作描述为基础的人力资源管理功能无法实现时，也需要对这些职位进行分析。如果企业设置了新的工作岗位，也应对它们进行分析。

3. 信息来源的选择

信息的来源是多种多样的，有的来自于任职者，有的来自于监督管理者，有的来自于下属，有的来自于产品的消费者、顾客，有的来自于工作分析人员，有的来自于培训部门和各种文字资料，也有的来自互联网。要把各种信息来源的可靠性弄清楚，避免信息的失真。一般来说，提取有关工作任务、工作活动内容的信息时，任职者、监督管理者都可以作为可靠的信息来源；提取有关工作特征的信息时，任职者之外的人士可以提供较可靠的信息，尤其是工作分析者提供的信息最可靠；提供有关任职资格方面的信息时，则可从下属、顾客或用户中获取；而互联网可以提供通用的职位描述，与企业的实际情况未必符合。总之，选择信息来源时要坚持一个原则，即不能从可能有利害关系的来源提取信息。例如，不能从任职者中提取有关工作负荷、薪酬待遇等方面的信息，因为人们往往会受利害关系的驱使而夸大自己工作的重要性。

4. 信息收集方法的选择

收集信息的方法多种多样，主要有观察法、工作日记分析法、主管人员分析法、访问法、问卷法、参与法、典型事例法等。每一种方法都有自己的特点和优缺点，也有其适应范围。例如，如果工作分析的目的是编写工作说明书和决定人员的任用，就可以采用访问法向员工了解工作的内容及其职责；如果要决定薪酬的标准，就可能需要采用比较复杂的工作分析问卷等方法。这些内容将在第三节作详细阐述。

三、信息的收集和分析

这一阶段的任务是按照规定的程序和方法收集工作信息，信息收集的内容应根据前面已确定的工作分析的目的而定。一般来说，工作信息包括：工作内容，工作职责，有关工作的知识，灵巧程度，经验和适应的年龄，所需教育程度，技能训练的要求，学习要求，与其他工作的联系，作业姿势，工作环境，作业对身体的影响，所需的心理品质，劳动强度，等等。在收集信息时，可以收集企业的组织结构图、工作流程图、设备维护记录、设备设计图纸、工作区的设计图纸、培训手册和以前的工作说明书，这些信息对工作分析都有重要的参考价值。分析人员在收集信息的过程中，应该让任职者和他的直属上司确认所收集到的资料。这既可以使资料更加完整，也可以使任职者易于接受人力资源部门根据资料制定的职位说明和工作规范。

信息分析主要包括职位名称分析、工作职责分析（对工作任务、工作责任、工作关系、劳动强度等的分析）、工作环境分析（对工作安全环境、社会心理环境等的分析）、任职资格分析（对任职者所必备的知识、经验、操作能力、心理素质等的分析）。分析项目可以根据工作分析的目的加以调整。

四、结果表达

这个阶段的任务就是把前一阶段的分析结果用文字的形式表达出来，使它成为可以使用的管理文件，也就是编写工作说明书。编写工作说明书的主要目的在于：使员工了解工作与工作成绩的标准；说明任务、责任及职权范围；确定评估员工工作成绩的主要标准；为招聘与安排员工提供依据；帮助新员工熟悉业务和执行工作；提供有关培训与改善管理的资料。

工作说明书的内容包括工作概况、详细的工作职责及明确的工作要求，还有任职者的资格，等等。但最重要的是，对这些项目和内容都要叙述得清楚明了且细致具体，以便为员工更好地完成任务提供有效的信息。也就是说，要使员工取得满意的工作成绩，其前提条件必须是员工明白他们应做什么、怎样做、何时做以及对他们的期望是什么。

在编写工作说明书时，要注意应有足够的灵活性，以适应不断变化的情况。随着企业内外环境的变化，各个岗位的责任和工作要求等也会发生相应的变化。因此，应当定期或不定期地对说明书进行修改，一般而言，至少一年要修改一次。另外，工作说明书作为管理的一个积极工具，其主要目的是为了更好地激励员工而不是作为惩戒的武器来约束员工的行为。如果作为一种惩罚的条例，那么将失去其应有的作用（有关编写工作说明书的具体办法将在本章第四节论及）。

五、结果的运用

这个阶段的主要工作就是根据工作分析的结果，制定人力资源管理的各种应用性文件，并培训文件的使用者，使他们能够按照文件的具体规定实施管理，使工作分析的成果运用到工作实际中去。这些应用文件包括招聘录用文件、人员培训文件、人员发展和晋升文件、薪酬规划文件等。培训文件使用者是企业进行工作分析的重要步骤和重要工作，是要使管理者和各个工作岗位上的人员都了解工作说明书中的内容和工作分析的各种文件，以便加强企业的管理和员工的自我管理。

当今不少国家的大中型企业，都非常重视工作分析结果的运用，他们把这叫作"抽屉式"管理，形容在每个管理人员办公桌的抽屉里，都有一个明确的工作说明书，每人的职、责、权、利都一目了然。据调查统计：美国在1981年采用"抽屉式"管理的企业为50%，在1985年为75%，而在1999年为95%以上。

六、工作分析的控制

工作分析活动的控制贯穿于整个工作分析的过程，其目的是为了控制和纠正可能出现的各种偏差。例如，在收集信息的阶段，要对不同方法收集的信息进行对照审核，剔除其中的虚假成分，使信息更准确和完整；在编写工作说明书的过程中，对照方案和计划中有关名称的规范性使用，格式的统一和有序化；检查应用文件的具体性和可操作性；特别是在文件的使用过程中，可能由于各方对文件的认识和理解的不一致，从而使文件的执行不得力，为此，需加强对文件使用者的培训，而工作分析者也要对其中的一些疑难问题进行认真地解释，需要的话，还应进行一些现场演示。当工作内容发生变化时，还要及时修改相关文件内容，以确保管理活动的适用性和连续性。

第三节 工作分析的方法

这里讲的工作分析方法实际是指收集信息的方法，它在工作分析中占有重要的地位。如果方法选择不当，就不可能收集到可靠、准确和全面的资料。收集工作分析信息的方法很多，各种方法都有自己的优缺点，没有一种方法能够提供非常完整的信息，因此往往需要综合使用这些方法。我们将工作分析的方法划分为定性和定量两类基本方法。

一、定性的工作分析方法

定性的工作分析方法包括：工作实践法、观察法、工作日志法、访谈法、问卷法和典型事例法等。

1. 工作实践法

工作实践法是工作分析者通过直接参与某项工作，从而细致地、深入地体验、了解、分析工作的特点和要求以达到工作分析目的的方法。它可以克服一些有经验的员工并不总是很了解自己完成任务的方式的缺点，也可以克服有些员工不善于表述的缺点，还可弥补一些观察不到的内容。缺点是由于现代企业的许多工作高度专业化，工作分析者往往不具备从事某项工作的知识和技能，这时就无法采用工作实践法。因此，工作实践法适用于对一些比较简单的工作的分析，也可以与其他方法结合起来运用。

2. 观察法

观察法，是指由有经验的人，在工作现场运用感觉器官或其他工具，观察员工的实际工作过程，用文字或图表形式记录某一时期工作的内容、程序、形式和方法，并在此基础上分析有关的工作因素，达到分析目的的一种方法。

观察法的优点是可以了解广泛的信息，如工作活动内容、工作中的正式行为和非正式行为、工作人员的士气等。而且采用这种方法收集到的资料多为第一手资料，排除了主观因素的影响，比较客观和正确。例如，对银行工作人员规定顾客存款一项服务从登记、核对到结束服务总过程不得超过2分钟，就是对银行工作人员进行"时间和动作"观察的结果。通过观察分析而提出的这一服务要求和规范，大大提高了银行工作人员的工作效率，缩短了顾客等待的时间，提高了工作量和银行的信用，使银行企业有更大的吸引力。观察法适用于大量标准化的、短周期的、以体力活动为主的工作。

观察法的缺点是它不适用于脑力劳动成分比较高的工作和处理紧急情况的间歇性工作。有些工作内容中包括许多思想和心理活动、创造性和运用分析能力，如教师、律师、急救站的护士等，这些工作就不容易使用观察法。另外，在观察中，被观察的员工的行为表现会出现跟平时不一致的情况，从而影响了观察资料的可信度。因为，有些员工喜欢炫耀自己，在被观察的情况下，有出色的表现，而有一些人知道自己被观察后，会异常紧张，影响能力的发挥。大多数观察者都会认为，被观察时的表现与工资的评定有关系，从而总是尽力而为，这都会影响到分析人员对真实情况的了解。最后，观察法的工作量太大，要耗费大量的人力和财力，时间也过长。对于工序复杂的大型企业来讲，对有代表性的工作进行观察，往往需要1—3年的时间。有关任职资格方面要求的信息，通过观察法也难以获得。

运用观察法时，应注意以下几点：

（1）观察的工作应相对静止，即在一段时间内，工作内容、工作程序、对工作人员的要求不会发生明显的变化。

（2）要注意工作行为样本的代表性。

（3）观察人员尽可能不要引起被观察对象的注意，至少应不干预被观察者的工作。

（4）观察前要有详细的观察提纲和行为标准。表2.3为某企业生产车间的工作分析观察提纲，表2.4为宾馆服务员做床时的观察表。

表 2.3　某企业工作分析观察提纲（部分）

被观察者姓名：_____　　日期：_____
观察者姓名：_____　　观察时间：_____
工作类型：_____　　工作部分：_____
观察内容：
  1. 什么时候开始正式工作
  2. 上午工作多少小时
  3. 上午休息几次
  4. 第一次休息时间从_____到_____
  5. 第二次休息时间从_____到_____
  6. 上午完成产品多少件
  7. 平均多长时间完成一件产品
  8. 与同事交谈几次
  9. 每次交谈约多少分钟
  10. 室内温度是多少
  11. 什么时候开始午休
  12. 出了多少件次品
  13. 搬了多少原材料
  14. 噪音分贝是多少

表 2.4　宾馆服务员做床工作观察表

任职者的姓名_____　　时间_____
工作职位_____　　观察者的姓名_____
部门_____　　页数_____

序号	任　务	所需时间	序号	任　务	所需时间
1	调整弹簧床垫使之与床座一线		2	使床的衬垫居中，以使其不超出床垫	
3	在床上铺上最底层的床单		4	横过床的顶部把床单塞进床垫下	
5	把两角折成直角		6	铺盖单，单正面朝下，床头床单毛边与床垫下缘平齐	
7	将毛毯甩向床，再将毛毯拉回，使其边与床头距离为5厘米		8	床尾床单、毛毯的多余部分塞入床垫下，在两床角处折成直角	

续上表

序号	任务	所需时间	序号	任务	所需时间
9	人立床头，床单加折毛毯上，再连同毛毯向回折25厘米		10	将两边床单、毛毯塞入床垫，侧面平撑，毯面平而无皱	
11	将枕套平铺于床上		12	将枕心对折塞入枕套内，将枕芯口两角整平	
13	上下枕头均衡叠放于床头居中位置		14	走到床尾，将床罩放在床上	
15	手持床罩尾部，将床罩甩向床头		16	将床罩回拉，下缘距地面3厘米，两角垂直，两下垂部分均等	
17	将床头床罩盖没枕头，将多余部分塞入两枕头中间		18	折出一条枕线，平整枕头，使外形均匀	
19	整理罩面，使之平整		20	床罩床头部齐床缘，不露白边	

资料来源：罗旭华编著：《实用人力资源管理技巧》，经济科学出版社1998年版，第45页。

观察法通常与访谈法结合使用。两者结合的一种方式是：先对员工在一个完整工作周期（指完成工作所需的时间。它可能只有一分钟，如一位流水线上的工人完成某一套简单的工序；也可能因工作复杂而需要一个小时、一天或更长的时间）中所完成的工作进行观察，把所观察到的工作活动的情况都记录下来。然后，在所积累的信息已经足够多的时候，再同员工进行面谈。由于员工在被观察过程中往往会受到鼓舞，因而此时他们就会很愿意就一些观察者所不懂的情况进行解释，并向观察者说明一些还没有观察到的工作活动情况。观察法和访谈法结合的另一种方式是：一边观察，一边对员工进行访谈，观察和访谈两者同时进行。不过，在通常情况下，最好是等到观察结束后再去进行访谈，这样分析者可以有充分的机会在不受影响的情况下去观察员工的工作，也可减少因访谈造成焦急而不按常规操作的可能。

3. 工作日志法

工作日志这种方法一般由工作者本人按工作日志的形式，详细地记录自己的工作内容、责任、权力、人际关系、工作负荷及感受等，然后在此基础上进行综合分析，实现工作分析目的的一种方法。表2.5、表2.6是工作日志表实例。

表 2.5　工作日志表

工作日志填写说明

1. 请您在每天工作开始前将工作日志放在手边,按工作活动发生的顺序及时填写,切勿在一天工作结束后一并填写。
2. 要严格按照表格要求进行填写,不要遗漏那些细小的工作活动,以保证信息的完整性。
3. 请您提供真实的信息,以免损害您的利益。
4. 请您注意保留,防止遗失。

感谢您的真诚合作!

5月29日　　工作开始时间　8:30　　工作结束时间　17:30

序号	工作活动名称	工作活动内容	工作活动结果	时间消耗	备注
1	复印	协议文件	4张	6分	存档
2	起草公文	贸易代理委托书	800字	1小时15分	报上级审批
3	贸易洽谈	玩具出口	1次	4小时	承办
4	布置工作	对日出口业务	1次	20分	指示
5	会议	讨论东欧贸易	1次	1小时30分	参与
⋮					
16	请示	佣金数额	1次	20分	报批
17	计算机录入	经营数据	2屏	1小时	承办
18	接待	参观	3人	35分	承办

表 2.6　写实记录表实例

机构名称:办公室　　工作:办公室主任　　编制:3人,主任1人,打字员1人,办事员1人

花费时间		工作活动内容	业务完成量	备注
开始	延续			
8:00	5	打电话到销售科	1	
8:05	2	接电话	1	
8:07	4	帮办事员登记材料	2份	
8:11	4	帮助办事员校对	5页	
8:15	4	准备广告材料	1页	
8:19	1	张厂长电话	1	
8:20	1	李厂长电话,要一信件	1	

续上表

花费时间		工作活动内容	业务完成量	备注
开始	延续			
8:21	6	和办事员商议工作	1	
8:27	5	找李厂长要的信	1	
8:32	5	安排当天的工作	1	
8:37	3	找王科长	1	
8:40	4	找工程师	1	
8:44	1	送李厂长所要的信	1	
8:45	2	为张厂长打文件	1	
8:47	13	同张厂长商量，布置简报	1	
9:00	2	开始复印李厂长的材料	0	
9:02	10	张厂长材料归档	3	
9:12	4	继续复印材料	0	
9:16	5	同李厂长商议工作	1	
9:21	2	给办事员布置复印任务	1	
9:23	9	继续复印	2	
9:32	8	分发信件	5	
9:40	15	继续复印	2	
9:55	10	整理档案材料	4	
10:05	11	印完复印品	200份	
10:16	2	将复印品交办事员装订	1	
10:18	9	打电话和协作厂联系	1	
10:27	2	接张厂长电话	1	
10:29	3	欢迎参观者，并把它们送到张处长处	2人	
10:32	2	打电话到车间	1	
10:34		略		

注：这是一个小厂办公室主任的工作写实片断。

这种方法的基本依据是，工作者本人对所从事工作的情况与要求最了解。它对于高水平和高复杂性工作的分析显得比较经济和有效。但可能存在误差，要求事后对记录和分析结果进行必要的检查。检查工作可由工作者的直接上级来承担。

4. 访谈法

这是一种通过分析者与任职者之间面对面地交谈获得工作信息来达到工作分析目的的方法。一般来说，员工对自己所承担的工作最为了解，他们对工作情况最有发言权，因此，与他们面谈是收集工作分析信息的一种有效方法。特别是一些工作不可能由分析者通过实践体会，如飞行员的工作，另一些工作则不可能通过观察来了解，如脑外科手术专家的工作。在对这些工作进行分析时，就要通过面谈来了解工作的内容、原因和做法。采取此方法时，工作分析者不应该只是消极地记录工作执行者对各种问题的反映，而应通过积极的引导来获得较完整的信息。

访谈法的种类包括个别员工访谈法、集体员工访谈法和主管访谈法三种。个别员工访谈法适用于各个员工的工作有明显差别，工作分析的时间又比较充分的情况。集体访谈通常用于大量员工做相同或相似工作的情况，因为它可以以一种迅速而且代价相对较小的方式了解到工作的内容和职责等方面的情况。在进行集体访谈时，要请工作承担者的主管到场；如果他们当时不能到场的话，事后也应该单独跟他们谈一谈，听一听他们对于被分析工作所包含的任务和职责等方面的看法。主管访谈法是指同一个或多个主管面谈，了解所要分析的工作的情况。主管对于工作内容一般都有比较好的了解，与主管面谈可以节省工作分析的时间。

访问时，应注意以下几点：①应该与主管密切合作，这样才能找到那些最了解工作情况的员工，以及那些最有可能对他们自己所承担的工作的任务和职责进行客观描述的任职者。②要尽快与被访者建立起融洽的关系。其要点是：知道对方的名字，用通俗易懂的语言交谈，简单介绍访谈的目的，向他们解释他们是怎样被挑选为被访对象的，等等。③应事先确定收集的信息内容并制定详细的提问单，把握所提问题与目的之间的关系，并在问题后面留出足够的空白处以供填写，重要的问题先问，次要的后问。要让对方有充足的时间从容回答，最后还可以请对方对问题作些补充。④当被访者完成工作任务的方式不是很有规律时，例如并不是在一天中一遍一遍地重复相同的工作时，访问者就应该要求他们按照任务的重要性大小和发生频率的高低将它们一一列举出来，以确保那些虽然只是偶然发生但也同样比较重要的任务，如护士需要偶尔在急救室中执行的任务，不会被遗漏掉。⑤访问者在引导被访问者时，应始终保持中立的立场，避免发表个人的观点和看法。例如，在对工作内容的难度和任职资格方面与被访者有不同的看法，不要与他们争论；如果被访者对主管人员有抱怨，也不要介入；不要流露出对工资待遇感兴趣，否则被访者会夸大自己的职责；也不要对工作方法和改进提出任何的批评和建议，否则会招致被访者对组织产生反感情绪。⑥在访谈完成后，要对所获得的资料进行检查和核对。通常的做法是，与被访者本人或其直接上级主管一起对资料进行核对。

访谈法所提的典型问题包括：你做的是哪些工作？你的主要职责是什么？你又是如何做的？你的工作环境与工作条件怎样？做你这项工作需要什么样的受教育程度、

工作经验和技能？工作绩效的标准是什么？工作有哪些生理、情绪和情感上的要求？工作对安全和健康的影响如何？等等。如果使用工作分析表，就会更系统、全面和准确。表2.7是一个访谈提纲。

表2.7　工作分析访谈提纲示例

1. 请您用一句话概括您的职位在本单位中存在的价值是什么，它要完成的主要工作内容和要达到的目标是什么
2. 请问与您进行工作联系的主要人员有哪些？联系的主要方式是什么
3. 您认为您工作的主要职责是什么？请最少列出8项职责
4. 对于这些职责您是怎么完成的？在执行过程中碰到的主要困难和问题是什么
5. 请您指出以上各项职责在工作总时间中所占的百分比（请指出其中耗费时间最多的3项工作）
6. 请指出您以上工作职责中最为重要、对单位最有价值的工作是什么
7. 组织所赋予您的最主要的权限有哪些？您认为这些权限有哪些是合适的，哪些需要重新界定
8. 请您就以上工作职责，谈谈评价这些职责是否出色完成的标准是什么
9. 您认为在工作中您需要其他部门、其他职位为您提供哪些方面的配合、支持与服务？在这些方面，目前做得好的是什么？尚待改进的是什么
10. 您认为要出色地完成以上各项职责需要什么样的学历和专业背景？需要什么样的工作经验？在外语和计算机方面有什么要求
11. 您认为要出色地完成以上各项职责需要具备哪些能力、专业知识和技能？您认为要出色地完成以上各项职责需要什么样的个性
12. 请问您工作中自主决策的机会有多大？工作中是否经常加班？工作繁忙是否具有很大的不均衡性？工作中是否要求精力高度集中？工作负荷有多大

　　访谈法的优点：①应用广泛。它可广泛运用于以确定工作任务和责任为目的的工作分析。②通过面谈，可以发现一些在其他情况下了解不到的工作活动和行为。例如，一个有经验的访谈员可以挖掘在组织图上看不到，但是却可能会偶然发生的一些重要工作活动或信息交流（如发生在生产主管人员和销售管理人员之间的信息沟通）。③为组织提供了一个向大家解释工作分析的必要性及其功能的良好机会。④访谈法相对来说比较简单，但却可以十分迅速地收集到有关的信息。⑤可控性强。通过事先设计好的访问提纲，可以有系统地了解所要调查的内容；当被调查者的回答相互矛盾或不清楚时，可以进行跟踪提问，把问题弄清；当被调查者对所提问题采取不合作态度时，可以进行劝导或换人。

　　访谈法的缺点主要有：工作分析者对某一工作固有的观念会影响其作出正确的判断；被访问者出于自身的利益考虑有时会采取不合作的态度，或有意无意夸大自己所从事工作的重要性和复杂性，从而导致所提供的工作信息失真；会打断被调查者的工

作；分析人员的问题可能会因不够明确或不够准确而造成误解，从而影响工作信息的收集。

　　5．问卷法

　　这是工作分析中最常用的一种方法，就是采用问卷来获取工作分析中的信息，实现工作分析的目的。问卷可以是结构化的，也可以是开放性的。问题大多要求被调查者对各种工作行为、工作特征和工作人员特征的重要性或频率评定等级。采用此法时应注意：对问卷中的调查项目要作统一的说明，如编制调查表填表说明；及时回收调查表，以免遗失；对调查表提供的信息做认真的鉴别和必要的调整。表2.8是一个典型的问卷，既有结构化问题，又有开放性问题。

表2.8　工作分析问卷

姓名		职称		现任职务（工作）		工龄	
性别		部门		直接上级		进入公司时间	
年龄		学历		月平均收入		什么时候开始从事该工作	
工作的时间要求	1．正常的工作时间每日自（　　）时开始至（　　）时结束 2．每日午休时间为（　　）小时，（　　%）的情况下可以保证 3．每周平均加班时间为（　　）小时 4．实际上下班时间是否随业务情况经常变化？（总是，有时是，偶尔是，否） 5．所从事的工作是否忙闲不均？（是，否） 6．若工作忙闲不均，则最忙时常发生在哪段时间？_____ 7．每周外出时间占正常工作时间的（　　%） 8．外地出差情况每月平均几次（　　），每次平均需要（　　）天 9．本地外出情况平均每周（　　）次，每次平均需要（　　）天 10．外地出差时所使用的交通工具按使用频率排序：_____ 11．本地外出时所使用的交通工具按使用频率排序：_____ 12．其他需要补充说明的问题：							
工作目标	主要目标 1． 2． 3．				其他目标 1． 2． 3．			

续上表

工作概要	用简练的语言描述一下您所从事的工作			
工作活动内容	名　　称	占全部工作时间的百分比（　　%）	权　　限		
			承办	需报批	全权负责
	1. 2. 3.				
失误的影响	经济损失	1. 2. 3.	1　　2　　3　　4　　5 　轻　较轻　一般　较重　重		
	公司形象损害	1. 2. 3.			
	经营管理损害	1. 2. 3.			
	其他损害（请注明）				
	若您的工作出现失误，会发生下列哪种情况？		说　　明		
	1. 不影响其他人工作的正常进行 2. 只影响本部门内少数人 3. 影响整个部门 4. 影响其他几个部门 5. 影响整个单位		如果出现多种情况，请按影响程度由高到低依次填写在下面括号中。 （　　　　）		
内部接触	1. 在工作中不与其他人接触　　　　　（　　） 2. 只与本部门内几个同事接触　　　　（　　） 3. 需与其他部门的人员接触　　　　　（　　） 4. 需与其他部门的部分领导接触　　　（　　） 5. 需与所有部门的领导接触　　　　　（　　）		将频率程度等级填入左边括号中 偶尔　　经常　　非常频繁 　1　　2　3　4　　　5		

续上表

外部接触	1. 不与本公司以外的人员接触　　　　　　（　） 2. 与其他公司的人员接触　　　　　　　　（　） 3. 与其他公司的人员和政府机构接触　　　（　） 4. 与其他公司、政府机构、商业机构接触　（　）	将频率程度等级填入左边括号中 偶尔　　　经常　　　非常频繁 　1　　　2　　3　　4　　　　5
监督	1. 直接和间接监督的人员数量　　　　　　　　　　　　　　　　　　（　） 2. 被监督的管理人员数量　　　　　　　　　　　　　　　　　　　（　） 3. 直接监督人员的层次：一般人员、基层领导、中层领导、高层领导　（　）	
	1. 只对自己负责 2. 对职工有监督指导的责任 3. 对职工有分配工作、监督指导的责任 4. 对职工有分配工作、监督指导和考核的责任	
工作的基本特征	1. 对自己的工作结果不负责任 2. 仅对自己的工作结果负责 3. 对整个部门负责 4. 对自己的部门和相关部门负责 5. 对整个公司负责	
	1. 在工作中时常做些小的决定，一般不影响其他人 2. 在工作中时常做一些决定，对有关人员有些影响 3. 在工作中时常做一些决定，对整个部门有影响，但一般不影响其他部门 4. 在工作中时常做一些大的决定，对自己部门和相关部门有影响 5. 在工作中要做重大决定，对整个单位有重大影响	
	1. 有关工作的程序和方法均由上级详细规定，遇到问题时可随时请示上级解决，工作结果须报上级审核 2. 分配工作时上级仅指示要点，工作中上级并不时常指导，但遇困难时仍可直接或间接请求上级，工作结果仅受上级要点审核 3. 分配任务时上级只说明要达成的任务或目标，工作的方法和程序均由自己决定，工作结果仅受上级原则审核	
	1. 完成本职工作的方法和步骤完全相同 2. 完成本职工作的方法和步骤大部分相同 3. 完成本职工作的方法和步骤有一半相同 4. 完成本职工作的方法和步骤大部分不相同 5. 完成本职工作的方法和步骤完全不同	

续上表

	在工作中您所接触到的信息经常为	说　明
工作的基本特征	1. 原始的、未经加工处理的信息 2. 经过初步加工的信息 3. 经过高度综合的信息	如出现多种情况，请按"经常"的程度由高到低依次填写在下面括号中 （　　　　）
	在您做决定时常根据以下哪种资料	说　明
	1. 事实资料 2. 事实资料和背景资料 3. 事实资料、背景资料和模糊的相关资料 4. 事实资料、背景资料、模糊的相关资料和难以确定是否相关的资料	如出现多种情况，请按"依据"的程度由高到低依次填写在下面括号中 （　　　　）
	在工作中，您需要做计划的程度	说　明
	1. 在工作中无须做计划 2. 在工作中需要做一些小的计划 3. 在工作中需要做部门计划 4. 在工作中需要做公司整体计划	如出现多种情况，请按"做计划"的程度由高到低依次填写在下面括号中 （　　　　）
	在您的工作中接触资料的公开性程度	说　明
	1. 在工作中所接触的资料均属公开性资料 2. 在工作中所接触的资料属于不可向外公开的资料 3. 在工作中所接触的资料属于机密资料，仅对中层以上领导公开 4. 在工作中所接触的资料属于组织高度机密，仅对少数高层领导公开	如出现多种情况，请按"公开性"的程度由高到低依次填写在下面括号中 （　　　　）
	您在工作中所使用的资料属于哪几种？使用的比例约为多少	
	1. 语言的　　　　（　　%） 2. 符号的　　　　（　　%） 3. 文字的　　　　（　　%） 4. 形象的　　　　（　　%） 5. 行为的　　　　（　　%）	

续上表

工作压力	1. 在每天工作中是否经常迅速作出决定　　　没有　很少　偶尔　许多　非常频繁 2. 您手头的工作是否经常被打断　　　　　　没有　很少　偶尔　经常　非常频繁 3. 您的工作是否经常需要注意细节　　　　　没有　很少　偶尔　经常　非常频繁 4. 您所处理的各项业务彼此是否相关 　　完全不相关　大部分不相关　一半相关　大部分相关　完全相关 5. 您在工作中是否要求精力高度集中,如果是,约占工作总时间的比重是多少 　　―――――――――――――――――――――――― 　　20%　　　40%　　　60%　　　80%　　　100% 6. 在您的工作中是否需要运用不同方面的专业知识和技能 　　―――――――――――――――――――――――― 　　否　　很少　　有一些　　很多　　非常多 7. 在工作中是否存在一些令人不愉快、不舒服的感觉(非人为的) 　　―――――――――――――――――――――――― 　　没有　　有一点　　能明显感觉到　　多　　非常多 8. 在工作中是否需要灵活处理问题 　　―――――――――――――――――――――――― 　　不需要　　很少　　有时　　较多　　非常多 9. 您的工作是否需要创造性 　　―――――――――――――――――――――――― 　　不需要　　很少　　有时　　较需要　　很需要 10. 您在履行工作职责时是否有与员工发生冲突的可能 　　―――――――――――――――――――――――― 　　否　　　　　　　　　　　　　　　　　　很可能	

		等级	频率
任职资格要求	1. 您常起草或撰写的文字资料有哪些		
	(1) 通知、便条、备忘录 (2) 简报 (3) 信函 (4) 汇报文件或报告 (5) 总结 (6) 组织文件 (7) 研究报告 (8) 合同或法律文件 (9) 其他		1　　2　　3　　4　　5 极少　偶尔　不太经常　经常　非常经常

续上表

	2. 您常用的数字知识	等级	频 率
任职资格要求	（1）整数加减 （2）四则运算 （3）乘方、开方、指数 （4）计算机程序语言 （5）其他		极少　偶尔　不太经常　经常　非常经常
	3. 学历要求		
	初中、高中、职专、大专、本科、硕士、博士		
	4. 为顺利履行工作职责，应进行哪些方面的培训，需要多少时间		
	培训科目	培训内容	最低培训时间（月）
	5. 一个刚刚开始您所从事的工作的人，要多长时间才能基本胜任工作		
	6. 为了顺利履行您所从事的工作，需具备哪些方面的其他工作经历，约多少年		
	工作经历要求		最低时间要求
	7. 在工作中您觉得最困难的事情是什么？您通常是怎样处理的		
	最困难的事情		处理方法
	8. 您所从事的工作有何体力方面的要求		
	轻　　较轻　　一般　　较重　　重		
	9. 其他能力要求	等级	需要程度
	（1）领导能力 （2）指导能力 （3）激励能力 （4）授权能力 （5）创新能力 （6）计划能力 （7）资源分配能力 （8）管理技能		

续上表

任职资格要求	（9）组织人事 （10）时间管理 （11）人际关系 （12）协调能力 （13）群体技能 （14）谈判能力 （15）冲突管理能力 （16）说服能力 （17）公关能力 （18）表达能力 （20）倾听敏感性 （21）信息管理能力 （22）分析能力 （23）判断、决策能力 （24）执行能力 （25）其他		1　　2　　3　　4　　5 低　较低　一般　较高　高
	请您详细填写所从事工作所需的各种知识和要求程度		
	知识内容	等级	需要程度
			1　　2　　3　　4　　5 低　较低　一般　较高　高
考核	对于您所从事的工作，您认为须从哪些角度进行考核，基准是什么		
	考核角度		考核基准
建议	您认为您从事的工作有哪些不合理的地方，应如何改善		
	不合理处		改进建议

续上表

备注	您还有哪些需说明的问题
	直接上级确认符合事实后，签字
	（如不符合，请在下面空格中说明，更正）

谢谢您的合作！

资料来源：吴培良、彭剑锋、吴春波编著：《现代管理制度·程序·方法范例全集：组织设计与组织运作卷》，中国人民大学出版社 1995 年版，第 219—226 页。

问卷法的优点在于费用低、速度快、节省时间和人力，尤其是利用互联网技术发放、填写、回收问卷时；问卷可在工作之余填写，不至于影响正常工作；可以使分析的样本量很大，因此适用于需要对很多职位进行分析的情况；分析的资料可以数量化，由计算机进行数据处理；可用于多种目的、多种用途的工作分析。

问卷法的缺点是：设计问卷要花费大量的时间、人力和物力，费用较高；可控性较差，被调查者可能对问卷的理解不同而产生信息误差。

6. 典型事例法

典型事例法是由工作分析专家向一些对某职位各方面情况比较了解的人员进行调查，要求他们描述该职位半年到一年内能观察到并能反映其绩效好坏的一系列事件（典型事例）来获得工作信息，从而达到分析目的的方法。主要围绕以下的问题进行询问：什么是导致该事件的主要因素，什么是各种行为的一般后果，各种行为是否处于任职者控制之中。要求他们指出哪一位任职者工作完成得最好，他是如何进行工作的。通过对每一个职位大量典型事例的收集，就可以分析出它们发生的频率、重要程度、工作特征和任职要求。

典型事例法可直接描述人们在工作中的具体活动，可揭示工作的动态性。由于所研究的工作可以观察和衡量，所以用这种方法获得的资料适用于大部分的工作。但收集归纳事例需要大量的时间，而且所描述的是具有代表性的工作者行为，而忽视了一些不显著的工作行为，难以很完整地把握整个工作实体。

二、定量的工作分析方法

不少企业在进行工作分析时都运用上述一些定性方法，但在许多情况下，定性方法并不适用，如要对各项工作进行比较来决定薪酬和待遇的高低的时候，就需要采用定量的分析方法。定量分析方法最为常用的是工作分析问卷法（Position Analysis Questionaire，PAQ）、功能性工作分析方法（Functional Job Analysis，FJA）和管理岗位描述问卷法（Management Position Description Questionaire，MPDQ）。

1. 工作分析问卷法

工作分析问卷法是于1972年由麦考密克（E. J. McCormick）提出的一种适用性很强的工作分析问卷。这种问卷结构严密，要求由工作分析人员来填写，并且要求工作分析人员对被分析的职位要相当熟悉。它共包括194个要素，这些要素又分为6个部分：第一部分是信息输入，用来了解员工如何和从哪里获得完成工作时所需要使用的信息；第二部分是思考过程，回答工作需要进行哪些推理、决策、计划和信息处理活动等问题；第三部分是工作输出，回答工作完成哪些体力活动和使用哪些机器、工具和设施等问题；第四部分是与他人的关系，回答在执行工作时需要与哪些人发生关系，发生什么样的关系，如指导、指挥他人或与公众、顾客的联系；第五部分是工作环境，指工作的物理环境和社会环境，如高温下工作或者在人际关系紧张的环境中工作；第六部分是职位的其他特征，指除了上述与工作有关的事项外，其他有关工作的行为、特征、条件等，如进行重复性活动。在应用这种方法时，工作分析人员要对以下各个方面给出一个6分主观评分：使用程度、时间长短、重要性、发生的可能性、对各个工作部门以及部门内部的各个单元的适用性。这样就可以对每个工作的各个要素分配一个量化的分数，经综合对各个工作划分等级，从而为确定每一种工作的薪酬标准提供依据（如表2.9所示）。

表 2.9　工作分析问卷节选*

1. 工作信息的输入

1.1 工作信息的来源

请将下列每一项要素根据它们被工作人员在工作中当作信息来源使用的程度划分等级

使用工作信息的程度
0 不使用
1 很少/不太经常
2 偶尔
3 中等
4 比较经常
5 常常

1.1.1 工作信息的视觉来源

(1) 书面材料（书、报告、办公记录、文章、工作指导书、签名等）　4
(2) 数据材料（与数量或数字相关的材料，如图、会计报表、明细表、数字表格等）　2
(3) 画面材料（作为信息来源的图画或类似图画的材料，如草图、蓝图、线路图、地图、痕迹图、照片、X 光线图、电视画面等）　1
(4) 模型或与之相关的装置（在使用中被观察并且是被作为信息来源使用的模板、型板、模型等，不包括在上述第 3 项中已经描述过的要素）　1
(5) 视觉装置（罗盘、仪表、信号灯、雷达显示器、速度仪、钟表等）　2
(6) 测量仪器（用以获得物理量度的视觉信息工具，如直尺、卡尺、轮胎压力仪、称盘、厚度仪、滴管、温度计、量角器等，不包括在上述第 5 项中已经描述过的装置）　5
(7) 机械装置（被当成信息来源加以观察使用的工具、设备、机器以及其他机器装置）　4
(8) 被加工的材料（在被改造、加工的过程中成为信息来源的零部件、材料、物体等，如正在被搅拌的制作面包的面粉、正被变成一台车床的零部件、正被切割的布匹、正被换底的鞋子等）　3
(9) 未被加工的材料（那些现在并未处于改变或修造过程之中，然而当它们被检修、处理、包装、分配或挑选的时候，同样能够成为信息来源的部件、材料、物体等，例如那些正处于库存、储藏或分配渠道之中的或正在被检查的部件或材料等）　4
(10) 自然特征（风景、田野、地理类型、植被、云的构成，以及其他一些被观察者作为信息来源的自然特征）　3
(11) 人为的环境特征（结构、建筑、堤坝、公路、桥梁、船坞、铁路，以及其他一些"人造的"或其他与之相关的被观察者作为工作信息来源的室内外环境，不要考虑在第 7 项中已经提到的工作人员在工作过程中所使用的机器设备等）　2

* 这里展示了 11 项"工作信息的输入"方面的问题或要素。工作分析问卷的其他部分是关于脑力加工、工作产出、与其他工作的关系、工作背景和其他工作特征的，此处不再一一详细列出。

资料来源：（美）加里·德斯勒著：《人力资源管理》（第 12 版），刘昕译，中国人民大学出版社 2012 年版，第 138 页。

2. 功能性工作分析法

这一分析法的核心是要对每一项工作按照承担此工作的员工与资料、人以及物之间的关系来进行等级划分。在各项要素中，各类基本功能都有其重要性的等级，数值越小，代表的等级越高；数值越大，代表的等级越低，如表2.10所示。

表2.10　工作分析法中所使用的承担者基本功能*

	信　息	人	物
基本活动	0 综合 1 调整 2 分析 3 汇编 4 加工 5 复制 6 比较 7 服务	0 指导 1 谈判 2 教育 3 监督 4 转换 5 劝解 6 交谈—示意 7 服务 8 接受指示、帮助	0 创造 1 精密加工 2 操作、控制 3 驾驶、操作 4 处理 5 照料 6 反馈—回馈 7 掌握

* 在确定雇员的工作在信息、人、物三个方面所应得的"分数"时，首先通过观察他们的工作，确定这种工作在每一个方面所执行的基本功能是什么，然后根据此表确定分数。在此表中，"0"是最高的分数；"6"、"7"、"8"则是低分数。

资料来源：（美）加里·德斯勒著：《人力资源管理》（第12版），刘昕译，中国人民大学出版社2012年版，第139页。

采用这种方法进行工作分析，各项工作都会得出数值，据此可以决定薪酬和待遇。例如，要分析一个接待员的工作，分析人员可能会把这项工作的等级根据三个方面的因素（即与信息、人和物有关的方面）分别标上5、6、4，分别代表复制信息、同别人交谈/传递信息、处理事情。而一名医院中的精神分析助理员的工作，则可能会被根据工作承担在信息、人、物三个方面的情况分别标上1、7、5。最后，这三项得分的总和就成为该项工作的等级划分基础。

有一种改进的功能工作分析法，是在上述方法的基础上进行扩充，即除了采用信息、人和物三项要素来分析工作外，还补充了以下资料：完成工作所需要的受教育程度，包括执行工作任务时所需要的推理和判断能力的程度，使用数学能力的程度和应用语言能力的程度；绩效标准和训练要求。

3. 管理岗位描述问卷法

在分析管理者的工作时应特别注意以下两个问题：一是管理者经常试图使他们的工作内容去适应自己的管理风格，而不是使自己去适应所承担的管理工作的需要。如果使用面谈法，他们总是描述自己实际做什么，而忘了应该做什么。二是管理工作具有非程序化的特点，工作内容会随时间的变化而变化，因而需要较长时间的考察和比较。所以，分析管理人员的工作应使用调查问卷法，包括从行为角度分析的管理行为调查问卷和从任务角度分析的管理任务调查问卷。这一方法是由托纳（W. W. Tornow）和平托（P. R. Pinto）在 1976 年提出的，它与职位分析问卷法非常相似，由管理人员填写，包括 208 个用来描述管理人员工作的问题，也采用 6 分标准对每个项目进行评分。208 个问题可划分为 13 个类型：

（1）产品、市场和财务战略计划。指进行思考并制订计划以实现业务的长期增长和公司的稳定性。

（2）与公司其他部门和人事管理工作的协调。指管理人员对自己没有直接控制权的员工个人和团队活动的协调。

（3）内部业务控制。指检查和控制公司的财务、人事和其他资源。

（4）产品和服务责任。指控制产品和服务的技术方面以保证生产的及时性并保证质量。

（5）公共关系。指维护公司在用户和公众中的形象和名誉。

（6）咨询指导。指以自己的技术和能力解决公司的一些特殊问题。

（7）行动的自主性。指在没有直接监督的情况下开展工作活动。

（8）财务审批权。指批准大额的财务投入。

（9）员工服务。指提供诸如寻找事实和为上级保持记录这样的员工服务。

（10）监督。指通过与下属员工的交流来制订计划并组织和控制他们的工作。

（11）复杂性的压力。指在很大的压力下，在规定的时间内完成所要求的工作任务。

（12）重要的财务责任。指制定对公司的绩效构成直接影响的大规模的财务投资决策和其他财务决策。

（13）广泛的人事责任。指从事对人力资源管理和影响员工的其他政策具有重大责任的活动。

第四节 工作说明书

在收集了完整、准确的有关工作信息并进行分析后，就可以准备编写工作说明书了。这是工作分析的又一个重要环节。

工作说明书由两大部分组成：即工作描述（job description）和任职资格说明书（job specification）。工作描述具体说明从事某职位工作的物质特点和环境特点，主要包括以下几个方面：

（1）职位标识。指组织对从事一定工作活动所规定的职位名称或职位代号，以便对各种工作进行识别、登记、分类以及确定组织内外的各种工作关系。

（2）职位概述。是运用简明扼要的语言对该职位的主要职能或需要完成的主要活动的概括描述。

（3）工作职责。包括所要完成的工作任务、工作责任、使用的原材料和机器设备、工作流程、与其他人的正式工作关系、接受监督以及进行监督的性质和内容，有的工作说明书中还将每一项工作活动的绩效标准包括进去。

（4）工作环境。包括工作的物理环境、安全环境和社会环境。物理环境，即湿度、温度、照明度、噪音、震动、异味、粉尘、空间、油渍等以及工作人员每日与这些因素接触的时间；安全环境包括工作的危险性、可能发生的事故、过去事故的发生率、事故的原因及对执行人员身体的哪些部分造成危害、危害程度如何、劳动安全卫生条件、易患的职业病、患病率及其危害程度；社会环境包括工作所在地的生活方便程度、工作环境的孤独程度、各部门之间的关系、同事之间的关系。

（5）聘用条件。包括工作时数、工资结构、支付工资的方法、福利待遇、该职位在组织中的正式位置、晋升的机会、工作的季节性、进修的机会等。

任职资格说明书，是说明应该雇用哪类人来承担该职位，主要包括以下几个方面：

（1）一般要求。主要包括年龄、性别、学历、工作经验等等。

（2）生理要求。主要包括健康状况、力量与体力、运动的灵活性、感觉器官的灵敏度等等。

（3）心理要求。主要包括观察能力、集中能力、记忆能力、理解能力、学习能力、解决问题的能力、领导能力、创造性、数学计算能力、语言表达能力、决策能力、性格、气质、兴趣爱好、上进心、合作精神等。

编写工作说明书应注意以下几个事项：

（1）内容可依据工作分析的目的进行调整，可简可繁。

（2）可以用表格形式表示，也可采用叙述型。

（3）需个人填写的部分，应运用规范术语，字迹要清晰。地方不够的可续页。

（4）使用浅显易懂的文字，用语要明确，不要模棱两可。

（5）评分等级也要依实际情况而设定。

（6）运用统一的格式，注意整体的协调，做到美观大方。

表 2.11、表 2.12 为工作说明书范例。

表 2.11　某公司出纳的工作说明书

岗位名称	出纳	岗位编号	
所属部门	财务部	岗位定员	2 人
直接上级	财务部主任	编制日期	2007 年 3 月
直接下级	无		

续上表

工作概要
管好、用好现金、银行存款，保管好财务印鉴及有价证券，确保货币资金、有价证券、财务印鉴的安全
工作职责与标准
1. 严格遵守财经政策和财经纪律，按照现金管理制度和银行结算制度办理现金收支和银行结算业务，并接受银行的监督
2. 管理库存现金和有价证券，并保证其安全完整。库存现金不得超过银行核定的限额，一切收入应在当日送存银行，不得坐支现金，不得以白条抵库，不得任意挪用
3. 负责部分银行往来印鉴的妥善保管和正确使用。严格控制签发空白支票，如因工作需要签发不填写金额的转账支票时，必须由经办部门负责人签章，财务主管批准，方可签发；并设立登记簿进行登记，还必须在支票上写明受款单位、款项用途和签发日期，以免发生意外；并督促领用人将已用或逾期未用的空白转账支票交回注销
4. 办理款项收付时，必须根据稽核人员审核签章的收付款凭证，进行复核后办理款项收付。对于重大开支项目，须经财务主管审批，方可办理。收付款后，应在收付款凭证上签字，并加盖收付讫戳记
5. 根据已经办理完毕的收付款凭证，逐笔顺序登记现金日记账和银行存款日记账，并结出余额
6. 严格以凭证为依据，记清当日全部账务，现金日记账上余额要同实际库存现金核对相符，坚持日清月结；银行存款的账面余额要及时与银行对账单核对，月末编制"银行存款余额调节表"，使余额调节相符；对未及时到达账项，应及时查询，确保资金安全；银行收支要及时准确，不错不乱
7. 如实反映货币资金的收支结算情况，为流动资金核算岗位和领导及时提供信息和用于资金调配
8. 非经直接主管批准，不替任何部门和个人在金库内保管现金和其他物件
岗位权利
1. 对违反现金管理和银行结算制度的收付业务有权拒绝办理
2. 对不符合要求的会计凭证或书写不清、印章不全的原始单据有权拒绝受理
3. 对违反财经纪律的行为有权阻止或举报
工作协作关系

内部协作、协调关系	与公司各部门有频繁的接触
外部协作、协调关系	银行、税务机关、会计师事务所、律师事务所等

工作条件与设备工具	
工作环境	无特殊工作条件与环境
工具与设备使用	使用电脑、保险柜、算盘、计算器

续上表

考核要点	
1. 对现金日记账、银行存款明细账登记的及时性及账实相符的准确性进行考核	
2. 根据其工作任务完成情况以及工作质量进行考核	
3. 对违章、违纪情况进行考核	
任职资格	
学历	大专及以上
经验	1年以上相关工作,持有会计证、电算会计证
知识	财会基础知识、现金管理条例
技能	熟练使用电脑、财务软件
培训经历	无
年龄	无特殊要求
身体状况	良好
素质要求	工作细心、诚实可靠、为人正直、坚持原则、记忆力较强

资料来源:秦璐、王国颖主编:《人力资源管理》,中山大学出版社2006年版,第56—57页。

表2.12 ××集团高级系统工程师工作说明书

编号:A001

职位名称:高级系统工程师	所在部门:集团信息中心直接上级	职位:信息中心经理
工资等级:4	所辖人员:20	分析日期:2007.04.03
别名:信息技术总监部门	编号:	定员: 人
工资水平: /年	分析人:	批准人:
工作目标与职责: 制定、评价各类信息系统方案,确保集团范围的各类信息系统高效、稳定、安全运行,跟踪最新IT技术发展和IT技术在企业管理中的最新应用,持续推动IT技术在企业管理中的应用,为集团范围的所有IT相关事务提供专家咨询和建议,为集团培训高级IT技术人才 工作内容: a) 了解集团战略规划和业务规划,提出相应的IT战略规划 b) 根据某种特定的业务对IT的要求,提出相应的IT方案(软件、硬件、投资) c) 寻找合适的软硬件供应商,比较、评价各家方案 d) 制定招标书中的技术要求,从技术上评价供应商 e) 参加IT采购招标会 f) 制订IT服务外包计划			

续上表

g）组织对外技术交流 h）评价考核系统组（办公自动化、ERP 系统管理、网络管理、NT 管理、数据库管理）负责人工作绩效 i）提出人员岗位安排建议和人员需求 j）审核关键 IT 技术岗位工作说明书 k）参与集团 IT 产业发展战略制定 l）参与集团 IT 相关的业务谈判和接待 m）不定期总结集团 IT 应用情况 n）不定期参加各种 IT 研讨会和用户交流会 o）编写高级技术人员培训教材 p）培训高级 IT 技术人员 q）组织技术骨干做 IT 技术难题攻关 r）组织内外资源处理重大 IT 事故 s）组织人员测试 IT 技术方案 t）关注最新 IT 技术发展，预测其发展前景 u）完成上级领导交办的其他任务
任职资格要求： 受教育水平：大学计算机或相关专业本科以上学历 工作经历：在本公司工作 5 年以上，任工程师职务 3 年以上，本岗位见习 1 年以上； 3 年大型数据库管理经验　　　　3 年程序编写经验　　　　3 年 UNIX 和 NT 管理经验 2 年网络管理经验　　　　2 年项目管理经验
专门培训： 网络安全培训 3 天，AIX 系统管理 5 天，AIX 高级系统管理 5 天，INFORMIX 系统管理 5 天，INFORMIX 性能调整 4 天，ATM 网络原理 2 天，项目管理 5 天，INTERNET 电子商务 5 天，ERP 原理 5 天，SAP R/3 模块培训 15 天，SAP BASIS 培训 5 天，TCPIP 原理 3 天，CISCO 网络管理 5 天
专业技能、证书与其他能力： 很强的自学能力和沟通能力，能快速理解掌握一门 IT 新技术，对 IT 技术发展敏感，有较强的项目管理能力，有中级以上英语听说写能力（CET6），掌握如下 IT 领域的基础理论并具有 2 年以上的实践经验：操作系统（具有 NT 和至少一种 UNIX 经验），网络原理（至少掌握以太网和 ATM 网络原理），编程语言（至少掌握两种以上编程语言，其中必须有一种为 4GL），数据库（掌握标准 SQL 和至少两种大型数据库），计算机原理（要求学习过专门的课程）
体能要求：健康
所用工具及设备： 各种电脑和网络设备，会议设备，交通工具

续上表

工作环境特征： 办公室，会议室，电脑机房，培训教室
工作时间特征： 50%时间正常上下班，30%时间离开办公室，20%时间不确定（加班或晚下班）
有密切关系的其他岗位和人员： 信息中心所有成员，信息中心招标委员会，所有需要使用IT技术的部门领导和业务骨干，高层领导，外部软硬件供应商、服务提供商、同行、媒体
所需记录文档及传送部门、人员： 通知、培训教材、会议纪要
工作完成结果及建议考核标准： 集团信息系统稳定运行，采用的各种IT方案性能价格比高于平均水平，企业信息化管理水平在同行中领先
备注： 本岗位属于技术岗位，但也有很多管理职能，较少从事具体的技术工作，但要求有很强的技术背景和很宽的知识面和丰富的实践经验，考核方式应该采用管理人员的考核办法和技术人员考核办法相结合的方式

工作说明书中有关工作的描述一般都较简练，不可能把各项工作的程序和标准都包括进来，因此，还需要有任务说明书予以细化。表2.13是任务说明书的范例。

表2.13 客房服务员整理房间的任务说明

- 用手而不是用钥匙轻轻敲客人房门，并报知客人自己的身份
- 等待客人回答，假如没有回答，服务员要再问是否现在可以整理房间
- 还没有回答（无人），用钥匙开门
- 开灯，以检查全部灯具是否正常
- 把手推车放在门前
- 移走用过的烟灰缸和盘子，并放在指定地点
- 清除松散的脏物及垃圾
- 整理报纸
- 调换用过的火柴
- 除掉客人用过的床单、被单、枕套并放入手推车脏衣袋里
- 将用过的大小浴巾、方巾、踏巾放进手推车脏衣袋中
- 从车上取出干净的床具和卫生间的客用棉织品，拿到客房备用
- 擦洗床架

续上表

- 按饭店规定的标准程序清洗、整理卫生间。
  - 吸尘（从里向外）。
  - 擦拭陈设器具、家具等。
    a. 客房门　　b. 衣柜　　c. 床头柜　　d. 床头板　　e. 电话机　　f. 壁画
    g. 空调机旋钮　h. 窗架　　i. 冰箱　　j. 灯具　　k. 桌椅　　l. 电视机
  - 补充室内客用品
    b. 床头柜上
       烟灰缸及火柴
       电话目录及服务指南
    c. 桌上
       杂志、饭店服务项目指南
       顾客意见表
       烟灰缸及火柴
       文件夹
       送餐服务菜单
    d. 衣柜内
       洗衣袋及洗衣项目价格表
       标准数量的衣架
  - 关上窗帘
  - 站在门口最后目视检查一遍
  - 关上床头灯
  - 关上门灯并将房门锁好

资料来源：罗旭华编著：《实用人力资源管理技巧》，经济科学出版社1998年版，第46—47页。

第五节　基于胜任素质的工作分析

前面介绍的工作分析内容，其核心是以工作为中心。这种传统的工作分析能够清晰地界定和描述具体的工作职责，但是也有其弊端，比如：把职位视为工作内容变化很小，忽视了影响员工绩效的深层次的能力因素，员工可能产生"那不是该我干的工作"的态度……但是，在知识经济的今天，职位的定义发生了很大变化，对于在百度、腾讯、淘宝这类公司中工作的员工来说，他们在岗位上所做的工作常常在变化，工作过程难以实施监督控制；工作成果不易加以直接测量和评价；等等。因此对这些岗位进行工作分析时会遇到工作信息难以收集、职责范围难以确定、任职条件难以把握等问题。同时，为了更好地激励员工，很多企业也从追求职位专业化转向职位丰富化，采取工作扩大化、工作轮换、工作丰富化等方式，鼓励员工能够在不同的职位间流动。面对这些变化，进行工作分析的方式要有所改变。常用的一种方法是，根据胜任素质，即员工在本职工作中应该具备的素质，而不是具体的工作职责内容来编写工作描述，这种方法就是基于胜任素质的工作分析。

胜任素质指的是驱动员工产生优秀工作绩效的各种素质特征的集合。基于胜任素质的工作分析，就是基于承担某一职位的员工为了达成高绩效所必须具备的那些可衡量、可观察、行为化的胜任素质，来对职位进行描述的过程。这种工作分析以员工为中心，其最终结果常体现为能力素质模型。素质模型包含特定职位所需要具备的知识和技能、态度和价值观、个性和品质等等。这些素质要素是与工作绩效最密切相关的内容，是具体的、可描述的和可衡量的。

基于胜任素质的工作分析的程序，与传统的工作分析程序的大多数方面都是类似的。我们在此提供一种常用的步骤：

（1）确定目标岗位。根据企业战略目标确定需要建立能力素质模型的目标岗位。

（2）选取样本组。根据目标岗位的绩效标准，在该岗位的工作人员中随机抽取绩效优异员工进行调查。

（3）收集整理数据。对选取的员工进行数据收集，可以采用行为事件访谈法、问卷调查法、关键事件访谈法等来收集信息，也可以从互联网或其他渠道中找到一些现成的胜任素质数据库，以此为参考，再结合收集到的本企业信息作修改。每种方法各有利弊，在数据调查过程中可多种方法结合使用，提高所得信息的准确性。

（4）分析数据。将已经收集到的数据进行归类与编码，提炼素质项目，然后对各个素质进行等级划分，每个等级都应按照岗位胜任要求描述素质特征，建立初步的素质模型。表2.14是对学习创新素质进行编码、描述的例子。图2.2是某职位的能力素质模型。

（5）构建素质模型并确定任职资格。选择国际/国内标杆企业进行比较，或者利用能力素质数据库或专家验证素质模型的有效性。同时，对员工进行跟踪调查，一段时间后看员工绩效是否符合素质模型的预测，进一步判断模型的有效性。在最终确定素质模型后，根据素质模型确定岗位的任职资格条件。

表2.14 学习创新素质

素质名称	定义	等级	行为描述
学习创新	独立地获取、加工、利用信息，采用新技术、新方法分析和解决问题的能力	1	有学习意愿，能够利用别人加工过的信息进行问题的处理
		2	能够学以致用，把所学知识用于实际操作
		3	能从过去的事件中吸取经验教训，不断改进做事方法和手段
		4	不断尝试着寻找新技术、新途径解决问题和完成任务

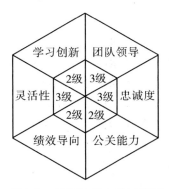

图 2.2　某职位能力素质模型

练习题：

1. 什么是工作分析？它在人力资源管理中的地位如何？
2. 工作分析主要要经过哪些步骤？
3. 定性的工作分析方法有哪些？各有哪些优缺点？
4. 工作描述主要应包括哪些方面的内容？

[案例1]

某机构秘书处的工作研究

某局负责起草大量文件，包括计划、报告、招标文件、订货合同等。许多工作由专业人员或政府雇员完成，但文字处理工作则大部分由12人组成的秘书处完成，他们的工作在正式发送前由专业人员检查和编辑。

针对其工作结果进行了一次管理服务咨询分析。从报告中取一部分做样品，计算出其中的主要工作量（包括字母、标点符号、空格），然后将统计结果外推到整个报告，估计出总的工作量，最后将此估算与秘书处应聘人员的录入/文字处理速度作一比较。其结果是：如果现有人员一直按他们的实际能力工作，则60%的人员就可以完成现有全部工作。

然而，秘书处异常繁忙，现有人员往往无法承担工作负荷，常常需要聘用临时工加以补充。显然实际产出和潜在产出之间存在差距，找出其中的原因很重要。与员工的交流中发现大量工作时间用作编辑报告和文件，还需要仔细阅读文件，找出某些具体变化。最终在编辑时要花2小时以上时间完成，有些文件还要多次编辑。

这就产生了一个问题，为什么要有这么多的编辑工作？一旦专业人员看到文件打印稿后，他们就会作出修改。有些变化是文件起草者们希望看到变化，而不是因为秘书处人员打印的文件本身有错。

该局就此采用了"一次成文"的办法。专业人士更多地接触、使用文字处理软件,并且自己做后期编辑结果,需要编辑的工作量显著下降。秘书处的总工作量减少,打印人员所接的工作大都是要求按照规定格式、规定标准完成的。

最初的分析表明有40%的富余人员,但需要作进一步调查以确定真正的原因。一段时间后,秘书处通过自然裁员和在机构其他部门安置工作使总人数减少了30%,而且雇用临时雇员的情况也不再出现。

(本案例来源于八文网。)

讨论参考题:

1. 该工作研究采用的是定量分析的方法还是定性分析的方法?采用这种方法有什么缺陷?

2. 文中提到富余人员有40%,这个数字需要做进一步调查以确定真正的原因。这个分析结果可信吗?为什么?你认为可能有哪些方面的原因?

[案例2]

企业如何做好职位分析

A公司是我国中部省份的一家房地产开发公司。近年来,随着当地经济的迅速增长,房产需求强劲,公司有了飞速的发展,规模持续扩大,逐步发展为一家中型房地产开发公司。随着公司的发展和壮大,员工人数大量增加,众多的组织和人力资源管理问题逐渐凸显出来。

公司现有的组织机构,是基于创业时的公司规划,随着业务扩张的需要逐渐扩充而形成的,在运行的过程中,组织与业务上的矛盾已经逐渐凸显出来。部门之间、职位之间的职责与权限缺乏明确的界定,扯皮推诿的现象不断发生。有的部门抱怨事情太多,人手不够,任务不能按时、按质、按量完成;有的部门又觉得人员冗杂,人浮于事,效率低下。

公司的人员招聘方面,用人部门给出的招聘标准往往含糊,招聘主管往往无法准确地加以理解,使得招来的人大多差强人意。同时,目前的许多岗位不能做到人事匹配,员工的能力不能得以充分发挥,严重挫伤了士气,并影响了工作的效率。公司员工的晋升以前由总经理直接做出,现在公司规模大了,总经理已经几乎没有时间来与基层员工和部门主管打交道,基层员工和部门主管的晋升只能根据部门经理的意见来做出。而在晋升中,上级和下属之间的私人感情成为决定性的因素,有才干的人往往并不能获得提升。因此，许多优秀的员工由于看不到自己未来的前途，而另寻高就。在激励机制方面，公司缺乏科学的绩效考核和薪酬制度，考核中的主观性和随意性非常严重，员工的报酬不能体现其价值与能力，人力资源部经常可以听到大家对薪酬的抱怨和不满，这也是人才流失的重要原因。

面对这样严峻的形势，人力资源部开始着手进行人力资源管理的变革，变革首先从进行职位分析、确定职位价值开始。职位分析、职位评价究竟如何开展，如何抓住职位分析、职位评价过程中的关键点，为公司本次组织变革提供有效的信息支持和基础保证，是摆在 A 公司面前的重要课题。

首先，他们开始寻找进行职位分析的工具与技术。在阅读了国内目前流行的基本职位分析书籍之后，他们从中选取了一份职位分析问卷作为收集职位信息的工具。然后，人力资源部将问卷发放到各个部门经理手中，同时他们还在公司的内部网上发了一份关于开展问卷调查的通知，要求各部门配合人力资源部的问卷调查。

据反映，问卷在下发到各部门之后，却一直搁置在各部门经理手中，而没有发下去。很多部门是直到人力资源部开始催收时才把问卷发放到每个人手中。同时，由于大家都很忙，很多人在拿到问卷之后，都没有时间仔细思考，草草填写完事。还有很多人在外地出差，或者任务缠身，自己无法填写，而由同事代笔。此外，据一些较为重视这次调查的员工反映，大家都不了解这次问卷调查的意图，也不理解问卷中那些陌生的管理术语，何为职责、何为工作目的，许多人对此并不理解。很多人想就疑难问题向人力资源部进行询问，可是也不知道具体该找谁。因此，在回答问卷时只能凭借自己个人的理解来进行填写，无法把握填写的规范和标准。

一个星期之后，人力资源部收回了问卷。但他们发现，问卷填写的效果不太理想，有一部分问卷填写不全，一部分问卷答非所问，还有一部分问卷根本没有收上来。辛苦调查的结果却没有发挥它应有的价值。

与此同时，人力资源部也着手选取一些职位进行访谈。但在试着谈了几个职位之后，发现访谈的效果也不好。因为，在人力资源部，能够对部门经理访谈的人只有人力资源部经理一人，主管和一般员工都无法与其他部门经理进行沟通。同时，由于经理们都很忙，能够把双方凑在一块都很不容易。因此，两个星期时间过去之后，只访谈了两个部门经理。

人力资源部的几位主管负责对经理级以下的人员进行访谈，但在访谈中，出现的情况却出乎意料。大部分时间都是被访谈的人在发牢骚，指责公司的管理问题，抱怨自己的待遇不公等。而在谈到与职位分析相关的内容时，被访谈人往往又言辞闪烁，顾左右而言他，似乎对人力资源部这次访谈不太信任。访谈结束之后，访谈人都反映对该职位的认识还是停留在模糊的阶段。这样持续了两个星期，访谈了大概 1/3 的职位。王经理认为时间不能拖延下去了，因此决定开始进入项目的下一个阶段——撰写职位说明书。

可这时，各职位的信息收集却还不完全。怎么办呢？人力资源部在无奈之中，不得不另觅他途。于是，他们通过各种途径从其他公司中收集了许多职位说明书，试图以此作为参照，结合问卷和访谈收集到的一些信息来撰写职位说明书。

在撰写阶段，人力资源部还成立了几个小组，每个小组专门负责起草某一部门的职位说明，并且还要求各组在两个星期内完成任务。在起草职位说明书的过程中，人力资源部的员工都颇感为难，一方面不了解别的部门的工作，问卷和访谈提供的信息又不准确；另一方面，大家又缺乏写职位说明书的经验，因此，写起来都感觉很费劲。规定的时间快到了，很多人为了交稿，不得不急急忙忙地东拼西凑了一些材料，再结合自己的判断，最后成稿。

最后，职位说明书终于出台了。然后，人力资源部将成稿的职位说明书下发到了各部门，同时，还下发了一份文件，要求各部门按照新的职位说明书来界定工作范围，并按照其中规定的任职条件来进行人员的招聘、选拔和任用。但这却引起了其他部门的强烈反对，很多直线部门的管理人员甚至公开指责人力资源部，说人力资源部的职位说明书是一堆垃圾文件，完全不符合实际情况。

于是，人力资源部专门与相关部门召开了一次会议来推动职位说明书的应用。人力资源部经理本来想通过这次会议来说服各部门支持这次项目。但结果却恰恰相反，在会上，人力资源部遭到了各部门的一致批评。同时，人力资源部由于对其他部门不了解，对于其他部门所提的很多问题，也无法进行解释和反驳，因此，会议的最终结论是，让人力资源部重新编写职位说明书。后来，经过多次重写与修改，职位说明书始终无法令人满意。最后，职位分析项目不了了之。

人力资源部的员工在经历了这次失败的项目后，对职位分析彻底丧失了信心。他们开始认为，职位分析只不过是"雾里看花，水中望月"的东西，说起来挺好，实际上却没有什么大用，而且认为职位分析只能针对西方国家那些管理先进的大公司，拿到中国的企业来，根本就行不通。原来雄心勃勃的人力资源部经理也变得灰心丧气，但他却一直对这次失败耿耿于怀，对项目失败的原因也是百思不得其解。

那么，职位分析真的是他们认为的"雾里看花，水中望月"吗？该公司的职位分析项目为什么会失败呢？

（本案例来源于中国人力资源开发网，作者彭剑峰。）

讨论参考题：

1. 该公司为什么决定从职位分析入手来实施变革？这样的决定正确吗？为什么？
2. 在职位分析项目的整个组织与实施过程中，该公司存在着哪些问题？
3. 该公司所采用的职位分析工具和方法主要存在着哪些问题？

第三章 人力资源规划

示例1：

2014年10月，上海神开石油化工装备股份有限公司（下称"上海神开石化"）在中国石油大学（华东）等学校进行了校园招聘，并与入选的学生签订了三方协议。然而，在毕业季的2015年6月底，这些应届毕业生却陆续被上海神开石化公司通知延迟一年入职。公司在《关于部分2015应届生延迟报到通知》中称，"因受到国内外油价持续低迷的影响，石油行业设备和油田工程技术服务需求严重下降，公司面临严峻的市场挑战，效益受到巨大冲击。"公司方面透露在石油行业不景气的大背景下，市场销售部门和一线石油生产部门受到主要冲击，从而使得招聘计划超过需求，因此，公司对去年10月新招聘的2015届应届毕业生，按照总数的30%～40%的比例实行延迟入职，拒绝接受的毕业生可以解约，公司支付违约金。

示例2[①]：

国内某家经营电讯和软件业务的民营企业集团聘请咨询公司帮助他们进行企业诊断。经过一段时间的访谈和调查后，咨询公司发现公司存在着不少问题，其中包括：公司没有明确的战略目标和相关策略，导致各子公司业务分散；某些子公司的定位非常不明确。在组织结构方面，子公司各自为政，机构设置重复，整个集团没有共享的管理和服务系统。如由于企业员工经常变动，管理层和骨干员工所掌握的行业知识和相应的技能都无法有效传承，最终影响了产品创新和市场开拓。同时，企业也没有统一的企业文化，甚至没有完整的绩效管理体系和薪酬激励体系。咨询公司提出了集团公司今后若干年的发展战略和急需实施的组织变革方案，明确提出集团公司需要专注于最熟悉行业的软件开发和推广业务，并依此组建集权式集团公司，以便集团总部能指导那些管理不成熟的子公司进行业务拓展。集团总裁非常赞成这一方案，但他马上

---

① 该示例根据《21世纪经济报道》2002年7月8日登载的文章《少年企业的烦恼》改写。

意识到公司的各种问题最终聚焦在事关企业长远发展的人力资源规划上。企业战略变革项目是否能取得成功，在很大程度上取决于他的领导班子，而他其实没有几个经理能担当集团总部里诸如战略规划、投资管理等关键管理岗位的工作。换言之，他并没有一个强有力的领导班子来帮助他完成企业这一重大战略变革，这就意味着，他将无法把他的集团公司推向国际市场。

古人云：凡事预则立，不预则废。组织要实现自己的战略，在发展的每个阶段都要拥有与工作相适应的人力资源，尤其是成长中的民营企业，在发展中碰到了关键性的人力资源问题，如缺乏强有力的中高层管理干部，缺乏能力和积极性都很高的员工，出现职位空缺时"临时抱佛脚"等，这些问题严重制约了企业的发展。同时，由于组织面临的内外环境在不断地变化，对人力资源会不断提出新的要求，因此，必须对组织目前和未来的人力资源进行科学的预测和规划，才能在需要的时候及时得到各种所需的人员，为企业战略目标的实现提供有力的人力资源支持，实现组织的良性运行。如果在做计划时没有考虑到人力资源计划的重要性，常常会使原本深思熟虑的计划付诸东流。本章论述人力资源规划的作用、内容、程序和需求供给预测及平衡。

第一节　人力资源规划的含义及其作用

一、人力资源规划的发展和含义

人力资源规划经过几十年的发展，无论是在形式上还是在运作中，都从狭义逐步走向广义。在"二战"期间及战后20年的时间里，人力规划的关注点在提高雇员的生产效率以及如何获得有能力的管理人员，以满足由于人才短缺和对产品与服务的大量需求造成的人员短缺。

在20世纪60年代，人力资源规划被定义为："管理人员确定组织应当如何由目前现状发展到理想的人力资源状态的过程。通过制定规划，管理人员努力让适当数量和种类的人，在适当的时间和适当的地点，从事使组织与个人双方获得最大的长期利益的工作。"[①]

70年代时，对人力资源规划的普遍看法是企业预测其未来的人力需求，预测其内部人力资源供给满足这些需求的程度，确定供求之间的差距，并通过招募、选拔、培训、调动、晋升、辞退等一系列的措施达成供求平衡的过程。

在80年代，人力资源规划的概念开始流行，雇员被当作一种资源而不是一种费用，人力资源规划的范围、内容和方法都发生了很大的变化。在范围上，不仅限于供

[①] 詹姆斯·W.沃克著：《人力资源战略》，吴雯芳译，中国人民大学出版社2001年版，第50页。

求平衡或数量平衡,而是上至与战略计划相联系,下至与制订行动方案相结合。内容上,对职业规划、弹性工作时间、工作多样化、雇员多样化、管理接班人计划、重组与兼并/收购的执行等更为关注。在方法上,根据不同的时间和不同的环境使用不同的规划工具,采取多种方法测试企业需求、成本效益、对竞争优势的潜在影响等,人力资源规划的技术更加适合短期规划,而且对人才供求的详细定量预测也不太常见。

90年代以后,人力资源规划开始与企业战略计划结合起来,人力资源规划的要点不是技术,而是管理人员通过人员管理获得和保持竞争优势的机会的计划。具体而言,就是依据企业经营和发展战略对企业人力资源的引进、发展、保留、激励和使用等工作进行长期规划,有步骤、有计划地开展人力资源管理活动,以便最有效地利用这些资源,帮助企业实现战略目标,其内涵包括组织设计、确定人员配置需求、配备人员、进行能力开发、评估及提高工作绩效、奖励工作绩效等。从解决问题的角度看,人力资源规划或者是分析公司要实现战略目标,在人力资源方面存在哪些问题,或者是分析公司存在的问题(核心的问题),然后寻找人力资源角度的解决方案。因此,在帮助管理人员预见和管理日益加速甚至纷乱变化的时候,人力资源战略与人力资源规划是一致的。

在几十年的发展历程中,国内外学者给出了很多人力资源规划的定义,见表3.1。

表3.1 人力资源规划的概念

★ 人力资源规划就是要分析企业在环境变化中的人力资源需求状况,并制定必要的政策和措施来满足这些要求
★ 人力资源规划就是要在企业和员工的目标达到最大一致的情况下,使得人力资源的供给和需求达到最佳平衡
★ 人力资源规划就是要确保企业在需要的时间和需要的岗位上获得各种需要的人才(包括数量和质量两个指标),人力资源战略与规划就是要使企业和个人都得到长期的利益
★ 人力资源规划就是预测企业未来的任务和环境对企业的要求,以及为了完成这些任务和满足这些要求而设计的提供人力资源的过程

资料来源:赵曙明编著:《人力资源战略与规划》,中国人民大学出版社2002年版。

综上所述,本书认为人力资源规划的狭义定义为:科学地预测、分析组织在变化的环境中的人力资源需求和供给状况,制定必要的政策和措施以确保组织在需要的时间和需要的岗位上获得所需要的人力资源(数量和质量)的过程。广义定义为:科学地预测、分析组织内外部环境的变化,依据企业经营和发展战略,有效实施人员管理,以确保组织获得和保持竞争优势的过程。本章在程序和方法部分偏重于狭义人力资源规划的介绍。

二、人力资源规划的作用

1. 确保企业生存发展过程中对人力资源的需求

任何企业都处在一定的内外环境之中，而这些环境因素又在不断地变化和运动。其中的一些因素会对企业的人力资源需求状况产生很大的影响。例如，在激烈的市场竞争环境下，企业技术变化很快，一项新技术的采用往往会导致生产率的提高，这既可以节省许多劳动力，同时也要求对在岗的员工进行再培训以适应新技术的要求。这时，如果不能事先对企业的人力资源状况进行认真的分析，提高现有员工的素质或吸引外部较高素质的劳动力，企业就不可避免地会出现人力短缺的现象，影响正常的生产活动。如果说低技能的一般员工可以随时通过劳动力市场而获得，或者通过对现有员工进行简单培训即可满足工作需要的话，那么，那些对企业关键环节起决定性作用的技术人员和管理人员的短缺则无法立即满足企业的需要。企业内部的其他因素也在不断地变化，如退休、自然减员、辞职、辞退、开除，工作岗位的调动、职位升降，以及国家有关退休年龄的法规政策的变动，等等，这些因素的变化也会导致人力资源数量、质量和结构等方面的变化，需要适时地进行调整。

对于处于稳定状况下的企业来讲，一般不需要进行人力资源规划，只需要对人员进行简单的调整，因为企业的生产经营范围和生产技术条件等没有发生变化，人力资源的数量、质量和结构也相对稳定，这种企业在短期内是存在的。但从较长时期来看，大多数企业处于不稳定的发展状态，企业的生产技术条件所决定的人员需求的数量、质量和结构会有较大的波动，使企业劳动力的需求量和拥有量不能自动实现均衡。因此，企业人力资源部门必须分析企业人力资源的需求和供给之间的差距，制定各种规划来满足企业对人力资源的需要。

2. 有利于企业制定和实现战略目标和发展规划

企业的高层管理者在制定战略目标和发展规划以及选择决策方案时总要考虑企业自身的各种资源，尤其是人力资源的状况，而且企业战略的实施也需要人力资源战略的保证。因此，人力资源规划要以企业的战略目标、发展规划和整体布局为依据，按照企业经营战略和组织运营的要求，设计组织人力资源的数量、结构和素质要求，通过人力资源开发与管理机制，整合企业内外部人力资源，获得和保持竞争优势，进而促进战略目标和发展规划的顺利实现。

3. 更好地控制人工成本

人工成本中最大的支出项目是工资，而企业工资总额在很大程度上取决于企业的人员分布状况，即人员在不同职位和不同级别上的数量状况。在企业发展初始阶段，由于低工资的人员较多，人工成本相对便宜。随着企业的成长和发展，员工职位提高，工资成本也将上升，加上物价等因素的影响，使企业的人工成本可能超过企业的负担能力。如果没有人力资源规划，不对企业的人员结构、职位布局等进行合理的调整，势必造成企业的人工成本上升，企业效益下降，影响企业经营战略的实现。所以，要通过人力资源规划预测企业人员的变化，调整企业的人员结构，把人工成本控制在合理的水平上，这是企业良性发展不可缺少的重要一环。

4．有利于人力资源管理活动的有序化

与工作分析一样，人力资源规划是企业人力资源管理的基础，它由总体规划和各分类执行规划构成，为管理活动——如确定人员的需求量、供给量、调整职位和任务、培训等，提供可靠的信息和依据，进而保证管理活动的有序化。如果没有人力资源规划，那么，企业什么时候需要补充人员，补充哪个层次的人员，如何避免各部门人员提升的机会不均等，以及如何组织培训，等等，都会出现很大的随意性和混乱。

5．有利于调动员工的积极性和创造性

现代人力资源管理要求在实现组织发展目标的同时，满足员工的个人需要，包括物质需要和精神需要，以激发员工的持久积极性。只有在人力资源规划的条件下，员工对自己可满足的东西和满足的水平才是可知的。当企业所提供的与员工自身所需求的大致相符时，他们就会努力追求，在工作中表现出主动性、积极性和创造性；否则，在前途未卜和利益未知的情况下，员工的积极性就会下降，甚至离开企业另谋高就。而人员流失，特别是有才能的人流失多，必然削弱企业的力量，使企业效益下降，士气低落，从而进一步加速人员的流失，形成恶性循环。

第二节　人力资源规划的内容

人力资源规划以未来为导向，主要关注组织未来的成功需要什么样的人才，以及为了实现组织目标，应该制定什么样的人力资源管理政策。具体在制定人力资源规划时，我们常常会涉及以下的问题[①]：①我们的人员配置是否合适；在哪些地方我们的人员配置过多？哪些地方人员配备不足；②我们怎样能更好地利用我们的雇员；③我们如何能用更少的人有效地行使职能；④我们是否会出现某些方面的技能不足；⑤我们人员队伍多样化目标应该是什么？我们如何实现这些目标；⑥我们是否拥有符合成本要求的适当人员结构（高级/低级、技术和专业、事务与管理）。在人力资源规划过程中，必须仔细设计和阐明这些问题，以便得到有效的答案。

早期的规划强调人员需求分析和供给分析，从而确定两者的差距，接着引导出消除差距的方法，如岗位调整、招聘、培训、薪资调整等等。近十年来人力资源规划的内容发生了一些变化，除了强调上面的内容外，更加强调战略意义，即通过人力资源管理的操作促进战略实现。例如公司明年的战略是扩大市场份额，问题是市场开拓不力，那么，人力资源规划的内容重点就应包括：市场开拓人员能力分析，市场开拓人

---

① 参考詹姆斯·W. 沃克著《人力资源战略》，吴雯芳译，中国人民大学出版社2001年版，第128页。

员招聘,市场开拓作为考核内容,针对市场开拓的激励性薪资方案,等等。同样,你的问题可能是激励、队伍、文化等,这些都是人力资源规划的要点。从结果看,战略性的人力资源规划应该致力于解决以下关键问题:与企业战略匹配的员工队伍、员工必备的能力、激励员工发挥其才能的机制、支持战略的企业文化等。图 3.1 为战略性人力资源规划的内容及对企业经营战略的作用①。

具体的分规划包括晋升、补充、培养开发、配置、薪酬、员工生涯规划等。

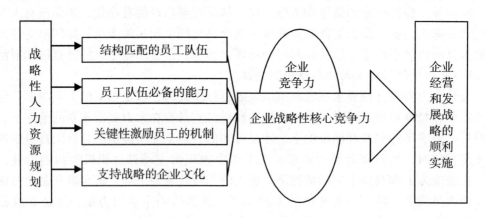

图 3.1　战略性人力资源规划的内容及对企业经营战略的作用

一、晋升规划

晋升规划就是根据企业组织的人员分布状况和企业组织的层级结构,制定人员的提升政策。对企业来说,把有能力的人提升到适合其能力的工作岗位上去,对于调动员工的积极性是非常重要的,同时也体现了劳动力使用的经济原则。对于员工来说,通过晋升,为其提供了充分发挥能力的条件,可以满足其多种需要,因为这不仅意味着个人利益的实现,也意味着工作责任的增加、挑战性和自尊的增强。当工作中更大的责任和将来更大的自我实现结合起来时,就会产生巨大的工作动力,使企业获得更大的利益。

晋升规划一般由晋升比率、平均年资、晋升时间等指标来表达。例如,企业某一级别的晋升规划可表示为表 3.2:

---

① 参见普华永道咨询(上海)公司资深人力资源顾问黄汉民的《战略规划抚平青春期的伤》,《21 世纪经济报道》2002 年 7 月 8 日。

表 3.2　企业某一级别的晋升规划

某级别的年资（年）	1	2	3	4	5	6	7	8	9	10	11	12
晋升的百分比（%）	0	0	0	0	0	0	0	35	56	65	0	0

这个规划表明，向上一级晋升的最低年资为 8 年，晋升率为 35%，9 年的晋升率为 56%，10 年的晋升率为 65%，其他年资则没有获得晋升的机会。

晋升规划是分类制定的，并影响到每个员工。各指标的调整会使晋升规划发生改变，对人员心理产生不同强度的影响。如果晋升年资延长，就意味着人员将在目前所在级别上工作更长的时间；降低晋升比率，则意味着获得晋升的机会越来越少。因此，晋升规划应尽可能做到全面均衡、公平公开，否则会因不公平感而引起员工情绪的动荡，影响他们积极性的发挥。

二、补充规划

补充规划是指企业根据组织运转的实际情况，合理地在中长期内把企业组织可能产生的空缺职位加以补充的活动。在企业吸引和辞退员工有诸多限制的情况下，人员补充规划显得尤其重要。补充规划可以改变企业组织内部人力资源结构的不合理状况，但这种改变必须与其他规划配合才是最经济的。

一般来说，补充规划与晋升规划有密切的关系，因为晋升也是一种补充，只不过补充源在企业组织内部。晋升表现为企业组织内低职位向高职位的补充运动，使职位空缺逐级向下移动，直至最低层职位空缺产生。这时，内部补充就需转化为外部补充。补充规划要求管理者在录用较低层次的员工时，就应考虑到若干年后员工的使用情况，即在人员安排和使用上用系统和发展的观点看问题，指导计划的制订，才能使企业组织在每一个发展阶段都会有比较合适的人选胜任即将出现的职位空缺。

补充规划同培养开发规划和配备规划也有关系。只有注意员工的培养和开发，有意识地使员工的素质和能力不断提高，才能适应更高的岗位要求。而配备规划则直接关系到人员的合理使用、因职位空缺而补充的人员是否适合岗位要求的问题。

三、培养开发规划

培养开发规划是为了企业组织长期发展所需补充的空缺职位而事先准备人才，是为了更好地使人与工作相适应而进行的活动。如美国 IBM 公司为了适应事业的发展，在 20 世纪 80 年代对逐级推荐产生的 5 000 多名有发展前途的员工分别制定了培训计划，并根据可能产生的职位空缺和出现的时间，分阶段、有目的地进行培训，当职位出现空缺时，人员早已准备好了，因而对公司的发展起到了非常重要的作用。培养规划与晋升规划、配备规划和个人生涯规划密切相关。无目的的个人培训往往针对性不强，而企业的培养规划与晋升规划、补充规划相结合，就可以使培训的目的性更强，也让员工看到培训的好处和希望,有利于调动员工参加培训的积极性。一般来说,企业的培训要在晋升之前完成。

四、配备规划

企业组织内的人员在未来职位上的分配,是通过有计划的企业组织内部人员水平流动来实现的,这种流动计划就是配备规划。配备规划主要有以下三个作用:

(1) 某种职位上的人员需要同时具备其他类型职位的经验知识时,就要进行有计划的水平流动。由于未来职位对人员素质的要求高,如果流动量太小,就可能满足不了对人员素质的要求。这时,配备规划可表示为表 3.3:

表 3.3 某职位的配备规划

第二级			
第一级	A (2)	B (1)	C (3)

注:表中的 A,B,C 表示晋升到第二级前所应具备的职位类型,括号内为此职位上停留的最低年限。

从表 3.3 中可以看出,要晋升到第二级职位,需要 A 职位 2 年的工作经验,B 职位 1 年的工作经验,C 职位 3 年的工作经验。

(2) 当上层职位较少而等待提升的人较多时,通过配备规划加强水平流动,既可以减少他们对固定工作的不满,又可以等待上层职位空缺的出现。日本企业管理人员经常进行大量的水平流动,正是出于这一考虑。

(3) 当企业人员过剩时,通过配备规划可以改变工作分配方式,从而减少负担过重的职位数量,解决企业组织中工作负荷不均的问题。

五、薪酬规划

薪酬规划对于确保企业的人工成本与企业的经营状况保持在一个恰当的水平,有着重要的作用。企业未来工资总额取决于员工的分布状况,不同的分布状况,企业的人工成本是不同的。企业组织通过工资规划,有计划地扩大控制幅度,减少中高层次职位的数量,就会明显地降低工资总额。通过改变工作的分配方式,减少技术工种的职位数,增加熟练工种职位数,也同样可达到减少工资总额的目的。所以,如果事先没有工资规划有计划地控制成本的活动,企业人工成本的控制就难以实现。

六、员工生涯规划

员工生涯规划是指一个人工作生涯的人事程序。通过生涯规划,把个人的职业发展与组织的发展结合起来,这无论对个人还是组织都具有重要的意义。员工个人的成长和发展只有在企业组织中才能实现,所以这不仅是个人的事,也是企业所应该关注的事。特别是在企业中有发展前途的员工,企业要设法留住他们,视他们为企业的宝贵财富。为了防止这部分人流失,应设法让他们在工作中得到成长,满足其自我实现的需要,最大限度地实现其人生价值。但其成长需要的满足必须与企业组织的发展目标相一致,那种脱离企业组织的个人生涯设计,必然导致人才的流失。这就要求我们要关心员工的生涯规划和发展。通过为员工设计和规划职业生涯发展,做到个人与组织利益的密切结合,从而保证两者共同利益的同步实现。

第三节 人力资源规划的程序

组织人力资源规划的程序可以简单明了地分为五个阶段:调查分析阶段—预测阶段—制定阶段—实施阶段—反馈调整阶段。但在实践中,组织人力资源规划是多样的。在不同的组织,规划覆盖的时间不同,某些企业可以制定 5 年甚至 10 年的规划,而一些市场、技术或行业快速变化的企业,规划可能被限定为 1 年。同一个企业,也会有长期、中期、短期的规划。这些都要求管理人员运用各种方式确定未来需求和制订满足这些需求的行动方案。此外,人力资源规划的制定和实施常被认为是自上而下的过程,但很多企业要求自下而上制定规划,或者是自上而下和自下而上的双向过程(见表3.4)。

表3.4 双向人力资源规划

	自上而下的规划	自下而上的规划
目的	提供战略框架	设计具体行动
方法	由公司层流向部门层	部门向上提交,由公司审议
时间范围	长期	短期
环境分析	为企业战略而进行的环境评级的一部分或者是独立的工作	鉴别战略趋势与问题框架中的问题
含义分析	由管理人员和人力资源职能人员对计划的人力资源含义作出评价	由管理人员和人力资源职能人员对计划的人力资源含义作出评价
完整的规划	企业计划过程的一部分,或者阐明与人有关的问题的单独人力资源规划	对特殊问题或有关主题的分析、预测和规划
评价与控制		监控与报告解决问题的进展

资料来源:詹姆斯·W. 沃克著:《人力资源战略》,吴雯芳译,中国人民大学出版社2001年版,第62页。

本书将人力资源规划程序具体化为图 3.2 所示。

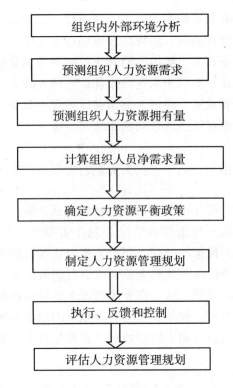

图 3.2 人力资源规划程序

由图 3.2 可知，人力资源规划的程序可分为八个步骤：第一步是进行企业内外部环境分析。了解企业战略目标，分析影响企业经营发展的外部环境，核查组织现有的人力资源状况。第二步是预测组织人力资源需求。第三步是预测组织人力资源拥有量。第四步确定组织人员净需要量。第五步是制定人员供求平衡规划政策。第六步是确定实现人员供求均衡的执行计划。第七步是执行反馈和控制，第八步评估规划。

1. 分析企业内外部环境

如果在制定企业战略时做了这个工作，那么，与人力资源有关的部分便包含其中了，当然，这部分内容也可以独立来做。企业的外部环境包括经济景气状况、法律、政治、技术、人口结构等等，通过广泛搜集环境信息，确定它们对企业环境的影响，如对劳动力供给状况、劳动力流动状况、雇员态度等的影响。内部环境的分析则通过核查组织现有的人力资源，弄清人员的数量、质量、结构以及人员分布状况，为将来的规划工作做准备。它要求组织要建立完善的人力资源管理信息系统，即借助现代管理手段和设备，详细占有企业员工各方面的资料，包括员工的个人自然情况、录用资料、工资状况、工作表现、工作经历、职位和离职记录、工作态度、培训和教育情况、工作技能、安全事故、工作环境等等。这些信息和情况可从员工的档案及有关记录中查出,特别是利用计算机进行管理的企业可以十分方便地存储和利用这些信息。

2. 预测组织人力资源需求

这步工作可以与人力资源核查同时进行,它主要是根据组织战略规划和组织的内外条件选择预测技术,然后对人力需求结构和数量进行预测。一般来说,商业因素是影响员工需求类型、数量的重要变量,预测者要善于分析这些因素,并且要善于收集历史资料,为预测打好基础。例如,一个企业的产量和需要的员工数目之间经常存在着直接的关系,产量增加时,一般劳动力成比例地增长。如果实际情况确实如此,只有产量等少数几个有限的商业因素影响人力需要的话,那么进行人力资源需求的预测就要简单一些。可实际情况往往不是这样,员工人数的增加并不单纯是由产量增加而引起的,改进技术、工作方法和管理方式方法等非商业的因素都会增进效率,从而导致产量和劳动力之间的关系发生变化。从逻辑上讲,人力资源的需求是产量、销售量、科技等的函数,但对不同的企业,每一因素的影响并不相同。对此,预测者要有清醒的认识。

3. 预测组织人员拥有量

这是根据企业经营状况的变化,确定出规划的各时间点上企业组织人员的拥有量以及预测规划各时间点上各类人员的可供给量,即对企业内部人员的供给情况加以预测。这一阶段要格外注意的是对内部人员有用性的了解,确认全体人员的合格性,大材小用和小材大用的都要进行调整。这样就可以明确哪些职位可以从组织内部填充,哪些需要从外部招聘。

4. 确定人员净需要量

根据前面预测到的组织不同发展时间点上的需求量和供给量,确定人员的质量、数量、结构和分布情况,进行对比,从而得出组织发展过程中每个阶段的人员净需求量。

5. 确定人员供求平衡政策

根据供求以及人员净需求量,制定出相应的规划政策,以确保组织发展的各时间点上供给和需求的平衡。也就是制定各种具体的规划,保证各时间点上人员供求的一致,主要包括晋升规划、补充规划、培训发展规划、配备规划、员工职业生涯规划等。两种典型的平衡规划是需求大于供给时的规划和供给过剩时的规划。

当需求大于供给时,规划政策主要有:

(1) 培训本企业员工,对受过培训的员工根据情况择优提升补缺并相应提高其工资等待遇;

(2) 进行水平性岗位流动,适当进行岗位培训;

(3) 延长员工工作时间或增加工作负荷量,给予超时超工作负荷的奖励;

(4) 重新设计工作以提高员工的工作效率;

(5) 雇用全日制临时工或非全日制临时工;

（6）改进技术或进行超前生产；

（7）制定招聘政策，向组织外进行招聘。

当出现人力过剩时，通常采取以下的政策：

（1）永久性地裁减或辞退职工；

（2）关闭或临时性关闭一些不盈利的分厂或车间；

（3）进行提前退休；

（4）通过人力消耗缩减人员（劳动力转移）；

（5）重新培训，调往新的岗位，或适当储备一些人员；

（6）减少工作时间（亦减少相应工资）；

（7）由两个或两个以上人员分担一个工作岗位，并相应地减少工资。

6．制定实现人员供求均衡的人力资源规划

这是在人力资源规划政策的指导下，确定具体的实施规划。一般来说，供求情况和相应政策确定后，执行的具体操作和技术就不成问题，关键是企业要重视这些工作，明白人力资源规划对企业经营的影响程度，按科学程序进行管理。

7．执行、反馈和控制

执行反馈的目的是为组织总体规划和具体规划的修订或调整提供可靠的信息。在人力资源预测中，许多不可控的因素可能对企业组织人员的供求产生影响，若不对规划进行动态的调整，人力资源规划可能不符合企业发展的实际，从而失去指导意义。因此，执行反馈是人力资源规划工作的重要环节，也是对整个规划工作的执行控制过程。

8．评估人力资源规划

对人力资源规划实施后的评估，是人力资源规划过程的最后一步，做好这一工作可以给下一次的人力资源规划提供参考。规划者在评估时要对以下几个因素进行比较：

（1）实际补充人数与预测的人员需求量的比较；

（2）劳动生产率的实际水平与预测水平的比较；

（3）实际的人员流动率与预测的人员流动率的比较；

（4）实际执行的行动方案与规划的行动方案的比较；

（5）实施行动方案后的实际结果与预测结果的比较；

（6）劳动力和行动方案的成本与预算额的比较；

（7）行动方案的收益与成本的比较。

此外，评估时还应考虑以下一些具体问题：

（1）人力资源规划者熟悉人事问题的程度以及对它们的重视程度；

（2）规划者与提供数据和使用人力资源规划的人事、财务部门及各业务部门经理之间的工作关系如何；

(3) 有关各部门之间信息交流的难易程度（如人力资源规划者去各部门经理处询问情况是否方便）；

(4) 决策者对人力资源规划中预测结果、行动方案和建议的利用程度；

(5) 人力资源规划在决策者心目中的价值如何。

第四节 人力资源需求供给预测及平衡

一、人力资源需求预测

人力资源的需求预测受多种因素的影响，包括企业生产经营状况和技术条件的变化、消费者偏好变化和购买行为、经济形势、企业的市场占有率、政府的产业政策、现有员工的工作负荷、工作效率、企业履行合同的数量和规模等。这些复杂的内外环境的影响，使人力资源需求预测变得十分复杂和困难，既要考虑单个因素的影响，又要考虑各因素相互作用的影响；既要有主观定性的分析，又要有定量分析。

人力资源需求预测的解释变量一般包括以下几个方面：

(1) 企业的战略目标或者产能/产值规划，由此推算出人员需要量；

(2) 预期的流动率，指由于辞职或解聘等原因引起的职位空缺规模；

(3) 提高产品或劳务的质量对人员需求的影响；

(4) 生产技术水平或流程的变化对人员需求的影响；

(5) 企业管理方式的变化对人员需求的影响；

(6) 进入新行业或者收购、兼并带来的影响；

(7) 企业战略变化带来的影响；

(8) 企业所能拥有的财务资源对人员需求的约束。

人力资源需求预测的技术主要有以下几种。

1. 经验预测法

经验预测法是企业的各级管理者，根据自己工作中的经验和对企业未来业务量增减情况的直觉考虑，自下而上地确定未来所需人员的方法。具体做法是：先由基层管理者根据自己的经验和对未来业务量的估计，提出本部门各类人员的需求量，再由上一层管理者估算平衡，再报上一级的管理者，直到最高层管理者作出决策，然后由人力资源管理部门制订出具体的执行方案。这是一种非常简便、粗放的人力资源需求预测方法，主要用于初步预测或者用于规模小、生产经营稳定、发展较均衡的企业预测。

2. 比率分析法

比率分析法是根据过去的经验，把企业未来的业务活动水平转化为人力需求的预测方法。具体做法是：先根据过去的业务活动量水平，计算出每一业务活动增量所需的人员相应增量,然后把对实现未来目标的业务活动增量按计算出的比例关系,折算成总的人员需求增量,然后把总的人员需求量按比例折算成各类人员的需求量。例如,某炼油厂根据过去的经验,每增加 1 000 吨的炼油量,需增加 15 人,预计一年后炼油量将增加 10 000 吨,折算成人员需求量为 150 人,如果管理人员、生产人员、服务人员的比例是 1:4:2,则新增加的 150 人中,管理人员约为 20 人,生产人员 85 人,服务人员为 45 人。总的人员需求可按下列公式计算:

未来所需人力 = 现有人力 + 未来拓展业务所需人力 - 因设备技术改良所省人力 + 离休离职所需补充的人力

这种方法只有在生产率保持不变的情况下才有效。如果生产率上升或下降,根据过去的经验所进行的人员预测就不太准确了。所以,它主要适用于短期和中期的预测,在长期预测中很少使用。

3. 德尔菲法

德尔菲法也称专家会议预测法,它是 20 世纪 40 年代末在美国兰德公司中首先运用的。其操作方法是:首先从组织内部和外部挑选对企业管理各相关部门熟悉的专家 10—15 人,主持预测的人力资源部门要向他们说明预测对组织的重要性,以取得他们对这种预测方法的理解和支持,同时确定关键的预测方向、解释变量和难题,并列举出预测小组必须回答的一系列有关人力预测的具体问题,然后使用匿名填写问卷等方法来设计一个可使各位专家在预测过程中畅所欲言地表达自己观点的预测系统。使用匿名问卷的方法可以避免专家们面对面集体讨论,从而防止专家成员之间因身份和地位的差别而使得一些人因不愿批评他人而放弃自己的合理主张的情况。人力资源部门在第一轮预测后,将专家们各自提出的意见进行归纳,并将这一综合结果反馈给他们。然后再重复上述过程,让专家们有机会修改自己的预测并说明原因,直至专家们的意见趋于一致。

在运用德尔菲法进行人力预测时,要做到以下几点:
(1) 向专家提供充分的有关企业生产经营状况的信息,以便他们能够作出判断;
(2) 所提问题应该是能够回答的与预测有关的问题;
(3) 不要求回答的精确,但要说明原因;
(4) 整个过程要尽可能简化,不问与预测无关的问题;
(5) 要保证所有专家能从同一角度理解有关人力资源管理的术语和概念。

4. 单变量趋势外推法

单变量趋势外推法属于一元回归分析,它只是根据整个企业或企业中各个部门在过去人员数量的变动趋势来对未来的人力需求进行预测,而不考虑其他因素对人力需求量的影响。其基本的计算公式为:

$$y = a + bx$$

$$b = \frac{\sum (x - \bar{x})(y - \bar{y})}{\sum (x - \bar{x})^2}$$

$$a = \bar{y} - b\bar{x}$$

式中，y 为所需人员数量，$\bar{y}$ 为过去人员数量的平均数，x 为单位业务量，$\bar{x}$ 为过去平均业务量，a，b 是根据过去资料推算的未知数。

为了便于了解这种方法，我们通过下面的实例来说明。

例如：已知某企业生产人员与产量数据如表3.5所示。[①]

表3.5 某企业生产人员与产量

年份	产量 x_i	人数 y_i	$(x_i - \bar{x})$	$(x_i - \bar{x})^2$	$(y_i - \bar{y})$	$(x_i - \bar{x})(y_i - \bar{y})$
2004	11	21	-8	64	-8	64
2005	13	22	-6	36	-7	42
2006	14	23	-6	25	-6	30
2007	14	25	-5	25	-4	20
2008	17	28	-2	4	-1	2
2009	16	30	-3	9	1	-3
2010	19	32	0	0	3	0
2011	21	31	2	0	2	4
2012	20	32	1	1	2	3
2013	24	34	5	25	5	25
2014	28	34	9	81	5	45
2015	31	36	12	144	7	84
合计	228	348		416		316

由表中数据，可计算出：

$\bar{x} = 228/12 = 19$　　　　　　　　$\bar{y} = 348/12 = 29$

$b = 316/416 = 0.76$　　　　　　　　$a = 29 - 0.76 \times 19 = 14.56$

从而预测方程：

$$y = 14.56 + 0.76x$$

如果计划2016年产量为35，那么2016年该企业的人员需求量为：

$$y_{2016} = 14.56 + 0.76 \times 35 = 41(人)$$

即：到2016年时，该企业须净增加5个人。

如果不考虑其他因素对 $y = 14.56 + 0.76x$ 的影响，根据上一年的产量数即可推测

[①] 参考焦小谋主编《企业人力资源管理——理论与案例》，北京科学技术出版社1997年版，第90页，稍作改动。

以后各年度企业对员工的需求量。

5. 考虑生产率变化影响的复杂模型①

企业的劳动生产率对人员的需求量影响很大,要准确地预测人力资源的需求水平,就需要一种考虑相关变量的更加全面的模型。这个模型表达为:

$$Y_t = \frac{Y_0}{P_0} \times P_t + \left(\frac{Y_0}{P_0} - \frac{Y_{-1}}{P_{-1}}\right) \times P_t$$

式中:

Y_t 为时间为 t 时的组织人员需求量;

Y_0 为 $t=0$ 时组织人员需求量;

Y_{-1} 为 $t=-1$ 时组织人员需求量;

P_t 为时间为 t 时的组织业务水平;

P_0 为 $t=0$ 时组织业务水平;

P_{-1} 为 $t=-1$ 时的组织业务水平。

由于这一模型考虑了企业的劳动生产率水平,因此,在运用过程中首先要对企业的生产水平进行预测,然后根据其变化情况预测相应的人力资源需求情况。

例:假设 2015 年为 $t=0$,2014 年为 $t=-1$,现在要预测 2016 年的人员需求量。

已知:$Y_t = 1\,000$ 人,$Y_{t-1} = 900$ 人,$P_0 = 100\,000$ 吨,$P_{t-1} = 80\,000$ 吨,$P_{2016} = 110\,000$ 吨,求 Y_{2016} 的值。

解:根据预测模型公式:

$$Y_{2016} = \frac{100}{100\,000} \times 110\,000 + \left(\frac{1\,000}{100\,000} - \frac{900}{80\,000}\right) \times 110\,000 = 963 \text{(人)}$$

从计算结果可以看出,由于企业生产率发生变化,使 2016 年所需的员工人数比 2015 年少 37 人。

二、人力资源供给预测

人力资源需求预测分析的是组织内部对于人力资源的需求,而供给预测则要研究组织内部和组织外部两个方面的供给。内部供给预测要考虑组织内部的有关条件,如人员年龄阶段分布,人员晋升、降职、离职、退休和新进员工的情况,核查员工填充预计的岗位空缺的能力,进而确定每个空缺职位上的接替人选。外部预测是根据企业生产发展变化和人员自然减员情况,预测劳动力市场上组织所需要的劳动力供给情况。它要求对劳动力市场的供求状况有一定的了解和预测,制定周密的招聘方案,以便在人才市场竞争中占据主动,确保企业发展过程中能在劳动力市场上获取可靠的人力资源。

---

① 参考焦小谋主编《企业人力资源管理——理论与案例》,北京科学技术出版 1997 年版,第 91 页。

1. 人员核查法

这是对现有组织人力资源质量、数量、结构和在各职位上的分布状况进行核查，来掌握组织拥有的人力资源状况。通过核查，可以了解员工在工作经验、技能、绩效、发展潜力等方面的情况，从而帮助人力资源规划人员估计现有员工调换工作岗位的可能性的大小，测定哪些人可以补充企业当前的职位空缺。为此，在日常的人力资源管理中，要做好员工的工作能力的记录工作。表3.6是一个人事登记表的示例。

表3.6 人事资料登记表

姓名：		部门：	科室：	工作地点：	填表日期：	
到职日期：		出生年月：	婚姻状况：	工作职称：		
教育背景	类别	学位种类	毕业日期	学　校	主修科目	
	高中					
	大学					
	硕士					
	博士					
训练背景	训练主题		训练机构		训练时间	
技能	技能种类			证　书		
志向	你是否愿意担任其他类型的工作				是	否
	你是否愿意调到其他部门去工作				是	否
	你是否愿意接受工作轮调以丰富工作经验				是	否
	如果可能，你愿意承担哪种工作					
你认为自己需要接受何种训练				改善目前的技能和绩效		
				提高晋升所需要的经验和能力		
你认为自己现在就可以接受哪种工作指派：						

2. 人员替换图

一些组织利用人员替换图来对每一位内部候选人进行跟踪，以便为组织内重要的职位挑选候选人员。人员替换图记录各个管理人员的工作绩效、晋升的可能性和所需要的训练等内容，由此来决定哪些人员可以补充组织的重要职位空缺。这一方法的操作过程是：确定计划包括的工作岗位范围；确定每个关键职位上的接替人选；评价接替人选目前的工作情况和是否达到提升的要求；确定职业发展需要，并将个人的职业目标与组织目标相结合。其最终目标是确保组织未来能够有足够的合格的管理人员的供给。人员核查法中的人事登记表描述的是个人的技能，而人员替换图描述的是可以胜任组织中关键岗位的个人。图3.3是一个管理人员替换图的示例。

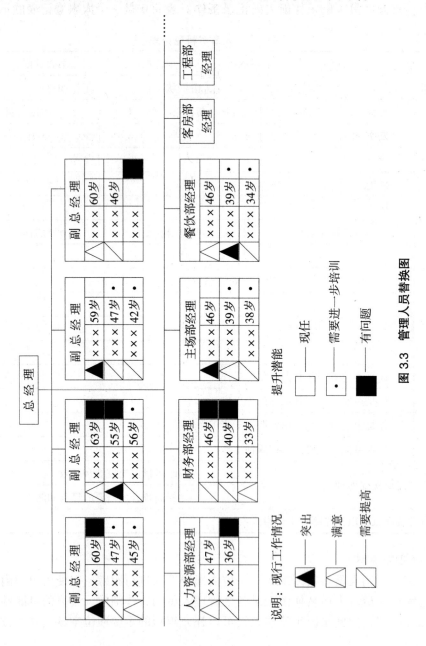

图3.3 管理人员替换图

3. 计算机化的人员数据库

在计算机普及的今天,很多公司摒弃了手工方式,而采用某些软件系统对公司人员信息进行管理,尤其是规模较大的公司。这些软件系统在员工入职时即将员工的个人背景资料、工作经验及技能等方面的信息输入数据库中,之后,员工的工作绩效、接受的培训、受到的奖惩等不断加入进去。当企业需要找人来填补某个空缺职位时,就可以通过输入描述这个职位的任职资格条件的关键词来进行搜索。数据库会自动将符合条件的人员列出来作为候选人。

4. 马尔科夫模型

马尔科夫模型是用来预测等时间间隔点上(一般为一年)各类人员的分布状况。模型要求:在给定时期内各类人员都有规律地由低一级向高一级职位转移,转移率是一个固定的比例,或者根据组织职位转移变化的历史分析推算。如果各类人员的起始数、转移率和未来补充人数已给定,则组织中各类人员的分布就可以预测出来。它是一个动态的预测技术,其基本思想是找出过去人力资源变动的规律,来推测未来人力变动的趋势。因此,马尔科夫模型在员工流动率基本固定不变的情况下使用效果较好,对于变化较大的企业有一定局限性。马尔科夫模型的基本表达式为:

$$N_{i(t)} = \sum_{j=1}^{k} N_{i(t-1)} P_{ji} + V_{i(t)}$$
$$i,j = 1,2,3,\cdots,K$$
$$t = 1,2,3,\cdots,n$$

式中:

k 为职位类数;

$N_{i(t)}$ ——在时间为 t 时 i 类人员数;

P_{ji} ——人员从 j 类向 i 类转移的转移率;

$V_{i(t)}$ ——在时间为 $(t-1, t)$ 内 i 类所补充的人员数。

人员转移率可以根据数据计算出来,并用转移矩阵给出或列表给出:

$$某类人员的转移率(P) = \frac{转移出本类人员的数量}{本类人员原有数量}$$

人员转移率的转移矩阵:

$$P = \begin{vmatrix} P_{11} & P_{12} & \cdots & P_{1K} \\ P_{21} & P_{22} & \cdots & P_{2K} \\ P_{K1} & P_{K2} & \cdots & P_{KK} \end{vmatrix}$$

我们下面用两个例子来说明马尔科夫模型的运用过程。

[例1]① 已知三类人员的转移矩阵和现在三类人员分布状况（2015 年），如果每年向第一类补充 80 人，求未来人力资源分布状况（$t = 0$—8 年）。

$$P = \begin{vmatrix} 0.6 & 0.3 & 0 \\ 0 & 0.4 & 0.3 \\ 0 & 0 & 0.6 \end{vmatrix}$$

	类别			总 数
	1	2	3	
$t = 0$ 2015 年	140	100	60	300

解：(1) 已知人员转移率 P，$t = 0$ 时的人员分布情况，每年向第一类补充人数 80 人。

(2) 根据马尔科夫模型的计算公式：

某类人员在 t 时刻的供给量 Y_t = 该类人员总数 × 存留率 + 下类人员总数 × 晋升率，而其中第一类职位，由于没有从下边晋升上来的人员，就只有从组织外部补充人员。

这时计算公式为：Y_t = 该类人员总数 × 存留率 + 补充人员数

(3) 列表预测 2016—2020 年三类人员供给情况：

时　间	类别			总　数
	第一类	第二类	第三类	
	补充 + 存留	晋升 + 存留	晋升 + 存留	
$t = 0$	140	100	60	300
$t = 1$	80 + 140 × 0.6 = 164	140 × 0.3 + 100 × 0.4 = 82	100 × 0.3 + 60 × 0.6 = 66	312
$t = 2$	80 + 164 × 0.6 = 178	164 × 0.3 + 82 × 0.4 = 82	82 × 0.3 + 66 × 0.6 = 65	325
$t = 3$	80 + 178 × 0.6 = 187	178 × 0.3 + 82 × 0.4 = 86	82 × 0.3 + 65 × 0.6 = 64	337
$t = 4$	80 + 187 × 0.6 = 192	187 × 0.3 + 86 × 0.4 = 92	86 × 0.3 + 64 × 0.6 = 64	348
$t = 5$	80 + 192 × 0.6 = 195	192 × 0.3 + 92 × 0.4 = 95	92 × 0.3 + 64 × 0.6 = 66	356

---

① 参见付亚和、许玉林编著《现代管理制度·程序·方法范例全集——劳动人事管理实务卷》，中国人民大学出版社 1993 年版，第 113—114 页，稍作修改。

[例2]① 某企业中，任何一年平均80%的高层管理人员仍留在企业内，而20%的高层管理者退出（升迁或退休），任何一年里约65%的技术人员留存原岗位，有15%提升为高级工程师，20%离职，企业中的职位转移矩阵和初始人员如下表：

初始人数		高级管理人员	部门经理	高级工程师	技术员	离职
40	高级管理人员	0.80				0.20
80	部门经理	0.10	0.70			0.20
120	高级工程师		0.05	0.80	0.05	0.10
160	技术员			0.15	0.65	0.20

求下一年的相关人员供给情况。

解：根据人员调动概率矩阵和所给出的相关初始人数列表计算每年相关人员的供给情况。

初始人数	高级管理人员	部门经理	高级工程师	技术员	离职
40	32	0	0	0	8
80	8	56	0	0	16
120	0	6	96	6	12
160	0	0	24	104	32
总数	40	62	120	110	-68

根据计算出的该年相关人员的供给情况，就可以制定出相应的人力资源调整政策。

5. 外部人力资源供给

当组织无法从内部满足人力供给时，就需要通过外部的劳动力市场解决人员的补充问题。这就要求组织了解劳动力市场的供给状况，这主要包括三个方面：第一，宏观经济形势和失业率预期。一般来说，失业率越低，劳动力供给越紧张，招聘就越困难。要了解这方面的情况，可以参考政府机构和金融等部门的公开出版物。第二，当地劳动力市场的供求状况。在我国，可参考各地劳动人事部门、计划部门和行业管理部门等的统计材料。第三，行业劳动力市场的供求状况。据此可以了解招聘某种专业人员的潜在可能性。现在不少人才市场、人才网站定期发布各类人才市场需求指数，信息及时而准确，对制定人力资源规划有很大的指导意义。

与内部供给预测一样，外部供给预测也要研究潜在员工的数量、能力等因素，只

---

① 参见焦小谋主编《企业人力资源管理——理论与案例》，北京科学技术出版社1997年版，第95—96页。

不过对外部供给分析的对象是在组织按照以往方式吸引和遴选时,计划从外部加入组织的劳动力。组织从过去的录用经验可以了解那些可能进入组织的人员的数量、能力、经验、性别和成本等方面的特征,以及他们能够承担组织中的哪些工作。

三、人力资源需求和供给的平衡分析

在进行了人力资源的需求和供给预测后,就要对二者进行综合的分析,考虑组织人员的分布情况、升迁、平调以及外部补充规定等情况,制定具体的人力资源需求与供给的平衡规划。

以下以某企业的四个职系共14个职位的综合分析模型来说明(见图3.4)①。

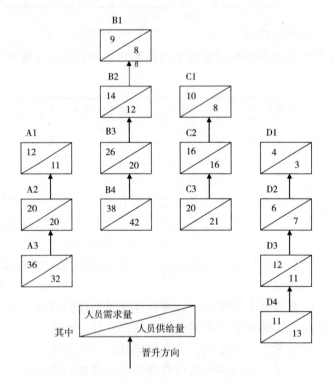

图3.4 某企业四个职系的综合分析模型

图中,A,B,C,D表示企业有四类职位人员,A为管理类,B为经济类,C为工程技术类,D为一般执行类。

我们以A职位系列进行简单的分析:A1职位人员需求大于供给1人,A2为供求

---

① 参见付亚和、许玉林编著《现代管理制度·程序·方法范例全集——劳动人事管理实务卷》,中国人民大学出版社1993年版,第117页。

平衡，A3 的供给量小于需求量 4 人。因此，A 职位系列目前的需求与供给数不相等，需要进行供需平衡的调整。具体调整方法为：

第一，A1 的一个职位空缺应由 A2 职位晋升得到补充，从而使职位空缺下移，造成原来供求平衡的 A2 职位产生一个空缺。如果 A2 的空缺由企业外部补充，则由外部补充人员计入补充规划中，若由企业其他系列的人员补充，则计入调配规划中。

第二，若 A1 职位空缺由 A2 递补，而 A2 空缺由 A3 递补，由于 A3 中产生无法递补的 5 个职位空缺，在企业内部如果只有 D3 职位可以通过平调人员补充 A3 或从 D4 职位晋升，那么，此时最终在 D4 多产生出 5 个无法在内部弥补的职位空缺。这 5 个空缺只有从企业外部补充才能实现。

第三，在综合分析时，应考虑晋升政策、平调的可能性，并产生供求综合分析图，并运用综合分析图来进行各种具体的人力资源规划。综合分析图如图 3.5 所示[①]。

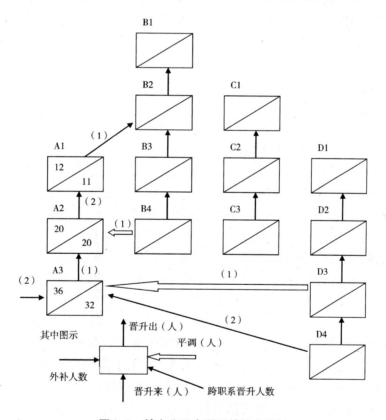

图 3.5　某企业四个职系的综合分析

---

① 参见付亚和、许玉林编著《现代管理制度·程序·方法范例全集——劳动人事管理实务卷》，中国人民大学出版社 1993 年版，第 118 页。

从图 3.5 可以看出，对于 A 职系，A1 向 B2 晋升 1 人，A2 向 A1 晋升 2 人，B4 向 A2 平调 1 人，A3 向 A2 晋升 1 人，D3 向 A3 平调 1 人，D4 向 A3 晋升 2 人，企业外部向 A3 补充 2 人。因此，通过晋升规划解决了 6 个人的晋升，用调配规划解决了平调 2 人，用补充规划解决了 A3 两人，依此类推。

综合分析总的原则是从左向右、从上向下进行供求的平衡工作，最后可以获得有关制定各种具体人力资源规划的信息。一个企业每隔 3—5 年进行一次主要职位的人力资源供求平衡分析，有利于企业人力资源管理工作的规范化和连续性，也为人力资源日常管理活动提供了坚实的基础。

四、人力资源规划实例——某 IT 企业 2016 年的人力资源规划过程

某 IT 企业是一个处于成长期的企业。在此前没有做过人力资源规划的工作。采用的需求预测模型是人均销售额法。另外，人力资源规划中的招聘计划不在此举例。

1. 制定公司人力资源规划的目的
（1）指引公司各部门通盘考虑人力资源状况。
（2）加强明年公司人力资源合理配置。
（3）提高公司用人的计划性。
（4）增强人力资源的利用效率。

2. 制定公司人力资源规划的背景
（1）根据公司管理层会议确定的明年的销售目标，按照人均年 18 万的目标，以及年 21.8 万的挑战目标，制定本规划。
（2）按照人均年 18 万的必须完成的目标计算，则明年集团总人数为 574 人。其中，深圳公司 472 人，北京公司 71 人，广州公司 20 人，武汉公司 11 人。
（3）按照人均年 21.8 万的挑战目标计算，明年集团总人数将控制在 477 人。其中，深圳公司 394 人，北京公司 59 人，广州公司 16 人，武汉公司 9 人。
（4）上海公司暂不进行人员的规划工作。

3. 差异分析
（1）按照人均年 18 万的规划分析，集团明年底人数须控制在 574 人的范围内。现有人数为 555 人，按照年 20% 的离职率计算，现有人数到明年 10 月份将只有 444 人，通过此数据分析，明年可以增加新人 130 人，净增加 20 人左右。
（2）按照人均每月 1.5 万的挑战目标制定人员规划，则目前现有人员数量已经超过预算的控制人数，可见明年全年都需要进行优化和整合的工作，而不再净增加人员。
（3）根据以上情况分析，各公司以及各部门在制定明年人员规划的工作中，重点要考虑的是如何减少不合格的人员，优化本部门乃至整个集团的人员结构，而非增加人员。

4. 制定2016年人力资源规划的原则

（1）根据公司管理层的会议精神，以及明年的人均目标，明年将不再净增加人员。

（2）根据集团人力资源部出台的指导说明书进行编制。

（3）自上而下层层指导和自下而上层层评审相结合原则。

（4）基于业务目标需求，保证重点领域、重点业务原则。

（5）根据可行性原则，通盘考虑人力资源供求总量以及时间相匹配的原则。

（6）必须考虑人均效率提高的原则。

（7）实事求是原则。

（8）根据人员历史数据和现状分析原则。

5. 人力资源规划编制的说明

（1）年度人力资源规划编制数据：指根据公司全年度经营计划和工作需要而须配置的人员数量。

（2）人力资源部会同业务部门和分公司共同进行人力资源供给预测的工作，人力资源部将提供具体的指导方法。

（3）进行人力资源规划编制预测时仅考虑须完成部门年度任务，以及在正常工作效率条件下不同岗位所需配置的人数，无需考虑储备人数、人员调配（调动、晋升、外派等）、辞职率、辞退率等因素，人力资源部在做年度人力资源规划之招聘计划时会考虑上述因素并据此将各部门的编制数据转换为年度计划招聘人数。

6. 编制人力资源规划需要考虑的因素

（1）成本因素。年度计划完成创收额；部门整体人均创收额。

（2）项目因素。年度内不同时期（建议以季度为单位粗估）项目总数量；项目运作进度（新产品、中间产品和老产品数量及各自所占比例）；参考市场部今年项目整体分布分析数据（项目增长比例等）及市场和销售谈判动向；项目正常情况下配置人数。

（3）功能搭配因素。职能部门人员与一线业务人员之间的比例；上下级管理幅度（如一个销售正常大区经理下管理几个经理）；不同岗位配置比例（如一个项目正常情况下配置研发人员、市场人员、生产人员等数量）。

（4）其他因素。组织结构的调整；整体误差率建议值：±1%—2%（突发因素等）。

7. 编制规划的流程

8. 流程说明

（1）人力资源部根据公司2016年度经营计划制订人力资源规划指导书。

（2）经董事会审批同意后正式下发到各业务部门及各分公司，作为部门 2016 年度人员预算的指导说明书，同时下发给各公司各部门人力资源规划编制表格及相关的人员历史数据。

（3）人力资源部对参加人力资源规划的相关人员进行培训，帮助业务部门掌握预算实操方法。

（4）业务部门根据部门经营目标制定人力资源规划，在 12 月 6 日前提交到人力资源部。

（5）人力资源部根据公司整体经营计划对业务部门的人力资源规划进行汇总平衡，并同业务部门沟通确认，最后报董事会审批，并进行评审；人力资源部将根据人均年 18 万和人均年 21.8 万两种情况进行整合、统一。

（6）人力资源部根据董事会评审通过后的结果制定整体人员招聘调配离职计划。

练习题：

1. 做好人力资源规划有何意义？
2. 人力资源规划主要有哪些内容？
3. 人力资源规划主要有哪些步骤？
4. 人力资源需求供给预测有哪些主要方法？试举例说明。

［案例1］

创业公司怎么做人力资源规划？

与成熟企业相比较，创业公司由于创建时间短，具有企业规模较小、业务变化较大、管理不太健全等弱点，其在人力资源管理上面临更大的风险。比如近两年有的团购网站或手游公司常常在大量招聘人员后不久又大幅度裁员。公司常对外称是战略调整或正常的结构调整。有公司的负责人解释说，"比如发展过程中，突然发现某个业务块不适应公司的发展了，就把它砍掉。这个业务块砍掉的人数可能就比较多；从另一个角度来讲，比如说另一个业务块我们觉得还要扩大，那我们就大量招人，我们一方面在砍掉一些人，另一方面在招人，这并不存在问题"，"而这样的调整很多"。然而，一些员工却认为，企业边裁边招是为了降低人工成本，或者是通过招聘应届毕业生来获取政府的补贴或贷款优惠。

讨论参考题：

请结合创业公司的特点来谈谈创业公司该怎么做人力资源规划。

[案例2]

A集团的人力资源规划

A集团是东北地区一家规模较大的民营房地产企业,该企业创建于1996年。A集团的成立有着明显的家族式企业的特征,成立之初成员仅有5人,分别负责财务、项目前期、工程管理、行政等事务。其中,财务的负责人刘女士是集团李总的小姨子,仅有基础的会计常识;负责项目前期开拓的江先生是李总多年的好友,曾经是一餐馆的老板,为人精明善于应酬,有着较为复杂的社会背景,但仅仅接受过初中教育。其他的公司创建人都具有类似的教育背景,但公司的创建人李先生对市场有很强的敏感性,并且知道如何能够很好地将现有的人员动员起来。

2003年前后该地区的房地产开发才刚刚起步,李总凭着对市场的敏感性,果断投入房地产业,并成功开发出多个小区,与此同时,相继成立了五个相关产业的公司和实体,有塑钢窗的生产厂、环保涂料的生产厂等等。

然而随着该地区房地产市场化运作的加速,其他竞争对手也纷纷进入该地区,其中包括万科集团等在内的竞争对手近10家,并且都具有多年的房地产开发、运作、管理经验,对A集团造成了明显的竞争压力。A集团主要的优势来源于低成本的土地开发,而在成熟的管理、销售手段及人力资源等方面都存在着较大的缺陷。另外,随着竞争对手的进入,该市的房地产开发迅速升温,众多楼盘都在较短的时间内推出,并且销售价格也在逐渐降低,这直接影响到A集团固守的价格优势防线。

从公司内部看,A集团在成立初期为了便于信息的交流和灵活应对问题,建立的是简单的直线型组织结构,所有问题都基本上由伍总经理1人决策和指挥。然而,随着公司规模的迅速扩大,过去原有的5个部门增加为10个部门,并且成立了自己的物业管理公司,人员也由过去的十几个人发展到现在的157人,其中高层管理人员8人,中层管理干部及管理人员74人,其他技术工人75人。公司没有硕士及以上学历的人员,本科学历的10人,大中专学历的40人,其他为中学学历;在公司高层中,4人接受过高等教育,中层管理干部中有35人接受过大中专教育。随着公司规模的扩大,人员的增加,开始出现诸多管理问题,其中主要表现在:虽然有明确的战略规划,但缺少战略的推进及执行能力;人力资源管理相对落后;员工内部出现各自为政的小利益团体;管理的人治行为突出;等等。这些方面已经逐渐在影响公司的发展。

A集团所处的城市是东北地区中型工业城市,该城市仅有两所普通高校,较高素质的人力资源相对匮乏,外部人力资源的提供是一个困难,总裁李总也非常清醒地认识到公司在若干资源中最为稀缺的是人力资源。由于公司发展的速度较快,公司的人力资源管理开始出现许多问题,主要表现在:缺少人力资源整体规划、员工素质较低、员工对薪酬不满以及缺少公平的考核体系等,这造成了公司"用人找不到,找到了用不好,想换动不了"的状况。2015年,受经济大环境的影响,房地产业的发展陷入困境,A集团的销售额和利润大幅下滑。现在准备做下一个五年规划。

讨论参考题:

1. 结合A公司的实际情况,谈谈人力资源计划工作对企业的重要性。
2. 如果你要为该公司进行人力资源规划,你计划按照哪些步骤进行?
3. 本案例可以采用哪些人力资源需求、供求的预测方法?

第四章　人员招聘与录用

示例1：

松华机床有限公司最近几年在选拔中层管理干部上遇到了一些两难的困境。该公司是制造销售高精度自动机床的，目前重组成6个半自动制造部门。高层管理层相信这些部门经理应该了解生产线和生产过程，因为许多管理决策需在此基础上作出。一直以来，公司都严格地从内部提升中层干部。但后来发现这些从基层提拔到中层管理职位的人员缺乏相应的适应他们新职责的知识和技能。

这样，公司决定从外部招募，尤其是那些工商管理专业的优等生。通过广告招聘的形式，公司得到了许多有良好工商管理专业训练的毕业生作为候选人。从中录用了一些，先放在基层管理职位，经过一段时期的锻炼后提升为中层管理人员。但在两年之中，所有的这些人都离开了该公司。

公司只好又回到以前的政策，从内部提拔，但又碰到了素质欠佳的老问题。不久就有几个重要职位的中层管理人员将退休，急待有称职的人员来填补这些空缺。面对这一问题，公司想请些咨询专家来帮助解决。

示例2：

新凌食品公司是2016年1月成立的一家中美合资企业，主要生产经营玉米类休闲食品。作为一家经营新产品并面对陌生市场的新公司，主管营销工作的副总经理是至关重要的。他需要直接领导数名销售主管，管理30余人的销售队伍，并要在短期内为公司的产品打开局面，可谓责任重大。新凌公司决定通过招聘录用一名优秀人才担任这一职位。

经过初步筛选，参加第一轮面试的有30名应聘人员。新凌公司着重考察了他们的工作经历、实际管理经验和业务方面的知识，并从中选出5人进入下一轮面试。公司本希望通过第二轮面试确定营销副总人选，没想到面试结束后，公司内部对选择哪个候选人意见不一。

原因是这 5 个人的条件十分近似,又各有所长。他们有的是原公司的销售冠军,有的是地区销售经理,且都具有大学以上学历和多年的市场营销经验,目前都在知名的食品、饮料公司承担不同级别的销售管理工作。

世界上很多著名企业都把招聘优秀人才放在实现事业目标的首要位置,能否吸引到优秀的人才,直接关系到组织的生存和发展。通用电气公司前总裁韦尔奇说:"我们把赌注押在我们选人工作上,因此,我的全部工作便是选人。"为此,韦尔奇总裁总是亲自接见申请担当通用电气公司 500 个高级职位的候选人。互联网行业这几年在人才方面的争夺达到了白热化的程度,例如,在 2010 年 Google 宣布退出中国后,腾讯花费重金,将 Google 图片搜索创始人朱会灿、Google 中国工程研究院副院长颜伟鹏、Google 中日韩文搜索算法的主要设计者吴军都招揽进来。然而,两年后,这些杰出人才都离开了腾讯。

对企业来说,当出现组织成立、组织规模扩大、现有岗位空缺、现有岗位上的人员不称职、雇员离职、原有人员晋升、机构调整等情况时,就必须招聘人员了。招聘工作需要科学的设计,如果盲目进行,不但招来的人员素质无法保证,而且浪费人力、物力、财力。

本章介绍招聘录用过程管理,如招聘渠道的选择、面试设计、素质测评等。

第一节 招聘过程管理

一、企业的用人策略

企业的用人策略直接决定了将采用什么样的招聘方式以及招聘何种类型的人才。不同的企业会根据自身的不同性质、特点、发展阶段等决定不同的用人策略,没有放之四海而皆准的用人策略。一般来说,公司的用人策略会在如下几个方面有所不同,本书所列例子只是借以说明某种观点,但这些企业均是成功企业,可以给我们一些启发:

(1) 内部招聘还是外部招聘。本章第二节将会详细介绍内部招聘和外部招聘的优缺点。

(2) 德与才。上海通用公司认为:高素质的员工必须具备优秀的个性品质与良好的工作技能。前者是经过长期教育、环境熏陶和遗传因素影响的结果,它包含了一个人的学习能力、行为习惯、适应性、工作主动性等;后者是通过职业培训、经验积累而获得的,如专项工作技能、管理能力、沟通能力等,两者互为因果。但相对而言,工作能力较容易培训,个性品质则难以培训。因此,在甄选录用员工时,既要看其工作能力,更要关注其个性品质。

（3）学历与能力。"不唯学历，重能力"是联想的用人标准。在这个大前提下，联想在招聘时，除了必要的学历要求外，更多的是看中一个人的能力，综合素质是其考察的关键，工作经验只是综合素质的一部分。INTEL则根据职位的不同而决定录用条件，专业对口是其对应聘者的一项重要要求。从事语音技术的研究开发工作，就需要应聘者具有硕士研究生以上学历；若从事一般的软件开发，只要求本科以上的学历。

（4）应届生还是有工作经验的。很多企业宁愿支付较高的薪酬吸引有工作经验者，也不愿招聘应届大学毕业生，认为实务经验胜过一切。但是也有一些企业坚持以应届生为主，如宝洁。企业为新人提供完善的培训计划，给他提供足够的舞台，并且用自己的企业文化感染他，按公司的要求进行塑造。

（5）通才还是专才。通才的特点是有宽广的知识面，基础扎实，特别适合于管理职位。美国有人做过调查，问企业领导人最需要什么知识，面对"倒退20年，让你回到学校学习，你准备学什么？"绝大多数人的答案是："什么都学一点。"

（6）能力与潜力。INTEL非常注重学习新东西的能力，认为一个有潜力继续学习的员工才能在工作中不断进步，才可能创造更多的价值。但也有企业认为现在员工流动率高，只要他能适合现在职位的需要即可。

（7）短期用工还是长期用工。美国的许多企业偏重于采用短期用工制度，而日本企业则大都是长期用工制度，我国企业常常是二者的结合。如浙江万向集团既不搞全员固定工制，也不搞全员合同制，它将员工分为试用合同工、合同工与固定工，并将每种员工的比例设置为40%、35%和25%。试用合同工和合同工的合同期各为三年和五年。每级员工如果在合同期内达到企业要求，就可以升级，反之则要降级。

二、招聘人员的选择

企业在实施招聘工作的过程中，工作申请人是与企业的招聘人员接触而不是与企业接触。在对企业了解甚少的情况下，工作申请人会根据招聘人员在招聘中的表现来推断企业其他方面的情况。因此，招聘人员的选择是一项非常重要的工作。

一般来说，招聘组成员应包括企业的人力资源部门的人员和用人部门的主管，也可以包括招聘的工作岗位的同事和下属。招聘管理者时，还应包括高层领导。申请人会将这些招聘人员作为观察企业的一个窗口，由此判断企业的特征。因此，招聘组成员的表现将直接影响到申请人是否愿意接受企业提供的工作岗位。有研究显示，招聘人员的个人风度是否优雅、知识是否丰富、办事作风是否干练等，都将直接影响申请人对企业的感受和评价。一些公司在组建招聘组时，由经理人员指定人选，然后对他们进行有针对性的培训，如仪表、提问方式、公司情况介绍、交谈语气等，并且还要进行模拟面试，同时录像，再放给这些人观看、研讨，以便矫正。中国移动在选择大学校园招聘人员组成员时，选择标准包括高水平的人际关系沟通技能、对公司的热心程度、对公司和工作的了解程度以及被同学和同事信任的程度等。

作为招聘人员，很多人认为最主要的就是做好筛选简历、预约求职者、安排面试、评估结果、提供职位这一系列工作。但是，这样的套路纯粹是行政事务性的，它不能保证在需要的时候用尽量少的成本快速找到符合岗位需要的人才。因此，一个优秀的招聘人员不是仅仅待在办公室就够了，他要和各部门积极沟通，正确地评估职位需求，明了职位对人员的要求；他要不断开拓自己的活动区域，建立关系网并树立良好的形象，对人才市场的情况了如指掌，能够预测到人才的走势并能未雨绸缪；他要不断学习新科技，掌握一些新技术，从而使招聘更加科学、快捷和客观。

在 E 时代的今天，及时掌握新科技对招聘人员来说尤其重要。科技的应用使得招聘工作发生了很多改变。从职位需求分析、工作分析、工作说明书的制定开始，到初选、面试、考核等过程，到人员录用并进入公司的新员工档案库为止的一系列工作，都可以通过网络及 eHR 管理系统来实现。如某个实行了 E 管理的企业的招聘程序为：①一旦原有职位产生空缺，部门经理即在线输入职位招聘申请，同时系统会自动将其工作说明书中的任职条件、主要职责等要求从人事数据库中提取出来，以便修改和确认；如果是工作增加而产生新的职位需求，则由部门经理做职位需求分析、工作分析并制定工作说明书，并经人事经理或上级进行在线修改和确认。②职位招聘申请提交并审批通过后，系统立即在网上发布招聘信息，使招募工作及时进行。如果需要，可以先直接进入 eHR 管理系统的内部人才储备库挑选合适的候选人，对符合其职业生涯发展计划的，可以优先录用。③招聘信息在网上发布之后，应聘者在网上输入的应聘信息直接转入 eHR 管理系统的应聘者数据库，同时与招聘相关的管理工作的整个过程都会在网上完成，包括确定候选人、面试考官、面试时间和地点、面试或笔试题目、面试评价表等，并通过网络进行互动式管理，eHR 系统会自动通知面试候选人面试时间地点，自动通知（通过 e-mail 或 eHR 网页的信息提示栏通知）面试考官出席面试，并将面试或笔试题目、面试评价表、面试候选人简历传给面试考官。④面试结束后，面试考官在线输入录用意见（同意或不同意），当面试候选人面试通过后，系统自动产生录用审批表，交上级审批。⑤应聘者一经录用，他的基本资料便会从 eHR 管理系统中的应聘者数据库直接转入公司员工档案库，这样，一个应聘者从面试候选人到录用的流程就完成了。eHR 的应用并未因一切由机器进行而降低对招聘人员的要求；恰恰相反，它对招聘人员的要求更高了，招聘人员应将更多的精力花在招聘的规划、人员的选择、人才库的建立等方面。

三、真实工作预览

招聘是组织与潜在员工接触的第一步，人们通过招聘活动了解企业，并决定自己是否愿意为它服务。只有对招聘环节进行有效的设计和实施，才能得到高质量的员工，否则就只能得到平庸之辈。而能否招聘到合格的员工，取决于能否吸引到足够数量的工作申请人、申请人的质量以及组织的遴选技术。可以说，招聘过程实际上就是企业和工作申请人之间的互动过程。组织一方面向申请人表明本组织是一个难得的工作单位，同时也想充分了解申请人的有关信息，判断他（或她）可以成为组织哪一种类的员工，以及他们潜在价值的大小。而申请人一方面想向组织表明自己是一个十分有发展前途的潜在员工，并且自己愿意接受这份工作，同时也想准确了解组织的情况，判断自己是否应该加入这一组织。所以，招聘不仅影响着企业的未来，同样也影响着员工个人的未来。

在招聘过程中，企业总是会使用各种方法吸引工作申请人，如奖励、工作条件、职业前景、技能训练、自助餐、优惠住房贷款和工作的挑战性等。但是，企业在想方设法吸引外部人才加盟时，要注意好新员工与原有员工之间的公平关系。企业在吸引工作申请人时，不要只宣传公司好的一面，同时要注意让申请人了解公司不足的一面，以便申请人对企业的真实情况有一个全面的了解。公司可以使用小册子、录像带、光盘、广告、网站和面谈等方式开展真实工作预览。进行真实工作预览的作用有：第一，通过展示公司真实的未来工作情景可以使工作申请人先进行一次自我筛选，判断自己与公司的要求是否匹配，还可以进一步决定自己可以申请哪些职位，以降低日后因人员与职位的不匹配而导致的离职率。第二，可以使工作申请人清楚什么是可以在这个组织中期望的，什么是不可以期望的。这样，在他们加入组织后，不会产生强烈的失望感，而会增加他们工作的满意程度、投入程度和长期服务的可能性。第三，真实的未来工作情景可以使工作申请人及早做好思想准备，一旦日后的工作中出现困难，他们也不会回避，而是积极设法解决。第四，公司向申请人全面展示工作情景，会使工作申请人感到公司是真诚的，可以信赖的。[①]

在准备真实工作预览的内容时，应注意以下几个方面：第一，真实性。第二，详细程度。组织不应仅仅给出类似休假政策和公司的总体特征这样一些宽泛的信息，还应包括日常的工作环境等细节问题。第三，内容的全面性。应对员工的晋升机会、对工作的监督程度和各个部门的情况进行介绍。第四，可信性。第五，工作申请人关心的问题。公司的有些方面是申请人可以从一些公开的渠道中了解到的，这些情况不应作为真实工作预览的重点，而应着重说明那些申请人关心但又无法从其他渠道获得的信息。[②] 如万科在其网站 www.vanke.com 上通过文字或视频的形式详细介绍了企业的情况，可以"加入万科"了解公司概况、企业文化、业务介绍等，并可以了解万科的招聘职位，在线填写投递简历，在线测试。可以说，一个应聘者如果想了解万科，那么他能在其网站上得到大部分想知道的信息。这样，应聘者可以更清楚自己是否适合万科。

---

① 参见张一驰编著《人力资源管理教程》，北京大学出版社 1999 年版，第 88 页。
② 本部分参考了张一驰编著的《人力资源管理教程》，北京大学出版社 1999 年版，第 88—89 页。

四、招聘程序

1. 人员招聘的一般程序

人员招聘的关键是做到人职匹配,常规的招聘程序为:

(1) 招聘职位分析。整理出相关基本要求(年龄、性别、学历、专业……),职能职责,经历经验要求,基本素质要求,其他要求,等等。

(2) 选定相应的招聘渠道,如网上招聘,人才市场招聘,广告招聘,普通委托招聘,猎头委托招聘,内部员工或熟人介绍,等等,然后拟出目的清晰、条件明确、有吸引力的招聘启事。启事包括职位名称、招聘要求、应聘途径,可参照学习其他公司相关职位的启事。之后开展招聘的宣传广告及其他准备工作。

(3) 审查求职申请表,进行初步筛选。

(4) 确定测试内容、测试人员、测试方式、测试程序、测试人员名单。如考文员:填写应聘表(5分钟)、电脑操作(8分钟)、笔试(30分钟)、面谈(20—40分钟)等。

(5) 安排笔试或面试。发出测试通知(时间,地点,联系人,带何资料);确定接待人员、主试人员(一般由人事经理+用人主管);准备笔试试题和面试问题,根据应聘者提供的资料,将有关其个人情况、背景、经历、离职原因、爱好、特长、工资待遇期望值、个人发展目标等需要进一步了解的问题列出来。

(6) 组织测验或测评。

(7) 对拟录用的候选人进行体检和背景调查。

(8) 试用,签订劳动合同。

(9) 录用决策。

图 4.1 是某外资企业招聘录用员工的程序:

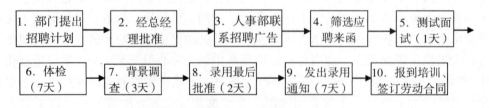

图 4.1 某外资企业招聘录用员工的程序

现在一种比较先进的甄选技术是基于岗位胜任力的人员选拔。如平安保险公司从 2001 年就开始构建以胜任素质模型为基础的管理人员选拔和发展体系。胜任力(Competency)从品质和能力层面论证个体与岗位工作绩效的关系,是个体的态度、价值观和自我形象、动机和特质等潜在的深层次特征,是将某一工作(或组织、文化）中表现优秀者和表现一般者区分开来的基础。其程序为：

（1）以职位说明书和职位评估系统为主要依据，归纳总结岗位关键胜任要素，形成岗位胜任力模型框架。

（2）通过管理访谈、管理层研讨等，对模型框架做有针对性的调整和修正，并细化胜任特质的典型行为；在初步的胜任力模型基础上，形成评估要素列表，制订评估框架并选择、组合评估方法，从而建立起完整的胜任力模型。

（3）根据胜任力模型评估各个岗位应该具备的能力。通过外部专家、内部管理人员以及需评价岗位的直接上司、在岗人员及其下属共同对该岗位所需要的胜任力水平作出评估，同时，参考同类组织对相应岗位的要求，建立岗位胜任力标准。

（4）通过对公司的管理诊断和评估，建立发展评价中心，并运用于选拔和招聘公司所需要的员工。发展评价中心可以包括：心理测验（如能力倾向测验、职业兴趣测验、动机测验、管理风格测验），情景模拟（如文件筐、无领导小组讨论、角色扮演、管理游戏、案例分析等），专家面谈（如结构化面谈、半结构化面谈和非结构化面谈），等等。

（5）根据所建立的胜任力模型和发展评估中心对现有人员和应聘人员进行评估，力求达到人职匹配，将岗位胜任力变成企业的核心竞争力之一。

2. 人员招聘工作责任的划分

传统的人事管理与现代人力资源管理在员工招聘工作中的职责分工是不同的。在传统的人事管理中，人员招聘录用的决定权在人事部门，而在现代人力资源管理中，决定权一般在业务部门，人事部门起组织和服务作用。

表4.1是某外资企业在招聘程序中人力资源部门与用人部门的职责分工：

表4.1 某外资企业招聘程序中不同部门的职责分工

人力资源部的工作内容和职责	用人部门的工作内容和职责
1. 负责招聘广告的审批手续办理 2. 负责招聘广告的联系刊登 3. 负责应聘信件的登记 4. 负责笔试组织和公司情况介绍 5. 负责体格检查和背景调查 6. 负责对候选人的初步面试和筛选 7. 负责录用通知的寄发和报到手续的办理	1. 负责招聘计划的制订和报批 2. 负责招聘岗位要求的撰写 3. 负责新岗位职位说明的撰写 4. 负责协助外地招聘广告的刊登 5. 负责面试和候选人员的确定

五、招聘表格的设计

招聘中的表格主要包括人员需求申请表（表4.2）、求职申请表（表4.3）、面试通知（表4.4）、面试记录表（表4.5）、录用通知书（表4.6）。本部分重点介绍求职申请表。

求职申请表是招聘工作初选的依据,一张好的求职申请表可以帮助企业减少招聘成本,提高招聘效率,尽快招到理想的人选。因为它可以使招聘人员了解到四个方面的信息:申请人的教育背景和工作经验;对申请人过去的成长与进步进行评价;申请人的工作稳定性(工作单位更换的次数多并不能说明申请人能力的高低,可能是因为以前的工作单位大规模裁员而被迫更换工作);运用申请表判断哪些候选人会在工作中干得比较好,哪些人干不好。所以,求职申请表的设计十分重要。

求职申请表内容的设计要根据工作说明书来定,每一栏目均有一定的目的,不要烦琐重复。要着眼于对应聘者初步的了解,通过对求职申请表的审核可以剔除一些明显的不合格者。设计时还要注意有关法律和政策,有些国家规定,种族、性别、年龄、肤色、宗教等不得列入表内。

求职申请表的内容大致包括以下几个方面:

(1) 个人情况,如姓名、年龄、性别、婚姻、地址及电话等。

(2) 工作经历,包括目前的任职单位及地址,现任职位、工资、以往工作简历及离职原因。

(3) 教育与培训情况,包括本人最终学历、学位、所接受过的培训。

(4) 生活及个人健康情况,包括家庭成员,同本企业职工有无亲属关系,健康情况须医生证明。

(5) 其他。

表 4.2　人员需求申请表

申请部门	部		申请时间			申请理由	
	部长	经办人					
申请内容	具体职位	工作内容	人数	分类	年龄	应聘资格	工作年限	能力	技术水平	学历
结果						申请受理时间				
						人事部经办人				

表4.3　中国建设银行总行本部求职申请表（非应届毕业生用表）

姓　　　名＿＿＿＿＿＿＿＿＿＿＿＿＿＿＿＿
现工作单位＿＿＿＿＿＿＿＿＿＿＿＿＿＿＿＿
职　　　务＿＿＿＿＿＿＿＿＿＿＿＿＿＿＿＿

本人承诺：我自愿申请到　　　　　　　　　　工作，并承诺以下所填写内容属实，如与事实不符，我愿意承担全部责任。

签名：

年　　月　　日

第一部分　基本情况

姓名＿＿＿＿＿＿＿性别＿＿＿＿＿政治面貌＿＿＿＿＿＿＿＿
年龄＿＿＿＿＿籍贯＿＿＿＿＿＿＿＿户口所在地＿＿＿＿＿＿＿
婚姻状况＿＿＿＿＿＿＿＿身高＿＿＿＿＿＿体重＿＿＿＿＿＿
身份证号码＿＿＿＿＿＿＿＿＿＿＿＿＿是否持有护照＿＿＿＿＿＿
性格特点＿＿＿＿＿＿＿＿＿＿＿＿＿＿＿＿＿＿＿＿＿＿＿＿＿
兴趣爱好及专长＿＿＿＿＿＿＿＿＿＿＿＿＿＿＿＿＿＿＿＿＿＿
联系电话：学校＿＿＿＿＿＿＿＿＿＿＿家庭＿＿＿＿＿＿＿＿＿
手机＿＿＿＿＿＿＿＿＿＿＿＿＿＿
录用通知书寄达本人地址及邮政编码＿＿＿＿＿＿＿＿＿＿＿＿＿
＿＿＿＿＿＿＿＿＿＿＿＿＿＿＿＿＿＿＿＿＿＿＿＿＿＿＿＿＿

第二部分　求职意向

应聘部门及职位　1＿＿＿＿＿＿＿＿＿＿　2＿＿＿＿＿＿＿＿＿＿
如应聘部门未被录用，是否同意被安排到其他部门工作＿＿＿＿＿＿

第三部分　教育背景

1. 本科院校＿＿＿＿＿＿＿＿＿专业＿＿＿＿＿＿＿学位＿＿＿＿＿
   毕业时间＿＿＿＿＿＿＿＿＿脱产或在职＿＿＿＿＿＿＿＿＿＿＿
2. 硕士研究生院校＿＿＿＿＿＿＿专业＿＿＿＿＿＿＿学位＿＿＿＿＿
   毕业时间＿＿＿＿＿＿＿＿＿脱产或在职＿＿＿＿＿＿＿＿＿＿＿
3. 博士研究生院校＿＿＿＿＿＿＿专业＿＿＿＿＿＿＿学位＿＿＿＿＿
   毕业时间＿＿＿＿＿＿＿＿＿脱产或在职＿＿＿＿＿＿＿＿＿＿＿

本人持有证书情况

外语	语种	等级证书	口语	听力
			好□ 较好□ 一般	好□ 较好□ 一般
			好□ 较好□ 一般	好□ 较好□ 一般
			好□ 较好□ 一般	好□ 较好□ 一般

计算机	1. 应用水平： 2. 持有证书情况：
其他证书	

第四部分　工作经历

第五部分　培训情况

第六部分　工作业绩及奖励

工作期间或在校期间取得过哪些业绩（含科研成果、著作等）

获得奖励情况（工作期间或在校期间）

第七部分　家庭背景

家庭主要成员及职业职务

与本人关系	姓名	年龄	政治面貌	工作单位及职务

第八部分　是否具有下列情况（请打√或×）：

1. 已经与其他单位签有工作合同或协议，或在其他单位工作且尚未办清离职手续。
2. 被其他单位惩戒、开除、辞退。
3. 有违法、违纪或其他不良行为。
4. 与本单位在职人员有亲属关系。

第九部分　本人适合从事何种工作？请结合本人的具体情况加以分析（500字以内）。

第十部分　近期五寸彩色全身生活照片

表4.4　面试通知单

面试通知

先生/女士：
　　一、欢迎您应聘本公司　　　　职位，您的学识、经历给我们留下了良好的印象，为了彼此进一步的了解，请您于　　月　　日　　时　　分前来本公司参加：
　　（一）面试（初、复）
　　（二）专业笔试
　　二、如您时间上不方便，请事先以电话与　　　　先生/女士联系，电话：
此致

　　　　　　　　　　　　　　　　　　　　　　　　　人力资源部敬启

　　地址：
　　　　　　　　　　　　　　　　　　　　　　　　　　年　月　日

表 4.5　面试记录表

姓名			应聘职位			
用表提示			请面试考官在适当方格内打√			
评分项目		评　分				
		5	4	3	2	1
仪表　礼貌　精神 态度　整洁　衣着		极佳	佳	平平	略差	差
体格　健康		极佳	佳	普通	稍差	差
领悟　反应		特强	优秀	平平	稍慢	差
对其应聘的工作各方面 及有关事项的了解		充分了解	很了解	一般了解	部分了解	很少了解
工作阅历与本单位的配合程度		很配合	配合	一般配合	未尽配合	未能配合
前来本单位服务的意向		很坚定	坚定	普通	犹豫	很犹豫
外语能力	区分	极佳	佳	平平	略通	不懂
	英语					
	日语					
总　评		□拟予试用 □列入考虑 □不予考虑			面试考官： 日期：	

表 4.6　录用通知书

录　用　通　知
先生/女士： 　　您好！首先感谢您对本公司的信任和大力支持。 　　很高兴通知您，经过考核审查，本公司决定正式录用您为我公司员工。请您按本通知要求前来报到。 　　另，接通知后，如您的住址等有变化，请直接与人力资源部联系。 　　联系人： 　　联系电话： 　　公司名称： 　　1. 报到时间：　　　年　　月　　日　　上（下）午　　　时　　　分 　　2. 报到地点：

六、招聘过程中的其他问题

企业的招聘工作很容易出现失误，损害组织的声誉。为此，应遵循以下的原则：第一，申请书和个人简历要按规定的时间递交给招聘部门，以免丢失。第二，每个申请人在招聘过程中的某些重要活动（如来公司见面）必须按时记录。第三，企业应及时对申请人的申请作出书面答复，否则会给申请人造成公司工作不力或傲慢的印象。第四，申请人与公司就有关聘用条件的讨价还价应以公司公布的条件以依据，并及时记录，否则，同一个申请人在不同的时间或不同的部门得到的待遇许诺可能相差很大，出现混乱状况。第五，没有接受公司提供的聘用条件的申请者的有关材料应保存一段时间。[①]

招聘时要考虑应吸引多少求职者来公司应聘才能满足企业的雇佣需要，这可以根据当时人才市场的状况、职位的需要以及以前招聘的经验确定申请资格来控制。申请资格的确定可以有两种策略，一种是高门槛策略，是把申请资格设定得比较高，于是符合要求的申请人就比较少，然后企业花费比较多的时间和金钱仔细挑选最好的员工。另一种是低门槛策略，是把申请资格设定得比较低，于是符合要求的申请人就比较多。这时企业就有比较充分的选择余地，招聘的成本也会较低。一般来说，招聘比较重要的工作岗位上的任职者，要求员工的素质较高，应采用第一种策略。如果劳动力市场供给形势较紧张，企业也缺乏足够的招聘费用，需招聘工作人员的岗位对于企业不是十分重要，应采用第二种策略。如某企业已确定需招聘20名技术人员，根据经验，他们知道接受录用通知与收到录用通知的比率为3:2，三次面试的筛选比率分别是2:1，4:3，3:2，应征者与进入第一轮面试者的比率是2:1。通过这些比率的推算，该企业需要有240人申请，才能基本满足要求。如果申请人数大幅超过或少于该数目，人力资源管理部门就应该通过调整每一步骤的录入比率甚至改变招聘条件以完成招聘任务。为了提高招聘效率，可以根据以往经验制作人员招募金字塔图，见图4.2。

候选人的多少直接影响到招聘周期，招聘周期又直接关系到招聘成本和招聘效率，不同的企业、不同的职位、不同的时期，招聘周期都可能不同。企业根据上岗时间和招聘周期确定何时开始招聘。一般来说，组织中职位空缺持续时间的长短既反映了发现申请人的难度，也反映了组织招聘和选择过程的效率。表4.7为一个人员招聘时间表范例。

---

① 本部分参考张一驰编著《人力资源管理教程》，北京大学出版社1999年版，第89页。

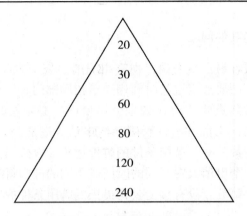

图 4.2　人员招募金字塔

表 4.7　人员招聘时间表范例

招聘过程各阶段	完成时间
完成录用手续	1 周
第二次面试	1 周
安排第二次面试	2 周
第一次面试	1 周
安排第一次面试	2 周
笔试	1 周
安排笔试	1 周
筛选简历	1 周
发出招聘信息，接收简历	3 周

招聘还需要计算成本，包括：招聘时所花的费用，即招聘费用；因招聘不慎、重新再招聘时所花费的费用，即重置费用；因人员离职给企业带来的损失，又称为机会成本。很多企业只重视了招聘费用，而对重置费用和机会成本重视不够。在现代人力资源管理中，成本效益的观念越来越引起人们的注意，如何少花钱多办事已经成为考核人力资源部门工作好坏的指标之一。

第二节　招聘渠道的类型与选择

工作候选人的来源，可分为内部招聘和外部招聘两大部分。

一、内部招聘

内部招聘又叫内部选拔，就是从企业内部选拔合适的人才来补充空缺或新增的职位。

1. 内部招聘的优势和不足

（1）内部招聘的优势。内部招聘的优势表现在以下五个方面：

第一，从选拔的有效性和可信度来看，管理者和员工之间的信息是对称的，不存在"逆向选择"（员工为了入选而夸大长处，弱化缺点）问题，甚至"道德风险"问题。因为有来自本企业的有关资料和工作表现记录，其历史资料有案可查，管理者对其工作态度、素质能力以及发展潜能等方面有比较准确的认识和把握，对于内部候选人会有更加准确的评价。

第二，从企业文化角度来看，内部选用加强了企业文化，并且传达了一个信息：忠诚和出色的工作会得到晋升的奖励。员工与企业在同一个目标基础上形成的共有价值观、信任感和创造力，体现了企业员工和企业的集体责任及整体关系。员工在组织中工作过较长一段时间，已融入企业文化之中，视企业为他们的事业和命运的共同体，对组织的忠诚度较高，他们较少可能由于"公司适应性"差而不能适应工作。

第三，从组织的运行效率来看，与外部招聘相比，对于内部员工通常需要较少的技能评估、较少的时间来决定任用与否，且他们拒绝公司待遇的可能性也小得多，所以能更快地开展工作。现有的员工还由于熟悉企业业务、管理方式以及企业文化，因此更容易接受指挥和领导，易于沟通和协调，易于贯彻执行方针决策，易于发挥组织效能。

第四，从激励方面来看，一个内部人员的晋升会引起多个内部人员的晋升。由于很多人得到晋升以填补每个空位，因此每次晋升产生的空位都会成为晋升者们的动力。制订内部优先选用方案增强了公司提供长期工作保障的形象。这一形象同时也有助于公司人员的稳定，有利于吸引那些寻求工作保障的员工，使员工的成长与组织的成长同步，容易鼓舞员工士气，形成积极进取、追求成功的气氛，达成美好的远景。

第五，从成本来看，首先，由于减少了投入昂贵的广告费用以及使外部雇用者熟悉本公司的需要，费用也较低。其次，内部晋升使得对外招聘集中在"初级层次"上。填补初级层次的职位比较容易，求职人才库更大，即便招聘失误，雇用到"劣质"的员工，对于初级层次的职位来说，金钱上的损失会较低。再次，一般来说，内部候选人由于不会得到其他外部公司的待遇诱惑，工资待遇会更符合企业的现状。

（2）内部招聘的劣势。内部选拔本身也存在着明显的不足：

第一，内部员工竞争的结果必然是有胜有败，可能影响组织的内部团结。晋升人员之前，可能会出现谋求职位的欺骗手段和派别间的钩心斗角，未获晋升者会沮丧，出于早已存在的妒忌心，可能会暗中破坏被晋升者的工作；得到晋升的人会感到需要

"清除"异己，以便巩固他们的位置，这给公司带来了净损失。虽然雇用外部人员也会发生这种现象，但不会这么普遍。

第二，大多数的内部选拔系统都较僵化，晋升计划陈旧，晋升制度不具备评价其有效性的标准或措施，以致公司内部最好的人才得不到发现，甚至导致优秀人才外流。经理倾向于选用"他们了解的人"，这会使那些默默无闻埋头工作的员工丧失信心。有时候老板为了某些原因，"内定"（老板实际上已经有了一个候选人）一些位置，造成内部应征者的不满。此外，许多内部选拔系统以资历为基础，在快速变化的行业里不会带来最高质量的选拔。

第三，企业内的"近亲繁殖"、"团体思维"、"长官意志"现象，使得企业缺乏多样性的观念和见解，不利于个体创新。可能出现的"裙带关系"，滋生组织中的"小帮派"、"小团体"，削弱组织效能。此外，晋升那些最有经验和技能最好的人并不总是意味这个被晋升者会成功。当其没有达到预期时，会与外部雇用人员相比，许多企业更加不愿意解雇（或降职使用）一个内部的晋升者。

第四，对于小企业、快速成长起来的企业、成长性的行业（如电子商务），或需要注入新观念新思路的企业，现有的员工可能不具备职位所需要的知识或经验，内部没有适宜晋升的充足人才，则不适用内部选拔；一定坚持内部选拔的话，则会延误整个招聘进程，甚至影响企业经营运作。

第五，除非有很好的发展和培训计划，内部晋升者不会很快达到对他们预期的要求，内部发展计划的成本比雇用外部直接适合需要的人才要高。且内部晋升引起的联动变化，会由于多个人不得不在相对较短的时间里学习"新工作"，在一定程度上影响了企业运作。

2. 内部招聘的方式

一般来说，内部招聘包括晋升、职位调动和岗位轮换。

（1）晋升。当某个职位需要那些熟悉组织人员、工作程序、政策以及组织特性的人去做时，或者企业内部员工更有能力胜任空缺的职位时，可以采用内部晋升的方法。在企业内部进行有效的晋升可以激励雇员更好地工作。从时间和金钱两个方面来看，内部晋升也更为经济。如果一个组织有内部晋升政策，它必须对候选人进行鉴定，筛选并施加压力。一个常被掩盖的问题是在企业迅速发展的时候，由于组织面临严重的管理人员短缺，大部分的雇员都会得到晋升而不重视其任职资格。快速的发展可能会暂时掩盖管理上的不足，但当公司的增长率下降时就会出现管理者剩余的现象，此时，这些管理者的不适便暴露无遗了。

（2）职位调动。内部招聘的另一个办法是进行职位调动而不是晋升。职位调动通常很重要，它能为雇员提供一个更广泛了解组织的机会，这对今后的晋升是至关重要的。如联想的郭为曾经调换过多个职位，从而积累了丰富的经验。此外，当员工不适合现任职位时，也可以通过职位调动使人尽其用。

(3) 岗位轮换。职位调动通常是永久性的,而岗位轮换往往是临时性的。岗位轮换不仅可以使轮岗人员适应组织各种不同的环境,还可以减轻那些处在高度紧张职位上的雇员的工作压力。例如,海尔集团提出"届满轮流"的人员管理思路,即在一定的岗位上任期满后,由集团根据总体目标并结合个人发展需要,调到其他岗位上任职。岗位轮换也可以作为职业生涯管理与设计的一个部分。通过岗位轮换,员工学习了新的知识和技能,提高了自身的竞争力。

3. 内部招聘的渠道

内部招聘的渠道主要是职位公告和员工档案。

(1) 职位公告。是在企业内部,如公告栏、内刊、内部网等载体上将空缺职位公布于众,并列出工作的特性及相关信息,如工作职责、资格要求、职位级别、薪资等级、申请程序等。职位公告能提高士气,为员工提供转换工作的机会,使员工的技术和需求更好地配合起来,帮助企业发现潜在的应聘者,而且能以比较低的成本填补职位空缺,所以通常对组织大有益处。为了达到以上目的,需要制定相关的政策。表4.8是某企业的职位公告,表4.9是某企业的职位公告政策。[1]

(2) 员工档案。此处的员工档案并不是惯常所说的档案,而是员工在企业工作的所有信息,如考核结果、培训记录、工作总结、薪资变化、工作经历、证书等。员工档案可以揭示哪些员工现在所从事的工作是低于其能力的,哪些员工有接受进一步培训的可能,哪些人已经具备空缺职位工作的背景要求。

二、外部招聘

外部招聘是从企业外部招聘德才兼备的能人加盟进来。它和内部招聘一样各有优缺点,应该区别不同情况来运用。

1. 外部招聘的优势和不足

(1) 外部招聘的优势为:

第一,新员工会带来不同的价值观和新观点、新思路、新方法,可以给企业带来更多的创新机会。此外,由于他们新加入企业,与企业内部的人没有各种复杂的关系,从而可以放手工作。

第二,外聘人才可以在无形当中给组织原有员工施加压力,形成危机意识,激发斗志和潜能,从而产生"鲶鱼效应",通过标杆学习而共同进步,或者说是"引进一匹狼,激活一群羊,带出一群狼"。

---

[1] 表4.8和表4.9均来源于加里·德斯勒著《人力资源管理》(第6版),刘昕等译,中国人民大学出版社1999年版,第121—122页。

表 4.8　职位公告表

编号 _____

工作公告 _____

公告日期：_____

结束日期：_____

在 _____ 部门中有一全日制职位 _____ 可供申请。此职位对/不对外部候选人开放。

<u>薪资支付水平</u>

	最低	中间点	最高
	￥____	￥____	￥____

<u>职责</u>

参见所附工作描述

<u>所要求的技术或能力</u>

(候选人必须具备此职位所要求的所有技术和能力，否则不予考虑)

1. 在现在/过去所任岗位上表现出良好的工作绩效，其中包括：

　　——有能力完整、准确地完成任务

　　——能够及时地完成工作并能够坚持到底

　　——有同其他人合作共事的良好能力

　　——能进行有效的沟通

　　——可信、良好的出勤率

　　——较强的组织能力

　　——解决问题的态度与方法

　　——积极的工作态度：热心、自信、开放、乐于助人和献身精神

2. 可优先考虑的技术和能力：

(这些技术和能力将使候选人更具有竞争力)

<u>雇员申请程序如下：</u>

1. 电话申请可打号码 _____，每天下午 3：00 之前，_____ 除外

2. 确保在同一天将已经填写好的内部工作申请表连同截至目前的履历表一同寄至 _____

对于所有的申请人首先根据上面的资格要求进行初步审查

甄选工作由 _____ 负责

机会对每个人来说都是平等的

表 4.9 某企业的工作公告政策

资格
- 所有已经度过试用期的正式雇员都有资格利用空缺职位公告政策，提出要求调动到具有更多发展机会的职位上去的申请
- 已经被提升或调动，或因任何其他原因而变换过一次工作的雇员，必须要在新的工作岗位上工作满 6 个月才能申请新的职位

政策
- 空缺职位的名单将被传达至本企业所有部门中的所有雇员。公布的信息包括：工作的名称、薪资等级、所属部门、监督者姓名、工作场所、工作内容的简单描述、资格要求，以及对候选人是否要在面谈阶段显示出他们的技能所做的提示
- 在公告中还要列举出从事这一工作所必须具备的基本工作资格和经验。雇员应当向人力资源管理部门咨询，以确定与此工作相联系的晋升机会到底如何
- 职位空缺公告将在公告栏中保持五个工作日
- 申请调动至空缺职位的申请表可以从人力资源部索取
- 人力资源管理部门将审定职位对雇员的资格要求
- 雇用主管人员在到公司外部寻找填补空缺职位的候选人之前，会首先审查公司内部雇员的申请
- 如果雇员有意申请新的职位，那么他或她有责任通知自己现在的管理人员
- 负责雇用的主管人员有权决定什么时候填补职位空缺；不过填补任何空缺职位的指导方针都是：以雇员所具有的能力、资格、经验、背景以及技能的状况为基础，即要看他们自身的这些情况能否使他们成功地完成工作。雇用主管人员有责任通知雇员的原有管理人员，告知他或她调用这名雇员的原因是什么
- 如果雇员得知组织中将会出现某一职位空缺，而在职位空缺出现期间，他或她又将正好在度假，那么雇员可以事先给人力资源管理部门留下一份申请，请求被予以考虑
- 待填补的空缺职位的上级管理人员在公开宣布最终结果之前，有责任首先确保人力资源管理部门已经事先通知了组织内的所有申请人，告知他们是否得到了这份工作
- 胡乱申请将不会被受理，雇员每次只能申请一个他们感兴趣的职位
- 由于往往存在事先挑选的情况，因此，雇员应当在职位空缺公告发布之前，同自己感兴趣的职位的上级主管人员进行接触，共同制订一份个人职业成长计划的时间表，并且增进与他们之间的相互了解，获得一些个人发展信息，了解如何才能掌握自己感兴趣的职位所要求的技能
- 有些时候需要填补的职位空缺未必会公布出来，这里有两种情况：
①有些工作最好是自然递补或它们是某些雇员职业道路的自然发展；②有些职位是专门为某一工作绩效特别优秀的雇员而设计的，以为其提供个人发展的机会
- 为使本政策得以贯彻，管理人员应就职业发展问题积极同雇员接触，以帮助他们在某一特定的职业道路或工作阶梯上追求向上运动

第三，外部招聘可以缓和和平息内部竞争者之间的紧张关系。由于空缺职位是有限的，企业内部可能同时有几个人员基本符合该职位的要求，不良的竞争可能出现钩心斗角的现象。而一旦某员工被提升，其他与其等级、能力相似的人会出现不满情绪，懈怠工作，不服管理。而外部招聘可能使竞争者得到某种心理平衡，从而缓解他们的矛盾。

第四，外部挑选的余地较大，能招聘到更加优秀的人才，尤其是一些稀缺的复合型人才，节省内部培养和培训的费用。外部招聘也促进社会化的人才合理流动，加速全国性的人才市场和职业经理人市场的形成。

第四，外部招聘也是一种很有效的信息交流方式，企业可以借此树立积极进取、锐意改革的良好形象。

（2）外部招聘的不足是：

第一，由于信息不对称，往往造成筛选难度大、成本高，可能出现被聘者的实际能力与招聘时的表现不符合的现象。

第二，外聘员工需要花费较长时间来进行培训和定位，可能挫伤内部有上进心、有事业心的员工的积极性，或者引发外聘人才与内部人才之间的冲突。

第三，外聘人员有可能出现"水土不服"的现象，无法融入企业文化之中。

第四，可能使企业沦为外聘员工的"中转站"。

2. 外部招聘的渠道

（1）网络招聘。也称在线招聘或者电子招聘，它是指利用互联网技术进行的招聘活动，包括信息的发布、简历的搜集整理、电子面试以及在线测评等。它的出现给传统招聘方式带来深刻的变革，如今已成为很多公司招聘和个人求职的主要渠道。

相对于传统的招聘方式，网络招聘具有不受地域限制、成本较低、针对性强、信息传递速度快等优点。在网上招聘兴起之前，企业每参加一个招聘会都要耗费大量的人力和物力。而有了人才网站或企业自身设立了网站后，企业可以随时在网上发布人事需求信息，不受时间、地点、篇幅的限制。而且一般的招聘网站均设立了相应的人才数据库，企业只需输入关键词，就可以检索出符合要求的应聘表，使筛选工作量大大减轻。此外，通过互联网，企业能与求职者及时沟通，进行信息反馈，缩短招聘周期。与传统招聘方式相比，企业网上招聘所花费的费用和精力都要少得多，效果也更好。如在北京，一般两天的招聘会每个摊位要 1 500 元左右。而在前程无忧、智联招聘等网站，交几千元的年费，就可以在一年内无限制地从上百万份简历里任意挑选。如今企业大都开展了网上招聘，不少公司在网上接受简历，甚至有的只接受电子简历。

例如，IBM 的网上招聘经历了三个阶段。从 1996 年开始，IBM 在公司的网页上设立专门的招聘频道，开始收集简历，建立自己的人才库。然后，IBM 开始与一些人才招聘网站合作，发布招聘信息，并在招聘网站设立专门的招聘频道，在几家著名的人才招聘网站建立自己的简历库。2001 年，IBM 与招聘网站合作，将校园招聘外包了出去。4个月的时间,同时在国内6座城市、14所高校进行。网站负责招聘前期的宣传以及IBM最终面试前的所有工作,应聘者所有的简历都要在网上按照IBM专门的形式填写,发送到IBM的专用简历库中。然后,收到的1万多份简历首先由电脑通过数据库字段方式进行第一轮筛选,再由网站负责这次招聘的人员进行第二次筛选。接下来,网站出面组织笔试,笔试题目由IBM负责设定,笔试合格再由网站负责第一次面试。这次面试之后,IBM再做最终的面试。2011年,IBM又开通了人才与招聘微博,2014年开通了招聘微信公众号。至此,IBM的在线招聘渠道涵盖了公司官方网站、招聘网站、微博、微信四种方式。

虽然网上招聘风生水起,但是也存在着弊端。信息丰富的同时也造成了信息冗余。一个职位可能会收到几百封甚至上千封求职信,这使得招聘人员只有几十秒的时间关注一份简历,而且由于缺乏好的数据挖掘技术支持,简历的精准筛选和实时更新都存在问题,企业常常难以找到想要的人才。不过瑕不掩瑜,全球网络招聘行业方兴未艾,市场规模巨大且增长迅速,网络招聘已经成为互联网上最成功的商业应用之一。在我国,招聘网站1999年开始切入,此后一直保持着稳定的增长。经过十几年的发展,网络招聘已经成为企业和个人相当重要的招聘、求职渠道,除了传统的网络招聘平台如前程无忧和智联招聘等,发展更为多元化。如猎聘网定位于中高端人才招聘,拉勾网定位于垂直服务IT行业。职业和商务社交网站如LinkedIn领英、大街网等,除涉及基础平台、招聘之外,还拥有人脉、圈子、技能等商务社交功能,如跟微信深度集成,基于熟人关系介绍,转发招聘模板到朋友圈等。此外,随着移动互联网的发展,越来越多的中低收入者开始接触网络,从互联网获取免费的高价值服务的意识逐渐增强,分类信息网站如赶集网、58同城瞄准微型企业和中基层人群如保安、服务员、销售、小工等,将招聘作为发展重心之一。而企业利用自己的网站进行招聘也有了一些新的变化,例如阿里巴巴将旗下各公司的招聘集成到job.alibaba.com,常年在上面发布集团各类招聘信息,当求职者对某些职位感兴趣想申请时,需要用淘宝或支付宝用户名登录。而随着大数据挖掘技术的发展,公司可以通过应聘者的淘宝和支付宝记录分析应聘者与申请职位相关的某些信息。如果应聘者没有淘宝或支付宝,则在注册的时候自动成为淘宝和支付宝用户,将应聘者转化为平台使用人。

(2)广告招聘。利用广告形式进行招聘,是一种最古老、最有效的途径之一,其应用也最为普遍。使用广告吸引工作申请人有很多优点:①发布职位空缺的信息迅速,能够在一两天之内就传达给外界。②与其他一些方式相比,广告渠道的成本比较低。③在广告中可以同时发布多种类型的工作岗位的招聘信息。④广告发布方式可以使企业拥有许多操作上的优势,企业可以要求申请人在特定的时间段内亲自来企业、打电话或者向企业的人力资源部门邮寄自己的简历和工资要求等。[1] 此外,企业还可

---

[1] 参见张一驰编著《人力资源管理教程》,北京大学出版社1999年版,第93页。

以利用"遮蔽广告"的形式使企业的名称不出现在广告上,而要求申请人将自己的求职信和简历寄到一个特定的信箱。企业利用遮蔽广告的原因可能因为它不愿暴露自己的业务区域扩展计划,为的是不让竞争对手过早地发现自己在某一地区开始招聘人力;也可能由于招聘企业的员工正在罢工等原因使企业的名声不好;还可能由于企业不愿意让原有的员工发现企业正在试图准备由外部人员来填补企业的某些职位空缺。

招聘广告要达到应有的效果,必须能满足以下几点[1]:①必须引起人们对广告的注意。②使人们对该工作产生兴趣。兴趣可能来自于工作性质本身,例如,"你将在这项挑战性的工作中大展宏图"等,有时某项工作的其他方面如工作地点等,也可能激发人们的兴趣。③激起人们对该工作的渴望。通过评述该工作的有兴趣的因素,再配以额外的工作满意、生涯发展、旅行或相似的优势,以激发人们的渴望。撰写广告时,心中一定要有目标读者,并且选择恰当的地方发布。④唤起人们的行动。很多广告都会有类似的话:"你现在就打电话","要想获得更多的信息,现在就请写信过来"或"机不可失,马上行动"。

为此,在制作广告时,一般要做到:①标题新颖,具有吸引力;②诚恳,真实可靠;③内容清楚翔实,通常要说明工作地点、工作内容、发展前景、资格要求或就业条件、待遇等。④说明招聘方式;⑤如果招聘无特殊技能的员工,广告用语应该简明;⑥说明要具体,避免使用抽象而无意义的说明;⑦广告内容不能违背现在法律精神,不能带有歧视和误导性用语。[2]

(3)招聘会。是由政府相关部门或一些大型的职业介绍机构或人才市场承办的招聘者和应聘者面对面的一种招聘方式。由于其快速、直接和具经济性,现在已经成为许多企业招聘人才的重要渠道。一个大型的招聘会常有几百家甚至上千家企业同时招聘,同样性质的职位,可能有许多家企业都在招聘,甚至包括同行业的竞争对手。在"人才至上"的今天,要想在招聘会上有所收获,就必须制定建立在成功推销术之上的招聘方案。

首先在参加招聘会以前先做好准备。包括:根据职位的需要选择适当的招聘会,如有的招聘会是为了招聘管理、技术类人才的,有的是营销类人才的,有的是高级管理人才的。了解招聘会的主办单位、招聘地点、展台费用,还要了解有哪些单位参加招聘会。如你想招IT人才,那么与会单位中是否有相当数量的IT企业,尤其是一些知名企业?一个无法吸引企业的招聘会同样是无法吸引求职者的。参加招聘会的人应该熟悉企业及职位的需要,并制订分工计划,以免会上手忙脚乱。展台的位置、布置、广告的撰写都应仔细确认。

其次是在招聘会上,招聘人员要注意展台的清洁整齐和自己的着装。展台的形象

---

[1] 参见罗旭华编著《实用人力资源管理技巧》,经济科学出版社1998年版,第84—85页。
[2] 参见焦小谋主编《企业人力资源管理——理论与案例》,北京科学技术出版社1997年版,第106页。

代表着公司的形象，招聘人员的着装体现了公司的工作氛围。招聘人员的精神面貌更为重要。不要在展台里闲聊，一来求职者可能不方便打断你们的谈话，二来这会让别人感觉你对招聘不是很感兴趣。不要在不合格的求职者走后对他们冷嘲热讽，否则其他的求职者会望而却步。与应聘者谈话时应反应迅速，言谈适宜，给求职者留下高效、规范的印象。

最后是在招聘会结束后，将收集到的简历整理一下，通过电话或电子邮件予以确认，并通知他们公司下一步的打算。对于公司相当满意的求职者，可以在招聘会上即通知他们等待面试，并尽快通知其面试时间，以免因为某些原因而痛失人才。

(4) 校园招聘。大学校园是专业人员和技术人员的重要来源，同时，也是企业获得潜在管理人员的一条重要途径。在进行校园招聘时，需要着重考虑学校的选择和工作申请人的吸引两个方面。在选择学校时，企业要根据自己的财务约束和所需要的员工类型来进行决策。如果财务紧张，可以在当地的学校中筛选，如果实力雄厚，则可以在全国范围内进行选择。一般来说，在选择学校时，主要应从以下几个方面考虑：①学校在本公司关键技术领域的学术水平；②符合本公司技术要求的专业的毕业生人数；③过去各校毕业生在本公司的业绩、留职率、录用数量与实际报到数量的比率；④学生的质量；⑤学校的地理位置。此外，还应注意，最著名的学校并不总是最理想的招聘来源，因为这些学校的毕业生往往自视过高，不太愿意承担具体而烦琐的工作，这会妨碍他们对经营的理解及其管理能力的进步。

在吸引学生前来申请工作方面，应注意以下的问题：①选派能力比较强的人组成招聘小组，因为他们在学生面前代表着公司形象；②对工作申请人的答复要及时，否则对申请人来公司服务的决心会产生消极影响；③新的大学毕业生总是感觉自己的能力比现有公司员工强，因此他们希望公司的各项政策能体现出公平、诚实和顾及各人的特点。

不少公司为了更好地吸引未来的大学毕业生来公司求职，纷纷开展宣传攻势，并为大学生提供接触公司的机会。如 IBM 公司为了做好这一工作，他们确定了一定数量的重点学校，并派出高水平的经理人员与学校的教师和毕业分配办公室保持密切的联系，使学校能及时了解公司存在的职位空缺以及最适合公司要求的学生的特征。腾讯公司一般在三月份启动实习生项目招聘，开放多类技术、产品等岗位，主要面向下一年毕业的学生，在全国多个城市展开实习生招聘活动。通过实习生项目，提前招录到优秀的准毕业生，并在实习过程中进一步了解学生真实的能力和潜力，同时提供培训来提高学生的能力，这样一来更有利于抢夺优秀的适合企业的人才，二来也有利于学生对公司的实际工作有切身的体会，正式到职后很快胜任工作。

校园招聘的缺点是花钱较多而且很费时间，如果事先不做充分的准备，很容易给企业带来负面影响。因此，要求事先做好周密的设计，制定好时间表，准备好公司宣传手册，对面试做好记录。表 4.10 是校园招聘面谈记录表的范例。

表 4.10 校园招聘面试记录表

姓名：		时间：				
学校：		地点：				
将取得的学位及日期：			专业：			
已取得的学位及日期：			专业：			
申请职位：1.		2.		3.		
工作地点：1.		2.		3.		
考察因素						
仪表言谈——外表、态度、谈吐、礼貌	1	2	3	4	5	
机智——反应灵敏、表达充分	1	2	3	4	5	
独立性——独立思考能力、情感成熟、影响和感染他人的能力	1	2	3	4	5	
激励方向——兴趣与职位符合、进取心、激励可能性	1	2	3	4	5	
教育——所学的课程与工作的配合程度	1	2	3	4	5	
合作精神——与他人的配合、沟通，尊重他人	1	2	3	4	5	
实践经验——以前实践经验对职位的价值	1	2	3	4	5	
面试考官评语及录用意见：						
总体评价： 1 2 3 4 5						
面谈考官签字				日期：		

（5）员工推荐与申请人自荐。过去，人们不太主张员工推荐工作候选人，认为这种方式有可能在组织内部形成裙带关系，危及人事政策的公正性。但是，现在有不少公司鼓励员工向企业介绍新的工作候选人。企业会事先将职位空缺以及对任职者的要求在企业中公布出来并张贴在布告栏中，对于那些推荐候选人最多的员工，企业还给予一定数额的奖金。由员工推荐候选人的做法可以减少广告费和招聘代理费，从而降低招聘成本。而且员工由于比较了解空缺职位的要求，会尽力推荐那些与工作相匹配的候选人，从而使企业得到高质量的新员工。另外，由员工推荐的方法可以减少新员工的离职率，因为员工会较全面地介绍企业的情况，使申请者事先有较多的思想准备。同时，员工也会鼓励他们努力工作，从而增强新员工对企业的忠诚感。如果员工推荐的工作候选人的特征与职位的要求不相吻合，或者他们在工作中表现欠佳，不仅影响到推荐人在企业中的地位，也将危害到自己与被推荐者之间的关系。

对于毛遂自荐者，企业要礼貌相待，妥善处理。因为这不仅是尊重求职者自尊的问题，也是关系到企业的声誉和形象的问题。企业的人力资源部门要指派专人同每一位求职者进行简短的面谈，即使这种面谈的目的仅仅在于向求职者传递一个信息，即：一旦将来有合适他（或她）的工作，企业将会通知他们。对于提出求职申请的所有信件，也应及时、礼貌地回复。

(6) 猎头公司。这是一种与职业介绍机构类似的职业中介机构。但由于它们有特殊的运作方式和特殊的服务对象，又经常被看作一种独立的招聘渠道。猎头公司专门为雇主物色和推荐高级管理人员和高级技术人员，它们设法诱使这些人才离开正在服务的公司。猎头公司的联系面很广，特别擅长接触那些正在工作并对更换工作还没有积极性的人。它可以为企业节省很多招聘和选拔高级主管等专门人才的时间，但是所需费用要由用人单位承担，且费用很高，一般为所推荐的人才年薪的1/4到1/3。

在利用猎头公司招聘时，要注意以下几点：①向猎头公司详细说明你所需要哪种人才及其理由。②了解猎头公司开展人才搜索的范围。美国猎头公司协会规定，猎头公司在替客户推荐人才后的两年内，不能再为另一个客户把这位人才挖走。所以，在一定时期内，猎头公司只能在逐渐缩小的范围内搜索人才。③了解猎头公司直接负责为你服务的人的能力。直接负责你公司招聘业务的人将会决定事情的成败。猎头公司为了开发一位新客户，可能会指派自己最出色的人来推销自己，它们也可能有优秀的记录，但是负责为你公司进行实际搜索工作的往往并非是这些人。④事先确定服务费用和支付方式。⑤选择值得信任的人。猎头公司为你搜索人才的人不仅会了解你公司的长处，还要了解你公司的短处，所以一定要选择一个能够为你保密的公司。⑥向这些猎头公司以前的客户了解其服务的实际效果。如：这家猎头公司对候选人的评价是否准确？是真的做了认真的搜寻工作，还是简单地从档案资料中找一找？

(7) 职业介绍机构。改革开放以来，我国涌现了许多职业介绍所和人才交流中心，上起国家机关，下至街道办事处，几乎各级都有相应的职业介绍所及人才交流中心，私营、民办的职业介绍机构也非常活跃。这些职业介绍机构中，聚集着各种各样技能和档次的人力资源资料，为了节省招聘所需的时间及费用，委托它们协助推荐人才不失为一种经济有效的办法。

在下述情况下，适合采用职业介绍机构的方式：①用人单位根据过去的经验发现难以吸引到足够数量的合格工作申请人；②用人单位只需招聘很小数量的员工，或者是要为个别新的工作岗位招聘人员，因此，设计和实施一个详尽的招聘方案得不偿失；③用人单位急于填充某一关键岗位的空缺；④用人单位试图招聘到那些现在正在就业的员工，尤其是在劳动力市场供给紧张的形势下更需如此；⑤用人单位在目标劳动力市场上缺乏招聘的经验。

利用职业介绍机构进行招聘的优点之一是可以省略筛选求职者的先期工作，但其缺点也在这里。职业介绍机构的筛选过程可能会使不太合适的求职者通过初选阶段，甚至直接送到用人单位的主管那里，而用人单位又很可能不作过多的选择就相信职业介绍机构的挑选，最终录用这些不合格的人员。结果由于招聘过程中的失误而导致将来出现较高的流动率和缺勤率、较低的工作积极性、较差的工作质量以及较低的生产率。另一种情况则是，一些质量较高的求职者可能会因职业介绍机构不恰当的测试和筛选，而不能进入企业的工作候选人储备库中。为了避免此类问题的出现，在利用职业介绍机构招聘时，应做到：①向职业介绍机构提供一份精确而完备的工作说明书；②限定职业介绍机构在筛选工作申请人的过程中所使用的程序或工具；③可能的话，与一两家职业介绍机构保持稳定的联系；④了解职业介绍机构的一些背景情况，如它们经常掌握有哪一类的求职者，这些求职者的背景是什么，等等。

（8）临时性雇员。在竞争性的市场条件下，企业面临的市场需求常常会发生波动，而且企业还要应付经济周期上升或下降的局面。这就要求企业保持比较低的人工成本，并使企业的运营更具有适应性和灵活性。因此，企业可以把核心的关键员工数量限制在一个最低的水平上，同时建立一种临时员工计划。这种计划可以有四种形式：①内部临时储备。企业可以专门向外部进行招聘，也可以把以前企业曾经雇用过的员工作为储备，要求他们随叫随到。②短期雇用，即在业务繁忙的时期或者一个特定的项目进行期间招聘一些短期服务人员。③利用自由职业者，如与自由撰稿人和担当顾问的教授专家签订短期服务合同。④通过租赁公司雇用。

临时性雇员的缺点是：①增加招聘成本；②增加培训成本；③产品的质量稳定性可能下降；④需要管理人员加强对临时性员工的监督。

时下，人才租赁这一新生事物在国内正呈方兴未艾之势。人才租赁（实践中常用"劳务派遣"一词）的程序是企业根据工作需要，向租赁公司提出人才标准、人数、待遇等，租赁公司通过现场招聘、查询人才库等手段搜索合格人员，经严格筛选，把人员名单及资料送交用人单位，由用人单位进行最后确定。然后，用人单位与租赁公司签订用人协议，租赁公司与被租赁人员签订租赁协议。被租赁人才的工资由用人单位转拨给人才租赁公司，再由其发放给被租赁人才。用人单位只负责人才的使用，不与人才发生任何隶属关系；而人才也不改变其现有的工作关系和岗位关系，双方的权利义务关系随租赁期满而自然消失。用人单位与租赁公司的关系是劳务关系；被聘人员与租赁公司的关系是劳动关系，与用人单位的关系是有偿使用关系。

人才租赁，对于被聘用人员来说，可以不脱离原单位而兼职兼薪，增加额外收入，还可以使自己的才华得以发挥，更好地体现人才自身的价值。对用人单位来说，用人单位可以在业务增加时增加人员，在业务减少时减少人员，用人方式十分机动灵活，且不用支付各种培训、福利费用，从而降低用人成本支出。此外，人事管理更简单方便，可以摆脱种种因"管"人而产生的争议和纠纷。

但并不是所有的职位都适合租赁人才。一般来说，非核心职位、短期性或临时性需求可以采用这种方式。如企业临时接到一笔订单需求，急需临时性人力来赶货时，或适逢员工产假而急需暂时性人员递补工作。租赁人才因为只是短期应急的，被聘者缺乏安全感和忠诚度，所以企业在使用时应在人员的挑选、目标的制定、工作的监督上做好工作。

三、内部招聘实例——通用电气如何选拔接班人

2000 年 11 月 28 日，通用电气长达 6 年的接班人选拔计划终于揭晓了。对一贯主张内部招聘的通用电气来说，其程序是怎样的呢？

韦尔奇挑选接班人的行动从 1994 年开始展开。通用电气从不曾考虑在公司外寻找 CEO，而是依照三种分类，选定公司内的 24 名人选。

其中，第一类为必然人选，囊括当时掌管通用电气最大部门的 7 名主管；第二类为热门人选，是最高层主管下表现突出的 4 名主管；第三类为潜力人选，是位居不同职位，表现引人注目的各级主管。

通用电气扬弃一般既定标准，而以系统性方法规划人选，以避免短视所造成的遗珠之憾。事实证明，进入最后决选的 3 名主管都不是一般认为理所当然的第一、二类人选，而是具有潜力，当时不一定身居最重要职位的第三类人选。

锁定人选后，通用电气有计划地安排每位候选人的职位，以培养或补足他们所需的经历和能力，并且测试他们成长的能力。尤其是第三类的候选人，被锁定之后的升迁调动，都以训练他们成为接班人为考量。例如，负责运输系统这项工作必须接触政府、工会、社区和其他公司主管等，韦尔奇认为这是通用电气最能磨炼能力的职位。另外，通用电气急于扩展的亚洲市场，以及最赚钱的资本部门等，都是接班人很需要熟悉的领域，也成为候选人的重要去处。

在 6 年多的挑选中，通用电气对过程高度保密，以避免对公司产生负面影响。当年韦尔奇获选为 CEO 后，通用电气的一名高层主管立刻向他递出辞呈，因为这名主管支持的是另外一名候选人，因此感到自己已经失势。

为了避免候选人将彼此视为敌人，员工因为支持不同人选而结成不同派系等情况重演，董事会极度保密，连 24 名候选人本身也从来不曾被告知他们已被纳入考量。而韦尔奇交给董事会的个人看法完全由他亲自手写，以防任何资讯外泄。即使新 CEO 已经出炉的今天，通用电气对于各阶段的人选、理由等很多细节仍然守口如瓶，不论当时或现在，公司内外的人都只能循蛛丝马迹推想。韦尔奇表示，这是候选人之间至今都还能保持友谊的关键。

在挑选接班人的过程中，通用电气的董事们会实地参观候选人的工作情形，来了解候选人的工作能力。所有董事一起到候选人的工作地点，近距离了解候选人和员工的互动、是否会选才、部门的决策品质和工作气氛等，这种做法在业界是前所未闻的。

董事们参访时不预设任何形式，由候选人自由发挥报告业务现况。韦尔奇表示，这种方法提供候选人展现自己的机会，基本上是让他们实习主持一天的董事会。这种

没有预设立场的做法和董事会不预设公司未来 10 年的走向一样，都可以避免，因此限制了选择。为了掩人耳目，董事们会以了解业务为由，多花了很多时间参访其他非候选人的部门，通常他们参观七八个部门，其实只对其中三四个有兴趣。

除此之外，董事们在许多私人场合和候选人相处，从人性方面评估候选人。韦尔奇表示，当年他被挑选为 CEO 时，董事们只是从正式的会议上认识他，并不知道他私下的为人。因此他邀请董事和候选人一起打高尔夫球以及吃晚餐等，希望董事们不仅从工作，也能从实际相处中了解候选人。韦尔奇甚至记录每一次晚餐的座位顺序，以安排每位董事和每一位候选人都有平等的相处机会。韦尔奇认为，大量的人际互动是这次选择接班人的最大特色。在非工作的场合中，候选人的人格特质比较容易展现出来。就伊梅尔特而言，他便以具有天生的领导者特质而引人注目。韦尔奇观察后发现，人们很喜欢追随伊梅尔特，而且伊梅尔特相信，刚强和刻薄不能混为一谈。

董事们不断聚会谈论自己的观察和看法，相互交换意见。每次董事会，韦尔奇都会替每位董事准备一本资料，里面备齐每位候选人的照片、经历、表现评估等，并附上韦尔奇个人的意见，会中所有人都会逐页详细讨论。

直到 1997 年，董事会认为他们已经有了足够的资讯，决定逐渐缩小人选范围。但是，一直到只剩下 3 名人选，甚至董事们都已经心里有数最后奖落谁家之际，他们仍然不断进行讨论，希望大家能多考虑其他两名候选人的优点。一名董事表示，他以前从来没有参与甚至听过这种挑选 CEO 的方式，参与这一过程的董事的人数之多以及他们投入的心血和时间都是空前的。一直到了 2000 年 11 月底，通用电气对外正式宣布新 CEO 为伊梅尔特，一切才告尘埃落定。

四、校园招聘实例——2015 年宝洁的校园招聘

（1）前期的广告宣传。一般在毕业前一年的 7 月份开始，主要通过宝洁官方网站以及微博、微信公众号等各大官方平台发布。

（2）9 月份，到选定的各高校巡回召开宣讲会，同时开放网上申请。

（3）网上申请筛选。应聘者进入宝洁的招聘网页，在线填写申请表及在线测试，在线测试包括成功驱动力测试和图形推理测试，前者 67 道题，后者 15 道题。

（4）英语测试。英语测试分两类。网上申请通过的学生将收到英语测试的通知，这一轮的英语测试为托业考试。如果拥有 2 年之内的托福、雅思、托业和 BEC 的成绩，可以提交相关证明。成绩达到公司要求的可以免英语托业测试。另一类英语测试是 Versant English Test（电话英语测试）。这是一种使用语音识别和处理技术的全自动计算机辅助口语测试，通过电话实施，并由计算机自动评分，口语测试时间为 15 分钟，分为朗读、复读、回答简短问题、句子构建、复述故事、开放性问题 6 个部分，63 道题目。在考试结束几分钟后，考生就可以获得详细的成绩报告。Versant English Test 常安排在第一次面试通过后。

（5）面试。宝洁的面试分为两轮。英语测试通过后会收到面试通知。第一轮面试是一对一面试，一般用中文进行，面试时间在30分钟左右。通过第一轮面试的学生进入第二轮面试。此轮面试时间为45分钟左右，面试官至少有3人。面试人通常是有一定经验并受过专门面试技能培训的公司部门高级经理。

宝洁的面试过程主要分为以下四大部分：第一，自我介绍。创造轻松的交流气氛，为面试的实质阶段进行铺垫。第二，交流信息。这是面试的核心部分，一般结合简历，围绕既定的8个问题提问。这8个问题由宝洁公司的高级人力资源专家设计，要求每一位应试者能够对面试官提出的问题作出一个实例分析，而实例必须是过去亲自经历过的。宝洁希望得到每个问题回答的细节，高度的细节要求让个别应聘者感到不能适应，没有丰富实践经验的应聘者很难很好地回答这些问题。第三，讨论的问题逐步减少或合适的时间一到，面试就引向结尾。这时面试官会给应聘者一定时间，由应聘者向主考人员提几个自己关心的问题。第四，面试评价。面试结束后，面试人立即整理记录，根据求职者回答问题的情况及总体印象作评定。

宝洁的面试评价体系。宝洁公司在中国高校招聘采用的面试评价测试方法主要是经历背景面谈法，即根据一些既定考察方面和问题来收集应聘者所提供的事例，从而来考核该应聘者的综合素质和能力。

宝洁的面试由八个核心问题组成：第一，请你举一个具体的例子，说明你是如何设定一个目标然后达到它。第二，请举例说明你在一项团队活动中如何采取主动性，并且起到领导者的作用，最终获得你所希望的结果。第三，请你描述一种情形，在这种情形中你必须去寻找相关的信息，发现关键的问题并且自己决定依照一些步骤来获得期望的结果。第四，请你举一个例子说明你是怎样通过事实来履行你对他人的承诺的。第五，请你举一个例子，说明在完成一项重要任务时，你是怎样和他人进行有效合作的。第六，请你举一个例子，说明你的一个有创意的建议曾经对一项计划的成功起到了重要的作用。第七，请你举一个具体的例子，说明你是怎样对你所处的环境进行评估，并且能将注意力集中于最重要的事情上以便获得你所期望的结果。第八，请你举一个具体的例子，说明你是怎样学习一门技术并且怎样将它用于实际工作中。根据以上几个问题，面试时每一位面试官当场在各自的"面试评估表"上打分，打分分为3等：1—2分（能力不足，不符合职位要求、缺乏技巧，能力及知识），3—5分（普通至超乎一般水准；符合职位要求；技巧、能力及知识水平良好），6—8分（杰出应聘者，超乎职位要求；技巧、能力及知识水平出众）。具体项目评分包括说服力/毅力评分、组织/计划能力评分、群体合作能力评分等项目评分。在"面试评估表"的最后一页有一项"是否推荐栏"，有3个结论供面试官选择：拒绝、待选、接纳。在宝洁公司的招聘体制下，聘用一个人，须经所有面试经理一致通过方可。若是几位面试经理一起面试应聘人，在集体讨论之后，最后的评估多采取1票否决制。任何一位面试官选择了"拒绝"，该生都将从面试程序中被淘汰。

（6）逻辑推理能力测试（Reasoning Test，简称 RT 测试）。通过两次面试的人员要进行该测试。测试分为 3 个部分，共 40 道题，全部为选择题，限时 65 分钟。第一部分是 15 道数学题，第二部分是 10 道文字推理题，第三部分是 15 道图形推理题。

（7）公司发出录用通知书给本人及学校。

第三节 招聘筛选的方法

一、简历（或求职申请表）的筛选

企业发布招聘信息后会收到大量的简历，不可能所有申请职位的人都得到面试，因此，筛选简历是第一件要做的事情。如果筛选的标准不合适，可能错过一些优秀的人才；但如果筛选面过宽，又会增加面试时间和招聘负担。现在有很多介绍如何撰写简历的文章，还有一些现成的简历模板供采用，因此，求职者对简历的包装都已非常熟悉，筛选时在格式上可以不必太过重视，而应注意是否具备空缺职位的任职资格，评估简历中的客观信息，包括个人信息、受教育经历、工作经历和个人成绩等，如果这些客观指标不能达到，通常可以排斥在外。而对一些主观性、抽象性的描述，如具备团队精神、诚信勤奋、踏实努力等可作为参考指标，因为在面试或背景调查时才能得以测试。

筛选简历时应该注意几个问题：①不应迷信大公司的工作背景。大公司出来的求职者未必都是精兵强将，有的可能是被大公司淘汰的，有的可能由于大公司的过细工作分工而仅具某一方面的能力，有的可能习惯了规范的管理——而这些对你招聘的职位未必合适。②要注意工作的转换。应聘者是否转换工作过于频繁？如果太过频繁，原因是什么？如果是从大公司到小公司，那么要考察其动机。工作转换之间是否有时间上的不连续？③要注意简历中的细节。细节有很多，如是否应用了一些含糊的字眼？例如，没有注明大学教育的起止时间和类别，这样做很有可能是在混淆专科和本科的区别，或者是统分、委培、成教的差别。简历中是否过分夸大某方面的经历或能力？例如，一个大学生的兼职经历写明自己作出了很大的成绩。在简历上发现的疑问应予以注明，以便后面的筛选工作能有针对性地进行。

二、测试

测试主要能预测申请人的能力特征及在今后特定领域的工作表现，以帮助企业选择对工作职位特别适宜的人员。它主要借助于一些技术方法和手段，对申请人的专业知识和一般知识、智力、能力、个性特征等方面作出客观的评价。传统的测试大都采用笔试的方法，测量应聘者的专业知识。随着现代心理学、社会组织管理学及测试技术和方法的交叉结合，并大量运用到人员招聘中，使现代测试方法越来越多，如能力测试、个性测试、职业兴趣测试、成就测试、工作样本法等。最近几年，随着信息技术的发展，还涌现出了许多测评软件。

1. 专业知识测试

在不少企业中，筛选的第一步骤是进行专业知识的笔试，成绩合格者才可以进入下一轮测试。它是由考官事先出好试卷，让求职者在规定的时间内作答。这种方式可以大规模地进行，效率较高且经济，应聘同一职位者均答相同的试题，成绩比较公正，且应聘者在笔试时相对面试的心理压力较小，容易发挥正常水平。

2. 能力测试

能力测试包括一般智力测试和特殊认知能力测试。

一般智力测试，即测试一个人的智商水平。它一般通过对一个人的语言能力、文字能力、数字计算能力、图形识别能力、空间能力、观察力、记忆力等一系列具体的测试来完成。当前国际上常用的智力测验有两种：斯坦福—比奈智力测验和韦克斯勒智力测验。

斯坦福—比奈智力测验量表共包括 142 个项目，分为 28 个发展水平，依照 4 岁到成人的发展顺序排列。每一发展水平各有 6 个测验试题，外加一个备用题，其中有一个成人组，为 8 个测验试题，外加一个备用题。特曼还在施测过程标准化的基础上，提出了 IQ 的概念，IQ = 100（MA/CA）的计算公式，即一个人的智力商数（IQ）等于他的心理年龄（MA）除以实际年龄（CA），再乘以 100。1937 年、1960 年、1972 年和 1986 年，该量表又经过四次修订，适用年龄由 1 岁半到 18 岁成人，是当代应用最广也最具有权威的智力量表。按照斯坦福—比奈智力测验量表，人类的平均智商为 100。智商 90—110 者称为中等智力，约占总人数的 50%；智商 110—120 者称为聪慧，120—130 者称为优秀，130 以上者称为禀赋优异，这三类合计约占 25%；智商 80—90 者称为愚鲁；70—80 者称为临界智能不足；70 以下者称为智能不足。

韦克斯勒智力测验量表的主要特点是不采用年龄量表分类而采用项目分类标准。它所测的一般智力是多种能力的综合测验。韦氏成人智力量表适用于从 16—74 岁年龄的人，它发表于 1955 年。量表分为语言量表和操作量表两个部分，前者有 6 个分测验，后者有 5 个分测验。测验时将 6 项语言测验（常识、理解、算术、类同、数字、广度和词汇）先按顺序做完，然后进行操作测验（数字符号、图画补缺、积木图案、图片排列和物体拼配）。1981 年经过修订后，语言测验和操作测验交替进行，测验项目数也有所变动。

特殊认知能力，也称特殊心理能力，包括归纳和演绎推理、语言理解、记忆及数字能力等。这种测试的目的是检测工作候选人对某一特定工作的能力倾向，所以它通常又被称为能力倾向测试。此类测试的选用应根据具体的工作要求而定。

3. 个性测试

员工的工作绩效不仅取决于他的智力和身体能力，还取决于其心理状态和人际沟通技巧等因素，这就要借助于个性测试。个性测试用来测试申请人个性的基本方面，如内向性、稳定性、动机等。主要的个性测试法有投射法。在测试中，给受测者一个墨渍或云状图画的模糊刺激，然后让他根据自己对图片的理解进行解释。由于刺激物很模糊，所以受测者的解释实际上是他隐藏在潜意识中的欲望、需求、动机冲突等的反映，考官可以根据他的解释来了解他想象推测的方式和性格结构。个性测试还有：主题统觉测试（Thematic Apperception Test），如图4.3；罗夏墨迹测试（The Rorschach），如图4.4；吉尔福德气质测试（Guilford Zimmerman Temperament Survey）；明尼苏达多重人格测试（Minnesota Multiphasic Personality Inventory）。吉尔福德气质测试测量情绪稳定与情绪反复、友好与批评等个性特征。明尼苏达多重人格测试测量诸如多疑病症和偏执狂等特征。

4. 人格测试

人格测试也称个性测试。人格是指个体在行为上的内部倾向，是能力、兴趣、态度、气质和思维、情感等方面的整合，因此，人格测试测量的是个体行为的独特性和倾向性特征，测试方法主要有自陈量表和投射技术。

（1）自陈量表采用问卷方式，由许多涉及个人心理特征的问题组成，进一步分出多个维度或分量表，反映不同的人格特征。常用的人格问卷有卡特尔16因素人格测试（16PF）、艾森克人格问卷（EPQ）、大五模型（Big Five）。

卡特尔16PF测试是由美国心理学家卡特尔编制的，他把对人类行为的1800种描述称为人格的表面特质，并将这种描述通过因素分析的统计合并成16种因素，称之为根源特质。这16种特性因素在任何一个人身上组合，就构成了有别于他人的独特人格。该测试由187道题组成，从乐群性、智慧性、稳定性、影响性、活泼性、有恒性、交际性、情感性、怀疑性、想象性、世故性、忧虑性、变革性、独立性、自律性、紧张性等16个相对独立的性格维度对人进行评价。

艾森克人格问卷由英国心理学家艾森克开发，他将人格特质论与人格类型论整合在一起，把人格结构分为四个层次：类型水平、特质水平、习惯反应水平和特殊反应水平，提出三种类型特质：内外倾、神经质（又称情绪性）、精神质（又称倔强）。通用的EPQ是1975年制定的，它是一种自陈量表，有成人和少年两种形式，各包括四个分量表：内外倾（E）、神经质（N）、精神质（P）、说谎量表（L），划分出四种人格类型：稳定外倾型（多血质）、稳定内倾型（黏液质）、不稳定外倾型（胆汁质）、不稳定内倾型（抑郁质）。

大五模型是20世纪80年代出现的，人格研究者们在人格描述模式上达成了比较一致的共识，提出了人格五因素模式，被称为"大五人格"。该模型被许多研究所证实和支持，也被众多的心理学家认为是人格结构的最好范型。人格结构中的五个因素是：外倾性（extraversion）；宜人性（agreeableness）；责任感（conscientiousness）；情绪性（emotionality 或 neuroticism）和开放性（openness to experience 或 intellect）。

外倾性考察人际互动的数量和密度、对刺激的需要以及获得愉悦的能力，宜人性考察个体对其他人所持的态度，责任感评估个体在目标导向行为上的组织、坚持和动机，情绪性评估的是情感的调节和情绪的不稳定性，开放性考察对经验本身的积极寻求和欣赏以及对不熟悉情境的容忍和探索。

（2）投射技术是基于人们在日常生活中常常把自己的心理特征（如个性、好恶、欲望、观念、情绪等）不自觉地反应于外界事物或者他人身上的心理研究发现。常用的有主题统觉测试和罗夏墨迹测试。

主题统觉测验共有30张内容隐晦的黑白图片（图4.3是其中一张），另有空白卡片一张，图片的内容以人物或景物为主。每张图片都标有字母号，按照年龄、性别把图片组合成四套测验，每套20张，分成两个系列，每系列各有10张。分别用于男人、女人、男孩和女孩，其中有些照片是共用的。测验进行时，主测者按顺序逐一出示图片，要求被测者对每一张图片都根据自己的想象和体验，讲述一个内容生动、丰富的故事。

图4.3　主题统觉测试图片

罗夏墨迹测验则是由10张精心制作的墨迹图构成的（图4.4是其中一张）。这些测验图片按一定的顺序排列，其中5张为黑白图片（1、4、5、6、7），墨迹深浅不一，2张（2、3）主要是黑白图片，加了红色斑点，3张（8、9、10）为彩色图片。这些图片在被试者面前出现的次序是有规定的。主试者的说明很简单，例如："这看上去像什么？""这可能是什么？""这使你想到什么？"主试者要记录：反应的语句；每张图片从出现到开始第一个反应所需的时间；各反应之间较长的停顿时间；对每张图片反应总共所需的时间；被试者的附带动作和其他重要行为；等等。目的都是为了诱导出被试者的生活经验、情感、个性倾向等心声。

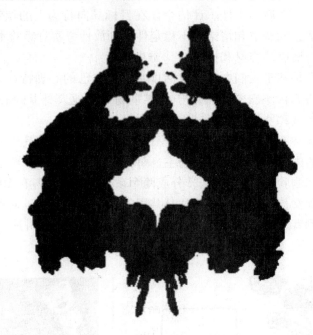

图 4.4　罗夏墨迹测试图片

投射法的最大优点在于主试者的意图藏而不露，这样创造了一个比较客观的外界条件，使测试的结果比较真实、客观，对心理活动了解得比较深入，缺点是比较抽象，评估和运用起来难度很大，需要有经过专门培训的主试者。因此，在员工招聘中运用投射测验一般比较少。

5．兴趣测试

兴趣测试是将一个人的兴趣与不同职业中的人的兴趣相比较，如果对一个人进行相关的兴趣调查，就可以把他的兴趣与已在职的会计、工程师、管理者等进行比较。兴趣测试有多种用途，最典型的是用于员工的生涯设计，因为一个人如果对其工作感兴趣，就可能做得更好。兴趣测试还可用作选择工具。如果你选拔与那些成功的在职者有大致相同兴趣的人填补职位空缺，这些工作候选人在新的工作岗位上成功的可能性就更大。兴趣测试常用的是霍兰德职业性向测试和职业锚测试。本书第五章第四节介绍了这两种方法。

6．成就测试

成就测试是对一个人所学知识和技能的基本检测。成就测试被广泛应用于对雇员的选择。例如，普度机械师和机器操作员测试（Purdue Test For Machinists And Machine Qperators）通过"忍耐意味着什么"这种问题，测量熟练机械师的工作知识。餐厅服务行家对餐饮专业的毕业生问及"有关重大宴会，座次应怎样安排？分菜顺序及酒水服务的规则是什么"等一类的问题，测量学生有关宴会服务的知识。

7. 工作样本法

前面讲过的能力测试、个性和兴趣测试等都是对工作绩效进行预测，而工作样本法则强调直接测量工作绩效，目的是要了解申请人的实际动手能力而不是理论上的学习能力。工作样本法可以是操作性的，如让机修工安装滑轮和皮带、安装和调试马达；也可以是口头表达的，如对管理人员的情景模拟（如公文处理、无领导小组讨论、管理游戏、个人演说等）。实施工作样本法的程序是：①选择基本的工作任务作为测试的样本；②让工作申请人执行这些任务，评价小组人员进行观察和打分；③计算各项工作任务的完成情况的加权分值；④确定工作样本法的评估结果与实际工作表现之间的相关关系，以此决定是否选择这个测试作为员工选拔的工具。工作样本法的优点是：让工作申请人实际执行工作的一些基本任务，效果直接而客观，申请者很难伪装；它不涉及申请人的个性和心理状态，不侵犯其隐私权；测试内容与工作任务明显相关，不会引起公平就业方面的问题。缺点是需要对每个申请人单独进行测试，成本比较高。

8. 测评软件

测评软件是将专家在评价人方面的思路进行格式化、程序化之后的一种结果，实际上是将上述的一些测试方法和内容信息化，从多方面对应聘者进行测试。如对某管理职位，可以包括职业倾向、领导能力、沟通能力、人际关系能力、创新能力等。测评软件可以根据不同的职位选择测试题，并且在应聘者答完后马上给出结果和分析，还可以进行不同应聘者之间的对比。这种方法简便快捷，但由于成本较高，以及信度（测验的稳定性，即应聘者在多次参加同一测试时得分应该相同或相近）和效度（测验的有效性，即选拔结果与以后的工作绩效的相关系数）有待提高，所以，使用面还不是很广泛，但是可以预言，使用测评软件进行测试是未来的趋势。

要注意的是，不管是测评软件还是前面介绍的各种方法，都只是作为一种参考，还需要通过面试作进一步筛选。

三、面试

面试是最经常被使用的选拔工具。面试有其他方法难以比拟的优点，它可以使招聘人员有机会直接接触工作申请人，判断申请人是否具有热诚和才智，其素质和能力如何，还可以评估其面部表情、仪表以及情绪控制能力等等，从而获得直观的认识，最终判断是否可以录用。因此，许多企业在决定录用员工之前，都必须与申请人面谈。

为提高面试工作的质量，面试要做好以下几项工作：

1. 面试的准备

（1）确定面试主考官。面试主考官的素质决定着面试结果和质量。如果主考官带有主观偏见或者违反公正原则，企业就不可能聘用到最适合工作的员工。研究表明,一个合格的主考官应具备以下的素质:良好的个人品格和修养,具有相关的专业知识,丰富的工作经验,良好的自我认识能力,善于把握人际关系,能熟练运用各种面试技巧,能够控制面试过程,具有公正性,了解组织状况和职位要求。

(2)设计面试提纲。为了使面试工作顺利进行,保证面试的效果,面试主考官应提前准备好面试提纲。面试提纲是根据所选择的评价要素,以及从不同侧面了解到工作申请人的背景材料设计完成的。表4.11是一个面试提纲范例。

表4.11 面试提纲

姓名_____ 申请的职位_____

1. 工作兴趣
   你认为这一职位涉及哪些方面的工作?_____
   你为什么想做这份工作?_____
   你为什么认为你能胜任这方面的工作?_____
   你对待遇有哪些要求?_____
   你是怎样知道我们单位及招聘的情况的?_____
   你为什么希望与我们一起工作?_____

2. 目前的工作状况
   你现在有工作吗? 有_____ 没有_____ 如果没有,你失业多久了?_____
   你为什么失业?_____
   如果你有工作,为什么要申请这份工作?_____
   如果可能,你什么时间可以来我们单位上班?_____

3. 工作经历
   (从申请人现在或最后一个工作开始向前推,应该包括所有的工作经历。军旅生涯应包括在内)
   目前或最后一个工作:_____
   单位职务(名称)_____ 通讯地址_____
   雇用时间从_____ 至_____
   目前或最后一个工作的职务(名称)_____
   你的工作任务是什么?_____
   在该单位工作期间你一直是从事同一种工作吗? 是_____ 不是_____
   如果不是,说明你曾从事过哪些不同的工作,时间多久及各自的主要任务_____
   _____
   你最初的薪水是多少?_____ 现在的薪水是多少?_____
   你现在或最后一个工作的主管姓名_____
   你喜欢那份工作的哪些方面?_____
   你为什么考虑离职?_____
   面谈者(组织方面)的说明或评语_____

在你从事上一份工作之前，你的工作是什么？_____
你的工作单位是_____
地点_____工作职务_____
工作责任（任务）_____
在你受雇于该公司期间一直是从事同一种工作吗？是_____不是_____
如果不是，请分别说明所从事的工作名称、任职时间及各自的任务_____
_____
你开始时的薪水是多少？_____最后的薪水是多少？_____
主管的姓名_____
我们可以与这个单位联系吗？可以_____不可以_____
你最喜欢那份工作的哪些方面？_____
你最讨厌那份工作的哪些方面？_____
你为什么要辞去那份工作？_____
你考虑过重新回去工作吗？_____
（面试者：如果在不同的雇用期间有任何衔接不当之处，应该向申请人提出进一步询问）
_____
面试者的说明或评语_____
在上述工作之前，你的工作是什么？_____
你的其他工作或经历是什么？简要地对各个工作进行说明并解释其主要任务。
_____
_____

在过去五年内，你曾失业过吗？有_____没有_____
为了寻找工作你做过哪些努力？_____
你认为哪些其他的经历或培训对你胜任你申请的工作有帮助？说明你是如何以及从哪里获得这些经验或培训的？_____
_____
_____

4. 教育背景
   你认为你所受的教育或培训将帮助你胜任你申请的工作？_____
   _____
   对你受过的所有正规教育进行说明_____
5. 工作以外的活动（业余活动）
   工作时间以外你都做什么？第二职业_____体育运动_____
   观看体育比赛_____到俱乐部娱乐_____其他_____
   请说明_____
6. 面谈者的特殊问题
   面谈者：对申请不同工种的不同的申请者的面谈，可增加相应的内容，留出一定的空间作简短的回答_____

_____
_____

7. 属于个人的问题

　　你愿意被重新安置其他工作吗？　愿意_____　不愿意_____
　　你愿意出差吗？　　　　　　　　愿意_____　不愿意_____
　　你最大限度的出差时间可以保证在多少？_____
　　你能加班吗？_____
　　你周末可以上班吗？_____

8. 自我评估

　　你认为你最大的优点是什么？_____
　　你认为你最显著的缺点是什么？_____

9. 面谈者：把申请人的回答同求职申请表的信息进行比较，对有矛盾的地方进行整理

_____

＊ 在申请人离开之前，如果没有向他们提供有关组织或工作信息的，必须加以补充，同时应向申请者提供有关工作地点、工作时间、薪水以及申请人可能感兴趣的其他信息。

10. 面谈者的印象

对下列每个特征进行等级测定（表格中1—4），"1"为最高等，"4"为最低等。

		1	2	3	4	说明
个人特征	仪表仪容					
	姿态					
	举止礼貌					
	谈吐					
	与面谈者的协作					
与工作有关的特征	与本工作相关的经验					
	与工作相关的知识					
	人际关系					

11. 对工作的总的胜任情况

□非常胜任　　□能较好地胜任　　□胜任　　□勉强胜任　　□不满意

评语或简评_____
_____
_____

　　　　　　　　　　　　　　　　　　　　　　面谈者_____
　　　　　　　　　　　　　　　　　　　　　　日　期_____

资料来源：罗旭华编著：《实用人力资源管理技巧》，经济科学出版社1998年版，第102—105页。

（3）制定面试评价表。面试的主要目的是要根据工作职位的要求对工作申请人

作出评价,来确定哪些人员符合工作要求,因此,面试评价应能全面反映工作岗位对人员素质的要求。面试评价表内的各项内容要求主考官们能理解一致,以便作出准确的评价。表4.12是面试评价表范例。

(4)确定面试方式。按照面试的人员,面试方式可分为单独面试和小组面试。按照面试的内容,可分为结构化面试和非结构化面试。按照面试的内容,可以分为一般面试、行为面试、情景面试和状态面试。

★ 单独面试。这是最普通的面试,其优点在于面试双方可以直接就许多方面的问题交换意见,互相征询,从中确定对申请人的评价。它又可以分为两类:一类是"一对一"面试,只有一位主考官,多用于小规模的招聘或较低职位员工的招聘。有时在申请人较多时也用此种方式作为初选的手段。另一类是主试团面试,由多人组成一个面试团,每位主考官在面试中担任不同的角色,从不同的角度考察申请人,从而全面、准确地作出甄选性评价。

表4.12 面试评价表

姓名	性别	年龄	编号	应聘部门	
评价要素	评价等级				
	1（差）	2（较差）	3（一般）	4（较好）	5（好）
个人修养					
求职动机					
语言表达能力					
应变能力					
社交能力					
沟通能力					
团队合作					
自我认识能力					
处事心态					
进取精神					
健康状况					
相关专业知识					
逻辑思维能力					
总体评价	□建议录用		□有条件录用		□建议不录用

★ 小组面试。当一个职位申请人较多时，为了节省时间，让申请人分成小组就一些专题进行讨论，主考官通过对申请人的表现，如群体意识、处理人际关系能力、思维理解能力、环境控制能力、领导能力等进行评价。无领导小组讨论是最常见的一种集体面试法，在本章后面会详细介绍。

★ 结构化面试。结构化面试又称为标准化面试，它指面试前就面试所涉及的问题、试题评分标准、评分方法、分数使用等进行系统的设计的面试方式。这种方式内容明确、程序严谨、评分标准同一，从形式到内容都突出了标准化的特点，使应聘一个职位的不同面试者的评价结果之间具有可比性，且提高了面试效率，其测评的效度和信度较高，但是谈话方式程序化，不太灵活。表 4.13 是某公司对人力资源总监岗位设计的结构化面试试题及题目设计的思路和评分标准。

表 4.13 某公司人力资源总监岗位设计的结构化面试试题、题目设计思路和评分标准

第一部分：了解测试（5%）

题目 1：请简要谈谈你自己。

测试目的：测试被试者的谈吐、语言表达和思维能力，了解被试者是否具有相关工作经历，缓和考场气氛。评分参考：

优：口齿伶俐，语言流畅，条理清晰，言简意赅，切中要害。

好：谈吐自然流畅，条理清晰，但不够简练，基本能切中要害。

中：谈吐比较自然，条理比较清晰，但语言表达显得比较啰唆，基本能表达出自己的观点。

差：谈吐不自然，条理不清晰，语言啰唆，不能表达自己的观点。

第二部分：工作能力测试（90%）

题目 2：假如你是某单位的工作人员，领导交给你一项对你来说可能比较棘手的任务，你准备怎样完成这项工作？

测试目的：测试被试者的计划组织协调能力，要求被试者应考虑到明确的工作目标和要求，据此选择工作方法，安排工作流程，调配人、财、物资源，协调组织各方共同完成任务。

评分参考：

优：计划安排周全，能合理地安排资源，组织协调各方面力量共同完成任务。

好：有较周全的计划安排与切实可行的调研方法；组织协调各方面力量共同完成任务。

中：有计划安排，有协调的意识，但计划安排不够周全。

差：计划安排漏洞多，缺少协调意识；或夸夸其谈，未切中要害。

题目 3：某医药总公司正面临组建集团化公司的问题，你认为组建的集团公司与下属的子公司之间责、权、利方面应如何协调？

测试目的：测试被试者解决复杂问题的能力，主要考察被试者分析问题、解决问题、灵活应变等方面的综合能力。

评分参考：

优：分析有理有据，切中要害；能分别就集团公司和子公司的权、责、利进行协调分析；分析内容全面；能提出比较有创意的见解。

好：分析条理比较清晰，基本能切中要害；能分别就集团公司和子公司的权、责、利进行协调分析；分析内容比较全面；能提出有见地性的见解。

中：分析基本上能抓住问题核心，基本能从集团公司和子公司的权、责、利相协调角度进行分析；分析内容基本全面；能提出自己的见解。

差：分析思路零乱，逻辑性差；不能从集团公司和子公司的权、责、利相协调角度进行分析；分析内容空洞；不能提出自己的见解。

题目4：如果在工作中，你的上级非常器重你，经常分配给你做一些属于别人职权范围内的工作，对此，同事对你颇有微词，你将如何处理这类问题？

测试目的：测试被试者的人际沟通能力，即将被试者置于两难情境中，考察其人际交往的意识与技巧，主要是处理上下级和同级权属关系的意识及沟通的能力。

评分参考：

优：感到为难，并能从有利于工作、有利于团结的角度考虑问题，态度积极、婉转、稳妥地说服领导改变主意，同时对同事一些不合适甚至过分的做法有一定的包容力，并适当进行沟通。

好：感到为难，但基本能从有利于工作、有利于团结的角度考虑问题，能用比较积极、婉转、稳妥态度说服领导改变主意，同时对同事一些不合适甚至过分的做法有一定的包容力，并适当进行沟通。

中：感到为难，但又不好向领导提出来（怕辜负领导的责任），私下里与对你有意见的同事进行沟通，希望能消除误会。

差：不感到为难，坚决执行上级交代的任务，并认为这是自己能力强的必然结果。

题目5：你认为人力资源总监这个岗位需要团队领导能力吗？请举出一个你以前在工作中亲身经历过的成功或失败的例子并作出解释。

测试目的：测试被试者的团队领导能力，主要考察被试者是否具有相关工作经验及在团队领导中怎样和谐地处理团队中人员之间的相互关系。

评分参考：

优：语言流畅，条理清晰，所举事例对被试者的团队领导能力具有很强的说服能力。

好：谈吐自然，条理比较清晰，所举事例能充分说明被试者的团队领导能力。

中：谈吐比较自然，条理比较清晰，所举事例基本能说明被试者的团队领导能力。

差：谈吐不自然，条理不大清晰，所举事例不能说明被试者的团队领导能力。

题目6：你怎样理解"如果这个职位是需要爬树的话，你就直接去招一只松鼠而不要去招一只火鸡；招进来以后再去训练它爬树，还不如直接招一只松鼠"这句谚语？

测试目的：测试被试者的专业知识能力，主要考察被试者是否具有胜任人力资源总监岗位所需的相关知识。

评分参考：

优：语言流畅，条理清晰，能综合运用战略人力资源及实务理论进行简单清晰的解释并切中要害。

> 好：谈吐自然，条理比较清晰，能从战略人力资源及实务角度进行比较清晰的回答，基本能切中要害。
>
> 中：谈吐比较自然，条理比较清晰，基本能从战略人力资源及实务角度进行解释，但解释显得比较牵强。
>
> 差：谈吐不自然，条理不大清晰，不能从战略人力资源及实务角度进行解释。
>
> 第三部分：录用测试（5%）
>
> 题目7：为什么想离开目前的工作？什么时候能来上班？
>
> 测试目的：了解被试者的价值观。
>
> 评分参考：
>
> 优：语言流畅，条理清晰，能清晰、合理地表达被试者离开目前工作的原因和来公司上班的时间。
>
> 好：语言比较流畅，条理清晰，能比较清晰、合理地表达被试者离开目前工作的原因和来公司上班的时间。
>
> 中：谈吐比较自然，条理比较清晰。基本能清晰、合理地表达出被试者离开目前工作的原因和来公司上班的时间。
>
> 差：谈吐不自然，条理不大清晰。不能清晰、合理地表达出被试者离开目前工作的原因和来公司上班的时间。

资料来源：张炳义：《如何有效设计面试试题》，世界经理人网站。

★ 非结构化面试。非结构化面试与结构化面试相反，面试者在面试时可以随时发问，没有固定的提问程序和问题，也没有固定答案，问题因人而异，可深入浅出，得到较深入的信息。但是缺乏统一标准、易偏差；对考官要求较高，要有丰富的经验和高素质。

★ 一般面试。一般面试在目前的招聘中很常见。这种面试，由于对应聘者的情况知道得较少，面试者提出的问题大多是假设性的，在与应聘者的交谈中逐渐了解其情况。对应聘者来说，这种面试能否成功，很大程度上取决于其个人能力和与面试者在沟通中所产生的亲和力。面试者经常会提到的一些问题是：

你为什么选择我们公司？

你愿意从事哪种类型的工作？

你怎么看待你自己？

你的优缺点是什么？

这种方式的缺陷是面试者在问这些问题的时候，并不能肯定应聘者是否一定讲真话，或者对其得到这份工作后能否胜任还存怀疑。

★ 行为面试。行为面试也叫资格面试，现在为越来越多的公司所应用。在这种面试中，面试官往往已通过其他途径对应聘者有了一个比较全面的了解，所以一般性的问题不会再提及,他们对应聘者在此之前具体从事的工作更为感兴趣。因为从应聘者近期的工作中最容易推测出其未来的表现。面试官尽量挖掘应聘者在过去的工作学习中,面对各种情况时是怎样处理的,然后将这些过去的行为信息作为依据,来推知应聘者在将来的工作中的反应。面试者经常会提到的一些问题是:

你在这个项目中的具体角色是什么?

要操作一个项目的时候,你怎样决定哪部分应该最先着手?

你负责操作的项目对公司产生过哪些影响?

在做这个项目时,你有没有过与其他人不同的想法?

你的经验对你的工作起什么样的帮助?

你有没有过掌握不好时间,因而使得项目未能按期完成的情况?

★ 情景面试。这种方式是面试官提供给候选人一种可能在工作中发生的场景或事件,来考察应聘者根据情形寻求解决问题办法的能力。心理学家勒温提出一个著名公式:$B = f(P \times E)$。即:一个人的行为(Behavior)是其人格或个性(Personality)与其当时所处情景或环境(Environment)的函数。换句话说,候选者面试时的表现是由他们自身的素质和当时面对的情景共同决定的。如果考官能够恰当地选择情景并保证情景对不同候选者的一致性,那么,不仅可以诱发候选者的相应行为,而且能够说明候选者行为的不同是由其素质不同所致。情景面试正是基于此而施行的。

面试的问题常常类似于:

星期一有个顾客来修汽车,并且要求星期三修好。到星期三了,顾客来取汽车,而这时候汽车并没有修好。这时,作为修车店的技术服务经理,你应该怎么做?

当你被安排做一件事情,主管你的一把手和主管副手意见不一致时,你怎么办?

(5)选择面试场所。要准备一个安静的面试场所来确保面试过程不受干扰。面试场所应有供申请人休息的场所,同时休息场所要与面试场所保持一定的距离,并把面试场所布置得轻松一些,以缓解紧张气氛。

2. 面试过程的控制

为了做好面试工作,除了做好充分的准备外,还要善于控制面试过程。为此,要注意如下的问题[①]:

(1)面试正式开始前,主考官可以问一些轻松的题外话分散申请人的注意力,使其放松。

(2)面试的问题越直接越好。

(3)每个问题要有始有终,并给申请人一定的考虑时间。如果面试过程中出现卡壳的现象,主考官要加以引导,使面试能顺利进行下去。

(4)避免提出得到"是"或"否"答案的问题,要经常使用"为什么"和"怎

[①] 焦小谋主编:《企业人力资源管理——理论与案例》,北京科学技术出版社1997年版,第114—115页。

么样"进一步提问。

（5）主考官要当一个耐心的听众，而不是讲述的主角，尽量不要打断申请人的回答，使其完整叙述。

（6）不要让申请人看出你的情绪和倾向，在不明白申请人的叙述中心时，可作简要总结，比如"你的意思是……"，但不要代替对方回答。

（7）不要与申请人争论问题。面试的目的不仅要看申请人怎么回答，而且要通过观察申请人的反应，了解其内在的各种素质，因此，主考官要始终礼貌、谦逊。

（8）要控制面试的局面，防止偏离主题，漫无边际的闲聊。

（9）面试结束前，要给申请人提问的机会。

3. 面试结果的处理

面试结束以后，要立即整理面试记录，核对评价资料，并在评价表上记录你的满意程度。将面试的评价建议通知用人部门，经协商后，作出录用与否的最后决定，随之通知申请人。需要注意的是，大多数的企业只将录用（或试用）通知书发到录用者手中，而忽视了对未被录用者的辞谢。这既有损于企业的形象，也是对未被录用者的不尊重。因此，在面试结果反馈中，应同时发送录用（或试用）和辞谢通知书。这些工作全部结束后，应将所有有关面试资料存档备案以备查询。至此，面试招聘的全部工作便完成。

4. 常见的面试错误

在面试过程中，主考官通常可能出现以下几个方面的问题，从而影响面谈的效果，因此，需要有意识地努力加以克服：

（1）第一印象效应。主考官常常在见到工作申请人的几分钟之内就已经根据其申请表和申请人的外貌作出录用与否的判断，如果面谈之前就已经得到申请人的负面材料就尤其如此。

（2）强调申请人的负面信息。这是指主考官往往受负面信息的影响要大于受正面信息的影响。它包括两个方面的含义：一是主考官对申请人的印象容易由好变坏，而不容易由坏变好；二是对于申请人同样程度的优点和缺点，主考官会强调缺点而忽视优点。造成这种局面的原因是企业对主考官招聘到合格的员工通常没有奖励，而对招聘到不合格的员工却会进行批评或不满。这种做法会使考官倾向于比较保守，不愿承担风险，致使面试经常被用来搜寻对申请人的不利信息。

（3）主考官不熟悉工作。这是指主考官不了解招聘职位的工作内容，不清楚对这一工作岗位任职者的资格条件，从而不能很好地鉴别申请者。在这种情况下，主考官经常会给申请人一个偏高的评价。

（4）招聘压力。这是指主考官在要求招聘较多的员工的压力下，会对申请人作出过高的评价，导致错误的录用决定。

（5）对比效应。这是指工作申请人的面谈次序会影响主考官的评价。如一位中等条件的申请人在连续几位不理想的申请人面试之后接受面试，常常会得到较高的评价。相反，如果他在连续几位理想的申请人面试之后接受面试，则可能会得到较低的评价。

（6）权重错置。这是指主考官自觉或不自觉地强调某些评价要素而忽视另外一些方面，导致对申请人总体评价的偏差。一个被忽视的情况是主考官评价个性而不是职业技能。许多人坚信不疑：传统的个性因素对于管理上的成功、销售业绩或其他职业的成就是十分重要的。但是，许多的统计研究发现个性因素与特定职业绩效间的相关程度较低。个性测验对于我们认识或培训可能是有用的，但对于雇佣员工来说却可能并不太适合，技能测验或职业知识测验已愈来愈多被证明对于工作绩效有较高的预测力。

（7）特殊招聘方式的影响。"9位应聘者欲到设在一写字楼第18层的某公司应聘销售主管一职，可电梯突然停电，于是大家在楼下稍候。只有一人沿着楼梯拾级而上。当他上到第18层时，待在楼梯口的一名招聘者笑呵呵地告诉他：你被录用了。招聘者说，电梯停电是事先安排的，借以检验应聘者的勇敢、耐力及抢先一步的意识。现在，只有你具备了这些素质。"类似的偏题、怪题、陷阱题被一些单位视为法宝，应聘者则振振有词，认为自己方法独特。但是，这些方法未必能测出应聘者的实际能力。一些未必有真才学者，倒有可能因"灵机一动"而上榜。这样的招聘难免聪明反被聪明误。

（8）非语言行为的影响。这是指主考官可能会受到申请人非语言行为的无意识的影响，如目光、点头、坐姿、微笑、专注的神情等，导致对申请人过低或过高的评价。

（9）自我对比的影响。有不少管理者是从基层一步步上来的，他们坚信自己凭着直觉就可判断出哪些是合格的应聘者。他们会下意识地把他们自己作为判断的样板。这种偏见将会干扰评价的客观性，而带上主观主义的色彩。

四、几种特殊的面试方法

以上介绍的是一般的面试，除此之外，还有几种特殊的情景模拟面试方法，包括角色扮演、文件筐测试、演讲法、无领导小组讨论等。

1. 角色扮演

角色扮演，即让应聘者置身于某个特定的工作环境中，请他处理一道实际工作中可能会遇到的难题，应聘者要在规定的时间内，提出解决问题的方案，并用类似于演员表演剧本的方式把方案演示出来。这种方式有助于考官直接考察应聘者的逻辑思维能力、语言表达能力、组织协调能力等。其程序是主考官将编制好的题目口头讲述或印发材料交给单个面试者，让应聘者思考10分钟左右，接着开始15分钟左右的面试，回答主考官的提问，展示解决问题的方案和手段。考官根据面试者的实际表现，使用设计好的评分表对面试者进行加权评分。有时候主考官会采用"攻其不备"的方式，让应试者在毫无准备的情况下作出抉择，以考察应试者能否胜任某项工作。以招聘推销员为例,应试者刚刚坐下,毫无心理准备,主考官立即出示该公司的一种产品,请应试者当场向他推销。角色扮演的关键在于设计好情景模拟题。题目应取材于空缺职位的工作实践,有一定的难度,经加工后达到针对性、科学性强的要求。

2. 文件筐测试

文件筐测试是对应聘者掌握和分析资料、处理各种信息,以及作出决策的工作活动的一种抽象和集中。这种测试根据职位的需要,提供给应聘者如信函、备忘录、投诉信、财务报表、市场动态分析报告、账单等多方面的十几份甚至更多的材料。这些材料通常随机地放在文件筐中,每份材料均有编号。然后安排应聘者在模拟办公室中,要求其模拟真实工作的情景,在规定条件下(一般是比较紧迫而困难的条件,如时间较短、信息有限、独立无援或外部环境陌生等)对各类文件进行处理,作出一个公文处理报告。整个过程可以通过录像机录下来或由观察者观察。通过观察应聘者在规定条件下处理文件过程中的行为表现和书面答案,评估其计划、组织、预测、决策和沟通的能力以及相关的业务能力。如果你是一位人力资源经理,你的文件筐中可能包括涉及人员流失、稀缺人才搜寻困难、培训师资不佳、劳动争议、薪酬福利费用超支、员工绩效表现低下、前任管理记录残缺不全、得力助手出现过失等一系列问题的文件;如果你是一位副总经理,你所面对的资料就可能涉及整个企业的财务、人力资源、市场销售、生产物流、信息化、技术研发等更为广阔、复杂和高端的领域。文字处理工作结束后,你还要接受各位考官半小时左右的"推心置腹"的考核问询。

这种方式一般适用于中高级管理人员,需要时间较长,对考官的要求较高。

3. 演讲法

演讲法是给应聘者一个题目,让其稍做准备后即席演讲,面试官通过考察应聘者的语言、动作、表情、姿态等了解其反应理解能力、语言表达、言谈举止、逻辑思辨等能力。表 4.14 是演讲法的范例。

表 4.14 演讲法范例

演讲说明及演讲题目

目前在中国,国家行政机关工作人员的薪酬与企业同等级别的人相比要低一些,请以"我这样看待薪酬差异"为题,发表一篇时间长短约为 5 分钟的演讲,说明你对于这一问题的看法

评分要点:
1. 思路清晰严谨
2. 观点正确明确
3. 说理透彻,有说服力
4. 语言表达能力强
5. 举止仪表得当
6. 心理素质良好
7. 知识运用灵活

以上各项均按优、良、中、可、差评分,加权评分后给出每一个竞聘者的最后得分

资料来源：吴保国主编：《领导干部竞争上岗面试指导》，中共中央党校出版社 2001 年版，第 53 页。

4. 无领导小组讨论

这是一种通过讨论一个真实的问题了解应聘对象心理素质和潜在能力的测试方法。在这种形式中，将应试者划分成小组，不指定负责人，大家地位平等，要求就某个问题进行讨论。在某些情况下，还要求小组形成一致意见，并以书面形式汇报。每个组员都应在上面签字，以表示自己同意所做的汇报。在无领导小组讨论中，主考官只是坐在一边观察，不发表任何意见。为保证无领导小组讨论测评的有效性，一般来说，主考官应该由竞聘职位的直接上司、心理学家（或人事选拔专家）与 HR 共同组成，人数以 4—6 人为宜。必要时需要对测评者进行培训，使其深入理解各素质要项的含义，掌握科学的观察方式与评分方法。无领导小组讨论的程序一般如图 4.5 所示①。

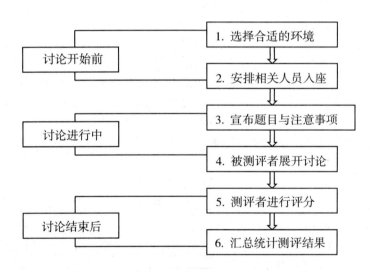

图 4.5　无领导小组讨论实施的三阶段六步骤

编制合适的题目是进行无领导小组讨论的关键，要使题目能够检验出所需测评的素质要项。首先，题目难度应当适中，太简单则过于容易达成一致意见，很难全面考察被测评者；太难则很难达成一致，被测评者也可能因为压力过大而表现失常。其次，在编制题目时，一定要与招聘岗位紧密结合，因为不同的岗位对任职者能力要求可能存在很大差别。如有可能，应先进行小范围的试测和试评分，发现问题后及时修改。最后，在设计选择题目时，要尽量能覆盖到各个需要测评的能力素质。无领导小组讨论题目一般分为五大类型，如表 4.15 所示②：

---

① 鲍粮库：《无领导小组讨论在招聘中的有效应用》，《人力资源》2007 年第 12 期。
② 鲍粮库：《无领导小组讨论在招聘中的有效应用》，《人力资源》2007 年第 12 期。

表 4.15　无领导小组讨论题目的五大类型

类型	特点	评价	事例
开放式问题	• 答案的范围可以很广、很宽 • 考查思考问题是否全面、是否有针对性，思路是否清晰，是否有新的观点和见解 • 所测范围较为有限	• 不太容易引起被测评者之间的争辩 • 题目较易设计，但评价难度较大	你认为什么样的领导是好领导
两难问题	• 让被测评者在两种具有同等程度利弊的答案中选择其一 • 考查分析能力、语言表达能力以及说服力等	• 编制较为方便 • 评价较为有效	你认为以工作为取向的领导是好领导还是以人为取向的领导是好领导
多项选择问题	• 让被测评者在多种备选答案中选择有效的集中或对备选答案的重要性进行排序 • 主要考查被测评者分析问题、抓住问题的本质等各方面的能力	• 有利于考查被测评者各个方面的能力和人格特点 • 比较难于出题目	亲和力、专业能力、人格魅力、沟通能力、同理心、执行力……在上述几项特点中，你认为对于一个优秀的领导者来说，哪三项最为重要
操作性问题	• 给出材料、工具或道具，让被测评者利用所给的材料一起制造出一个或一些测评专家制定的物体 • 主要考查被测评者的能动性、合作能力以及在一项实际操作任务中所充当的角色特点	• 考查被测评者的操作行为 • 情景模拟程度较大 • 较少考查语言方面的能力	请利用下列材料与工具与你的同伴一起设计制作一个受重力不小于四千克的竹篮
资源争夺问题	• 让处于同等地位的被测试者就有限的资源进行分配 • 考查被测评者的语言表达能力、概括或总结能力，发言的积极性和反应的灵敏性等	• 能引起被测评者的充分辩论 • 题目设计难度大 • 较易评价	让被测评者担当各个分部门的经理并就一定数量的资金进行分配

五、对工作申请人的背景调查

对工作申请人的背景进行调查是企业在招聘中对外部工作申请人进行初选的最常用方法。美国1985年的一项调查发现，有30%的工作申请人的简历至少有一处重大的虚构。这些虚假成分通常集中在夸大自己的学习成绩和过去工作绩效方面。目前，我国不少用人单位在招聘时发现工作申请人提供的假工作履历，还有招聘单位发现一个班级里有十几个班长。因此，对工作申请人进行背景调查是非常必要的。

所谓背景调查，就是企业通过打电话或要求工作申请人提供推荐信等方式对应征者的个人资料进行验证。通过调查，可以使企业掌握申请者的教育和工作履历、个人品质和人际交往能力、从事工作的能力以及过去或现在的工作单位重新雇用申请人的意愿等信息。一般来说，背景材料只有在提供者实事求是地指出申请者在过去工作中的长处和不足时，才能在企业对申请人的初选中起积极的作用。因此，它要求推荐者或背景材料提供者有适当的机会在工作状态下观察申请人，并且他们有资格评价申请人的工作情况。需要注意的是，在推荐信可以被工作申请人查阅的情况下，它就可能不反映真实的情况。

运用背景调查的方法来了解工作申请人的真实信息，应该遵循以下的原则：①只调查与工作相关的情况，并以书面形式记录下来作为企业录用与否的依据。②在进行调查之前，要征得工作申请人的书面同意以尊重其个人隐私权。③调查中要忽略对申请人的个性主观评价内容。④要充分估计背景资料来源的可信程度。一般来说，由申请人的直接领导所做的评价要比由人事部门人员所做的评价更加可信。⑤要求对方尽可能使用公开记录来评价申请人的工作情况和个人品行，如员工的工资奖酬记录、业绩评价记录等。⑥要运用合法的手段调查申请人的有关情况，特别要注意了解申请人离开原单位的原因。在调查中，常见的问题如表4.16所示。

表4.16　背景调查常用问题

我希望核实以下×××先生/女士的情况，他（她）目前正在申请本单位的职位
1. 他（她）在贵单位服务期间是从什么时间到什么时间
2. 他（她）在贵单位的工作性质是什么
3. 他（她）自称离职前的待遇是×××，请问是否正确
4. 他（她）是否担任过主管？如果是，是否胜任
5. 他（她）工作是否认真负责
6. 他（她）上下班缺勤的情况怎样
7. 他（她）为什么要离开贵单位
8. 贵单位是否愿意再雇用他（她）？为什么
9. 他（她）最突出的优点是什么
10. 他（她）最主要的缺点是什么

在背景调查中,被要求提供申请人的有关材料的企业应遵循以下几点:①了解调查者的姓名、职位、公司名称、调查的性质和目的。②在提供材料之前,要征得被调查员工的书面同意。③保存所有已经提供的信息的书面材料。④不作主观性的评价,尽可能用事实作具体描述。⑤不提供任何调查者不要求的情况。

练习题:

1. 招聘过程管理主要要做好哪些工作?
2. 试比较不同招聘渠道的优缺点及其适用性。
3. 人员招聘有哪些基本方法?如何运用这些方法?

[案例1]

招兵买马之误[①]

NLC化学有限公司是一家跨国企业,主要以研制、生产、销售医药、农药为主。耐顿公司是NLC化学有限公司在中国的子公司,主要生产、销售医疗药品。随着生产业务的扩大,为了对生产部门的人力资源进行更为有效的管理开发,分公司总经理把生产部门的经理于欣和人力资源部门经理周建华叫到办公室,商量在生产部门设立一个处理人事事务的职位,工作主要是生产部与人力资源部的协调工作。最后,总经理说希望通过外部招聘的方式寻找人才。

在走出总经理的办公室后,人力资源部经理周建华开始一系列工作,在招聘渠道的选择上,他设计了两个方案:在本行业专业媒体中做专业人员招聘,费用为3 500元,好处是:对口的人才比例会高些,招聘成本低;不利条件是:企业宣传力度小。另一个方案为在大众媒体上做招聘,费用为8 500元;好处是:企业影响力度很大;不利条件:非专业人才的比例很高,前期筛选工作量大,招聘成本高。初步决定选用第一种方案。总经理看过招聘计划后,认为公司在大陆地区处于初期发展阶段,不应放过任何一个宣传企业的机会,于是选择了第二种方案。

其招聘广告刊登的内容如下:
您的就业机会在NLC化学有限公司下属的耐顿公司
一个职位:希望发展迅速的新行业的生产部人力资源主管
主管生产部和人力资源部两部门协调性工作
抓住机会!充满信心!
请把简历寄到:耐顿公司人力资源部收

---

① 本案例摘自钱伟全《招兵买马之误:招聘案例分析》,中国人力资源开发网。

在一周内的时间里，人力资源部收到了 800 多封简历。周建华和人力资源部的人员在 800 份简历中筛出 70 封有效简历，经筛选后，留下 5 人。于是他来到生产部门经理于欣的办公室，将此 5 人的简历交给了于欣，并让于欣直接约见面试。部门经理于欣经过筛选后认为可从两人中做选择——李楚和王智勇。他们将所了解的两人资料对比如下：

姓名/性别/学历/年龄/工作时间/以前的工作表现/结果

李楚，男，企业管理学士学位，32，有 8 年一般人事管理及生产经验，在此之前的两份工作均有良好的表现，可录用

王智勇，男，企业管理学士学位，32，7 年人事管理和生产经验，以前曾在两个单位工作过，第一位主管评价很好，没有第二位主管的评价资料，可录用

从以上的资料可以看出，李楚和王智勇的基本资料相当。但值得注意的是：王智勇在招聘过程中，没有上一个公司主管的评价。公司通知两人，一周后等待通知，在此期间，李楚在静待佳音；而王智勇打过几次电话给人力资源部经理周建华，第一次表示感谢，第二次表示非常想得到这份工作。

生产部门经理于欣在反复考虑后，来到人力资源部经理室，与周建华商谈何人可录用，周建华说："两位候选人看来似乎都不错，你认为哪一位更合适呢？"于欣回答："两位候选人的资格审查都合格了，唯一存在的问题是王智勇的第二家公司主管给的资料太少，但是虽然如此，我也看不出他有何不好的背景，你的意见呢？"

周建华说："很好，于经理，显然你我对王智勇的面谈表现都有很好的印象，人嘛，有点圆滑，但我想我会很容易与他共事，相信在以后的工作中不会出现大的问题。"

于欣说："既然他将与你共事，当然由你作出最后的决定。"于是，最后决定录用王智勇。

王智勇来到公司工作了六个月，在工作期间，经观察发现：王智勇的工作不如期望的好，指定的工作他经常不能按时完成，有时甚至表现出不胜任其工作的行为，所以引起了管理层的抱怨，显然他对此职位不适合，必须加以处理。

然而，王智勇也很委屈：来公司工作了一段时间，招聘所描述的公司环境和各方面情况与实际情况并不一样。原来谈好的薪酬待遇在进入公司后又有所减少。工作的性质和面试时所描述的也有所不同，也没有正规的工作说明书作为岗位工作的基础依据。

讨论参考题：

1. 耐顿公司在人才招聘方面存在哪些问题？
2. 该如何解决？

[案例2]

情景面试

某企业集团聘请招聘专家为其下属百货公司选拔总经理。在最后阶段，招聘专家对一路过关的四位候选者使用了情景面试的方法。四位候选者被安排同时观看一段录像，录像内容如下：

画面呈现出一座小城市，画外音告知这是一个中等发达程度的小县城。镜头聚焦于一家百货商场，时间显示当时是上午9时30分。这时，商场的正门入口处出现了一位身高1.80米左右、穿夹克的年轻小伙子。他走进商场，径直走向日用品柜台。柜台里是一位30岁出头的女售货员。小伙子向女售货员说："拿盒牙膏。"女售货员问："什么牌子？""中华牌。"小伙子答道。女售货员说："三块八毛钱。"小伙子掏出钱包，取出一张100元的人民币，女售货员找给他96.20角。然后，小伙子将钱和牙膏收好，走出了商场。

画面重新回到了百货商场正门，时间显示是上午10时整。这时，一位身高1.65米左右、穿笔挺西装的小伙子出现在门口，并径直向日用品柜台走去。"同志，要点什么？"女售货员问道。"一支牙刷。"小伙子答道。"什么牌子？"女售货员接着问。小伙子用手指了其中的一种。女售货员说："两块八毛钱。"小伙子掏出钱包，取出一张10元的人民币递给女售货员。女售货员给小伙子一只牙刷并找给7.20元。然而，小伙子突然说："同志，你找错钱了，我给你的是100块钱。""你给我的明明是10块钱呀！"女售货员吃惊地说道。"我给你的就是100块钱，赶快给我找钱，我还有事情要做！"小伙子提高了嗓门，语气也相当严厉。女售货员急了，声音也提高了八度："你这人怎么不讲理呢？你明明给的是10块钱，为什么偏要说是100元呢？你想坑人啊？"这时，日用品柜台边已经聚拢了十几位买东西的顾客看热闹。这位小伙子似乎实在难以容忍了，向整个人群说道："大伙都瞧瞧，这是什么服务态度！你们经理呢？我要找你们经理。"说来也巧，百货商场经理正好从楼上下来，看到这边有人围观，便走了过来。总经理看上去是一位二十八九岁的年轻人。"怎么回事？"总经理问道。女售货员看到总经理来了，像来了救兵一样，马上委屈地向总经理告状："经理，这个人太不讲理了，他明明给我一张10块钱，硬说是一张100块钱。"经理见她着急的样子，立即安慰她说："张姐，别着急，慢慢讲，他买了什么？你有没有收100块钱一张的人民币？"这位被总经理称为"张姐"的女售货员心情似乎平静了些。"他买的是牙膏，哦……不，他买的是牙刷。对了，我想起来了，今天，我没收几张100块钱的人民币，有一位高个儿给了我100元钱，他买的是牙膏。这个人就是10块钱。"总经理听了张姐的话，眉头有些舒展，转身走向人群中的那位身高1.65

米左右的小伙子，很有礼貌地说道："很不好意思出现了这种事情。您能告诉我事情的真实情况吗？"小伙子也似乎恢复了平静，同样有礼貌地坚持自己付给女售货员的是一张100元钱，是女售货员将钱找错了。这时，总经理环视了一下人群，然后将视线定格在这位小伙子身上，继续有礼貌地说："这位先生，根据我对这位售货员的了解，她不是说谎和不负责任的人，但是我同样相信您也不是那种找茬的人。所以，为了更好地将事情弄清楚，我可否问您一个问题？""什么问题？"小伙子问道。"您说您拿的是一张100元钱，请问您有证据吗？"总经理问道。小伙子的眼睛一亮，马上提高了嗓门说："证据？还要什么证据？不过我想起来了，昨天我算账的时候，顺手在这张钱的主席像一面的右上角用圆珠笔写了2888四个数字。你们可以找一下。"总经理立即吩咐张姐在收银柜中寻找，果真找到了一张主席像一面用圆珠笔写有2888的100元钱纸币。这时，小伙子来了精神，冲着人群高喊："那就是我刚才给的100元钱，那个2888就是我写的。不信，可以验笔迹。"

人群开始骚动，顾客们明显表示出对商场的不满。镜头在人群、小伙子、张姐和总经理之间切换，最后定格在总经理眉头紧锁的脸上。这时录像结束，并在屏幕上弹出两个问题：①假如您是该百货商场的总经理，您将如何应付当时的局面？②作为总经理，您将如何善后？

四位候选者被要求准备10分钟，然后分别向专家组陈述自己的答案，时间不超过5分钟。

第一位候选者答案的大意是：他首先向那位小伙子道歉，承认他的下属工作失误，然后当众批评女售货员，并如数找给小伙子97.20元。这样做的理由是，90多块钱是小事，影响正常营业、损害公司形象是大事。事件持续的时间越长，对百货公司越不利。至于女售货员所受到的委屈，可以在事后进行心理上的安抚。

第二位候选者答案的大意是：他首先诚恳地向那位小伙子和在场的顾客道歉，因为他手下的员工出言不逊，冒犯了顾客。他也主张要将97.20元钱当场如数找给小伙子，但并不是承认自己的员工搞错了，而是奉行"顾客永远是对的"这一理念。并向在场的顾客承诺将继续追查此事，如确系售货员失误要从严处罚，同时向顾客当事人承认错误和赔偿。另外，他还诚恳地要求小伙子为配合百货公司的工作，留下联系方式。

第三位候选者答案的大意是：他认为只要他在那位小伙子耳边说上两句话就行了。他的话是："哥儿们，请跟我到后面看一看，我们有内部录像系统。"他的理由是，整个事件明显是欺诈，对付欺诈的手段就可以以毒攻毒，让其知难而退。

第四位候选者答案的大意是：他要当众揭穿"骗子"的伎俩，并与公安部门相配合对之进行打击。他首先私下吩咐保安人员报警，然后向小伙子发问："您确定您支付的是100元钱，而不是10元钱，是吗？"得到认可后进行推理："既然您支付的是100元钱，上面又写有2888，那么这张钱上应该有您的指纹。既然您没有支付10

元钱,那么,收银柜内今天收到的所有 10 元纸币上就不会有您的指纹。如果经查证有一张 10 元纸币上有您的新鲜的指纹,又如何解释呢?"

(本案例摘自牛雄鹰《情景面试的案例分析》,《中国人力资源开发》2002 年第 6 期)

讨论参考题:

试分析四个候选者的特点并作出录用决策。

第五章　员工培训与发展

示例 1[①]：

作为人力资源经理，每天都会接到许多内部员工打来的电话。但这天，刚进公司一年多的销售人员雷明打来的电话，让我兴奋异常。雷明高兴地告诉我，他 6 个月来一直为之呕心沥血的客户终于与他签单了，而且数额非常可观。最让他得意的是，这个客户以前一直是竞争对手的忠实用户。

以往，销售人员赢单后往往会感谢他的销售经理、售前工程师、市场工作人员等等，人力资源部门很少被通知，就更不用指望他们打电话与你分享成功了。因此，我接到这个电话不仅为雷明赢单高兴，更为我这个部门能加入到被感谢的行列而自豪。

4 个月前，我们组织了长达 60 个小时的新销售人员集训班，雷明是其中一员。半个月前，他又参加了我们组织的为期 16 个小时的销售集训班续集培训，他总是抱着非常谦虚、认真的态度积极参加。在我们要求大家自愿贡献一个目前尚未签单的项目供大家讨论时，雷明主动拿出了如今签单的项目。我们为大家提供了讨论的模式，让他们集思广益共同为雷明分析项目、出谋划策。记得讨论后，雷明特意过来对我说："大家的主意对我非常有帮助。"

回想这 4 个月来我们为雷明提供的各种学习机会，我开始觉得这个报喜电话实属自然，因为我们也像售前工程师一样在雷明需要销售和谈判技巧、产品知识以及解决方案的时候，为他提供了增值服务。

示例 2：

"我的上司希望我做得更好，我接受培训时也感觉不错，其后却觉得没有多大的用处。现在一听到培训我心里就有点怕。"

[①] 资料来源于中国惠普公司信息产品集团人力资源部总监汪宁红在《21 世纪经济报道》上发表的《经理人手记》，略有删减。

"培训就是那回事,种类虽然不同,但类似的内容我被迫听过多次了,我都厌烦了。"

"我参加过多类培训,听到的都是很好的道理,举的例子也不错,还有体验式的参与,可是我却觉得自己顾此失彼,工作和家庭两面不讨好,还白白搭上时间成本和机会成本。"

"培训的内容挺好,我的老总特别欣赏。可他根据培训提出了不切实际的目标和要求,我们现在都骂那该死的培训。"

"我的中层经理们接受培训后,一部分人对工作没原来那么苦干了,还不停地抱怨公司这也不好那也不好,有一个人居然向我提起条件来了。"

"奇怪得很,我的一个经理参加培训后,反而对自己没了信心,对工作也应付了事。"

"培训多了,他们不踏实了,野心变大了,而工作还没什么提高。"

"以前我挺看得开的,但培训后走了很多人,现在我觉得投资培训亏大了。"

以上是《经理人》杂志在一次关于培训的调查中收集的经历人和老板的意见。或许这些也发生在你的企业?你的身上?

企业在招聘录用员工时,虽然经过了严格的筛选程序,但是这些新员工并不一定完全具备了完成工作标准的能力,也不一定能立刻适应企业文化并与原有员工形成良好的协作关系。同时,在不断变化发展和竞争的市场环境中,企业要谋求生存和发展,需要有计划地对员工进行培训,提高他们的工作能力,动员、激发和启发广大员工发展与企业战略目标相一致的观念、态度、行为和技能,提高企业的竞争力。另一方面,对员工来说,培训和发展可以帮助他们不断提高自身能力和水平,更大程度地挖掘自身潜力,增强对企业的组织归属感和责任感,提高工作满意度,激发工作热情。因此,培训是实现企业和员工的双赢的良好办法。但是,在具体实践过程中,虽然有的企业付出很大代价构建自己严谨、完善、科学的培训体系,培训效果却是差强人意、收获甚微,付出与回报根本不成比例。

本章主要阐述员工培训需求的评估、培训方案的设计和培训方法、新员工入职培训、管理人员培训、员工职业生涯设计等。

第一节 员工培训的组织与实施

员工培训是人力资源管理的重要内容,是人力资源投资的主要形式,是帮助员工提升工作绩效和个人能力,推动员工与公司共同成长的关键环节。

第一,培训是适应外界环境变化的需要。之所以培训在当今企业被如此屡屡地提到,最直接的原因是企业面临的内外部环境纷繁复杂,变化迅速:产品寿命缩短、市场竞争激烈、科技迅猛发展、全球一体化形成、社会价值观念变化……所有这些变化都要求企业有足够的能力去迎接挑战。要迎接挑战就需要有高素质的员工队伍,培训可以使员工更新观念,学习新知识、新技能、新规范、新产品、新市场、新的管理方式,调整自己的思想、行为和习惯,从而使企业能更好地适应环境,并且在环境变化之前做好准备和应对之策,始终抓住市场竞争的主动权。

第二,培训是提高员工素质的需要。知识经济时代,企业的竞争优势取决于拥有和开发的人力资本,而人力资本的多少取决于员工的素质。培训是员工进入企业后急需提升其人力资本的最好办法。从员工来说,由于知识的总量成倍增加,知识更新周期大大缩短,如果不学习,就会落后。过去,员工把注意力集中在工资待遇上,但随着这些问题的解决和面临越来越多的竞争压力,他们的需求逐渐转到个人的发展上来,不仅希望能够从企业中得到维持家庭的收入,而且更希望个人的素质也能在企业中得到不断提高。因此,很多的求职者在选择工作时,把个人发展、培训机会、晋升机会等放在优先考虑的地位。

第三,培训是激励员工的需要。企业只有努力把组织的发展同员工的发展结合起来,把员工培训作为管理的一个重要部分,才能更好地激励人才和留住人才。大部分的员工都认为,给予在职培训,可以算是一种积极的奖励。

一、培训部门的职责及要求

对大多数企业来说,培训部门都是人力资源部门中的分部门,大型企业会在人力资源部中设立专门负责培训的机构和人员,很多小型企业则没有专门的培训人员。这里必须澄清一个误区,即比较多的人认为,培训就是人力资源部门的事。其实,人力资源部主要是培训的组织部门,其他业务部门也必须参与到培训中来,如对本部门员工进行业务培训,与人力资源部一起拟定培训计划等。

培训部门的职责应该包括:
(1)收集及分析训练需求;
(2)研究、开发和设计培训计划及课程;
(3)提供良好的训练环境、师资及设备;
(4)按不同阶层、不同专长的员工的需求,提供训练课程;
(5)配合公司的目标,通过训练提升员工绩效;
(6)协调及安排训练工作;
(7)对训练成果进行评估、追踪考核。

部门主管应具有一定的培训能力,较好的组织能力、计划能力、表达能力和鼓动能力,同时必须知道到何处去寻找以下问题的答案:
(1)企业的业务、功能和产品是什么?
(2)企业经营上的什么问题可以通过训练部分或全部解决?

(3) 何时该办何种培训?

(4) 各部门是否已有很好的训练方法?哪些部门主管具备何种培训能力?如何从部门主管处获得好的意见?

(5) 如何获得管理层对培训计划的支持?

二、培训需求分析

为了提高培训的投资效益,企业应该有选择、有针对性地进行员工培训,即要选择恰当的时机、恰当的工作和恰当的员工进行恰当的培训。因为如果培训的时机选择不当,会造成不必要的机会成本;选择的工作不恰当,培训的内容不能直接作用到工作绩效上;选择了不恰当的人参加培训,培训参加人可能没有学习的积极性,从而影响培训的效果。因此,在培训实施前,应先对培训的需求进行分析和评价。

培训需求分析就是对企业的未来发展、任务的内容以及员工个人情况进行分析,来发现培训需求。它主要包括两个方面的内容:一方面是通过组织的、作业的和个人层面的分析,来确定培训需求;另一方面则是通过需求分析,区分培训需求和管理需求。培训需求,如新的技术条件的引进,要求提高员工的工作技能,这类问题只能通过培训来解决;而管理需求,如员工的纪律性差,则可以通过加强管理来解决。

1. 培训需求分析通常在组织、作业和个人三个层面进行

第一,组织层面的分析。组织层面的分析指的是确定组织范围内的培训需求,以保证培训计划符合组织的整体目标与战略要求,因此,它反映的是一个企业的员工在整体上是否需要进行培训。企业所处的环境总是在不断变化之中,如经营方向的转移、技术条件的改进等,对员工的素质有新的要求。这些都要求企业要对组织内部员工的培训需求进行认真的分析和评价,并根据企业的战略规划,制订培训计划。

组织层面的分析主要包括以下几个方面的内容:

(1) 组织目标。认真分析企业的经营目标、产品质量预期,并考虑与此相关的知识、技术和观念,与目前组织的状况相比较,找出差距,以确定培训的内容。

(2) 人员素质。人员素质的优劣关系到整个组织的效率、目标实现的程度和企业形象等方面。因此,可选定几项具体的指标,如学历、知识背景、资历等,以评价组织的人员素质。

(3) 目标达到的程度。有时会出现这样的情况,虽然总体目标已经达到,却存在着程度上的差异,如服务质量、顾客投诉率、浪费情况等方面的差异。

(4) 影响目标实现的组织和人员方面的因素。这是在前面分析基础上的进一步深化,只有彻底了解造成企业绩效低下的原因,才能进行有针对性的培训。

第二,作业层面的分析。这一层面的分析是要确定培训的内容,即员工达到理想的工作绩效所必须掌握的技能和能力。随着科学技术的发展,原有的工作内容会发生很大的变化。例如,会计工作,由于计算机的引入对每个会计人员提出更高的要求,

要求他们掌握计算机的应用技术。

作业层面的分析可以通过以下几种方式来进行：

（1）观察员工的工作表现。对操作性、重复性较强的工作进行观察，往往会发现工作人员的表现与标准之间的差距，然后分析这些差距。如果这些差距是因为员工没有掌握操作要领和不懂如何使用某种工具造成的，那么，就应该安排针对性的培训，以纠正工作中出现的偏差。

（2）与员工及其直接主管进行团体面谈。这种面谈可以了解员工对工作的认识，以及他认为自己应该从哪些方面获得技能和知识以满足工作要求，而且由于是团体面谈，使得面谈更具有全面性，对问题的认识也更充分。

（3）调查员工技能上的差距。这是通过一些专门的技术，如问卷或量表，对工作承担人和他的直接主管人员进行调查，来发现工作人员存在的技能差距。它往往由专门的调查人员设计和主持，可以得到较好和较全面的结果。

表5.1　培训需求问卷（样本1）

训练需求调查对象	生产组长
问卷访谈对象	生产经理
问　　题	回　　答
1. 现存的问题是什么	作业员流动率太高，每月流动率近20%
2. 所产生的结果是什么	生产计划落后，品质不易掌握，影响产品在市场上的销售
3. 与公司期望的结果、差距在哪里	公司期望每日产量为3 000台成品，目前每天实际产量只有2 000台左右
4. 目前如何解决	一方面积极补充新进作业员，另一方面用加班来弥补不够的产量
5. 如果用训练，可改善哪些部分	新进作业员的技术以及产品品质，生产组长的管理技能
训练需求结论： （1）新进人员训练，生产技术以及品质标准方面的训练 （2）生产组长在管理技巧、绩效管理以及辅导方面加强训练，如工作指导、工作关系、工作方法以及工作安全	
非训练方面的需求： 　　作业员的薪资架构检讨及市场调查，工作条件或公司员工福利方面的检讨	

第三，个人层面的分析。个人层面的分析是将员工目前的实际工作绩效与企业的员工绩效标准进行对照，或者将员工现有的技能水平与预期未来对员工技能的要求进行对照，发现两者之间是否存在差距。这种分析的信息来源包括业绩考核的记录、员

工技能测试成绩以及员工个人填写的培训需求问卷（表5.1、表5.2是两个培训需求问卷样本）。为了将来评价培训的结果和评估未来培训的需要，对培训需求的分析应该成为一种定期进行的制度。最为大家接受的收集个人培训需求分析的方法就是自我评价法。通过自我评估，可以引出员工对当前或将来工作的培训需求。由于这个评价过程需要一套系统化的方法来确定员工的长处与短处，因此，将自我评价得到的信息与绩效评价所得到的信息结合起来，可以增加培训实施的有效性。

表5.2 培训需求问卷（样本2）

姓名		部门、职位		时间	
S：杰出的能力；M：达到工作要求标准；D：需要改善（请画勾）					
管理能力		S	M	D	说明
企划能力	提升改善能力				
	激发创意能力				
	运用新观念				
	收集整理信息				
	分析资料、提出建议				
	目标企划				
组织能力	组织力				
	甄选人才				
	人力运用				
	授权				
指导与协调	辅导部属				
	训练及发展部属				
	口才				
	主持会议能力				
	写作能力				
指导与协调	随时向上司报告工作进度				
	与部属随时保持联系				
	透过他人完成工作任务				
	被同仁所接受				
	替他人设定工作标准				

续上表

管理能力		S	M	D	说　明
控制	掌握业务的运作过程				
	追踪考核				
	评估业务成效				
	成本控制				
	品质管制				
	扩大收益				
	改善净收入				
其他					

2. 培训需求分析实例Ⅰ——以绩效为导向

本实例从绩效上来分析培训的需求，以达到改善绩效的目的。

第一，将预设的标准与实际的结果做比较，差距越大，问题越大。原因或者是我们预设的标准有问题，或者就是绩效不佳。

第二，如果是绩效不佳，则分析绩效不佳的原因，将其一一列举出来。

第三，分析各种原因所造成的损失有多少？占整个产值及成本的比率有多少？

第四，从这些原因中找出哪些是可以通过培训来改善的部分，哪些是可以通过工作重新设计等方式来改善的部分？

第五，根据培训经费的多少，选择可以得到最大改善的部分进行培训。

第六，确定培训课程。

我们可以举个例子：某公司出现产品退货率很高，生产线加班时数太多，包装机器厂有故障停机等现象。假设每月退货率为10%，每月生产总值在200万，则退货引起的损失为20万。每月的加班总时数为2 000小时，占员工每月总工作时数2万小时的10%，每月员工薪资为40万左右，则加班费以员工薪资总数的10%乘以1.5倍，大约为6万元。包装机器每小时包装30台产品，每月产值为2万元，有3台包装机器，平均每月有10%的故障停机时间，因此损失为$2 \times 3 \times 10\% = 0.6$万元。从上述3项绩效损失中可以看到，同为10%的损失，但实际损失的价值不一样。按表5.3找出原因。

表 5.3 某公司以绩效为导向的培训需求分析

问题	原因	价值损失（元）	若损失降为 5%	可用培训解决的问题	培训顺序
产品退货率	1. 新进人员职前训练不够 2. 品管标准不明确 3. 厂商材料不好 4. 产品工程变更频繁	20 万/月	10 万/月	√ √	1 2
加班时数	1. 组长的工作调配不当 2. 作业员生产效率不高 3. 退货率高，需要加班重做 4. 组长领导能力不足，造成员工离职率偏高	6 万/月	3 万/月	√ √ √	3 4 3
包装机故障停机时间	1. 机器操作员对操作规定不熟 2. 机器保养不良 3. 厂商未及时提供备用零件	0.6 万/月	0.3 万/月	√ √	3 3

根据以上的分析，就可以设计相应的培训课程了，在此略去。

3. 培训需求分析实例Ⅱ——以核心竞争力为导向

核心竞争力是企业制胜的关键。实际上，对每一个职位来说，要想把工作做好，都涉及核心竞争力的问题。以核心竞争力为导向的需求分析的步骤为：

第一，找出每一个职位的核心竞争力要素。

第二，将这些要素形成评估表。

第三，做 360 度评估或 180 度评估（360 度为本职位人员、上司、同事、客户，180 度可以只是本职位人员和上司），找出差距。

第四，根据每一项的重要程度和得分情况，找出要培训的内容，设计培训课程。

例如，某公司欲建立一支有竞争力的销售队伍。首先，确定销售人员的核心竞争力，可以从公司的要求、工作说明书、业务经理层等方面了解。经总结，有 10 个方面：产品、市场及业务知识、客户关系、交流与沟通、发掘事实与解决问题、目标的完成、可靠性、谈判与影响力、创造性与灵活性、个人效率。将这些因素加上优秀销售人员具有的行为描述，这可以通过与业务经理的交谈得到。其次，将这些转化成一个评估表，让销售人员为自己打分，得到其自我评价。还可以邀请其余的人做评价。再次，评估后找出每个销售人员或销售队伍的差距，同时标出每一项的重要程度。最后，可以将最重要的几项和最差的几项作为培训的当务之急。例如，评估结果最低的

5 项是：①有能力为各种类型的客户做内容翔实、有感染力的演讲；②事先预测可能出现的问题并能准备后继方案和采取行动；③充分了解竞争对手的活动和市场发展趋势；④自己主动不断改进工作流程；⑤能巧妙地处理反对意见。综合了重要性后，最终确定首要问题是①，③，⑤。

三、培训的组织与实施

1. 确定培训目标

培训目标为培训计划提供了明确的方向和依据。有了目标，才能确定培训对象、内容、时间、教师和方法等具体内容以及对培训效果进行评估。同时，培训目标也是激励培训者和受训者的重要手段。

培训目标可以分为若干层次，从某一培训活动的总体目标到某项学科直至每堂课的具体目标，越往下越具体。确定培训目标应与企业的经营宗旨相符，要现实可行，以书面形式陈述，其结果应是可以测评的。

培训目标按照其内容主要分为三大类：①技能培养。在较低层次的职工中，技能培养主要是具体的操作训练；在高层中，虽然也涉及具体的技巧训练，如书面与口头沟通能力、人际关系技巧等，但主要是一些思维性活动，如分析与决策能力。②知识的传授。它包括概念与理论的理解与纠正、知识的灌输与接受、认识的建立与改变等，属于智力活动。但理论与概念必须与实际结合，才能透彻理解、灵活掌握、巩固记忆。③态度的转变。这必然涉及认识的变化问题，属于认知的范畴。但态度的确立或转变涉及感情因素，在性质与方法上都与单纯的知识传授不同。按照其对象，可以分为：战略目标，是为了满足企业长期经营对人力资源的需要而设立的培训；年度目标，是为了满足企业年度经营对人力资源的需要而采取的培训活动；职位目标，是为了满足员工能高水平完成本职工作所需的知识、技能、态度、经验而采取的培训活动；个人目标，是为了满足员工达成其职业生涯规划目标需要而由企业提供的培训。

培训目标要简单明了，而且要尽可能量化。人力资源部门要根据这些目标，制定具体、细化的培训标准，为最后对培训效果的评估做好准备。

2. 拟定培训计划

拟定培训计划是培训目标的具体化和操作化。制订培训计划时要兼顾许多具体因素，如行业类型、企业规模、用户要求、技术发展水平与趋势、职工现有水平、国家法律法规和政策、企业的宗旨与政策等，而最关键的因素是企业领导的管理价值观和对培训重要性的认识。

一份培训计划应该包括：培训目标、培训课程名称、培训的组织者、培训方式、培训时间、培训地点、培训对象名单、培训费用预算、培训的组织实施等。

3. 选择受训者

在选择培训对象时，必须考虑员工掌握培训内容的能力和他们回到工作岗位后应用所培训内容的能力。这不仅是一个重要的员工激励问题，也是一个重要的效率问题。如果受训者经过培训后没有达到预期的收获或者他们回到工作岗位后无法把所学内容应用到工作上，这不仅会使员工产生强烈的挫折感，也是对企业所花费的培训资源的浪费。

在培训过程中，受训者的经历、体力、智力和对材料的熟悉程度都不同，因此，各人的学习基础也不一样。培训项目的设计要确保培训要求与受训者的学习能力相匹配。如果受训者感到培训内容过于简单或者过于复杂，都会损害培训的效果。这就要求在选择培训对象的时候要对候选人进行测试。研究表明，工作样本法对员工的可培训性，特别是短期的可培训性有很好的预测作用。如果一个候选人掌握样本任务的效率比较高，那么他以后掌握全部任务的效率也会比较高。

在选择培训对象时，除了对候选人的学习能力进行测试外，还可以从其学习动力的角度进行考察。如美国海军学校在选择蛙人受训者时，采用一种"信心衡量表"来预测一个人能否从10个星期的水下呼吸器和深海气压训练班中结业。在这个量表中，要求受训候选人回答7个方面的问题，每个问题分为6个等级，如果自己强烈反对的给1分，强烈支持的给6分。这7个问题是：①我比其他人有更好的条件通过这一训练；②只要我能够，我会自愿地来接受这一训练；③在这项训练中获得的知识和经验将对我未来的生涯有很大的好处；④即使我不能通过，这次训练对我也是一次有价值的经历；⑤在训练中我将比大多数人学到更多的东西；⑥如果我在训练中遇到麻烦，我将付出更大的努力；⑦我的身体条件比这里的大多数人更适合这种训练。[①]

一般来说，培训对象可以优先考虑下列员工：

（1）新员工；

（2）工作绩效没有达到工作要求标准的员工；

（3）需要运用新技术、新设备、新流程等的员工；

（4）刚晋升到高一级管理岗位上的员工；

（5）在公司经营策略或方向改变时，需要改变专长技术或增加某些专业知识的员工；

（6）公司新政策、新制度要推行时，会受到影响的员工。

4．选择培训者

培训者可以分为内部人员和外部人员。内部人员可以是：培训部门人员、管理人员、顾问、业务熟练人员、指导教师、接受过培训的人员。外部人员主要是各类培训师。

在微软，是通过熟练员工来教育新雇员的。这些熟练员工有组长、某些领域的专

[①] 张一驰编著：《人力资源教程》，北京大学出版社1999年版，第150—151页。

家以及正式指定的指导教师，他们除了本职工作外还要担负起教导新雇员的工作。朗讯公司除了美国总部的培训中心外，各地的机构没有专职的培训人员，它将员工的技术培训下放到各个业务部门，业务部门针对工作的需要制定员工的技术培训。朗讯有一个理念是 Leading by Teaching，是指做领导的同时也要充当员工的老师，高级管理人员需要有教书的能力。阿里巴巴公司则是在集团的人力资源体系下，每个子公司有自己的学习发展部，另外他们还有自己的企业大学——湖畔学院。湖畔学院承担着集团经理层以上管理者的学习，每年都会邀请全球顶尖的商学院教授来做商业生态圈培训——教授领导者如何从宏观视角看未来商业环境、公司如何和谐发展等。

在挑选培训者时，同等条件下优先选择企业内部人员，除了成本的节约外，更重要的是内部人员了解企业的实际情况。外部人员的挑选要慎重。目前常被聘用的培训师主要有几种类型：有过企业工作经验后转为培训师的；没有企业经验但接受过正规咨询公司训练的；各大学研究机构的专家、学者；有过大型著名企业工作经验或现在正在此类企业工作的管理人员。这几类人员的培训各有利弊，关键要根据培训的具体需要来确定。

常常出现的问题是，有的培训师讲课过于理论、抽象、刻板，员工或者听不懂或者昏昏欲睡。好的培训应该是能让员工理解和接受的。有的培训师很注重课堂效果，给大家做游戏，让大家兴奋，但受训者回去后反思学了什么时，除了做了几个游戏就没别的印象。培训中的互动是根据内容来互动的，不是为了互动而互动。有的培训师简单地将别的企业的经验复制过来，虽然内容不错，但与企业的实际情况脱节。

5. 选择培训形式

从培训的时间来分类，培训可以分为脱产培训、在职培训、业余培训和 E-learning。

（1）脱产培训。脱产培训是根据企业的实际工作需要，选派不同层次的有培养前途的员工，集中时间离开工作岗位，到专门的学校、研究机构或其他培训机构脱产学习。这种培训比较正规，一般理论知识的学习比重大，是一种"充电式"的学习，一般限于高层管理者和技术骨干。由于脱产培训时间长，短期内会对企业造成一定的影响，且培训成本较高，但由于培训比较系统化、有深度，所以对于提高管理人员和技术人员的素质非常有效，从长期来看，对企业有利。

（2）在职培训。在职培训是员工在企业内，通过生产实践进行学习，或在工作过程中利用工余时间由上级领导有组织有计划地进行培训。它是企业培训的主要形式，从高层管理者到一线员工，都要不断地进行有效的在职培训。这种培训形式一般针对性强，成本低，对生产影响小，对于改善企业的管理水平、提高员工的技术操作水平和提高企业的生产率都非常有效。

（3）业余培训。业余培训是企业员工利用业余时间，通过自学、培训班或函授教育等形式获得新知识，进行个人能力开发。随着社会的快速发展和竞争的日益加剧，业余培训已越来越引起企业员工的重视。对于员工的这种自我开发行为，企业应制定相应的政策予以鼓励，必要时给参加学习的员工一定的补贴，激发员工的上进心和工作热情，提高企业的凝聚力。

（4）E-learning。E-learing 是随着信息技术的发展而出现的一种新的培训形式。它利用信息技术尤其是网络技术来设计、执行、选择、管理、支持和扩展传统学习，将整个学习过程和效果评估构架在信息技术基础之上。E-learning 具有许多传统学习方式所无法比拟的巨大优势。只要有一台电脑，连上互联网，任何人在地球上的任何地方都能够方便、经济地获得知识，并且这些知识将随时更新。培训中心网络能够迅速地将信息传给学员，老师和学生之间、学生和学生之间还能进行通信和讨论，学生可以根据自己的爱好和时间来选择，能接受多少、消化多少就学多少，自己可以控制。

例如，思科从 1999 年 8 月起，就开始尝试把 80% 的内部培训内容用 E-learing 方式来提供，结果节省了 60% 的培训开销。而在 IBM 公司，E-learning 是非常普遍的学习方式。IBM 在电子学习中体现两个理念：一个是 Just in Time，即随时；一个是 Just Enough，即致用。常见的有三种方式来进行电子学习：一种是 CD-Rom。IBM 将许多常用的课程打包在光盘中，分发给全国各地的员工学习。第二种是 Web-base 培训。通过全公司内部的因特网，将很多知识性的东西放在网上，而且将课程进阶学习计划编成了学习道路图（Learning Road Map），帮助员工逐步提高。员工可以知道跟某一个客户做某一件事需要什么知识，在哪里能得到这个知识。IBM 的内部网是知识管理的具体体现。网上的知识很多，IBM 将知识作了很好的索引，到哪里去取自己需要的知识，每一个员工有自己的 Yahoo。这些知识是全球性的，比如，你需要赢得一个电信客户的知识，可能在某个国家的 IBM 同事已经成功完成了这笔生意，你就可以通过内部网去那个点学习成功经验。第三种是电子学习。IBM 在全球有一个网上学校，称之为 Global Campus，里面有 2 000 多种课程，全球每个员工可以用这个 Global Campus 进行有计划的学习。学习 Global Campus 课程的方式有三种，第一种是下载然后学习（Download and Play），提高了学习的灵活性，避免网络通信效果不好的局限；第二种是互动的学习方式（Interactive），员工学到哪里可以随时停，中间可能会提出一些问题要求学员回答；第三种被 IBM 称为协作学习（Collaborative Learning），不同的人可以在一个虚拟的课堂一起学习，相互交流。

从培训的对象来分，有新员工入职培训、学徒培训、管理培训和技术培训。

（1）新员工入职培训。新员工入职培训是使新员工熟悉组织、适应环境的过程。新员工在组织中最初阶段的经历对其职业生涯往往具有重要的影响，但是在他们刚刚进入组织时，并没有有机地融入组织，因此会感到很大的心理压力。而职前教育则正可以帮助新员工减轻这种压力。它可以帮助新员工适应组织的要求和目标，学习新的工作准则和有效的工作行为，帮助新员工与同事和工作团队建立良好的关系，并帮助新员工建立符合实际的期望和积极的态度。本章第二节将详细介绍入职培训的内容和方法。

（2）学徒培训。学徒培训是在工作中直接培训后备技术工人的制度，它采用师傅带徒弟的方式，通过一定时期的实际生产劳动，使学徒掌握生产技能，成为熟练的技术工人。组织在雇佣技术性的职业工人，如管道工、电子技术工和木工时，采用学徒式培训是一种很有效的方法。这一培训方式在我国曾是主要的新员工培训方式。但随着科学技术的快速发展，对员工的素质提出了更高的要求，传统的学徒培训制度的弊端越来越明显，如受训效果在很大程度上受师傅的个人水平的限制，培训内容有限，难以适应新的经营机制，等等。

与学徒培训类似的还有两种方式：教练与导师制，包括每日进行的训练、建议工人如何工作以及如何在组织中协调各种关系。如微软的新员工都会有一个指导教师指导其工作。

（3）管理培训。管理培训是为管理人员或将要晋升为管理者的人员设置的培训项目，内容包括管理、领导才能、交流、行政、认知和技术能力等方面。如摩托罗拉大学设计了 LEAD 培训项目，课程设置包括课堂培训、岗上培训和工作项目完成，以此来发展学员的管理技能。还为公司的各级管理人员提供时间不等的短训班，例如"全球经理人员讲座"，旨在帮助经理们掌握国际贸易动态。"摩托罗拉经理"旨在把公司中层经理培训为具有远见卓识和创造性的领导人才。此外，摩托罗拉大学还在各地开设各种专业培训班，包括财务、人力资源和公共关系等培训，都是为了提高管理者的能力和管理技术而设置的。

（4）技术培训。技术培训是为专业人员开设的旨在提高其技能和专业水平的培训项目，如对销售人员的市场和营销培训、对软件开发人员的软件技术培训等。这种培训专业性强，而且大都采用理论结合实际参与的方式。如摩托罗拉大学为在摩托罗拉工作的技术人员、提供服务者、设计者和工程师及其供应商和合资企业的伙伴提供技术培训。

各种培训形式及内容应根据培训需求调查的结果来确定。随着竞争的加剧，大部分的人都意识到了"充电"的重要性，很多人除了公司安排的培训外，甚至还自己寻找一些课程。据零点调查公司对全国 12 个省市 1 568 名职业人士开展的一项调查表明，目前最受欢迎的十大管理培训课程是：高效培训、时间管理培训、团队精神培训、营销技巧培训、客户服务技巧培训、沟通技巧培训、项目管理培训、薪酬设计培训、领导艺术情景培训、战略性人力资源管理培训。

6. 确定培训方法

培训的方法多种多样，企业应根据自身的特点和不同员工、不同类型的培训加以选择。下面介绍几种主要的培训方法。

(1) 讲授法。讲授法是传统的教育培训方法，也是培训中应用最普遍的一种方法。它是教师通过语言表达，系统地向受训者传授知识，期望受训者能记住其中的特定知识和重要观念。这种方法有利于受训者系统地接受新知识，较易掌握和有利于控制学习的进度，有利于加深理解难度大的内容，可以同时对许多人进行培训。缺点是讲授内容具有强制性，受训者无权自主选择学习内容；学习效果易受教师讲授水平的影响；只有教师讲授，没有反馈；受训者之间不能讨论，不利于促进理解；学习的知识不易巩固。

运用讲授法时要注意：内容要有科学性，这是保证讲授效果的前提；讲授要有系统性，条理清晰，重点突出；语言表达清楚，准确而生动；必要时要运用板书，这既有利于受训者加深对一些重点问题和难点问题的理解和印象，又有利于控制速度和节奏；受训者要与教师密切配合，形成互动，有利于调动双方的积极性。

(2) 演示法。演示法是借助一定的实物和教具，通过实地示范，使受训者了解某种工作是如何完成的。演示法的优点主要是：有助于激发受训者的学习兴趣；受训者可利用多种感官，做到看、听、想、问相结合，立体多维地感受工作过程，效果更明显；有利于获得感性认识，加深对所学内容的理解和印象。缺点是：适用范围有限，不是所有的学习内容都可演示；演示前需要一定的费用和做精心准备，否则难以实施和产生预期的效果。

运用演示法时应注意：演示前准备好所有的用具，并搁置整齐；让每个受训者都能看清示范物；示范完毕，让每个受训者试一试；对每个受训者的试做给予即时的反馈。

(3) 讨论法。讨论法是通过受训者之间的讨论来解决疑难问题，巩固和扩大学习的知识。这一方法的优点是：受训者能够主动提出问题，表达个人的感受，有助于激发他们的学习兴趣；鼓励受训者积极思考，有利于他们的能力开发；在讨论中取长补短，互相学习，有利于知识和经验的交流。其缺点是：讨论课题的选择是否适当将直接影响培训的效果；受训者自身的水平也会影响培训的效果；不利于受训者系统地掌握知识和技能。

运用讨论法时应注意：每次讨论要制定明确的目标，并让每一位参与者了解这些目标；使受训者对讨论的问题发生内在的兴趣，并启发他们积极思考；在大家都能看到的地方公布议程表（包括时间限制），并于每一阶段结束时检查进度。

(4) 视听法。视听法就是利用幻灯、电影、录像、录音、电脑等视听材料进行培训的方法。这种方法的优点是：可以利用人体的多种感觉器官去体会培训内容，比讲授或讨论给人留下更深的印象；便于根据受训者的不同要求对培训内容进行剪裁；生动的界面容易提高受训者的参与程度；一些图像、表格等便于说明学习要点。缺点是：购置设备和教材的费用较高；选择合适的教材不太容易；受训者受设备和场所的限制。

运用视听法时应注意：播放前要清楚地说明培训的目的；根据讲课的主题选择合适的视听教材；要以上映的内容鼓励受训者发表感想，或就如何将它们应用到工作上去进行讨论；讨论后教师应做重点总结或运用具体方法告诉受训者。

（5）角色扮演法。角色扮演法是设定一个最接近状况的培训环境，指定参加者扮演的角色，借助角色的演练来理解角色的内容，从而提高主动面对现实和解决问题的能力。角色扮演者在弄清所处情景及各自所演示的特点与制约条件后，即进入角色，自发地即兴进行表演，如交往、对话、主动采取行动或被动作出反应，令剧情合情合理地演进，至教师（导演）发出中止信号时为止。角色扮演法的优点是：由于它给受训者提供了行为方式的试验机会，亲身体会别人的处境、难处及思维方式，从而有利于提高他们的观察能力和解决问题的能力；有助于训练基本动作和技能；可训练态度仪容和言谈举止。缺点是较难实施操作。

运用角色扮演法时应注意：要事先规定时间限制；强调参与者实际作业；使每一事项都成为一种不同技巧的练习；确保每一事项均能代表培训计划中所教导的行为。

（6）案例法。案例法是借助于一定的视听媒介，如文字、录音、录像等，描述客观存在的真实情景，然后就其中存在的问题展开讨论、分析，从而提高人们观察问题和解决问题的能力的方法。用于教学的案例具有几个特点：①案例的内容应是真实的，不允许虚构。为了保密，有关的人名、单位名、地名可以改用假名，但基本情节不得虚构，有关数字可以乘以若干系数加以放大或缩小，但相互间比例不能改变。②案例中应包含一定的管理问题，否则便无学习与研究的价值。③案例要有明确的教学目的。④案例中包含的问题不存在唯一的答案，放在不同的环境、站在不同的角度可能会有完全不同的解决办法。案例法的优点是：它提供了一个系统的思考模式；受训者在案例研究的学习过程中，可获得一些在一般教材中没有的有关管理的知识和原则；有利于受训者对企业的一些现实问题进行尝试性的解决，增强他们解决实际问题的能力。缺点是搜集有针对性的案例有较大的困难。

运用案例法时要注意：①提供阅读时间，以便能归纳总结出基本问题并进行分析。②受训者要集中一起研读案例，要求他们对案例的事实进行分类，然后以组为单位进行分析。在预计的讨论时间结束后，重新集合受训者，比较各组的决策和建议。③培训者最后要对讨论的结果进行总结，并对不同观点作出评讲。

（7）拓展培训。又称外展训练（Outward bound），这种训练起源于"二战"期间的英国，是为了训练年轻海员在海上的生存能力和船只触礁后的生存技巧而设计的。

"二战"后，这种训练的目标由单纯的体能、生存训练扩展到心理训练、人格训练、管理训练等。在企业中，常通过这种体验式学习的培训方式，激发成员的潜力，增强团队活力、创造力和凝聚力，以培养员工的合作意识和进取精神，并将培训活动中的所得应用到工作中去。拓展培训一般要有专业培训师的指导和意见，否则很难达到理想的效果。

7. 培训费用预算

每一项培训都涉及资金的支持，对企业来说，资金永远是短缺的。培训部门在做培训计划时，必须认真计算培训预算并加以控制。

在计算培训成本时，需要考虑的因素包括：

（1）有多少员工需要参加这项培训计划，是什么阶层。

（2）每期有多少员工同时离开工作岗位，多长时间，有多少期。

（3）员工离开工作岗位，单位主管安排其他同事代理，是否要做额外支出。

（4）讲师与学员的比率，最理想是多少，最多可容纳多少学员，讲师仍可以掌握并完成训练目标。

（5）参加此培训计划的人员成本、设施费用、地点教室以及其他单位的支援费用。

（6）培训计划从设计、安排、协调、执行到追踪评估所需要的时间、人力、物力。

（7）增加部分成本，在效益上是否会按照比例扩大，培训结果有可能产生哪些间接效益？

（8）预估可能的成本节省、减少浪费、利润增加，即产量、效率、品质的提高所产生的效益。

综合以上因素，可以逐项调查、测算、列出培训的成本。

8. 实施培训计划

培训活动的具体组织者与企业的规模和结构有关。大型企业往往设置有专门的教育与培训职能机构和人员，从个别或少数负责培训工作的人员，到专门的科、处乃至部，有的还建有专门的培训中心或学校甚至企业大学，配备一整套专职教师和教学行政管理人员。在课程的设置上，从个别简单的低层技工培训到完整的大学本科课程甚至研究生课程。培训部门的人员负责分析调查培训需求、确定培训项目、拟定培训目标和考核标准、执行和评估各个培训项目。其中的培训专家还要亲自授课或组织训练活动，并经常请有经验的老师傅现身说法。培训部门在这样做的时候要明白，懂得某种知识或掌握某种技能并不一定保证能很好地传授它们，会操纵一台机器与教会别人也能操纵是两种不同的能力。后者需要了解教学的基本方法，因此，不能忽视对兼职教师本身在教法方面的训练。

现在越来越多的企业通过与学校挂钩合作培训，如与技工学校、职业培训中心或高等学校签订培训承包协议，让员工进学校或学校派教师送教上门培训各类员工，其内容可以是一般知识性培训，也可以是针对特殊需要的专门培训。还有各种各样的成人教育，如夜间大学、广播电视大学、函授、刊授等，常被作为员工培训的手段。也有为了培养某类专门人才，企业选派员工到高等学校作定向的正规学制深造的形式。

要注意的是，培训的实施一定要有管理层的支持才能顺利进行。管理层不应该是企业有钱了就做，没钱了就不做，做了培训就要求马上见到效益，而应该将其视为企业发展的重要环节，并给予积极的支持。

9. 培训效果的评估

培训效果是指在培训过程中受训者所获得的知识、技能、才干和其他特性应用于工作的程度。通过评估，可以了解某一培训项目是否达到原定的目标和要求，衡量受训人知识和技能的提高或行为表现的改变是否真正来自培训本身，找出培训失败的原因，检查培训的费用效益，等等，所以培训结束后的评估工作是一个不可缺少的环节。我们在此介绍朗讯科技中国有限公司尝试开展培训效果评估的一些方法和经验[①]。

对于培训效果的评估，主要包括四个层面。

（1）反应层面。需要评估以下几个方面：内容、讲师、方法、材料、设施、场地、报名的程序等。对这个层次的评价，首先要有总体的评价，比如询问学员：你感觉这门课怎么样？你会向其他人推荐这门课吗？但是这样容易产生一些问题，如以偏概全、主观性强、不够理智等。因此还必须有涉及以上内容的更细致的评估方法。适合的方式有问卷、面谈、座谈、电话调查等。具体衡量的尺度，可以采取4分法（极好、好、一般、差）、5分法（极好、很好、好、一般、差），或者7分法（1—7分）、10分法（1—10分）。一般而言，5分法比较容易操作，但区分度不如7分法。

这个层面的评估易于进行，是最基本、最普遍的评估方法。但它的缺点显而易见，比如，因为对老师有好感而给课程全部高分，或者因为对某个因素不满而全盘否定课程。

以下解决办法值得尝试，比如：强调评价的目的，请求大家配合；鼓励大家写意见、建议；与历史数据或其他公司数据比较；对于大公司，在全面铺开某个课程之前可以先试讲；结合使用问卷、面谈、座谈等方式；不同主题的课一起开时，要即时反馈，马上填问卷等。

（2）学习层面。主要的评估方法有：考试、演示、讲演、讨论、角色扮演等多种方式。这个层面的评估的优点有：对培养学员有压力，使他们更认真地学习；对培

---

① 资料来源于石俊的《培训效果如何评估》，《组织人事报》2001年12月17、24、31日，有删减。

养讲师也是一种压力，使他们更负责、更精心地准备课程和讲课；学习是行为改善的第一步。但问题在于，压力是好事也可能是坏事，有可能使报名不太踊跃。再者，这些测试方法的可靠度和可信度有多大，测试方法的难度是否合适，对工作行为转变来说并非最好的参考指标。

应对这些问题的办法主要是采用合适的评估方式，比如，对那些基于知识的培训（包括技能培训）采用考试的方式；对要认真对待结果的正式培训也应该考试，并展开讨论。如果采用演示、演讲、讨论、角色扮演等方式，应事先让学生知道规则、时间及考试者。

（3）行为层面。主要有观察、主管的评价、客户的评价、同事的评价等方式。这个层面的评估的好处是：培训的目的就是改变学员的行为，因此这个层面的评估可以直接反映课程的效果；可以使高层领导和直接主管看到培训的效果，使他们更支持培训。但是，这个层面的评估要花很多时间、精力，人力资源部门可能忙不过来；问卷的设计非常重要却比较难做；因为要占用相关人员较多时间，大家可能不太配合；员工的表现多因多果，如何剔除其他因素的影响，也是一个问题。

一般可以考虑以下解决办法：①小心选择适合这样做和值得这样做的课程，如公司行为、时间管理等。②注意选择合适的评价时间，即在培训结束多长时间后再来评价。间隔时间太短，学员可能还未熟练掌握，难以反映培训的长期效果；间隔时间太长，多因多果的影响增强，难以评测。③主管的配合很重要。要取得学员主管的配合，首先要让他了解，学员参加这样的培训有利于其更好地工作；其次是深入地沟通评估的目的和方法，并在批准这个培训时就让他知道他在事后需要予以配合。④充分利用咨询公司的力量。因为这个层面的评估比较复杂、专业，占用的时间和精力也很多，人力资源部门要充分借用咨询公司的经验和人力，有些事情可以外包出去。

（4）结果层面。把企业或学员的上司最关注的并且可量度的指标，如质量、数量、安全、销售额、成本、利润、投资回报率等，与培训前进行对照。这种评估方式的优点显而易见，因为企业及企业高层主管在培训上投资的根本目的，就是为了提高这些指标。如果能在这个层面上拿出翔实的、令人信服的调查数据，不但可以打消高层主管投资于培训的疑虑心理，而且可以指导培训课程计划，把有限的培训费用用到最可以为企业创造经济效益的课程上来。

但是，与其他事情一样，最令人向往的事往往是最难做到。这个层面的评估首先需要时间，在短期内是很难有结果的；其次，对这个层面的评估，人们才刚刚开始尝试，缺乏必要的技术和经验；再次，必须取得管理层的合作，否则你就无法拿到相关的数字；最后，多因多果，简单的对比数字意义不大，你必须分辨哪些果与你要评估的课程有关系，在多大程度上有关系。

要解决这些问题，办法是选择其他相关因素很稳定的课程，如质量管理、安全管理等。另一个好办法是，用一个参照组（其他条件相同，只是未参加培训课程）来对照评价。

10. 制定培训激励政策

为了调动受训者参加培训的积极性，企业应制定一系列的激励政策。

（1）培训与使用相结合的政策。通过培训确实提高了素质的受训者，企业应给予他们更多的晋升机会或让其承担更重要的责任，而未经培训或考核不合格者不准上岗或减少晋升的机会，从而形成学习的动力和压力。

（2）培训与未来的收入相结合的政策。多掌握一门技术，就多得一份报酬，不少企业规定，职工每掌握一种新技能（获得考核合格证书），就增加一定比例的工资。

（3）培训与奖励相结合的政策。有的企业规定，凡脱产参加培训，成绩全部合格者可照发工资和报销所有学习费用；成绩优秀者，另外嘉奖；成绩不合格者按门次扣减工资，自付学习费用，促使员工认真参加培训。

四、现代企业员工培训的新变化

目前，随着工业社会向信息社会的发展，很多公司对员工的培训都十分重视，把员工培训作为企业的一项战略任务，自觉地将其纳入企业的经营管理之中，作为人力资源开发的核心。同时，随着技术和理念的不断发展，员工培训和教育出现了一些新的变化，归纳起来，有以下几个方面。

1. 企业借助培训和教育的功能，使企业成为"学习型企业"

成功的企业将培训和教育作为企业不断获得效益的源泉。"学习型企业"的最大特点是：崇尚知识和技能，倡导理性思维和合作精神，鼓励劳资双方通过素质的提高，来确保企业的不断发展。这种学习型企业不同于一般企业的最大区别是，永不满足地提高产品和服务的质量，使企业不断学习进取和创新而改变原先通过行政措施来提高效率的做法。"学习型企业"的提出，反映了社会的需求和趋势，将给企业员工的培训和教育带来革命性变化，其意义是非常深远的。如微软公司一贯倡导终生学习的理念。公司的学习理念是：70%的学习在工作中获得，20%的学习从经理、同事那里获取，10%的学习从专业培训中获取。腾讯公司则上马了 E-Learning 系统，推出知识管理科研平台，构建了一整套培训体系，其最终目的就是为了打造学习型组织。

2. 企业培训呈现高科技和高投入的趋势

利用高科技来丰富培训的手段和提高培训的水平，是近年来国际上兴起的企业培训的潮流。特别是电脑多媒体技术被广泛地运用为企业培训的工具，如运用光盘进行人机对话、自我辅导培训、利用终端技术互联网进行规模巨大的远距离培训等等，都使培训和教育的方式产生质的变化。这种技术创新，使员工获得新知识和新技术的速度大大加快，员工可以在任何时候和任何地点不受限制地学习知识和技能，使企业可以迅速适应市场的快速变化，掌握先机。而培训的高科技化也必然带来培训的高投入，企业用于培训的投入与日俱增。

3. 企业培训走向社会化

培训由一个企业内部用来提高员工素质的单一部门逐步走出大门而跨向社会。这是因为现代企业的许多要素，如管理、经营、销售乃至文化理念，都有许多相通之处，这就为培训的社会化创造了基本条件。另一方面，现代社会的分工和信息交流的畅通，使得培训能以社会化的形式出现，通过培训产品的组合来满足各方面的需求。培训外包是新方式，即企业将所有的培训或部分培训内容交给专业公司。如交通银行上海分行将自己的培训网络平台建设，新职员、柜台人员、营销人员以及上百名管理人员培训项目的设计与开发工作，全部外包给IBM公司来进行整合。而IBM则凭借其80多年培训过程中积累起来的IT技能和方法论，协助交通银行上海分行制定其金融行业内部的特定知识，并编制相应的培训计划。

4. 企业培训向深层次发展

许多企业已将企业员工培训向各个领域渗透，其内涵已远远超过培训本身。比如，一些企业除了员工知识和技能的培训，还通过一定的形式，向培育企业文化、团队精神、员工职业生涯发展等方向发展，使企业管理行为进入更深层次的领域，这是一个具有重要战略意义的发展趋势。

第二节 新员工入职培训

很多企业都非常重视新员工入职训练。如万科公司为新员工设立了"新动力营"，用两三周的时间安排诸如"房地产操作流程"等实务训练课程，"职业思维习惯"、"时间管理"等管理课程，而考察楼盘、穿越、拓展训练也是新员工的必修课程。经过一系列课程培训后，这些新员工将对万科的管理架构、经营模式、文化模式乃至行业知识有更为深刻的了解，从而完成他们在迈入职业生涯前的重要一课！微软公司将新员工进入微软的第一年设计为学习期。其中前3个月重点学习公司的价值观、行为准则、公司文化、公司远景任务和公司政策。在这3个月里，还会提供其他的基本培训，比如如何使用公司的设备、如何履行报销等财务手续、如何利用公司的网络资源、公司为员工提供了什么样的福利等等。在之后的时间里，则是一些比较深度的培训，例如如何参与公司的一些员工计划、如何进行绩效管理、如何完成每年一次的职业生涯设计等等。这些培训是一些基本培训，专业技能培训则主要由各个部门来设计，既包括在国内的培训，也随时可能有机会去美国或世界其他地方参加培训；培训时间短则几天到一周，有的长达几个月。特别要提到的是，微软会把一些重要的培训计划放在员工网的主页上,员工看到后可以根据自己的需要向上级提出申请参加这些培训。微软还有来自他人的培训,主要包括两个部分,一个是自己的上级和同事的言传身教;另一个是企业为新员工寻找的"导师",这个导师通常是员工工作部门之外的其他部门的资深员工,目的在于为员工创造了解自己工作领域之外的业务的机会,以培养他们本职工作之外的能力和发现自己其他潜能的可能性。

对企业来讲,雇佣到优秀的人才并不等于就拥有了优秀的员工,新员工在刚来企业的一个过渡期内将会依自己对企业的感受和评价来选择自己如何表现、决定自己是否要在公司谋发展,而公司的企业文化、管理行为将会影响新员工在工作中的态度、绩效、人际关系等。因此,企业很有必要为新员工提供考虑周全、信息丰富的入职培训,使其尽快从局外人转变成为企业人。

一、入职培训要达到的目的

新员工在进入企业之初将面临如下四个典型问题:
(1) 是否会被群体接纳;
(2) 公司当初的承诺是否会兑现;
(3) 工作环境怎么样;
(4) 能否胜任工作。

如果上述问题都得到了完善的解决,那么新员工会尽自己的努力去适应组织的期望和要求,以积极的态度投入到新的工作中去,而这样的态度和绩效会在工作中不断地被奖励从而被强化,并形成一个良性的循环,从而出现一个双赢的局面。

入职培训主要要达到以下目的:①使新员工获得职业生活所必需的有关信息,开始适应组织环境。②明确工作职责,适应新的工作运作程序,掌握一定的操作技能,开始胜任工作。③使老员工与新员工充分接触、相互交流,新员工逐渐被一定的团体接纳,形成良好的人际关系,增强员工的团队意识与合作精神。④通过一定的态度改变和行为整合活动,促使新员工转变角色,从一个局外人转变成为企业人。⑤为招聘、甄选和录用、职业生涯管理等提供信息反馈。

二、入职培训的内容

1. 对企业本身的简介

包括企业的历史、概况、业务内容、发展的前景等,通过这些介绍会自然引出企业的组织结构及管理链条;同时还要向新员工清楚说明企业的目标、经营目的、宗旨、理念以及新员工的努力工作对实现这些目标和目的的重要性,让员工在进入工作状态前,对企业的工作环境、企业使命、企业中远期目标及企业文化的精华部分有一个比较详细理解。

2. 与新员工自身的工作紧密相关的信息

包括新员工所在的部门的功能、新员工的工作职责、他（她）的工作与部门中其他人的工作的关系、与工作相关的设备、工作的地点、工作时间安排（包括加班、弹性工作时间政策等）、安全规定、绩效标准、工资单的解释（包括组织的报酬政策、工资发放时间、纳税方法及扣除项目等）以及一起合作的同事。提供这些信息的最好的辅助办法是在进行职前培训时发给新员工员工手册，手册里应该包括这些信息的大部分内容。

3. 组织的有关政策制度

包括工休规定、假期时间及安排、带薪假日、请病假的规定、病假的待遇、代班规定、用餐及休息规定等。

4. 新员工自身发展有关的方针政策

包括与晋升、工作评估及生涯发展机会有关的组织政策。

5. 部门的责任

每位员工都要了解他们所在的工作小组的贡献对整个组织运作的作用，同时也要清楚他们所在的部门与其他部门的关系。此外，还应注意把新员工介绍给将与他们一起工作的老员工、领班和主管。

6. 企业的产品、服务及工作流程

企业的产品和服务都有哪些种类，工作流程即产品的生产过程或服务的运作过程等工作流程有必要让员工心中有数。要在新员工培训中详细地将企业工作流程进行比较详细的介绍，特别是涉及员工日常工作过程中需要知道的流程，涉及的岗位流程应由部门主管进行在岗培训，防止员工在接触工作后不清楚工作流程及其他相关流程而办事处处碰壁，工作效率提不上去，使员工产生厌烦的心理，做好这方面的培训是为员工营造良好工作环境的基础。

7. 企业的客户和市场竞争状况

要让新员工充分了解企业的客户及企业的市场竞争状况，以使新员工增强危机感和使命感。

三、入职培训的跟踪检查及评估

要做好入职培训需要制订一个完整的计划。在制订计划时，要明确入职培训活动的目的、需要考虑的问题和开展计划的时间等细节问题。对企业层次、部门层次和工作岗位层次的主题要作出合理的划分，并合理规划入职培训中的技术类内容和社交类内容。入职培训的方法应能够适应不同教育程度、不同智力水平和不同工作经历的员工，并鼓励新员工在学习过程中积极参与讨论和各项活动，并获得信息的反馈。为了评价入职培训的效果，人力资源部门要设计跟踪入职培训工作所使用的审查清单，还要编写员工手册。

企业在制定了系统有效的入职培训计划后，还要有其他的配套措施，以保证计划的成功实施。一种常见的办法是在新员工开始工作的几周内对其进行跟踪检查，以确保他们在适应新环境的过程中，把可能出现的失误尽可能降到最低点。跟踪检查是对每一个新员工进行全面的复查，以了解入职培训的内容是否已经被真正领会和掌握，必要时应该简单重复一遍，如重复说明部门的职责、涉及员工工作的有关规定以及企业的有关政策。如果企业的规模大、结构复杂，可以让新员工再次参观企业。员工的直接上级应该在新员工工作一天和一周后进行跟踪调查，而人力资源部门则应在员工工作一个比较长的时期（如一个月）之后进行调查。调查方法可以由新员工代表和主管人员进行座谈，或者以问卷的方式调查所有新员工。调查的内容可以包括以下内容：①入职培训活动是否适当，教育场所、文件资料和表达方式等是否使新员工获得了关于企业的正确印象。②教育内容是否容易理解。如果不同岗位和不同背景的新员工在一起接受职前教育，那么就要了解入职培训活动的内容和风格是否普遍适用，是否容易理解和接受。③教育活动是否有趣，灵活性如何，活动内容是否有助于员工与他人的沟通，是否能够适应企业经营规模的变动。④入职培训是否有激励效果，是否强调了员工对于企业的重要性，员工是否感到企业关心他们的事业和生活。⑤入职培训的成本。美国企业关于入职培训成本的一般看法是，一个有效的入职培训活动的设计和制作成本应该不高于一个中等水平的员工的年薪。如果入职培训的结果达到了预期的目的，入职培训的主管人员、人力资源部门的代表和新员工的上级就在完成清单上签字，然后存入新员工的人事档案。

入职培训容易出现的问题主要是：①入职培训只限于为新员工填表造册，在填写大量表格后，参加一个简单的欢迎会后就上岗工作。②时间太短，内容不充实，没有给新员工留下深刻的印象。③填鸭式的入职培训，给新员工的信息太多太快，使新员工产生负担感，也达不到入职培训的目的。

四、员工入职培训实例——联想的新员工入职培训

联想对新员工的指导从其进入公司的第一天开始。上班第一天，有新员工的"首天培训"，主要是熟悉工作环境和要求；紧接着是所在公司的新员工入职培训、集团的"入模子"培训及后续的轮岗培训，之后新员工就可以返回各自的部门和岗位。前两个培训各需一周，轮岗通常需1—2周，经过这3个规范过程，新员工的培训内容就告一段落。

这当中的重点是集团统一的"入模子"培训。培训班为全脱产封闭式，共4天3夜，1/3的时间讲授联想的历史、文化、管理，其余时间是老员工和高管与学员进行面对面交流，以及各种团队任务竞赛。培训班将一天分成几个时间段，每一段时间都

作了统一安排，时间从每天早七点到晚上十一二点。培训班的管理制度是依照公司对员工的要求来做，有严密的纪律，每天早晨出操点名，白天在学院上课时，还要组织检查内务。从早晨起床到晚上熄灯都要对每个小组进行考察、打分。

培训班中，团队的协作作为一项重要内容贯穿始终。新学员刚刚进入培训班就被分为若干个小组，每组不超过20人，每个小组选拔3—4位骨干。之后的每一天、每一项活动都将按组进行打分，不计个人成绩，学习效果和最后成绩与这些分数有直接关系。

学习过程始终重视学员的参与，从互动式教学到各种团队活动，讲求人人参与、协调配合、积极竞赛。根据活动内容的不同，各组组长会将组内人员进行不同的组合和分工，每个人都有机会成为承担某一项活动的主力。这一方面发挥了新员工所长和能动性，另一方面注意挖掘每个人的潜能，有机会锻炼其弱项。因此，不论这个新员工是怎样的一个人，都有机会展示、发现并提升自己。

"入模子"培训中非常重要的内容是拓展训练、沙盘演练、探访老"模"友，深夜复盘等，通过这些项目，把联想的价值观、方法论和管理精髓一项项抽丝剥茧地阐述出来，使新员工在最短的时间内体会、领会和掌握。例如，复盘是联想文化中的重要内容。"入模子"培训班的学员们每天晚上会针对白天的项目，从8点一直复盘到晚上11点甚至12点，通过一次次复盘，发现其中导致事情做好或者做坏的原因是什么？有没有方法继续发扬或者改进？团队从初期的一盘散沙到逐渐成形，就是这样一次次复盘得来的。

联想入职培训的另一个特点是新员工指导人。公司在每一位新员工到岗之前都要指定一对一的指导人。指导人负责带新人并考察新员工在试用期间的表现能力等，其作用，一是代行了人力资源部的考察职责，二是通过帮带行使部门职责。指导人已经在联想形成一种制度，对指导人的选择，公司也有一系列规范，包括要求和资格认定及指导工作评价等。在新员工报到前一周，各部门就要将名单报人力资源部，进行资格审查。作为指导人，首先必须是公司的干部，在联想工作半年以上（联想对干部的要求就包括带新人这项内容）；并规定一名干部不能同时带2名以上的新员工。在新员工较多的情况下，可让部门内资深或骨干员工负责，这些员工必须在联想工作一年以上，有能力和经验，并知道指导人的各项要求和规范，包括何时进行指挥，何时进行面谈，怎样沟通情感，如何考察工作进展情况，怎样帮助制订、分解、监控和落实工作计划，等等。在没有相应指导人的情况下，该部门将暂缓进人计划，待有合格的指导人后方可进人。

培训班下来，新员工就进入两周的轮岗培训，以更全面地了解和感受联想，为今后的协同作战打好基础。轮岗的岗位由新员工的指导人选定，通常是与本岗位相关、有业务联系的岗位。过去轮岗一般为两周，考虑轮岗的负荷和培训效率，现在一般是统一安排轮流走一些关键部门，如研发、生产、技术服务、专卖店等，对各部门的工作流程有一个初步的了解，认识这些人，这都是以后工作的资源。如因确实需要，个别新员工也可以申请延长在某一部门的岗位学习。

完成上述步骤，培训就算完成了。培训中心和人事部还要对每一个新员工的培训及试用做一个整体的考核，试用期为3个月。一个新人在此过程中，一开始会由人力资源部做一个初步的评价；3个月下来，有其指导人贴身的评价、培训中心的评价和周围员工的评价。一个新员工可能会在此过程中被发现原来没观察到的能力，调整到新的岗位。在离开联想电脑公司的人中，绝大多数都是在试用期离开联想的，这其中又有一半的人是被淘汰掉的。

第三节　管理人员培训[①]

在大部分企业中，内部提升仍然是选拔管理人才和激励员工的重要途径。为了帮助员工或现任管理人员具备承担管理工作的能力，需要通过管理人员培训来传授知识、改变观念和提高能力。管理人员培训方式主要有案例讨论、角色模拟、工作轮换、企业内或企业外研修班、海外培训等，还有一些特殊的管理人员开发技术，如领导者匹配培训、维罗姆—耶顿领导能力培训等。案例讨论和角色模拟前面已有介绍，这里不再赘述。

一、工作轮换

工作轮换的主要目的在于拓宽管理人员或潜在管理人员的知识面。通过各种不同岗位的职务轮换，扩大受训者对整个企业各环节工作的了解，这不但有助于受训者全面掌握企业各种职能的管理知识和艺术，而且有助于找到他们所喜爱和所擅长的工作，同时，还能改善部门之间的合作，使管理人员能更好地理解相互之间的问题。工作轮换的表现形式比较多，各种主管人员之间、副职与副职之间、正职与副职之间、各种不同的管理职位之间等都可进行不定期的工作轮换。如日本丰田公司每5年对各级管理人员进行一次工作轮换，调换幅度为5%左右，调换的工作目标通常是本单位相关部门。IBM有一个"2-2-3"的规则，即在一个职位上工作2年，上一年的绩效是2（即良好）以上，用3个月时间处理完原职位的遗留事务之后就可以轮岗。

在实行工作轮换时，应当根据每个受训人员的需求和能力特制工作轮换计划，而不是让所有受训人员遵循统一标准的步骤和程序；应当将企业的需求与受训人的兴

[①] 本节部分内容参考加里·德斯勒所著《人力资源管理》（中国人民大学出版社1999年版）一书第266—280页，不再一一注明。

趣、能力倾向和职业爱好结合起来考虑；受训者从事一项工作的时间长短，应依其学习进度的快慢而定。此外，为受训人员安排任务的管理人员本人应经过专门训练，能够热情而有效地提供反馈，控制工作绩效。

二、在企业内或企业外开设进修班

有些企业会在企业内部开设各种进修班；有的甚至建立培训基地或学院，如中兴通讯、阿里巴巴、美的电器、宝洁等。而外部有许多组织举办旨在为管理人员提供各种培训的特别研修班和会议，还有的企业尝试与大中专院校或培训机构合作，为企业有关人员实施教育培训。这些课程数量众多、范围广泛，内容涵盖了从知识到技能到能力的所有方面，涉及生产、销售、技术、财务、管理等各种领域，时间短的只有一两天，长的可以是几个月甚至几年。此外，随着互联网的普及和发展，远程培训成为可能，使得员工可以在不脱离工作的情况下接受培训。无论是企业内还是企业外，这种方式都需要企业给受训者提供时间和财力上的支持。

三、海外培训

由于国际派遣费用比较高，海外培训大都提供给中高级管理人员或核心员工，在吸引和激励优秀人才上发挥着很大的作用。海外培训地点常常是公司总部或者分公司或培训合作企业，也有的是海外大学或培训机构。随着经济的全球化，各行各业对国际化人才的需求高涨，企业要求更多能够与世界接轨的员工。把员工送到国外去学习，可以使员工更好地了解不同文化和环境下的企业管理之道，从不同文化的碰撞和不同思维方式的冲击中，使视野更为开阔，思维更为灵活，认识更为超前，从了解中寻找差距，从学习中快速提高，取国外之经为我所用，帮助员工形成全球性管理技能。如宝洁公司根据工作需要，选派各部门工作表现优秀的年轻管理人员到美国、英国、日本、新加坡、菲律宾和香港等地的P&G分支机构进行培训和工作，使他们具有在不同国家和工作环境下工作的经验，从而得到更全面的发展。

四、领导者匹配培训

领导者匹配培训是由弗雷德·菲德勒开发的一项教育管理人员如何确定自己的领导风格并适应特定环境的一种计划。它假设领导者能够控制局面的程度决定了到底是采取"以人为中心"的风格合适还是"以任务为中心"的风格合适（见表5.4）。领导者匹配训练采用一本载有能够让领导者评价自己习惯的管理风格以及对自己所在环境的控制程度的问卷的手册来实施。菲德勒认为领导者的问题包括适应环境并保持在自己能够有效工作的环境中工作，一般情况下，改变环境（或至少是选择适当的环境）通常比改变领导风格更容易，因此，他还提供了几个旨在使管理者能够让自己的风格与环境相匹配的处方。

表5.4 领导者与环境的匹配

领导者类型	环境所许可的控制		
	高控制 （领导者的话就是"法"）	中等控制	低控制 （环境本身给领导者以很小的控制力）
以人为中心	工作绩效：不好	工作绩效：好	工作绩效：不好
以任务为中心	工作绩效：好	工作绩效：不好	工作绩效：比较好

五、维罗姆—耶顿领导能力训练

在管理实践中，在多大程度上让下属人员参与决策是管理者常常面对的问题，维罗姆—耶顿领导能力训练正是为此而实施的一套开发计划。维罗姆和耶顿分了五种参与程度（见图5.1），并指出适当的参与程度取决于七个环境特征（见表5.5）。他们提出了一个用决策树的形式确定雇员参与适应程度的图表（见表5.5）。教学员从左向右使用表5.5，首先确定决策质量是否重要；然后确定受训者是否充分占有作出高质量决策的信息，等等。受训者对每个问题作出"是"或"否"的回答，就可按自己的方式通过决策树，从而确定何种参与程度最佳。

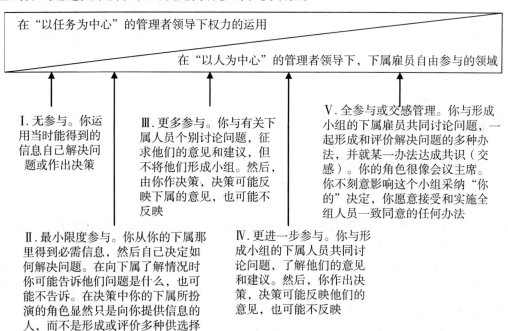

图5.1 参与式领导的五个等级

表 5.5　维罗姆—耶顿模型

	A	B	C	D	E	F	G
问题特征（这些决定合适的参与程度）	该决定质量的重要性	该领导人本人拥有足以作出高质量决策信息/知识专长的程度	该问题的结构化程度	下属人员一方的接受或赞同对该决定的有效实施的重要程度	该领导者专断的决定被下属人员接受的第一可能性	下属人员被调动去实现组织目标的程度，这些目标在你说明该问题时已明确提出	下属人员对提出的决定可能发生冲突的程度
诊断提问（这些使你能诊断每个特征的存在与否）	是否有致使一种决策比另一种决策更合理的质量要求	我是否拥有作出高质量决策的充分信息	这个问题是结构化的吗	对决策执行至关重要的下属人员是否接受该决策	如果你要自己做决策，是否有理由确定你的下属人员会接受这个决策	下属人员是否认同在解决这个问题中要实现的组织目标	在选择决策方面下属人员是否可能发生冲突

——否
══ 是

第四节　员工职业发展

　　员工职业发展又称职业计划或职业管理，它包括两层含义：一是对员工个人而言，为了在工作中得到成长、发展和满意感，他们不断地追求理想的职业，设计着自己的职业目标和职业计划；二是从人力资源部门的角度看，对员工制订个人职业计划应予以重视和鼓励，并结合组织的需要和发展，给员工以多方面的咨询和指导，还要创造条件帮助员工实现个人职业目标。

　　良好的职业发展计划对组织具有多方面的作用：①使组织在目前和将来对人力资源的需要能得到及时的补充和满足；②使组织和个人更加清楚组织中潜在的职业方向；③通过协调和统一人力资源管理中的人员选择、工作安排和能力开发等活动，使现有的人力资源计划最充分地发挥作用；④企业关心员工职业发展计划，会使员工感觉到自己是企业整体计划的一部分，从而影响员工的工作态度，改善员工的士气，提高劳动生产率，使组织变得更加有效。

职业发展与培训有着密切的关系。培训是员工为了承担或适应某一工作而接受的教育和训练活动。一个员工在自己的职业生涯中,为了追求去承担或从事责任更大、更具挑战性的工作,就必须参加一些培训,不断提高自己。培训为员工的职业计划目标的实现提供了有利条件。

一、员工职业计划的类型

职业计划的类型及其主要内容会随着职业生涯发展的不同阶段而有所不同。根据职业发展的阶段,职业计划主要有以下四种类型。[①]

1. 职业探索性阶段

这一阶段开始于青年人刚涉足工作到 25 岁左右的时间里。这一时期的职业计划的主要特点是,个人在试探性地选择自己的职业,试图通过变动不同的工作或单位而选定自己一生将从事的职业。因此,青年员工调换工作的愿望十分强烈,如在本单位得不到满足,则往往会跳槽。对企业来说,应了解就业初期青年员工的这一特点,给予选择职业方面的指导,并努力为他们提供多种工作,特别是具有挑战性又能吸引他们的工作,使他们有自我探索和考察的机会。

2. 立业与发展阶段

这一阶段一般在 25—44 岁之间。在经历了职业探索以后,逐渐选定了自己的职业,即立业。在这一阶段的员工主要关心的是在工作中的成长、发展或晋升,成就感和晋升愿望特别强烈,工作的成就、发展和晋升对他们的激励作用最大。一般来说,处于这一阶段的员工,都有自己的成长和发展计划,并会为实现目标而竭尽全力。对处于这一阶段的员工,企业组织要多给他们提供在知识、技能上具有挑战性的工作和任务,并放手让他们大胆干工作,让他们拥有更多的自主决策和自我管理权,充分发挥他们的创造精神。同时,要对他们的工作提供各方面的支持,创造良好的发展条件,使他们在工作中得到成长和发展,满足成就需要,并对他们的成果给予表扬和鼓励,使他们朝着更高的目标前进。

3. 职业中期阶段

这一阶段的年龄一般在 45—58 岁之间。处于这一阶段的员工,对成就和发展的期望相对减弱,而维持或保住自己已有的地位和成就的愿望增强。同时,他们也希望更新自己专业领域的知识和技能,学习一些其他新领域的知识和技能,以免遭裁员,或便于被裁员时另作选择。对组织来说,要关心他们的学习要求,并提供他们更新知识和技能的学习机会。

4. 职业后期阶段

这一阶段一般指 58 岁以后。处于这一阶段的人准备着退休,并希望为适应退休

[①] 郑绍濂等著:《人力资源开发与管理》,复旦大学出版社 1995 年版,第 144—146 页。

后的环境而培养自己在某一方面的爱好，如书画、音乐、棋艺等有利于身心健康的活动。从组织方面来讲，要关心他们的身心健康，为他们创造条件，以促进他们对某一项娱乐活动的兴趣和爱好，并有计划地为退休员工开展一些有利于他们身心健康的活动。

表 5.6 列出了职业发展各阶段员工的需求。

表 5.6 职业发展不同阶段员工的需求

职业发展阶段	对工作方面的需求	情感方面的需求
职业探索性阶段 （25 岁前）	1. 要求从事不同的工作 2. 希望自己探索	1. 进行试探性的职业选择 2. 在比较中逐渐选定自己的职业
立业与发展阶段 （25—44 岁）	1. 希望干具有挑战性的工作 2. 希望在某一领域发展自己的特别知识和技能 3. 希望在工作中有创造性和革新 4. 希望在经历 3—5 年期间转向其他领域	1. 希望面对各种竞争，敢于面对成败 2. 能处理工作和人际关系矛盾 3. 希望互相支持 4. 希望独立自主
职业中期阶段 （45—58 岁）	1. 希望更新技能 2. 希望在培训和辅导青年员工中发展自己的技能 3. 为准备转向其他工作而学习新知识、新技能 4. 希望了解全组织的工作情况和发挥自己在组织中的重要作用	1. 具有中年人较稳健的思想感情 2. 对工作、家庭和周围的看法有所改变 3. 自我陶醉以及竞争性逐渐减弱
职业后期阶段 （58 岁以后）	1. 计划好退休 2. 掌握转向咨询和指导性工作 3. 寻找自己的接班人 4. 寻找组织外的其他活动	1. 希望把咨询看作对他人的帮助 2. 希望能接受和欣赏组织外的其他活动

资料来源：郑绍濂等著：《人力资源开发与管理》，复旦大学出版社 1995 年版，第 146—147 页。

二、职业计划的制订

职业计划的制订一般包括以下几个步骤。

1. 员工自我分析

这主要是员工对自己的知识、能力、兴趣以及职业发展的要求和目标进行科学的分析和评估，然后在本人价值观的指导下，确定自己近期和长期的发展目标，拟定具体的职业发展计划。这一计划要有一定的灵活性，以便根据发展的实际情况进行相应的调整。

要正确分析和评价自己，往往要经过较长时期的自我观察、自我体验和自我剖析的过程。通过对类似表 5.7 的分析研究，员工个人可以分析出自己的能力、兴趣爱好以及对职业发展的要求和目标，这是进行职业计划的重要内容。

表 5.7　员工通过自我评价并从中了解自己人生发展中的需要和目标程序

1. 从下述第三条所列项目中选出你近期最感兴趣的项目
2. 从下述第三条所列项目中选出你近期最不感兴趣的项目
3. 填写出下列表中未列出而你又最感兴趣或最想干的工作：
   （1）有自由支配时间的工作　　（2）具有权力性的工作
   （3）工资福利待遇高的工作　　（4）具有独立自主性的工作
   （5）有趣味性的工作　　　　　（6）具有安全性的工作
   （7）有专业性地位的工作　　　（8）具有挑战性的工作
   （9）无忧无虑性的工作　　　　（10）具有广泛接触，能广交朋友的工作
   （11）具有声誉性的工作　　　 （12）能表现自己，且能让别人看得见的工作
   （13）具有地区选择性的工作　 （14）有娱乐活动性的工作
   （15）环境气氛和谐的工作　　 （16）有教育设施和机会性的工作
   （17）领导性的工作　　　　　 （18）具有专家性的工作
   （19）带有旅行性的工作　　　 （20）可与家人有更多时间在一起的工作
4. 你目前从事哪一类工作？它能满足你下一步的要求吗？说说为什么能、为什么不能的理由
5. 你希望你接着从事的工作能满足你的要求吗？如希望的话，如何进行或计划；如果不希望的话，请说明理由
6. 请具体描述你下一步最希望从事的工作
7. 根据你的实际爱好和能力，说明你最希望从事的工作的各种具体活动或内容，不要描述其工作的头衔，而要说明其具体的工作活动和内容。说明你将如何去实现自己的愿望。例如，具体列出你目前可以干的五种工作。如：我可以分析财务报表；我可以授课传授我的工作经验和技能；我可以编辑文字材料……
8. 为了从事你下一步从事的工作，你是否需要以接受培训或自学等形式学习和掌握新的知识或技能？如果需要的话，请详细说明，并说明学习或获得这方面知识和技能的途径或方法
9. 你的这些要求是否可在你目前从事的工作以外的方面得到满足？如果可能的话，你是否希望发展或晋升到更重要或更高一级的岗位上？
10. 概述你自己的希望和你能干什么工作，并从而达到满足你的需要

资料来源：郑绍濂等著：《人力资源开发与管理》，复旦大学出版社 1995 年版，第 148 页。

2. 组织对员工个人能力和潜力的评估

企业组织能否正确评价员工个人的能力和潜力是职业计划制订和实施的关键，对组织合理地开发和使用人才、对个人职业计划目标的实现都有重要的作用。组织对员

工个人的评价方法主要有：

（1）在招聘过程中收集有关的资料和信息。这些资料和信息包括能力和个性等方面的测试，员工填写的有关教育、工作经历的表格，以及人才信息库中的有关资料等。

（2）收集员工在目前岗位上的表现的信息资料，包括工作绩效、评估资料，有关晋升、推荐或工资提级等方面的情况。

（3）通过心理测试和评价中心的方法进行评估。由于在对员工的绩效进行评估的过程中存在种种问题，如由于评估人的偏爱或歧视以及评估体系的局限而影响评估的信度和效度，对目前员工在岗位上的表现的评估并不能确切地预测其是否能信任更复杂的工作。所以，西方企业自20世纪70年代以来，逐渐采用更为科学的方法，即心理测试和评估中心等方法来测评员工的能力和潜力。西方的许多大企业都设有评价中心，有一支经过特别训练的测评人员。通过测评中心的测评，能较准确地评估员工的能力和潜力，对员工制定切实可行的职业计划有重要的指导作用。表5.8是评估中心常采用的测评内容。对没有条件设立评价中心的企业，霍兰德职业性向测试和施恩职业锚测试是比较典型且运用较广泛的职业性向测试方法，可以帮助员工了解自己的职业性向，确定职业锚。

表5.8 评价中心对员工测评的一些内容

1. 口头联络技能——在与个人或一小组人交往中，能用语言或手势等各种表情进行有效的联络
2. 口头表达能力——能在规定的时间内利用口头或表情有效地阐明自己的观点
3. 笔头表达能力——能用流利的书面语言表达自己的思想，没有语法错误
4. 工作激励能力——对分内分外交叉而又责任重大的工作认真负责，乐意去干好
5. 创造能力——面临重大的事件，不是被动而是主动积极地带头并带领大家去克服重重困难，去实现或超额完成任务
6. 领导能力——能运用个人适当的影响力和方法调动员工自愿地去实现既定的目标或任务
7. 组织与计划能力——能给自己或一个小组制订某一时期或某一项目的目标和计划，能合理地分配各种资源，以实施这种计划
8. 分析能力——能从繁多的信息资料分析对比中，分析其彼此的关系，并确定主要的关键问题
9. 判断能力——根据提供的信息资料，制订解决问题的多个选择方案
10. 管理控制能力——建立调整生产或某一工作程序的进程、任务，以及相应地调整有关下属工作内容、向下属授权的能力

霍兰德职业性向测试是基于职业兴趣理论而设计的。他认为人的人格类型、兴趣与职业密切相关，凡是具有职业兴趣的职业，都可以促使人积极、愉快地从事该职业，且职业兴趣与人格之间存在很高的相关性。他先后编制了职业偏好量表和自我导向搜寻表两种职业兴趣量表，作为职业兴趣的测查工具。他把职业兴趣分为六种类型

（见图 5.2）。表 5.9 是兴趣类型与相宜职业选择的匹配表。

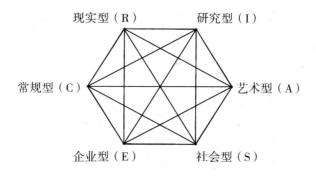

图 5.2　霍兰德职业兴趣类型

表 5.9　霍兰德兴趣类型与相宜职业选择的匹配

职业性向	素 质 特 征	相宜的职业
现实型	喜欢有规则的具体劳动和需要基本操作技能的工作，但缺乏社交能力，不适应社会性质的职业	典型的职业包括技能性职业（如一般劳工、技工、修理工等）和技术性职业（如摄影师、机械装配工等）
研究型	具有聪明、理性、精确、批评等人格特征，喜欢抽象的、分析的、独立的定向任务这类研究性质的职业，但缺乏领导才能	典型的职业包括科学研究人员、工程师、电脑编程人员、医生、系统分析员等
艺术型	具有想象、冲动、直觉、理想化、有创意、不重实际等人格特征，不善于事务性工作	典型的职业包括：艺术方面（如演员、导演、艺术设计师、雕刻家、建筑师、摄影家、广告制作人），音乐方面（歌唱家、作曲家、乐队指挥），文学方面（小说家、诗人、剧作家）
社会型	具有合作、友善、善社交、善言谈、洞察力强等人格特征，喜欢社会交往，关心社会问题，有教导别人的能力	典型的职业包括教育工作者、社会工作者
企业型	具有冒险、野心、独断、乐观、自信、精力充沛等人格特征，喜欢从事领导及企业性质的工作	典型的职业包括项目经理、销售人员、营销管理人员、政府官员、企业领导等
常规型	具有顺从、谨慎、保守、实际、稳重等人格特征，喜欢有系统、有条理的工作任务	典型的职业包括办公室人员、秘书、会计、打字员、行政助理、图书馆管理员、出纳等

资料来源：赵冬芝、施俊琦：《霍兰德职业性向理论在人力资源管理中的应用》，《人才资源开发》2006 年第 12 期。

职业锚是指当一个人不得不作出选择的时候，他或她无论如何都不会放弃的职业中的那种至关重要的东西或价值观。正如"锚"的含义一样，职业锚实际上就是人们选择和发展自己的职业时所围绕的中心。一个人对自己的天资和能力、动机和需要以及态度和价值观有了清楚的认识以后，就会意识到自己的职业锚到底是什么。埃德加·施恩（Edgar Schein）根据对自己学生的统计分析，提出了五种职业锚。[①]（表5.10是施恩给出的职业锚自我评价表。）

表5.10　施恩职业锚自我评价表

为了帮助你确定自己的职业锚，可以找几张空白纸写下你对以下几个问题的答案

1. 你在高中时期主要对哪些领域比较感兴趣（如果有的话）？为什么会对这些领域感兴趣？你对这些领域的感受是怎样的
2. 你在大学时期主要对哪些领域比较感兴趣？为什么会对这些领域感兴趣？你对这些领域的感受是怎样的
3. 你毕业之后所从事的第一种工作是什么（如果相关的话，服役也算在其中）？你期望从这种工作中得到些什么
4. 当你开始自己的职业生涯的时候，你的抱负或长期目标是什么？这种抱负或长期目标是否曾经出现过变化？如果有，那么是在什么时候？为什么会变化
5. 你第一次换工作或换公司的情况是怎样的？你指望下一个工作能给你带来什么
6. 你后来换工作、换公司或换职业的情况是怎样的？你怎么会作出变动决定？你所追求的是什么（请根据你每一次更换工作、公司或职业的情况来回答这几个问题）
7. 当你回首自己的职业经历时，你觉得最令自己感到愉快的是哪些时候？你认为这些时候的什么东西最令你感到愉快
8. 当你回首自己的职业经历时，你觉得最让自己感到不愉快的是哪些时候？你认为这些时候的什么东西最令你感到不愉快
9. 你是否曾经拒绝过从事某种工作的机会或晋升机会？为什么
10. 现在请你仔细检查自己的所有答案，并认真阅读关于五种职业锚（管理型、技术或功能型、安全型、创造型、自主与独立型）的描述。根据你对上述这些问题的回答，分别将每一种职业锚赋予1—5之间的某一分数，其中，1代表重要性最低，5代表重要性最高

管理型（　）　　技术或功能型（　）　　安全型（　）　　创造型（　）　　自主与独立型（　）

资源来源：（美）加里·德斯勒著：《人力资源管理》（第6版），中国人民大学出版社1999年版，第380页。

第一，技术或功能型职业锚。具有这种职业锚特征的人往往不愿意选择那些带有一般管理性质的职业，而倾向于选择那些能够保证自己在既定的技术或功能领域中不

[①]　（美）加里·德斯勒著：《人力资源管理》（第6版），中国人民大学出版社1999年版，第378—380页；孙柏瑛、祁光华编著：《公共部门人力资源开发与管理》，中国人民大学出版社2004年版，第238页。

断发展的职业。

第二，管理型职业锚。具有这种特征的人有强烈的从事管理职业的动机，愿意将承担责任作为终身职业目标，他们具有比较明显的分析问题与解决问题能力、人际沟通能力和情感激励能力。

第三，创造型职业锚。这种人倾向于选择具有一定风险性，追求创业、创新，获取挑战性与成就感较高的职业，如企业家、知识与艺术创造职业等。

第四，自主与独立型职业锚。这种人倾向于选择一种可以自己决定和更多自我支配的职业，避免受到其他人的摆布或依赖他人，如自由职业、大学教授、小型零售公司的所有者等。

第五，安全型职业锚。这种人倾向于选择具有长期职业稳定性和工作保障性，并预计有可靠的经济来源、体面的收入，甚至是有良好的退休计划和退休金保证的职业，如公务员职业等。

3. 组织为员工提供职业发展的有关信息，给予公平竞争的机会

员工在进入企业以后，要制订出一个可行的、符合企业需要的个人职业发展计划，就必须获得组织内有关职业选择、职业变动和职位空缺等方面的信息。而企业组织为了使员工的个人职业发展计划制定得切合实际，也要将有关员工职业发展的方向、职业发展途径以及有关职位候选人在知识、技能等方面的要求及时地利用企业内部的报刊、公告或口头传达等形式传递给广大员工，使那些对空缺职位感兴趣又符合自己职业发展方向的员工参与公平的竞争。同时，企业还要创造更多的岗位或新的职位，以便更多的员工的职业计划目标能够实现。

4. 提供职业咨询

在制订自己的职业发展计划时，员工个人往往对下列问题需要咨询：

（1）我现在掌握了哪些技能？技能水平如何？如何发展和学习新的技能？发展和学习哪些方面的新技能最可行？

（2）我在现在的工作岗位上真正需要的是什么？如何才能在现在的工作岗位上达到既使上司满意，又使自己满意？

（3）根据我目前的知识和技能，我是否可以或有可能从事更高一级的工作？

（4）我下一步应朝哪个职位（或工作）发展？如何实现这个目标？

（5）我的计划目标是否符合本组织的要求？如果我要在本组织实现我的职业发展目标，应接受哪些方面的培训？

企业的人力资源部门和各级管理人员都应协助员工解答员工的上述问题，要从各方面的信息资料分析中，对员工的能力和潜力作出正确的评价，并根据企业的实际要求和条件，帮助员工制订职业计划，为员工实现计划目标提供具体的指导和支持。表5.11是对某位软件工程师进行职位咨询的几个方面。

表 5.11 对某位软件工程师进行的职位咨询

业务技能和学习机会	• 可能掌握的技术技能 • 可能学到的计算机语言 • 可能获得或提高的管理技能和社交能力 • 可能参加的培训班、公司活动或研讨会
事业和发展机会	• 可能参加的发展项目的数量和类别 • 可能领导的项目的数量和种类 • 进行岗位交流的可能数目 • 可能获得的晋升机会的数量
同仁同事	• 可能参加其中的团队的数目 • 互相配合、互相影响的执行主管的数量和水平 • 将与之打交道的主要客户、供应商、战略合作伙伴及行业内或政府机构工作的自主性 • 弹性工作自主权的可能性（弹性的工作时间、家中工作、工作共享） • 在新领域新部门（非软件）间进行岗位交流的可能数目
经济机会	• 加薪的比率 • 奖金发放的范围 • 可能得到的股票期权的数目 • （根据以往的经验）对奖金、股票期权和薪水总计利益收入的估计
风险和挑战	• 被允许可冒风险的种类数目和水平 • 个人意见可获支持资助的机会 • 得到公众认可度和公司知名度的机会 • 工作对公司（包括公司的产品和客户）的影响
设备和工具	• 有权使用的软件 • 有权使用的硬件和技术

三、对职业生涯设计方案的评估

1. 从个人层面来说，可以从以下方面进行评估

（1）与价值观及兴趣的一致性。职业生涯与个人的需要、兴趣、价值观相适应的程度如何。

（2）与组织需求的一致性。职业生涯战略帮助个人在组织中实现其潜能的程度如何。

（3）与职业需求的一致性。职业生涯战略帮助个人在职业中实现其潜能的程度如何。

（4）与环境需求的一致性。职业生涯战略帮助个人抓住环境给他（她）提供的机会，或避开环境所造成的问题或伤害的程度如何。

（5）在资源条件允许的前提下的适应性。如果对个人来说，时间和财力充裕，这种职业生涯适合的程度如何。

（6）对风险的承受力。在多大程度上该战略能够迎合具有影响力的他人的偏好（包括同事和家庭成员）。

（7）对于时限的适应性。职业生涯战略是否能接受时间的考验并与个人的目标相契合。

（8）可行性。职业生涯战略是否能实现个人的职业生涯目标。

2. 从组织层面来说，可以从以下方面进行评估

（1）职业生涯管理政策。什么政策能够促进组织中的职业生涯计划与控制，这些政策是否行之有效，在评估成功事项时是否采取了追踪调查的方式，组织中的正规的职业生涯计划范围如何（如继任计划、工作时间、咨询指导等）。

（2）职业生涯管理结构。组织中是否存在一些能提供一系列员工评价、咨询指导、多元晋升系统的结构，这些结构是否会永久性地存在。

（3）领导。当组织准备为员工提供开发与职业生涯发展的机会时，组织的领导是否大力支持这些工作，这种组织文化是如何维持的？

（4）奖酬系统。组织中的奖酬系统是否与员工的职业生涯计划相一致，当员工学会一种新技术时，是否会得到鼓励和奖酬，对某些职业而言，获取酬劳是否比其他职业容易得多。

四、员工职业发展管理

企业组织中有着不同的发展道路可供员工选择。这些道路对选择者的素质和能力等有不同的要求，对不同的选择者的管理方式也不一样。图5.3是某公司的职业发展路径图。

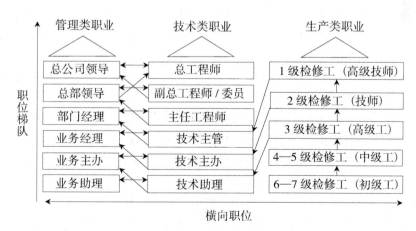

图5.3 某公司职业发展路径图

1. 职业发展道路的类型

(1) 根据职业领域不同，可以将职业发展道路分为专业技术型发展道路和行政管理型发展道路。

第一，专业技术型发展道路。选择这一道路的人以工程、财会、销售、生产、人事、法律等职能性专业作为发展方向，要求他们有一定的专门技术知识和能力，并需要有较好的分析能力，这些都需要较长期的培训与锻炼才能具备。

在这一领域发展的人存在两种情况：第一种情况，他们对专业技术内容及其活动本身感兴趣，并追求这方面的提高和成就。有一些较极端的会厌恶行政性的事务工作，不喜欢甚至对人际关系反感，即使被委派了管理责任，也不肯离开专业。这一类人的发展阶梯是技术职称的晋升及技术性成就认可与奖励等级的提高和物质待遇的改善。第二种情况，他们虽然选择了专业技术方向，但在管理上仍有一定的兴趣。开始时横向发展，扩大和充实自己的专业知识，打好较宽的技术基础。然后寻找机会向专业技术部门的管理职位发展，兴趣转为向上发展，在专业上花的时间相对减少，部分精力转到解决管理问题上来。这类人的发展台阶是从技术部门基层管理者到部门主管直至企业决策层分管专业技术的副总职位。

第二，行政管理型发展道路。选择这一发展道路的人不同于走专业技术发展道路的人，他们把管理这个职业作为自己的目标，对地位和影响力，以及与它们相伴生的威望、荣誉和待遇等感兴趣。这类人往往比较善于与人打交道和通过处理人际关系解决问题。选择这一道路的人的发展规律是一般先在基层职能部门任职，表现出才能和实绩后，获得提升。他们最初的专业对其发展并不重要，重要的是胜任管理工作所需要的个人素质、思维能力和人际沟通技巧。

在这条道路上发展的人有几种情况：第一种情况，思维能力突出，可以担任技术部门的主管。第二种情况，既有思维能力又善于处理人际关系的人，可胜任职能部门的主管职位，其中的优秀者可以晋升到企业决策层负责全面工作。第三种情况，虽善于处理人际关系，但欠缺思维分析能力及感情方面的承受力，难以晋升到高层，只能担任低层的领导工作。

(2) 根据职业道路的发展方向，可以将职业发展道路分为纵向型发展道路、横向型发展道路和核心型发展道路。

第一，纵向型发展道路。这是指企业组织内员工个人职位等级的升降。员工个人的职业发展大多是在组织内沿着一定的等级制度变动的，即员工得到一系列的提升和发展。当然，一般只有极少数人能提升到组织的最高职位上，实现他们最初确定的职业计划目标。在不同的组织中，可达到的等级机会是不同的。一些组织的结构比较扁平，高层职位的等级层次较少，而另一些组织的结构比较狭长，高层职位的等级层次较多。在对员工的职业计划进行指导时，应将这些情况向他们讲清楚，使他们对职业发展目标的设计更接近于实际。

第二，横向型发展道路。这是指组织中各平行职能部门间的个人职位的调动。例如，由工程技术转到采购供应或市场销售等。这种情况又叫职位轮换，在中层管理人员中较多采用。它有助于扩大管理人员的知识和丰富经历，为将来再晋升到更高一级的职位作好准备。

第三，核心型发展道路。这是由组织外围逐步向组织内圈方向发展。当发生向核心方向的工作变动时，员工对组织情况就会了解得更多，承担的责任也会更大，且有机会参与重大问题的讨论和决策。沿着核心方面发展与沿着纵向方面发展是相关的，那些具有专业知识、技能和特长的人，易于向组织的核心方向发展。

2. 职业发展管理应注意的问题

（1）提高对职业发展管理的认识。职业发展管理是现代人力资源管理中一个比较新的职能。但在目前，我国企业对之还缺乏足够的认识，大多数的企业人力资源管理还没有设立职业发展管理这一职能。因此，企业组织的人力资源部门和各级管理人员要加强对职业发展问题的了解，提高对其重要性的认识。我们应该明白，只有不断满足员工成长和发展方面的愿望和要求，才能持久地激励他们，发挥他们的工作积极性、自主性和创造性。这是组织培养人才和吸引人才的有效途径，必须予以重视。

（2）个人职业发展与组织发展相结合。个人的职业发展离不开组织的发展。因此，要制定企业的人力资源开发的总体规划，并把它纳入企业总的战略发展规划之中，与其他规划协调一致。要根据企业未来发展对人力资源的需求，帮助员工制订个人发展计划，使组织的目标、需要与员工个人的目标、需要有机地结合起来。这是职业发展管理有效性的关键。

（3）对员工一视同仁，提倡公开而平等的竞争。近年来，我国越来越多的组织采取公开招聘、公开晋升的方法选拔人才，使很多优秀人才在公开竞争中脱颖而出。这种方法有利于在员工中形成奋发向上的良好气氛，有利于员工职业发展计划目标的实现，因此，应该大力提倡。

（4）注意对不同职业发展阶段的员工的不同指导和关心。处于不同职业发展阶段的人有不同的需要。人力资源部门和各级管理部门不能千篇一律地对待他们，而应该深入了解他们各自的不同要求，并创造条件指导和帮助他们实现各自的需要，以增强他们的满足感。

3. 职业发展规划应防止的误区

员工在进行职业发展规划时，应防止思想上的一些误区。这些误区主要是：

（1）我的目标就是总裁。不少人相信"不想当将军的士兵不是好士兵"这句话。其实，现实生活中，将军的位置总是很少的，如果大家的目标都是当"将军"，这种主观愿望就会与客观条件产生误差，使你在执行计划时产生许多挫折。因此，制订职业发展规划时要从实际出发，避免好高骛远。

（2）能做好下属就能做好主管。有人认为，只要把本职工作做好，就可以升任主管。其实不然，优秀的运动员不一定是好教练，一些表现优异的工程师、销售人员等升任主管后却表现不佳，这是因为主管需要专业技术以外的条件，如决策能力、协调能力、领导能力等。所以，在某个职位做得好，不一定在其他职位也能做得好。

（3）成功的关键在于运气。不少人相信成功者是由于有好的运气，因此，他们被动地等待命运的安排，而不去主动地计划、经营和努力把握自己的生活，这种人只能守株待兔。根据学者们的研究发现，那些在事业上的成功者，大都有一个合理和切合实际的职业生涯规划，正所谓"凡事预则立，不预则废"。

（4）职业发展规划是人事部门的事，与我无关。职业发展规划是组织和个人共同参与的事，人力资源部门只是给你提供一些意见和参考。虽然现代有不少测评手段可以帮助进行职业发展规划，但所有测评结论都只是相对的，不可能绝对正确，而且一个人的素质也是处于不断变化之中，我们不能完全按照某一两次的测评来规划人生。一个人最终要学会自我了解，才能把握人生的方向。因此，在对自己有客观全面的判断的基础上，就要主动出击，掌握人生的主动权，而不应该等着别人为自己作出安排。

（5）由老总决定升迁。如果过于迷信老总对升迁的影响，你会因为迎合他的好恶而妨碍自己真正的成长。如果你失败了，又会归咎于老总，而看不到自己的缺点。

（6）事无巨细均尽力去做。有些人事无巨细都要亲力亲为，"胡子眉毛一把抓"，浪费了很多宝贵的时间和精力。应该做好计划，分清轻重缓急，善于抓主要矛盾。

（7）这山望着那山高。有些人总觉得别人的工作更理想，因此产生跳槽的想法，而没有想到新的工作岗位要建立新的人际关系，面对新的矛盾和挑战。不管什么工作都是不容易的，要客观分析自己的工作，要有现实的态度。

练习题：

1. 如何进行培训需求分析？
2. 如何组织和实施员工培训？
3. 如何做好入职培训？
4. 管理人员的培训怎么做？
5. 怎样制订职业计划？
6. 怎样才能做好职业发展管理？

［案例1］

骨干员工培养缘何失败

员工张某，一直以工作积极、勤于思考而深得公司管理层信赖，管理层内部开会准备提拔张某为部门经理。但张某的新任主管表示要考察一段时间，再作定论。

一段时间后，一次管理层会议上，一个相关部门主管提出张某不积极配合该部门工作，导致了一起重要事故。结果大家纷纷反映张某的问题，张某的主管也反映，张某近来工作积极性下降，工作不主动，只是被动地完成任务。

张某的变化引起了大家的讨论，管理层认为张某的问题值得重视，一个骨干员工为什么开始消沉？公司责成绩效管理部门对该个案调查和研究，找出问题并提出改进建议。

调查结果如下：

张某：我知道我变了，但我不希望自己变成这样。可是，主管安排我的事情太多了，根本做不完。而且，我一个人负责这么多事情，部门其他人有的工作量却不饱满。事情多，易出错，自己还经常挨批评，感觉主管对我有意见，同事看我的眼光也怪怪的……

张某的主管：自从上次讨论要考察张某后，我便开始给他压担子，工作分担一部分给他，但他很让人失望，没有一件事让人感到满意，自己原来的工作质量也下降……

张某的同事：张某的事情多，是领导信任他。我们都是同事，为什么我就要听他给我安排工作？为什么领导不直接将工作安排给他，他只是做一个二传手呢？……

相关部门人员：张某原来和我们合作很默契，但现在我们有时找不到他，问到他他经常说有事情请同事帮忙处理，出了事还不主动承担责任……

（材料来源：《中国人力资源开发》2003年第3期，作者陆学彬。）

讨论参考题：

1. 试分析张某表现失常的原因。
2. 如何才能避免干部提拔过程中的上述现象？

［案例2］

培训效果不佳该怎么办

赵经理是天成公司培训负责人，公司目前培训的状况让他甚是烦恼。

天成公司是一家大型制造型企业。公司领导对培训十分重视，专门成立了培训部。目前工作人员5名，以前都没有从事过HR方面的工作，在经验上有一定的欠缺。

本年度人力资源部针对公司各层级、各部门规划了近50堂内训课，以生产类课程和管理类课程为主。通过前期考察，这些课程请了两家咨询公司来做。但是从目前培训实施的情况看，效果十分不理想。

主要问题有：①培训师理论多、实践少，主要采取讲授方式，无法吸引学员注意力；②内训课程没有根据公司的需要组织相应教材，也没有相应的案例；③学员感觉培训内容对工作的价值、帮助不大。

公司负责培训的赵经理认为，由于公司课程量太大，咨询公司没有太多精力来精心设计课程，只是流于表面的流程：课前访谈—大纲—培训实施—1、2 级评估……没有对企业的实际情况进行深层次的分析，所以导致培训效果不是很理想。

赵经理很困惑，由于年度的培训计划及师资都已经提前安排好，合同也已经签订了，现在针对这种情况，除了要求咨询公司进行改进以外，不知道还能采取哪些措施进行预防和改善？

赵经理提出了如下问题：

1. 在设计明年培训项目的时候应该注意什么？生产类的一些课程如 5S、安全生产管理、生产计划与物料控制、TQM、TPM、管理技能提升等方面的课题都已经有设计了，其他针对中、高层的领导力、人力资源管理、财务管理等课程也全部都有安排了，还能再安排一些什么课程？怎样安排才会适当？

2. 由于培训项目较多，每次培训前都会有相关咨询公司人员来公司进行访谈，相关单位的直线经理开始的时候还很配合，但是次数多了，他们自己工作也很忙，就不太乐意了。是否可以多个课程一起进行访谈和设计呢？

另外，培训评估大家都知道很重要，公司也很想促进学员知识的转化和运用，培训的跟踪是需要直线经理配合执行的，但是公司现在处于大规模扩张阶段，所有人员的重心都放在建厂、生产上，每位经理都很忙，根本没有时间也不理会培训部要求反馈的资料。针对基层人员培训现在仅仅做到了一级评估，然后咨询公司会电话回访学员情况。

经理会说连正事都忙不过来，哪有时间配合搞这些训后系列评估？培训评估是不是也要视企业不同的发展阶段来做呢？怎样才能做好训后系列评估呢？

（资料来源于中国人力资源开发网，作者张自力。）

讨论参考题：

请针对案例中提出的问题给出解决方案。

第六章 绩效考核

示例 1[①]：

陈平是昆仑电子公司的生产总监，他平时总是尽个人所能帮助他的员工，如帮员工渡过"经济危机"，帮员工减少离职损失，为此他备受下属爱戴。

快到年底了，陈平的一个工人王霞却经常不来上班。据了解，王霞的丈夫在去年得了重病，至今仍在家休养。前不久，她的儿子又得肺炎住院。这对于债台高筑的王霞来说，无异于雪上加霜。

终于到了年度绩效考核的时候了，陈平决定尽可能地帮助王霞。虽然，王霞在各方面都不突出，但实际上陈平在每一项考核上都给她评价为"优秀"。由于公司的报酬制度与业绩评价紧密挂钩，所以除了正常的生活补贴及福利提高之外，王霞有资格得到丰厚的业绩奖金，还有可能加薪。

由于陈平的车间在本年度已超额完成了分配的定额，陈平在表格中的工作数量和工作质量情况的位置记为"优秀"，而在合作态度上则填上了"良好"或"一般"。由于张明在工作中经常"突发奇想"，有"偷懒"现象，陈平劝说无效，于是陈平在张明的工作态度栏下填上了"较差"，但在表格的评价栏中没有具体记录原因，也没有任何说明。当填到赵杰的评价时，陈平升起一股负罪感。他知道赵杰被调离现职与自己有关，因而，为了避免面临的尴尬，便给赵杰较高的分数。

陈平把绩效评价表叠好时，脸上露出了轻松的微笑。一年一度的考核难关终于过去了。

示例 2：

某高科技企业老板从报纸上看到一篇关于"国家机关在干部制度改革中使用'末位淘汰制'，打破'能上不能下'干部终身制"的报道后，深受启发，他认为这种"末位淘汰制"起到了鼓励先进、鞭策后进的积极作用。于是决定将这一方法借鉴到本企业的管理中。第二天，他在公司部门经理会上宣布："本公司将全面推行

[①] 摘自李洪涛《360 度绩效评价探析》，《中国人力资源开发》2000 年第 2 期。

'末位淘汰制'，我所说的'末位淘汰制'的具体内容就是：公司授权你们在座的各位部门经理，在年底之前，对你们的下属员工进行全面考核、打分、排名次；然后，各部门要根据考核后排好的名次，辞退掉名次排在末位的两名员工。"根据老板的这一指示，年底前，公司果然辞退掉了（即解除劳动合同）一批考核名次排在末尾的员工。第二年年初，正当老板为此举措取得的积极作用而洋洋得意之时，没想到，一位被淘汰的员工，却因不服辞退向劳动争议仲裁机构提起了仲裁申请。

一个组织在任用一个员工并安排一定的职位以后，作为管理者，还要检查其履行职责和完成任务的情况，要根据其表现给予一定的奖惩。如果不运用考核这一有效的管理手段，或没有正确地科学地进行考核，便会出现"干多干少一个样，干好干坏一个样"的局面，从而使员工越来越消极、怠惰。此外，绩效管理是企业战略落地的工具，通过科学、合理的绩效考评，把企业的战略思想、目标、核心价值观层层传递给员工，使之变成员工的自觉行为，并能不断提高员工素质，使员工行为有助于企业目标的实现。

本章主要阐述绩效考核的基本原理、程序和方法等。

第一节 绩效考核概述

一、绩效的含义及特点

员工的工作绩效，是指员工经过考核并被企业认可的工作行为、表现及结果。对组织而言，绩效就是任务在数量、质量和效率等方面完成的情况；对员工个人而言，绩效则是上级和同事对自己工作状况的评价。员工工作绩效的高低直接影响组织的整体效率和效益。因此，了解员工的绩效的特点和影响绩效的因素，对于掌握和提高员工的绩效具有重要的意义。

绩效具有以下三个特点：

第一，多因性。绩效的多因性是指绩效的好坏不是由单一的因素决定的，而要受许多主客观因素的影响。现代科学技术与心理学的研究表明，员工的绩效（Performance）主要受以下四个因素的影响：一是能力（Ability），二是机会（Opportunity），三是激励（Motivation），四是环境（Environment）。绩效可以用以下的公式来表示：

$$P = f(A, O, M, E)$$

能力是指员工的工作技巧和能力水平。在其他因素不变的情况下，员工的能力越高，绩效越显著，能力与绩效成正比。而能力的高低又受多种因素的制约，包括个人的体质、智力、受教育程度、工作经历等。作为组织，要通过对员工进行适宜的培训来提高其能力水平，以保证员工的优良绩效。

激励是指员工的工作状态,即他们的工作积极性。这是保证良好的工作绩效的心理基础。员工积极性的高低取决于主客观两方面的因素,主观方面的因素有员工的世界观、个人需要、兴趣、个性等,客观方面的因素有工作环境、领导评价、协作关系等。

机会有很大的偶然性,如某项任务分配给员工甲,员工乙当时不在或因纯随机性原因而未被派给此任务。可能乙的能力与激励均优于甲,却无从表现。不能否认,"运气"是有的,现实中不可能做到完全公平,此因素是不可控的。

环境虽然只是影响工作绩效的外部因素,却起着不可忽视的作用。环境因素首先指组织内部的客观条件,如工作场所的物质条件、设备配备、原材料的供应以及工作程序等,还有上级的领导作风和监控方式,公司的组织结构、规章制度、工资福利以及企业文化等。此外,环境因素还包括组织之外的某些起间接作用的因素,如社会政治状况和经济状况、市场竞争强度及劳动力市场状况等。

根据上述几个因素的关系,我们可以作出下列的绩效模型(图6.1)。

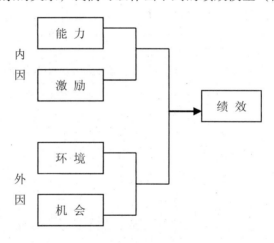

图 6.1　工作绩效模型

在这个模型中,环境和机会是影响员工绩效的外因,企业组织要尽可能为员工创造一个良好的条件,并在制定政策时尽可能做到公平。能力和激励是内因,但也与企业的政策有密切的关系,企业应用科学的方法提高员工的技能水平和调动他们的积极性,以争取最大的绩效。

第二,多维性。多维性是指一个员工的工作绩效要从多方面考察,不能只看一个方面。例如,对一个生产工人,不仅要考察他工作的数量,还要考察他工作的质量、原材料消耗、工具损耗、出勤状况、与别人的协作关系等。再如,一位部门经理,他的工作绩效不仅从他管理的部门的经营指标反映出来,而且也包含他对部下的监控、指导以及他在工作中的创新等。因此,对员工的绩效进行考察,要沿多种维度进行,才能作出全面的、恰如其分的评价。

第三，动态性。动态性是从时间上来说，员工的绩效会由于员工的能力、激励状态以及环境因素的变化而处于动态的变化之中，原来差的随着时间的推移可以变成好的，相反，原来好的可以变成差的。因此，对员工的绩效就要用发展的眼光来考察，从激发员工的积极性着眼进行绩效考核工作。

二、绩效考核的含义及功能

绩效考核是指对员工的工作状况和结果进行考察、测定和评价的过程。绩效考核又称为考绩，即根据员工的职位标准来比较和评价员工一段确定期限内对组织的贡献的一个过程。

由于各个员工具有的内外因素不同，即上面阐述的能力、激励水平、机会等因素不同，导致同一个组织中不同的员工在绩效上可能存在着很大的差异。研究人员发现，随着员工工作内容复杂性的提高，员工个人之间绩效的差别也将随之增大。而人力资源管理政策和实践的不同，对员工和组织绩效也有很大影响。表6.1是高绩效公司和低绩效公司在部分人力资源管理实践和企业绩效上的比较。

表6.1　高绩效公司和低绩效公司部分人力资源管理实践比较

	低绩效公司的 人力资源管理系统	高绩效公司的 人力资源管理系统
人力资源实践示例		
为每个职位获得的合格求职者人数	8.24	36.55
由内部员工填补的职位所占的百分比	34.90	61.46
每一位新员工（入职时间在一年以内者）培训的小时数	35.02	116.87
对有经验员工培训的小时数	13.40	72.00
得到正规绩效评价的员工所占的百分比	41.31	95.17
加薪或奖励性薪酬与个人绩效相联系的员工所占的百分比	23.36	87.27
有资格获得奖励性薪酬的员工所占的百分比	27.83	83.56
企业绩效		
员工流动率	34.09	20.87
员工的人均销售额	158 101	617 576
股票市场价值与账面价值之比	3.64	11.06

资料来源：Brian Becker, Mark Huselid & Dave Ulrich. *The HR Scorecard: Linking People, Strategy, and Performance*. Boston: Harvard Business School Press, 2001, pp. 16－17.

绩效考核的主要功能有：

第一，控制功能。对组织来说，通过绩效考核，为各项人事管理提供了一个客观而公平的标准，并依据这个考核的结果决定晋升、奖惩、调配等。这样就会使企业形成事事按标准办事的风气，使各项管理工作能够按计划进行。对员工个人来说，也是一种控制手段，可以使员工牢记工作职责，养成按照规章制度工作的自觉性。

第二，激励功能。考核能产生一定的心理效应，起到激励、督促和导向的作用。通过考核，无论对成绩突出者还是落后者，都会起到鞭策他们尽心尽责完成组织所交代的任务的作用。工作符合要求者和突出者，由于得到肯定和奖励而受到鼓舞，会继续朝着好的方向努力；落后者，会把自己与工作要求和先进分子进行比较，在以后的工作中加以改进。同时，正确的考核还是一面旗帜，指引员工前进的方向，使员工通过考核产生一种"见贤思齐，见不贤而内自省"的心理效应。

第三，开发功能。绩效考核是按已定的绩效标准进行的，考核结果显示的不足之处就是员工的培训需求。管理者可以据此制订有针对性的培训计划，达到提高员工素质的目标。同时，通过考核，对员工各方面的情况有详尽的了解，根据员工的长处和特点决定培养方向和使用办法，充分发挥员工的长处，促进个人的发展。

第四，沟通功能。考核结束以后，管理者把考核的结果反馈给被考核的员工，听取他们的申诉和看法，这就提供了领导与员工之间的沟通机会，有利于增进相互之间的了解，解决管理中存在的一些问题。

绩效考核与人力资源管理的各个方面都有密切的关系。绩效考核要以工作分析为基础，根据职位的职责和提供的产出评价任职者的工作绩效，并与薪酬体系结合起来，才能更好地发挥激励和牵引作用。在招聘时，求职者的以往工作绩效是重要的考量因素，而培训则是绩效考核后针对不足的改进和提高措施之一。

绩效考核在人力资源管理中占据核心地位，但是绩效考核由于仅仅是在事后考核员工的工作，再加上考核中存在着标准不清晰、缺乏反馈等问题，使得绩效考核往往流于形式，不能够达到企业的要求。20世纪70年代后开始出现了绩效管理的概念。绩效管理是指为了达成组织的目标，通过持续开放的沟通过程，形成组织目标所预期的利益和产出，并推动团队和个人作出有利于目标达成的行为。在这里，绩效管理不是简单的任务管理，它更强调沟通、辅导及员工能力的提高；不仅强调结果导向，而且重视达成目标的过程。表6.2列出了绩效考核与绩效管理的不同。

表6.2 绩效考核与绩效管理的比较

区别点	过程的完整性	侧重点	出现的阶段
绩效考核	管理过程中的局部环节和手段	侧重于判断和评估，强调事后的评价	只出现在特定的时期
绩效管理	一个完整的管理过程	侧重于信息沟通与绩效提高，强调事先沟通、事中管理、事后考核三位一体	伴随着管理活动全过程

三、有效的绩效管理系统的要求

绩效管理是一个系统的过程。在这个系统中,不仅包括应用某种方法考核员工的工作绩效这一核心过程,而且还纳入企业文化、企业战略以及人力资源政策对考核的影响等方面,同时把考核结果的反馈这一较孤立的环节与员工薪酬以及培训与开发紧密联系起来。绩效管理系统的模型见图6.2。

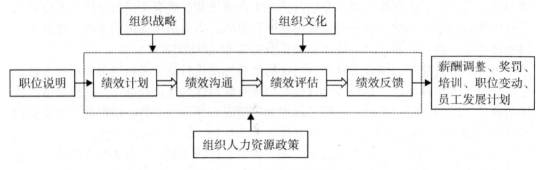

图6.2 绩效管理系统的模型

从模型中可看出,一个绩效考核系统一般由四部分组成,即绩效计划、绩效沟通、绩效评估和绩效反馈。

第一,绩效计划。这是绩效管理的第一个步骤,是管理者和被管理者对员工应该实现的工作绩效进行沟通并共同制定绩效契约的过程,是对在本绩效管理期间结束时员工所要达到的期望结果的共识,这些期望的结果用绩效指标的方式来体现。定义绩效是其中的主要内容,即界定绩效的具体维度及各维度的内容和权重,也就是让各层次的员工都明白自己努力的方向。在这个部分中,职位说明为定义绩效的内容提供一般意义的支持,企业文化、企业战略为定义绩效确定了明确的方向。这种方向性(通过加大某一维度的权重实现)要求定义的绩效保证员工努力的行为和方式与企业战略和企业文化相一致。

此外,企业的人力资源政策也影响对绩效的定义。比如,当一个企业有从内部提升员工弥补职位空缺的惯例或政策时,对各级管理者的绩效考核必然有培养下属能力的内容。

第二,绩效沟通。绩效沟通是一个持续的过程,管理者和员工在共同工作过程中分享各类与绩效有关的信息,这些信息包括工作进展情况、员工工作中潜在的障碍和问题、各种可能的解决问题的措施以及管理者如何才能帮助员工等。有效的绩效沟通有助于管理者及时了解企业内部管理上存在的问题,以防患于未然,降低企业的管理风险;也有助于员工优化后一阶段的工作绩效,提高工作满意度,从中推动企业整体战略目标的达成。绩效沟通可以采用书面报告、定期的会议沟通和一对一的会谈等正式沟通方式，也可以采取开放式办公、闲聊、喝咖啡的间歇时进行交谈等非正式沟通方式。

第三，绩效评估。绩效评估是绩效管理系统的主体部分，表现为制订出一个切实可行的健全的考核方案并实施考核过程。考核方案包括考核的内容、方法、程序、考核组织者、考核者与被考核者以及考核结果的统计处理等。

第三，绩效反馈。绩效反馈是向被考核的员工反馈其工作绩效的考核结果。反馈的目的除了让员工了解自己的工作情况外，还可以让考核者与员工一起分析工作中存在的不足，在沟通中进行适当的、明确的指导，使员工在今后的工作中提高绩效，达到组织所期望的标准程度。另外，企业文化对反馈绩效的方式、重视程度等都有很大影响。

但是，要建立一个良好的绩效管理系统并不是一件容易的事。有人曾对美国3 500家公司进行调查，结果显示，有30%—50%的员工认为企业正规的绩效管理系统是无效的。根据为中国客户服务的经验，翰威特咨询公司认为，有效地设计和实施绩效管理系统的公司具有以下10个共同特征：

（1）高层管理人员参与设计和实施绩效管理系统并发挥表率作用；
（2）绩效评估标准与企业经营结果挂钩；
（3）员工参与制定绩效评估标准；
（4）限定目标数量；
（5）通过胜任能力模式来促成员工行为和营造企业文化；
（6）经理们承担绩效管理职责；
（7）通过持续反馈与指导来提高绩效并采取惩戒行动；
（8）对经理和员工进行跟踪培训并采取具体的实施行动；
（9）通过进行绩效管理来确定员工的发展需求并探讨发展计划的实施状况；
（10）通过绩效管理来为奖金、奖励及其他物质回报提供可衡量的、相对客观的参考依据。

综合以上几点，我们认为，一个有效的绩效管理系统应该满足敏感性、可靠性、准确性、可接受性和实用性五个方面的要求。

第一，敏感性。敏感性是指绩效管理系统具有区分工作效率高的员工和工作效率低的员工的能力，否则既不利于企业进行管理决策，也不利于员工的自身发展，而只会挫伤管理人员和员工的积极性。

第二，可靠性。绩效管理体系的可靠性是指评价者判定评价的一致性，即不同的评价者对同一个员工所做的评价基本相同。

第三，准确性。绩效考核的准确性是指应该把工作标准和组织目标联系起来，把工作要素和评价内容联系起来，来确定一项工作成败的界线。绩效考核的准确性要求对工作分析、工作标准和绩效考核系统进行同期性的调整和修改。

第四,可接受性。绩效管理体系要得到各级管理人员和员工的支持才能推行,因为其中的许多环节都需要他们参与。一个成功的绩效管理体系不仅取决于正确的技术和方法,而且还取决于各级管理人员和员工对评价系统的态度。

第五,实用性。绩效管理体系的实用性指的是考核系统的设计、实施和信息利用都需要花费人力、物力、财力和时间,使用时要考虑其收益必须大于成本。

第二节 绩效考核的方法

一、绩效考核方法的基本类型

1. 品质导向型、行为导向型和效果导向型考核方法

根据在绩效考核时所选择的考核内容的不同,可以将绩效考核分为品质导向型、行为导向型和效果导向型三种考核方法(见表6.3)。

表6.3 评价体系实例

```
               A. 品质导向考核方法
根据下述特征对员工进行评级:
1. 对公司的忠诚      很低    低    平均    高    很高
2. 沟通能力          很低    低    平均    高    很高
3. 合作精神          很低    低    平均    高    很高
               B. 行为导向考核方法
根据下述量级,评定员工表现各种行为的频率:
1=从来没有   2=极少    3=有时    4=经常    5=几乎总是
(   ) 1. 以愉悦和友好的方式欢迎顾客
(   ) 2. 没有能力向顾客解释产品的技术问题
(   ) 3. 正确填写收费卡片
               C. 效果导向考核方法
根据生产记录和员工档案,提供员工的下述信息:
1. 本月生产的产量数目
2. 质检部门拒绝通过并销毁的产量数目
3. 质检部门拒绝通过并退回返修的产量数目
4. 本月中员工没有正式医院诊断情况下的缺勤天数
```

(1) 品质导向型。这种考核的特点并不主要考核员工的工作能力,而是侧重于员工的个人特性,如忠诚度、主动性、创造力、自信度、合作精神和沟通能力等内容。它主要回答员工"人"怎么样,而不重视员工的"事"做得如何。这类考核方法最主要的优点是简便易行,但有严重的缺陷。首先是有效性差,含混而主观,不具

体、不准确，而且评价过程中所衡量的员工特性与其工作行为和工作结果之间缺乏确定的联系。例如，一名性情暴烈的员工在对待客户的态度上却可能非常温和。其次，这类评价方法缺乏稳定性，特别是不同的评价者对同一名员工的评价结果可能差别很大。最后，这种考核方法无法为员工提供有益的反馈信息。

(2) 行为导向型。这种考核方法很细微，不但是多维的，而且每个维度都设计了一个标准的尺度以供定量性的测定。但尺度（也可称量表）中的标尺刻度，若仅用1、2、3、4、5等数字标示，在测评中仍无从下手。若各刻度用一定的形容词来标定，如优、良、中、可、劣或优异、优良、一般、合格及不合格，虽然相较于单纯的数字标定，在可操作性上有一定的改进，但仍欠具体，主观判定的成分大，信度不高。较可取的办法，是以对一定的、具体的、可测度的行为来标定，即将对一定行为的描述语和某一刻度联系起来，从而使考核的操作性大大改善。这种类型的考核方法的优点是能够为员工提供有助于改进工作绩效的反馈信息，缺点是无法涵盖员工达成理想工作绩效的全部行为。它较适合于对绩效难于量化考核、以脑力劳动为主的管理人员和工程技术等专业工作者的考核。

(3) 效果导向型。这种考核方法是为员工设定一个最低的工作成绩标准，然后将员工的工作结果与这一明确的标准相比较。它着眼于"干出了什么"而不是"干什么"。虽然也是多维分解，但考核的重点在于产出和贡献，而不在于行为与活动。这样，所测评的对象是硬而实、具体可测、直接和直观的，可操作性好，适于量化的指标。但由于只测效果不问手段，导致所测常具表面性。在很多情况下，员工最终的工作结果不仅取决于员工个人的努力和能力因素，也取决于经济环境、原材料质量等多种其他因素；这种方法可能会强化员工的短期行为和不择手段的倾向；在实行团队工作的组织中，把员工个人的工作结果作为业绩考核的依据会加剧员工个人之间的不良竞争，妨碍彼此之间的协作和相互帮助，不利于整个组织的工作绩效；这种方法由于只能获得员工工作结果的信息，因而无法提供如何改进工作绩效的明确信息。一般而言，对一线员工，尤其是从事具体生产操作、体力劳动的蓝领工人，多采用此类考核方法。

2. 客观考核法与主观考核法

具体的绩效考核方法很多，但根据其性质，可以分为客观考核法和主观考核法。

(1) 客观考核。依靠的是对两类硬性指标的考核：一是生产指标，如产量、销售量、废次品率、原材料消耗率、能耗率等；二是个人工作指标，如出勤率、事故率、犯规违纪率等。

这些指标的考核一般来说是过硬的、客观的、定量的，因而也应该是最可信的。但事实上影响工作绩效的原因很多，受员工不可控的环境因素影响大。例如，若客观经济极为景气或十分萧条，则员工个人工作绩效必然会受到相应的影响，但他们并不能对工作后果负完全的责任。因而这种考核有时貌似公允，实际上可信度并不太高。

另外，有些从事复杂脑力劳动的专业技术人员和管理人员的绩效很难有效量化为直接的可测指标。总之，这种方法过于注重工作结果，忽略被考核者的工作行为；过于注重短期效果，牺牲长期指标。所以，它一般只适用于一线从事体力劳动的员工。

（2）主观考核法。这种考核不依靠硬性的量化指标，而是由考核者依据一定的标准或设计好的维度对被考核者进行主观评价。评价的内容可以是员工的工作行为、个人品质，也可以是工作结果，或者是与工作绩效有关的其他各方面。这种方法在企业中的适用范围很广，可适用于包括技术人员和管理人员在内的各类员工考核，且现实可行，因此很受重视。但这种方法由于主要凭考核者的主观判断，易受心理偏差的左右，导致某些主观错误。所以，在运用时要精心设计考核方案，组合多种考核方法，从不同角度进行重复考核，仔细测评被考核者创造绩效所必需的各种重要工作行为，才能提高考核信度，使偏差尽可能地减少。

根据考核方式的不同，主观考核法又可以分为下列两类：

一是相对比较法。这是将某个被考核者的工作绩效与其他被考核者相比较，评出最终的顺序或等级，所以又可统称为比较法。

二是绝对标准法。这种方法不做人际比较，而是单独地直接根据被考核者的行为及表现来进行评定。它在实践中使用得最为普遍，并演变出多种不同的形式。

二、绩效考核方法

1. 排序法

排序法是按被考核者各人绩效的相对优劣程度，通过比较确定每人的相对等级或名次。排序方向可由最优排至最劣，或由最劣排至最优。排序比较时可循某个单一的特定绩效维度（如产品质量、服务态度等）进行，但更常见的是对各人的整体工作状况进行综合比较。排序法又可分为简单排序法、交替排序法、配对比较法、强制分布法和末位淘汰法。

（1）简单排序法。考核者将员工按照总体工作情况从最好到最差进行排序。这种方法简便易行，一般适合于员工数量比较少的绩效考核。在员工数量比较多的情况下，就需要选择其他的排序法。

（2）交替排序法。这是简单排序法的一个变形。由于简单排序法比较粗糙，很难得到一个比较合理的考核结果，所以人们便运用交替排序法来克服简单排序法的缺点。在运用交替排序法时，考核者在所有需要评价的员工中挑选出最好的一名员工，然后选择出最差的一名员工，将他们分别列为第一名和最后一名；然后在余下的员工中再挑出最好的员工作为整个序列的第二名，挑出最差的员工作为整个序列的倒数第二名。依此类推，直到将所有员工排列完毕，就可以得到对所有员工的一个完整的排序。

（3）配对比较法。是考核者根据某一标准将每一员工与其他员工进行逐一比较，并将每一次比较中的优胜者选出。最后,根据每一员工净胜次数的多少进行排序。例如,某一车间内被考核者有10人,每一位被考核者都必须经过9次配对,即与其他9人进行配对比较,比出优劣。配对比较次数的一般表达式为:

$$[n \times (n-1)] \div 2$$

式中,n为被考核者人数。如果车间内被考核者人数为10人,则所需配对数或配对比较次数为:

$$[10 \times (10-1)] \div 2 = 10(次)$$

为了方便起见,我们现在假设某生产小组有5人,他们是张三、李四、王五、赵六、陈七,如果使用配对比较法对他们进行考核,首先将这五个员工的姓名分别按照行和列写好,将每个员工和小组内所有其他员工进行相互比较,将业绩水平比较高的员工的姓名或者代号写在二者交叉的空格内(见表6.4)然后我们就可以按照每位员工"胜出"的次数来对他们进行排序,得到他们绩效情况的排名表(见表6.5)。

表6.4 配对比较法的评价过程

	张三	李四	王五	赵六	陈七
张三	—	张三	王五	赵六	陈七
李四		—	王五	赵六	陈七
王五			—	赵六	陈七
赵六				—	陈七
陈七					—

表6.5 配对比较法的评估结果

员工姓名	"胜出的次数"	排名
陈七	4	1
赵六	3	2
王五	2	3
张三	1	4
李四	0	5

(4)强制分布法。按事物"两头小,中间大"的正态分布规律,先确定好各等级在总数中所占的比例。例如,若划分成优、中、劣三等,则可以分别占30%、40%和30%;若分成优、良、中、差、劣五个等级,则每等级可以分别占10%、20%、40%、20%和10%。然后,按照每人绩效的相对优劣程度,强制列入其中的一定等级。强制分布法较适合于在人数较多情况下考核总体状况,简易方便,可以避

免考核者偏宽、偏严或高度趋中等偏差。但此法缺少具体分析，在总体偏优或偏劣的情况下，难以实事求是地作出评价。

（5）末位淘汰法。即根据考核结果对员工进行排序，强制淘汰一定比例的最末位人员，该比例根据企业的实际情况一般在5%—10%左右。被淘汰的人员或者需要接受培训，或者调岗，或者降职降薪，甚至被辞退。

末位淘汰法使人人都有紧迫感、危机感，有利于在企业内部营造一个奋力拼搏、争先创优的良好氛围。末位淘汰优胜劣汰，具有公正、公平和公开性，人人都处在同一条起跑线上。你跑得最快，就是冠军；你跑得最慢，只好被淘汰。它符合能者上、庸者下、平者让的用人机制，是科学、合理用人的有效途径。末位淘汰法还是裁员和调整企业结构的方法。利用末位淘汰法，可以为企业补充新鲜血液。持续采用末位淘汰法，可以在优化组织结构的同时，达到缩减组织编制的目的，原因是当淘汰3个末位绩效员工的时候，有可能只需补充2个或是更少的正常绩效水平的人数，就能完成甚至超越原有绩效的水平。换句话说，就算是企业在业务增长时期（假设年增长10%），通过对不同绩效级别员工实施末位淘汰法，企业仍然能够在不增加总编制人数（总人力水平基本不增长战略）的情况下有效地完成甚至超越经营目标。

虽然末位淘汰法有以上优点，但是，从其在中国出现的那天起，就一直争议不断。如1999年现代城的集体跳槽事件。8月20日，北京市著名的房地产开发项目现代城销售部门6位销售副总监中的4人率领他们部下的数十名员工酝酿集体跳槽，将末位淘汰制在北京推向了高潮。被现代城除名的员工认为，他们离开现代城的根本原因是现代城评定销售业绩的"末位淘汰制"所致，认为这种制度弄得业务员人人自危。而青岛市的两名职工被公司以"末位淘汰"的理由辞退后，向青岛市劳动争议仲裁委员会提出申诉，最终仲裁部门裁决公司解除劳动合同的行为属于单方违约，应分别向两职工支付违约赔偿金2 100元。

末位淘汰法引起争议的，一是末位淘汰的方式，二是末位淘汰的结果。甚至有人提出疑问，末位淘汰制度是否违反《劳动法》？从《劳动法》和《劳动合同法》来说，企业与员工签订劳动合同后，在合同期限未满前，任何一方要想解除，都必须有法定或约定的理由。如果"末位淘汰制"不是硬性摊派下岗的借口，而是根据比较公开、公平和完善的"末位淘汰"这一内部规章制度来"淘汰"不合格的员工，就没有违反《劳动法》。因为《劳动法》第26条规定："劳动者不能胜任工作，经过培训或者调整工作岗位，仍不能胜任工作的"，用人单位可以解除劳动合同，"但应当提前30日以书面形式通知劳动者本人或额外支付一个月的工资"。此外，末位淘汰法还存在着一些弊端。如果某类岗位中现有职工的工作表现和业绩整体突出或整体较差，那么极有可能出现一些优秀人员被淘汰或一些不合格人员却被继续留用的情况。不仅如此，它还容易造成同类岗位中同事关系的紧张，从而影响相互间的合作，很难发挥团队精神、实现共同进步，同时也不能避免现有职工在对本类岗位新进人员的考核中存在去优挑劣的倾向。而且,末位淘汰规章和条款的制定多向经营指标倾斜,容易导致淘汰失衡,也失去了对一名员工的综合评价,导致员工为了眼前的利益而投机取巧,甚至不惜一切手段违规违法经营。

要发挥末位淘汰法的积极作用,关键是各项考核标准和指标必须科学合理、公开透明,实施考核一定要严格、公正,预先确定的经营目标要明确并保持相对稳定,切忌中途随意调整变更。只有这样,才能使那些因经营不善或工作不力完不成考核目标而被淘汰者心服口服。否则,执行起来伸缩度很大,具有一定的片面性、随意性和不稳定性,再加上一些主观因素的存在,将会影响它的严肃性,更会挫伤经营者的积极性。

2. 评语法

评语法是以一篇简短的书面评语来进行考核的方法,这是一种传统的曾得到广泛应用的考核方法。用这种方法考核员工时,考核的内容、格式、篇幅、重点等均没有固定的要求,完全由考核者自己掌握。一般来说,它往往会涉及被考核者的优点与缺点、潜在能力、改进的建议及培养的方法等方面。每篇评语各具特色,又只涉及总体,不分维度或维度的划分比较粗糙;既无对各种考核维度的定义,也无行为对照标准,所以难作相互对比;几乎全是定性化描述,无量化数据,故难以作为人事决策的依据。但由于它简便易行,目前仍受到一定的欢迎。

3. 量表法

量表法是应用最为广泛的考核方法。它通常作维度分解,并沿各维度划分等级,通过设置量表(即尺度)来实现量化考核。量表的形式多种多样。

量表法在实际使用时要设计出一套可操作的考核表格,表6.6是考核量表范例。

表6.6　营业柜台人员考核表

姓名:张三　　职务:储蓄员　　部门:第六营业部　　考评时间:2015年12月15日

一级考评维度	二级考评维度	考评要点	评价等级	权重(%)	得分
工作态度	服务态度	• 对顾客礼貌、热情、耐心细致 • 设身处地为顾客着想,受到顾客好评 • 从不与顾客争吵,处事有分寸	ABCDE	8	
	责任心	• 工作认真负责、正确、可靠 • 工作努力、踏实,兢兢业业 • 尽心尽力履行职责,不需督促	ABCDE	8	

续上表

一级考评维度	二级考评维度	考评要点	评价等级	权重（%）	得分
工作态度	纪律性	• 遵守营业规章制度，按规定程序办事 • 忠于职守，不擅离岗位 • 工作准时，极少迟到、早退或缺勤	ABCDE	8	
	团结协作性	• 与上级、同事有良好的合作态度 • 当工作紧张时，能主动帮助他人工作 • 与同事和睦相处	ABCDE	6	
工作能力	工作效率	• 办事干净利索，反应敏捷 • 对突发事件能沉着冷静，迅速采取解决办法 • 工作不积压，及时处理工作中出现的问题	ABCDE	10	
	工作技能	• 熟悉业务，对市场和客户有深入和广泛的了解 • 对业务工作的内容、操作程序和关键点一清二楚 • 营业票证、记录、账目等规范准确	ABCDE	10	
	身体健康	• 能持续紧张地工作 • 工作时精力充沛，行为举止得体 • 很少请病假，出勤率高	ABCDE	10	
工作绩效	工作质量	• 工作有条理，忙而不乱 • 注意对关键处核对与检查 • 工作细致，很少出错	ABCDE	20	
	目标实现度	• 岗位责任及任务完成情况	ABCDE	20	
总体评价	A　　B　　C　　D　　E		总体得分		
工作期望					

已经同被考评者本人讨论过考评表的资料和考评结果。　　直接主管签名：　　　　日期：
我已知道并同我的主管讨论过考评表的内容和考评结果。被考评者签名：　　日期：
上级主管审核意见：　　　　　　　　　　　　　　　　　　签名：　　　　　　日期：

考核表格的设计过程具体包括以下三个步骤：

第一，选定考核维度并赋予权重。工作绩效的表现是多维的，设计量表时首先要确定从哪几个维度来考核工作绩效，即定义绩效的构成。选择维度时要根据工作说明书的具体内容，力求全面、准确，而且可以明确定义。为了使量表更具体，内容更容易被理解，可以将选定的主维度进行再分解，确定多个亚维度。由于各个维度对绩效的作用并不相等，所以选定考核维度之后，要按各维度的重要性分别赋予不同的权重。影响各维度权重大小的因素很多，设计时要严谨、细致、周密，才能获得预期的效果。

第二，确定量表的尺度。确定尺度即沿着选定的维度划分等级。等级的划分视设计者测度粗细的意图而定，可以采用优、中、劣3级，较多采用的是5级，多的可以到15级，甚至25级。其具体形式可以用文字表示，也可以用数字表示，或将文字和数字结合起来使用。值得推荐的考核尺度，如优、良、中、可、劣和14、12、10、8、6，这两种尺度经专家多年实践，证实误差较小、信度较高。当多个考核者同时评分时，容易得到接近正态分布的结果。而且在打分中，当考核者犹豫不决时，还可以取偶数值中的奇数分。这样，考核者心理上感到自由度较大。

第三，确定量表等级的意义。这是量表法设计中的核心内容，决定着考核的精度和效度。最简单的办法是只给出标尺两级的意义，中间过渡各级让考核者去意会，中间刻度可用递增或递减的数字来标示，通常数字愈大代表绩效愈高。为了明确各等级刻度的意义，避免造成误解，较好的办法是以一定的说明词或短句（也可称为"锚定词"或"锚系词"）来说明。有的说明词并不对应一定刻度，只说明渐变的趋势。但较常见的是一定刻度对应一定的说明词。有了说明词，刻度可不注数字，使用时考核者只在相应刻度处画出符号即可，但如果同时用数字标示，则各刻度就能量化评分了。说明词的形式可以是标准分类式的，如"总是"、"有时"、"偶尔"等表示频度的副词，也可以是行为或事件描述式的。

量表法具有较全面、结果量化和可比性强等优点，但由于维度的分解和细化以及等级的界定较复杂，难以做到准确和明晰，导致考核结果仍然存在一定的主观性。为此，近年来美国的专家研究出一种叫作"混合标准量表"的考核工具，使量表的使用更有效，考核的准确度也更高。

在设计"混合标准量表"时，先分解出若干考核维度，并为每一维度的好、中、差三等拟定一条典型表现的描述句，然后将它们的顺序打乱，混杂排列，使考核者不易觉察各陈述句是考核哪一维度或哪一等级，因而可减少其主观成分的掺入。实施考核时，考核者只需根据被考核者的实际表现，与这些定义绩效标准的描述句逐条对照评判。凡描述句所述内容与被评者表现相符的，则在此句后画"0"号；优于描述句所述则画"＋"号；不及所述句则画"－"号。最后根据所给符号，按照评分规则，判断该被评者在各维度上所得分数。下面的例子是对某办公室一职员的考核过程。假设考核维度只有三个，即工作效率、工作自信心和工作汇报质量，各拟出好、中、差三种表现的描述句，混合编成表6.7所示。

表6.7 混合标准量表示例

序号	典型绩效表现（工作效率、工作自信心、工作汇报质量）	评价符号
1	有正常自信，通常对工作有把握，只是偶尔踌躇一下	
2	工作效率欠佳，完成任务时间长，有时不能按时完成	
3	口头及书面汇报都有条理，考虑周到，很少需另作补充	
4	工作中有些畏缩，往往不果断，甚至偶尔对事情采取回避态度	
5	有时汇报得无条理、不完整，因而价值不大，或需返工做补充修改	
6	效率基本符合要求，一般能在适当时间内完成所给任务	
7	敏捷、利索，总能完成计划进度，并能很快适应新给任务	
8	言行举止表现得颇有自信，对各种情况能迅速作出果断反应	
9	汇报的内容多是有意义而有用的，结构也较有条理，但往往需做补充报告	

只要认真加以分析，便可以看出，表中的第7、6、2条是工作效率的描述句，第8、1、4条是工作自信心的描述句，而第3、9、5条则是工作汇报质量的描述句。

实施考核时，考核者即以这9条描述句，对被考核者实际工作表现进行对照考核，对超过、符合或不及标准的，分别标以"＋"、"0"和"－"的符号。每个维度所得的三个符号有7种可能的组合，如三条有关描述句均获"－"号，说明被考核者的表现属于最差，评以最低分（1分）；反之，三句都获"＋"号，则应获最高分（7分），见表6.8。

表6.8 混合标准量表评分标准示例

	七 种 组 合						
标准	-	-	-	-	-	0	+
	-	-	-	0	+	+	+
	-	0	+	+	+	+	+
得分	1	2	3	4	5	6	7

例如，某职员在这次考核中的结果如下：

1、0，2、＋，3、＋，4、＋，5、＋，6、＋，7、0，8、－，9、＋。

该职员在三个维度上的考核得分可据此推算出来（如表6.9所示）。

表6.9 混合标准量表统计示例

维　　度	标　　　　准			得　　分
工作效率	0	+	+	6
工作自信	-	0	+	4
汇报质量	+	+	+	7

4. 关键事件法

所谓关键事件法，是负责评价的主管人员把员工在完成工作任务时所表现出来的特别有效的行为和特别无效的行为记录下来，形成一份书面报告，每隔一段时间（通常为6个月），主管人员和其下属人员面谈一次，根据记录的特殊事件来讨论后者的工作绩效。需要注意的是，所记载的事件必须是较突出的、与工作绩效直接相关的事（即关键事件），而不是一般的、琐碎的、生活细节方面的事；所记载的应是具体的事件与行为，不是对某种品质的评判（如"此人是认真负责的"）。

关键事件法一般与其他考核方法结合起来使用，作为其他方法的一种很好的补充。因为它有许多优点：①它为主管人员向下属人员解释绩效考核结果提供了一些确切的事实材料；②它可以使主管人员在对下属人员进行绩效考核时，所依据的是员工在整个年度中的表现（因为一年中的关键事件都已有所记录），而不是员工在最近一段时间的表现，从而使考核更全面和更准确；③进行动态的关键事件记录，可以使主管人员了解下属人员是通过何种途径克服不良绩效的具体事例。但是，由于记录是对不同员工的不同工作侧面进行的描述，无法在员工之间、团队之间和部门之间进行工作情况的比较；评价者用自己制定的标准来衡量员工，而员工则没有参与的机会，因此，不适合用于进行人事决策。

5. 行为对照表法

在运用行为对照表法考核员工时，考核者要先设计一份描述员工规范的工作行为的表格，考核者将员工的工作行为与表中的描述进行对照，找出准确描述了员工行为的陈述，即成为现成的评语。下面是一份预先拟就的行为对照表的一部分：

- □ 工作中显现出厌倦懈怠神态与行为
- □ 工作可靠，总能按时完成所布置的任务
- □ 与同事合作协调，相处融洽
- □ 掌握工作中一定方面的技能有困难
- □ 要求多少就干多少，但从不做额外奉献
- □ 脾气很好，从不与人争吵
- □ 有时控制不了自己，较易发火
- □ 工作中只需极少上级的监督指导
- □ 对上级的批评指导，能虚心接受

这样的对照表可以很长，工作各主要方面的好、中、劣都列入。有了这一现成的清单，考核者只需要照单勾出，便捷易行。

由于各工作维度对绩效的作用并不相等，例如，"工作敏捷利索"与"人际关系融洽"对一线工人的绩效虽都有影响，但前者就比后者更重要。因此，有时在运用行为对照表法时，要把员工的行为表现分为若干维度来分别评分，最后计算出总分。按各个维度的重要性，分别给予不同的权重。一般每一维度按四级到九级中的某一尺度给分，并乘以权重。考核时各维度条目混排打乱，使考核者不至于根据对被评员工某一方面印象较深而影响对其他方面评价的公正性与客观性。

行为对照表法的一个改进方法是所谓的强制选择法，即设计一个行为对照表，其中的评价项目分组排列，但是每个项目并不列出对应的分数。考核者从行为对照表中挑选出他认为最能够描述和最不能够描述员工的工作的陈述，然后汇总到人事部门，由人事部门根据不公开的评分标准计算每位员工的总分。这种方法可以减少考核者对员工的宽容成分，建立更客观的评价体系。但由于考核者自己也不知道他所选择的项目代表什么样的工作水平，因此强制选择法无助于在评价鉴定的面谈过程中为员工指出改进工作绩效的具体建议。

6. 行为锚定评价法

行为锚定评价法（BARS）实质上是把量表法和关键事件法结合起来，使其兼具两者之长。它为每一职位的各考核维度都设计出一个评分量表，并有一系列典型的行为描述句与量表上的一定等级尺度（评分标准）相对应和联系（即所谓锚定），供考核者在给被考核者实际表现评分时作为参考依据。尽管这些典型行为描述句数量有限（一般不会多于10条），不可能涵盖员工工作表现的方方面面，被考核者的实际表现也很难与描述句所描述的完全吻合，但有了量表上的这些典型行为锚定点，考核者打分时便有了分寸感。锚定法的优点主要是：①对工作绩效的考核更加精确。由于是由那些对工作及其要素最为熟悉的人来编制行为锚定等级体系，因此这一方法能够比其他考核方法更准确地对工作绩效进行评价。②工作绩效考核标准更加明确。等级尺度上所附带的关键事件有利于考核者更清楚地理解"非常好"和"一般"等各种绩效等级上的工作绩效到底有什么差别。③具有良好的反馈功能。关键事件可以使考核者更有效地向被考核者提供反馈。④各种工作绩效表现要素之间有着较强的相对独立性，可避免考核者因对被考核者某一方面的评价较高而将其他方面的评价等级也定得较高的情况。⑤信度较高。即不同的考核者对同一个人进行评价，其结果基本上相似。行为锚定评价法的主要缺点是设计和实施成本比较高，经常需要聘请人力资源管理专家帮助设计，而且在实施以前要进行多次测试和修改，因此要花费许多时间和金钱。

建立行为锚定评价法通常要经过下列四个步骤：

第一，选定构成被考核职位工作绩效的重要维度，列出维度表并明确写出每个维度的定义。

第二，为每个维度设计出一系列实例性的关键事件。

第三，由一组处于中间立场的管理人员为每一个维度选择关键事件，并确定每一个绩效等级与关键事件的对应关系。

第四，每个考核维度中包含的关键事件从好到坏进行排列，建立行为锚定评价法考核体系。

图6.3就是用上述程序制定出来的百货公司售货员考核中"对待顾客投诉的处理态度与方法"维度的行为锚定评价体系。从图中可以看出，这些锚定说明词都是对某一特定情景下某种具体工作行为的描绘，比一般量表中的一般性的、空虚的"优"、"良"、"中"、"差"、"劣"之类的说明词在评分时要容易掌握得多。应该注意的是，说明词需是行为实例，不是"优"、"劣"等行为的评价。虽不必用精确定量数值，如"90%的精度"等，但要尽量不仅用形容词（如"出色完成"等），而且用实际行为去说明。

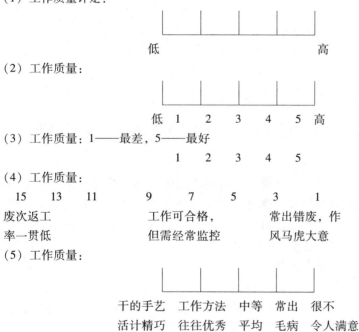

（7）工作质量：

　　　□　　　　□　　　　□　　　　□　　　　□
全组质量一贯　工作认　同一般人　达不到本应　全组质量最
最好的一个　　真负责　差不多　　达到的水平　差的一个

（8）工作质量：

参照质检记录，结合考虑其认真态度及产品精度，按废次品率高低来评判。1—6 差；7—18 中；19—25 好。

评分_____

（9）工作质量：

1	2	3	4	5	6	7	8	9	10	11	12	13	14	15	16	17	18	19	20	21	22	23	24	25
低劣					较差					中等					较优					优秀				

（10）工作绩效：

工作绩效维度	绩　效　等　级			
	一贯优良	有时优良	总属中等	从来不好
工作质量： 成品率： 精度外观：				

图 6.3　百货公司售货员对待顾客投诉的处理态度与方式考评行为锚定评分表

7. 目标管理法

运用目标管理法来考核员工的绩效，是通过将组织目标层层分解，将员工的日常工作活动与组织目标紧密结合起来，以员工完成工作任务为考核重点，从而达到个人绩效与组织业绩的不断提升以及企业目标的不断达成。其过程非常类似于主管人员与员工签订一个合同，双方规定在某一个具体时间达到某一特定的目标。员工的绩效水平就根据这一目标的实现程度来评定。

目标管理法主要有以下六个实施步骤：

（1）确定组织目标。制订整个组织下一年度的工作计划，并确定相应的组织目标。

（2）确定部门目标。由各部门领导和他们的上级共同制定本部门的目标。

（3）讨论部门目标。部门领导就本部门目标与部门下属人员展开讨论，并要求他们分别制订自己个人的工作计划，每位员工要明确如何才能为部门目标的实现作出贡献。

（4）确定个人目标。由部门领导与各个下属人员共同确定的绩效目标，并确定具体的考核指标,有的公司会与员工签订绩效合约(见表6.10)。

(5)工作绩效评价。即对工作结果进行审查,部门领导就每一位下属员工的实际工作成绩与他们事先商定的预期目标加以比较。

(6)提供反馈。部门领导定期召开绩效评价会议,与下属人员一起对后者的目标达成与进度进行讨论。

目标管理法不是要衡量员工的工作行为,而是要衡量每位员工为组织的成功所做的贡献的大小。在这里,关键是目标的制定。目标必须是可以衡量和可以观测的。具体要求是:①目标应是具体的。②目标可以用数量、质量和影响等标准来衡量。③设定的目标应该被管理人员和员工双方接受。这就要做到目标水平既不能过高,要让员工能够接受;也不能过低,要让管理人员也能接受。也就是说,这一目标既有一定的挑战性,又是经过努力能够达到的。④设定的目标应是与工作单位的需要和员工的职业发展相关的。⑤目标要有一个合理的时间约束,预计届时可以出现的相应结果。表6.10是一家家电公司在应用目标管理法时的销售人员绩效考核表。

表6.10 销售人员绩效考核表

序号	目标项目	本月目标	实际完成情况	绩效差距(%)
1	微波炉销量(台)	100	120	120
2	电冰箱销量(台)	70	56	80
3	电视机销量(台)	80	76	95
4	新发展的批发客户(个)	5	4	80
5	顾客抱怨(次)	10	8	80
6	销售分析报告(篇)	3	3	100

目标管理法的优点是,由于能够发现具体问题和差距,便于制订下一步的工作计划,因此非常适合于用来对员工提供反馈意见和指导。另外,其评价标准直接反映员工的工作内容,结果也易于观测,因此很少出现评价失误。但缺点是设计目标评价体系需要花费资金和时间,成本很高,尤其是指标的分解很困难。在具体操作中,可注意如下几点:

(1)基于目标管理的绩效考核必须遵循目标由上而下分解这一法则,即由组织到个人,由管理者到普通员工。

(2)对于考核周期比较长的员工,可将具体的考核目标转变为对达到目标所需的阶段性的过程目标,将过程分解为具体的工作环节,对每一项工作任务再从时间、质量、成本、服务四个方面分别对各环节进行考核。

(3)在进行阶段性过程目标考核的时候,如果员工对该过程的某一环节的结果完全不可控制时,则该环节不应该设定员工的考核指标。有可能这项工作牵涉到跨部门工作团队或公司外部人员，作为主管，应该思考本部门员工在此项工作中影响的权重有多大，这样就可以将看起来不可控的因素进行较好的管理和测量。

（4）当一项指标从正向考核比较烦琐时，可以试着从负向对该指标进行考核，分析如果此项工作完成不好会造成什么损失、会出现什么问题等负向结果因素，并以其为考核要点，可以更便于考核。

8. KPI（Key Performance Index，关键业绩指标）考核体系

KPI 考核体系是将企业战略目标分解为内部过程和活动，设定关键参数，并收集、分析、评价绩效的一种目标式量化管理考核体系。它既是一种绩效考核的工具与方法，又是一种战略绩效管理思想。KPI 考核是现代企业中受到普遍重视的绩效考核方法。它既可以使高层领导清晰了解对公司价值最关键的经营管理情况，又可以引导部门主管和员工的注意力方向，使其更加关注公司整体业绩指标、部门重要工作领域及个人关键工作任务，提高执行力。同时，还可以减少考核的盲目性和主观性，维持利益分配的相对公平公正，方便管理者快速找到问题的症结所在，为绩效改进提供依据。

（1）建立 KPI 指标体系应遵循的原则。

1）目标导向。即 KPI 必须依据企业目标、部门目标、职位目标等来确定。

2）注重工作质量。工作质量是企业竞争力的核心，但又难以衡量，因此，对工作质量建立指标进行控制特别重要。

3）符合 SMART 原则。S 代表具体（Specific），指绩效考核要切中特定的工作指标，不能笼统；M 代表可度量（Measurable），指绩效指标是数量化或者行为化的，验证这些绩效指标的数据或者信息是可以获得的；A 代表可实现（Attainable），指绩效指标在付出努力的情况下可以实现，避免设立过高或过低的目标；R 代表实现性（Realistic），指绩效指标是实实在在的，可以证明和观察；T 代表有时限（Time bound），注重完成绩效指标的特定限期。

4）强调输入和输出过程的控制。设立 KPI 指标，要优先考虑流程的输入和输出状况，将两者之间的过程视为一个整体，进行端点控制。

（2）建立 KPI 指标的步骤：

1）明确企业的战略目标，并找出企业的业务重点。然后，找出这些关键业务领域的关键业绩指标（KPI），即企业级 KPI。

2）各部门的主管需要依据企业级 KPI 建立部门级 KPI，并对相应部门的 KPI 进行分解，确定相关的要素目标，分析绩效驱动因素（技术、组织、人），确定实现目标的工作流程，分析出各部门级的 KPI，以便确定评价指标体系。

3）各部门的主管和部门的 KPI 人员一起再将 KPI 进一步细分，分解为更细的 KPI 及各职位的业绩衡量指标。这些业绩衡量指标就是进行员工考核的要素和依据。

4）设定评价标准。一般来说，指标指的是从哪些方面衡量或评价工作，解决

"评价什么"的问题;而标准指的是在各个指标上分别应该达到什么样的水平,解决"被评价者怎样做,做多少"的问题。

5)对关键业绩指标进行审核。比如,多个评价者对同一个业绩指标进行评价,结果是否能取得一致,这些指标的总和是否可以解释被评估者80%以上的工作目标,跟踪和监控这些关键业绩指标是否可以操作,等等。审核主要是为了确保这些关键业绩指标能够全面、客观地反映被评价对象的绩效,而且易于操作。

KPI的分解确定应该注意抓住对企业最重要的因素。如对于零售企业而言,KPI主要表现在如下几个关键点上:采购绩效,又分为采购人员绩效和供应商绩效;物流配送绩效;卖场空间绩效;商品管理绩效;宣传贩促绩效;服务绩效;财务绩效。在这些纲要下再细化订出各项指标,如订货取消率、毛利控制、交货时间差异、完成程度、供应商贡献度、信用评定、成本差异、耗损率、货架使用率、配送流动率、缺货重复率、价格结构、质量关键值、退货损耗、工时产能、人均产值、分类坪效、存货周转、覆盖范围、费用分配、现金流动、利润结构等等。图6.4是某公司的KPI体系。

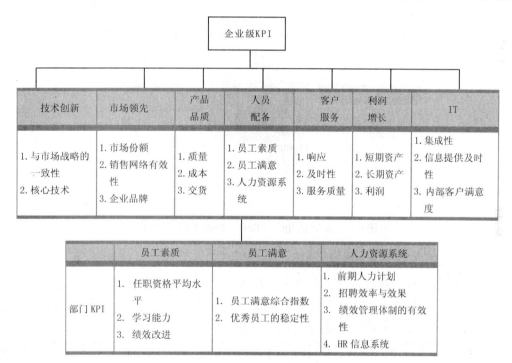

图6.4 某公司的KPI体系

9. 平衡记分卡(Balanced Scorecard)

美国著名的管理大师罗勃特·卡普兰和复兴方案国际咨询企业总裁诺顿在总结了12家大型企业的业绩评价体系的成功经验的基础上,提出平衡记分卡(BSC)这一划时代的战略管理业绩评价工具。平衡记分卡是一种以信息为基础的管理工具,分析哪些是完成企业使命的关键成功因素,以及评价这些关键成功因素的项目,并不断检查审核这一过程,以把握绩效评价,促使企业完成目标。BSC 说明了两个重要问题,一是它强调指标的确定必须包含财务性的和非财务性的(因此有"平衡计分"之说);二是强调了对非财务性指标的管理,其深层原因是财务性指标是结果性指标(Result Indicator),而那些非财务性指标是决定结果性指标的驱动指标(Driver Indicator)。平衡记分卡为企业管理人员提供了一个全面的框架。它把企业的使命和战略转变为目标和衡量方法,这些目标和衡量方法分为四个方面:财务,客户,内部经营过程,学习和成长(见图6.6)。这四个方面具有深层的内在关系,即学习与成长解决企业长期生命力的问题,是提高企业内部战略管理的素质与能力的基础;企业通过管理能力的提高为客户提供更大的价值;客户的满意导致企业良好的财务效益。它们使一种平衡得以建立,这就是兼顾短期和长期目标、理想的结果和结果的绩效驱动因素、硬的客观目标和软的主观目标。

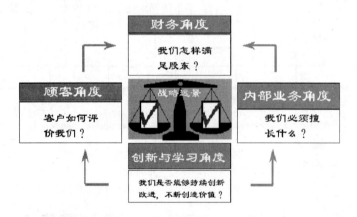

图 6.5 平衡记分卡(BSC)的四个评价角度

制定平衡记分卡的步骤①:

(1)确定目标,选择设计人员。在企业高层就制定平衡记分卡达成共识并获得支持。企业高层应明确平衡记分卡的主要意图并在认识上取得一致。企业高层应该确定能够担当起平衡记分卡总体设计的重任的人选。

(2)选择适当的企业部门。设计人员必须确定出适宜于实行最高级别的平衡记分卡的业务部门。最初的平衡记分卡过程最好从一个具有战略意义的业务部门开始,这个业务部门的活动最好贯穿企业的整个工作流程——创新、经营、营销、销售和服务。这样一个下属业务部门应有自己的产品和客户、销售和流通渠道及生产设施;同

---

① 邓为民:《平衡记分卡:信息时代的业绩评价工具》,《中国企业报》2002 年 8 月 27 日。

时，该部门应容易制订全面的业绩评估手段，且不涉及同企业其他部门的开支和产品与劳务转让价格问题。确定该部门同其他业务部门的关系，使该部门面临的机遇和受到的限制明朗化。

（3）就该部门的战略目标达成共识。设计人员通过对部门的全面了解，帮助部门管理人员理解企业的战略目标并了解它们对平衡记分卡的评估手段的建议，解答它们提出的问题。在充分交流的基础上，确定企业的战略目标。确定战略目标是一个重复的过程，通常需要经过反复的讨论才能最终确定。

（4）选择和设计评估手段。该阶段主要包括以下要点：对于每个目标，要设计能够最佳实现和传达这种目标意图的评估手段；对每一种评估手段，找到必要的信息源和为获得这种信息而采取必要的行动；对于每一目标的评价体系之间的相互影响以及与其他目标的评价体系的影响进行评估。

（5）制订实施计划。以实施平衡记分卡目标部门的下属部门为单位，成立实施小组。各实施小组确定平衡记分卡的目标并制订实施计划。该计划包括如何把评估手段同数据库和信息体联系起来，负责在企业内部传播平衡记分卡，直至完全建立一个全新的执行信息制度。

（6）通过最终的实施计划，把平衡记分卡融入企业的管理制度并发挥作用。

如某公司使用平衡记分卡分析的结果如图6.6所示：

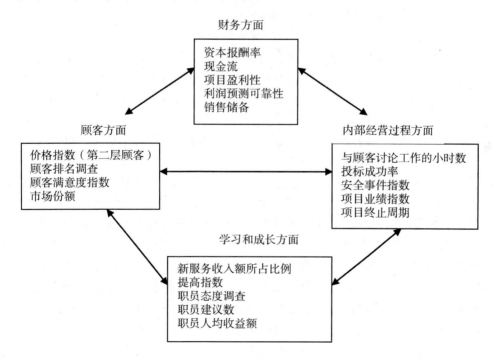

图6.6 某公司使用平衡记分卡的分析结果

10. 360度考核

据调查，在《财富》杂志排名前1 000位的企业中，已有90%的企业在使用不同形式的360度考核，如IBM、摩托罗拉、摩根士坦利、诺基亚、福特、迪斯尼、西屋、美国联邦银行等，都把360度考核用于人力资源管理和开发。

360度考核，是一种从不同层面的人员中收集考核信息，从多个视角对员工进行综合绩效考核并提供反馈的方法。考核者不仅有上级主管，还包括其他与被考核者密切接触的人员，如同事、下属、客户，以及本人自评。

(1) 360度考核的特点：

第一，全方位、多角度。从任何一个方面去观察人作出的判断都难免片面。360度考核的考核者来自企业内外的不同层面，得到的考核信息角度更多，考核评价更全面、更客观。

第二，误差小。360度考核的考核者不仅来自不同层面，而且每个层面的考核者都有若干名，考核结果取其平均值，从统计学的角度看，其结果更接近于客观情况，可减少个人偏见及评分误差。

第三，分类考核。针对不同的被考核人——公司领导、职能部门总经理和业务部门总经理、地区营运长、营业部总经理分别使用不同的考核量表，针对性强。

第四，实行匿名考核。为了保证评价结果的可靠性，减少评价者的顾虑，360度考核采用匿名方式，使考核人能够客观地进行评价。

(2) 360度考核应注意的事项。360度考核采用多名评价者匿名评价，但是，这并不一定能保证所获得的信息就是准确的和公正的。首先，评价者对被评价者所承担的职位角色可能并不是非常了解，也有可能不知道应该对被评价者的哪些行为表现进行评价，也有可能没有或者很少有机会观察被评价者的行为表现。由于没有掌握相应的信息，或者了解的信息是不全面的，会使评价结果出现误差。其次，由于对人的评价是一项复杂的活动，需要评价者正确地获取、储存、提取并集成不同时间段与被评价者所担任的职位、工作业绩有关的各项信息来对被评价者作出评价。而评价者可能会简化这项活动，只是根据他们对被评价者的整体印象，而不是具体的行为表现来对被评价者进行评价。最后，评价者可能会无意识或者有意识地歪曲对被评价者的评价。为了维护自己的自尊，一般的评价者在评价时，会给自己较高的评价，而给其他人以较低的评价，并且在对自己进行评价时，倾向于把成功归因于自己的能力，把失败归因于外部环境的限制；而对他人进行评价时，倾向于把成功归因于外部环境，把失败归因于被评价者。在同一公司工作的员工，既是合作者，又是竞争者，考虑到各种利害关系，评价者有时还会故意歪曲对被评价者的评价。比如，可能会给与自己关系好的被评价者以较高的评价，给与自己关系不好的被评价者以较低的评价。

为避免以上问题的发生，在选择评价人时，一定要选那些与被评价者在工作上接触多、没有偏见的人，并不是所有的上级、同事、下属和客户都适合做评价者，同时，根据考核者对被考核者的了解程度，确定考核的方面。例如，某企业设计的360度考核表，选择不同层面的考核者从不同角度对被考核人的工作行为进行考核，不同类别的被考核人使用不同的考核表格。上级考核者主要注重考核被考核人的指导统率力、业务推进力、全局驾驭力、计划决定力、洞察创新力。同级考核者主要考核被考核人的协作力，包括部门合作、同事协作发挥团队优势、创造和维护良好的工作氛围等；下级考核者主要考核被考核人的领导水平，以身作则，知人善任，驾驭局面的能力，业务能力，正确授权，对员工的培养等；客户考核者主要考核被考核人的服务态度、服务水平、服务质量、服务效果等。即使同是上级考核，对不同被考核人着重点也不一样。例如，业务部门总经理考核的是其业务发展、经营管理、人事管理、风险防范四大方面，而职能部门主要看其组织协调能力、对业务部门的支持、对分支机构的垂直监管，等等。在评价之前，还要对评价者进行指导和培训，让评价者对被评价者的职位角色有所了解，让评价者知道如何来作出正确的评价，让评价者知道在评价的过程中经常会犯哪些错误。

此外，360度考核的关键是问卷的设计。问卷的形式分为两种：一种是给评价者提供5分等级，或者7分等级的量表（称之为等级量表），让评价者选择相应的分值；另一种是让评价者写出自己的评价意见（称之为开放式问题）。目前，市场上常见的360度反馈评价问卷都采用等级量表的形式，有的同时包括开放式问题。问卷的内容一般都是比较共性的行为。有些公司出售这些试卷，如美国CCL公司、国内的赛思博公司等，可以购买后直接使用。但是，由于这些试卷不一定与企业的实际情况相吻合，所以，不少公司从外部购买成熟的问卷后，再由评价者、被评价者和人力资源工作者共同组成专家小组，判断问卷中所包括的行为与拟评价职位的关联程度，保留关联程度比较高的行为；然后，再根据对职位的分析，增加一些必要的与工作情景密切相关的行为。采用这种方式，既能降低成本，同时也能保证问卷所包括的行为与拟评价职位具有较高的关联性。

第三节 绩效考核的实施

一、实施绩效考核过程中的职责分工

过去有一种误解，认为员工招聘、绩效考核和培训等人事管理职能只是人力资源管理部门的职责，与其他部门没有关系。而实际上，每个部门都不同程度地承担着绩效管理的职能。

1. 人力资源管理部门在绩效考核中的职责

人力资源部门作为人事管理的职能部门，是组织实施绩效考核的协调者和监督者，其主要职责有：

(1) 设计、试用、改进和完善绩效考核方案；
(2) 组织宣传考核方案的内容、目的和要求，并对考核者进行培训；
(3) 督促、检查和协助各部门按计划实施考核；
(4) 及时收集各种考核信息，并对它们进行整理和分析；
(5) 根据考核结果和组织的人事政策，向决策部门提供人事决策的依据和决策建议；
(6) 负责所有考核资料的档案管理。

2. 其他管理部门在绩效考核中的职责
(1) 负责实施本部门的考核工作；
(2) 审核本部门员工的考核结果，对考核的最终结果负责；
(3) 协调和解决本部门员工在考核中出现的各类问题，向本部门员工解释考核方案；
(4) 向人力资源管理部门反馈本部门员工对考核方案的看法和意见；
(5) 根据考核结果和组织的人事政策作出本部门职权范围之内的人事决策。

3. 企业高层领导在绩效考核中的职责

绩效考核作为人力资源管理的核心环节，是一系列人事决策的依据，因此，企业的高层领导必须予以足够的重视。实施绩效考核，需要花费较多的人力、物力和财力，如果没有高层领导的重视和支持，是难以开展的。高层领导除了要重视考核工作并给予充分的政策支持外，还应关注考核的内容和考核方案的设计，并给予指导，使绩效考核与企业的发展战略、企业文化所倡导的目标相一致。同时，在制定人力资源政策时，还要注意与绩效考核工作的关联性，从而保证绩效考核工作发挥应有的效能。

二、考核者的选择

考核者的选择直接关系到考核的成败。一般来说，对考核者的要求包括以下几个方面：应当公正客观，不具偏见；了解被考核者的工作性质、工作内容、要求以及考核标准与公司的有关政策；熟悉被考核者本人的工作表现，尤其是本考核周期内的，最好有直接的近距离观察其工作的机会。

考核者主要有以下六类人：被考核员工的直接主管、被考核员工的同事、被考核员工本人、被考核员工的下级员工、客户、外界人事专家或顾问。

(1) 被考核员工的直接主管。直接主管常常熟悉自己的下属员工的工作，而且对考核的内容通常也较为熟悉，并有机会观察他们的工作情况，较了解他们的工作能力和工作态度。所以直接主管是最常见的考核者。但也正因为日常的频繁接触，难免带有一些个人感情色彩，其个人偏见、人际之间的冲突和友情会损害考核结果的公正性。因此，不能单纯依赖主管人员来进行考核。

（2）被考核员工的同事。同事是经常在一起工作的，他们之间相处的时间要远远多于上下级之间相处的时间，所以彼此之间非常了解，可以观察到直接主管无法观察到的某些方面。特别是在员工的工作任务经常变动，或者员工的工作场所与主管的工作场所不在一起的时候，主管人员很难直接观察到员工的工作情况，这时，同事的考核就显得更加重要了。

（3）被考核者本人。应该说，员工本人是最了解自己工作的人。由员工本人对自己的工作绩效进行描述和评价，能使其感到满意，可以减少其对考核过程的抵制情绪。而且，通过自我评价，可以让员工自己的工作绩效与工作职责要求相对照，使其看到与组织要求存在的距离，以便日后改进工作方法。不过员工对考核维度及其权重的理解可能与上级不一致，常出现自我评价优于上级评价的情况，因此，它不适宜作为人事决策的依据。

（4）被考核员工的下级员工。对担任一定职位的员工进行考核时，下级员工的意见是非常重要的，因为在接受领导的过程中，他们对领导的领导能力有最深刻的体会，如他们的实际工作情况、计划组织能力、领导风格、信息交流能力、平息个人矛盾的能力等等。下级员工能够从与主管人员不同的角度来观察员工的行为，因此他们能提供更多的有关被考核者的信息。但需要注意的是，如果上级主管有可能掌握对员工的具体评价结果，他们就可能对自己的上级给予过高的评价。

（5）客户。在一些情况下，客户可以为组织和个人提供重要的工作情况的反馈信息。虽然客户的评价的目的与组织的目标可能不完全一致，但其评价结果有助于为晋升、工作调动和培训等人事决策提供依据。

（6）外界人事专家或顾问。人事专家有较好的理论修养，又有考核方面的专门技术和经验，并且他们无个人的利害关系，因而考核较公允，对各部门所用的考核方法与标准也较一致，具有可比性，所以，专家考核往往会受到员工和上级的欢迎。但聘请专家参与考核成本较高，而且专家对被考核专业可能不在行。

三、培训考核者

挑选有良好素质的考核者对于保证考核工作的有效性无疑是非常关键的，但由于一些主客观的原因，仍然难免出现误差。为了最大限度地减少考核误差，在考核工作正式开始之前，有必要对考核者进行培训，提高他们的考核能力。

培训内容主要有以下几方面。

1. 认真讲解考核内容及考核标准

无论考核内容及标准在文字上组织得多么完美，量表设计得多么精确，也很难保证所有的读者能从同一个角度准确地理解。因此，必须认真向每个考核者解释清楚考核内容和维度分解的根据，以及每个考核标准的具体确切含义。在讲解时可以采用一些实例加以说明，还可进行适当的模拟考核练习，以增强直观性，加深考核者的理解。

2. 列举常见的考核误差

列出常见的误差如晕轮效应误差、定势效应误差、中心化倾向等等，然后组织考核者一起来进行分析，从中吸取教训并接受培训教师的建议，以便在考核过程中有意识地避免这类错误。

3. 提高考核者的观察力和判断力

在考核中，考核者总是依据自己对被考核者日常行为及工作表现的观察进行判断和评价。因此，这类培训要通过各种类型的模拟练习和教师的讲解来提高考核者观察被评者行为表现的能力，以及依据有关信息进行判断的能力。

4. 加强对考核者有关考核重要性的教育，使他们重视考核工作

有研究表明，出现考核误差在很多情况下是因为考核者不够重视考核工作。他们往往会认为考核工作不是自己的责任或者怀疑考核结果是否有用，因而采取一种应付的态度。因此，要通过高层领导的动员以及人力资源管理部门的宣传和要求来引起考核者对考核工作的充分重视。

四、考核时间的确定

考核时间的选择没有统一的标准，考核周期可以是一季、半年或一年，也可在一项特定的任务或项目完成之后进行。考核频率不宜太密，周期太密不但浪费精力和时间，还会给员工造成过多的干扰和心理负担。而如果周期太长，对员工的绩效反馈太迟，又不利于改进绩效，考核的功能不能充分发挥，甚至会流于形式。一般以半年一次较宜，可把两个半年考核得分的平均值作为全年的总分，据此实施奖惩。如果对员工的表现有日常的连续的记录和考察，并特别注意关键事件，再结合定期考核，效果将最佳。

五、绩效面谈

得出考核分数并不意味着考核结束了，绩效考核的目的是要改进绩效，促进员工成长。所以，在评价完成之后，应该及时与员工进行沟通，提供反馈。如果不将考核结果反馈给被考核的员工，考核将失去其极为重要的激励、奖惩和培训的功能。但是，反馈工作又不是一件容易做好的事，特别是对那些考核结果不理想的员工的反馈。一般来说，可由被评价者的上级、人力资源工作者或者外部专家，根据评价的结果，面对面地向被评价者提供反馈。通过绩效面谈，将员工的绩效表现回馈给员工，使员工了解自己在过去一年中工作上的得与失，以作为来年做得更好或改进的依据；为部属提供一个良好沟通的机会，藉以了解部属工作的实际情形或困难，并确定公司可以给予部属的协助；共同研商部属未来发展的规划与目标，确定公司、主管、员工个人在这些计划中的角色和行为，及提供必要的建议与协助。

要想取得良好的面谈效果，应该注意以下几方面。

1. 对评价结果进行描述而不是判断

例如，主管在评价员工的服务态度时，不应直截了当地告之结果（优、良、中、差等），而应描述关键性事件，如员工曾经与顾客争吵，而没有向顾客道歉，等等。这些事件一经描述，员工便会自己进行判断，得出一个结论，从而避免了员工对否定结果的抵触情绪。当员工的工作效果不理想，或出现某种错误或不恰当的事情时，应避免用评价性的标签，如"没能力"、"失信"等，而应当客观陈述发生的事实及自己对该事实的感受；否则容易引起被批评者的反感、强辩和抵触，从而达不到考核的真正目的。如一位主管在批评手下的一位员工的绩效缺陷时说："你们组的任务这回完成得可不理想啊，你看这些数据，是不是？"就比当头一句"你这人怎么就这么差劲，连这种活都干不好！"效果好多了。

2. 评价结果应具体而不笼统

反馈时要根据客观的、能够反映员工工作情况的资料进行，如缺勤、迟到、质量记录、检查报告、使用或消耗的原料、任务或计划的完成情况等具体行为或事实，避免空泛的陈述，如"你的工作态度很不好"、"我今天对你的表现很不满意"等。评价结果过于笼统，会使员工怀疑主管对他们所从事的工作缺乏了解，将会降低评价结果的可信性。

3. 评价时既要指出进步又要指出不足

在通常情况下，对员工的批评越厉害，员工的抵触情绪就越大。所以，建议对那些表现不突出的员工先进行表扬，使员工不至于过于紧张，接下来批评员工的具体行为和结果，最后再表扬员工，使他们能带着愉快的心情离开。此外，在谈到员工的不足之处或绩效不理想时，主管也要自我批评，如"我没有及时提醒"、"我事先没把标准说清楚"等。这样，有助于消除员工的抵触情绪，增强员工根据绩效反馈结果改变行为的自愿程度。

4. 评价时应避免使用极端化的字眼

极端化字眼包括"总是、从来、从不、完全、极差、太差、决不、从未、绝对"等语气强烈的词语。极端化字眼用于对否定结果的描述中，一方面，员工认为主管进行的绩效评价缺乏公平性与合理性，从而增加不满情绪；另一方面，员工会有挫折感，心灰意冷，并怀疑自己的能力，对建立未来计划缺乏信心。因此，主管在面谈时必须杜绝使用这些字眼，多使用中性字眼，而且还要注意用相对缓和的语气。

5. 通过问题解决方式建立未来绩效目标

在面谈中要建立未来的绩效目标，采取单纯劝说方式（主管告诉员工应怎样做）和说—听方式（主管告诉员工长处和弱点，让员工自己说怎样做）都不能取得良好的效果。应当采用主管与员工双方共同讨论的模式，让员工高度参与。在讨论中，最好提供一些改进工作的具体建议，可以把自己的经验或其他同事的经验提出来供参考，也可以提供一些阅读书目，以及培训和锻炼的机会，给予必要的其他资源支持，等等。

6. 在面谈前后采取其他相关措施

面谈之前的措施主要有：经常与下级进行关于他们绩效的沟通；在判断别人的绩效之前先判断自己的绩效；鼓励下级对绩效评价面谈进行准备。面谈之后的措施主要有：定期对新绩效目标进展情况进行评价；以绩效为基础，确定组织的奖酬系统。只有这样，绩效面谈才能取得最优效果。

六、考核结果的信度和效度

所谓信度，是指考核结果的一致性（不因所用考核方法和考核者的改变而导致不同结果）和稳定性（时间间隔不长之内重复考核所得的结果相同）。影响考核结果的信度的因素可能是情景的，如考核时机不当、考核环境不够安静等；也可能是个人方面的，如考核者的理解力、判断力以及情绪、疲劳程度和健康状况等；还可能是绩效定义与考核方法方面的，如忽略了某些重要考核维度、各考核者对所考核维度的意义及权重有不同的认识以及考核方法自身带来的误差等；或者考核方案设计方面的，如应采用无记名方式填表的却未加考虑；等等。

为了提高考核结果的信度，可采取以下一些改进措施：①对考核者进行统一的培训，保证他们对考核内容的一致理解和对考核标准的正确把握；②可以采用全方位的360度考核，对同一维度的考核内容从不同的角度进行考核；③如果可能，间隔一周进行重复考核；④在设计考核方案和考核方法时，尽量采用考核格式和程序的标准化以及考核标准的量化。

效度是指考核所获得的信息及结果与考核的工作绩效之间的相关程度。效度差就是考核结果的准确性差，无关信息被纳入，而有关信息却被忽略了。例如，考核设计工程师的工作绩效时，检查他每月从资料室借阅了多少图书，而不是看他完成了多少设计图纸、质量如何，这就不能准确反映他的工作绩效。由此可见，影响考核结果效度的主要因素是定义绩效内容的全面性和准确性。如果忽略了某些重要的维度，或者表述各维度时不准确、不具体等，都可能造成考核效度的降低。为此，在设计考核方案时，首先要做到考核维度的全面并使各维度的权重能反映实际情况，然后用具体、明确、容易理解的词语和指标来定义它们的内容，要让真正了解待评职位的人参与设计，并且善于听取来自各方面的建议和意见。此外，还要加强对考核者的统一培训，保证考核者真正理解考核内容、掌握考核标准。

七、常见的考核误差

1. 首因效应误差

首因效应误差是指考核者对被考核者的第一印象的好坏对考核结果影响过大，如果第一印象好，对被考核者各方面的评价都比较高，第一印象不好，则对其各方面的评价都较低。如在考核中，考核者"以貌取人"，在初次见面中，如果对其外表印象深刻或因其能言善辩、思路清晰而产生好感，在后面的考核中即使发现他有毛病，也会找理由为他开脱；相反，如果见其相貌平平，沉默寡言，蔑视之情随之而生，在后面的考核中，对其成绩不以为然，对其缺点则念念不忘，从而影响了对被考核者的客观评价。为了避免这种误差，考核者在考核时要有意识地克服先入为主的印象，评价时不带自己的主观愿望，而应从实际情况出发作出恰当的评价。

2. 晕轮效应误差

所谓"晕轮效应误差"，是考核者在考察被考核者的工作实绩时，特别看重被考核者的某种特性，造成以偏概全，产生考核误差，也就是一好百好，一差百差。如，一个与考核者关系非常好的被考核者，他的考核结果可能每一项都是"好"，而不仅仅是"人际关系"一项"好"。再如，有的考核者对被考核女性的衣着打扮时髦看不惯而影响对她的工作实绩的评价。要想避免这一问题，关键是考核者本人要能够意识到这一问题。其次，在培训中也要加强这方面的教育。

3. 近因效应误差

人们对近期发生的事情往往印象比较深刻，而对远期发生的事情印象比较淡薄。在绩效考核中也会经常发生这种情况，即评价一个人时，只看其近期的表现和成绩，以近期的记忆或印象来代替被考核者在整个被考核期的工作表现情况，因而造成考核误差，这就是近因效应误差。有的被考核者往往会利用这种误差效应，在一年中的前半年工作马马虎虎，至最后几个月才开始表现较好，以图造成考核者对他的评价中的近因误差效应。为了避免这种误差的出现，应做好员工的平常表现记录，这样有利于从整个考核期的角度衡量一个人的绩效。

4. 暗示误差

暗示是指通过语言、行为或某种事物提示别人，使其接受或照办而引起的迅速的心理反应。在绩效考核中，考核者在领导或权威人士的暗示下，容易接受他们的看法，而改变自己原来的看法，结果造成考核误差。例如，在企业或学校、科研单位，职称学术委员会在评估拟提升候选人时，请领导先讲话。而领导说："在座的评委们都是专家学者，我没什么好说的，据我了解，某人的业务水平很不错，能力很强，我就不多说了，请专家们评议吧。"这样的讲话就有暗示的意思，也可能是无意的暗示。言者无意，听者有心，考核人会体会领导的意思，而对这位领导所提的某人的实绩评价就会较高，造成误差。为了防止这种误差，在评委们评议时，主持人一开始应先请评委们发言、投票，最后再请领导或权威人士作总结讲话，这样就可以避免暗示的作用。

5. 定势误差

定势误差是指人们根据过去的经验和习惯的思维方式，在头脑中形成了对人或事物的不正确看法，从而导致考核中出现误差。例如，一些年轻的考核者根据自己的生活经历，总认为老年人墨守成规，缺乏进取心，压制年轻人；而一些老年的考核者则按照自己的经验，总觉得年轻人缺乏经验、爱冲动，办事不可靠。在这种思维定式的影响下，作出的评价结果必然会发生误差。

6. 趋中误差

在确定考核等级时，许多考核者很容易出现一种趋中倾向。例如，如果评价等级是从第1级到第7级，那么考核者很可能既避开较高的第6或第7等级，也避开较低的第1或第2等级，而把大多数的被考核者评定在第3、4、5这三个等级中。如果是使用图表等级来进行考核，就可能把大多数的被考核者简单地评定为"中"。这种过于集中的评价结果会使绩效考核扭曲，它对于企业有关晋升、调资等方面的决策或为员工提供改进工作的咨询难以起到积极的作用。避免这种误差的办法是利用量表法，并在设计等级标准时尽可能具体化和量化。

7. 过分宽大或过分严格

这是与中心化倾向相反的一种现象，即在考核过程中，一些考核者给所有的被考核者的等级都很高或相反，正如有的教师喜欢给高分而有的喜欢给低分一样。这种过分宽大和过分严格的现象在使用等级量表时尤其突出，因为考核者没有要求避免给所有的被考核者高或低的等级。如果非要分出等级，可采用强制分布法。

8. 感情效应误差

人与人之间是有感情的。考核者与被考核者之间也存在着一种感情关系。考核者可能随着他对被考核者的感情好坏程度而会自觉或不自觉地对被考核人的工作绩效评价偏高或偏低。为了避免因感情效应而造成对被考核人的评价的误差，考核者要克服个人情感因素，努力站在客观的立场上，力求公正。

9. 对照误差

对照误差是指把某一被考核者与其前一位被考核者进行对照，从而根据考核者的印象和偏爱而作出与被考核者实际工作情况有偏差的结论。例如，如果前一位被考核者在考核者看来各方面表现都很出色，那么在对比之下，就可能会给后一位被考核者带来不利的影响。相反，如果前一位被考核者的工作绩效及表现较差，那么后一位被考核者就可能获得高估。心理学家认为，对照误差在考核中是广泛存在的，因为它是人们的一种心理现象。由于考核结果直接关系到被考核者的利益，作为考核者应尽量避免这种心理现象的产生，使考核误差减少到最低限度。

10. 自我对比误差

自我对比误差是指以自己的标准来衡量考核对象而产生的误差。在考核中，考核者往往会自觉不自觉地用自己的一些价值观来衡量考核对象，把自己的性格、能力、作风等等拿来和被考核者对比，凡是与自己相似的人，总是给予较高的评价，相反，对那些与自己格格不入的人，就作出偏低的评价。例如，主管是一个非常严谨的人，那么,他就会认为那些做事一丝不苟的员工,在各方面的表现都很出色;而那些不拘小节、粗线条性格的员工,各个考核项目都可能得到低分。这种误差的预防主要是加强对考核者的指导,使其准确地掌握考核标准,同时采用多维度的考核方法。

八、绩效考核实例——联想的绩效考核 [①]

如果你看到联想的绩效考核表格,一定觉得不太规范,甚至有点乱,但这正是联想的特色绩效管理。

"对于不便于把指标细化到每一个人身上的部门来讲,联想认为这部分业务刚好也是异常强调团队协作的业务,团队业绩的好坏直接影响着个人绩效。"

1. 个人、团队双指标体系共存

夏伟(化名)刚到联想集团一年多,是研发部门的一名普通员工,春节前后经常无所顾忌地傻笑。原因很简单,快到年终考核了,自己觉得业绩很好。

然而等到结果出来时,夏伟的喜悦骤然少了许多:激励并没有他认为的那样高。

更让夏伟不能理解的是,另一个研发团队的张帆(化名)开拓的新项目没有自己多,绩效成绩竟然比自己高。夏伟觉得奇怪:公司的报酬不是和业绩直接挂钩的吗?

满腹疑问的夏伟找到了人力资源部门,得到的解释是:虽然夏伟开拓的新项目多,但团队整体的开拓成绩平平,所以综合起来这一项的成绩不高;而张帆个人的新项目开拓虽然没有夏伟强,但其团队成绩高。眼下,团队成绩的权重比较大,加权之下夏伟的成绩确实比张帆少了些,这些考核方式都在第四季度开始的时候做过宣讲。

这是联想绩效管理平衡的措施之一。"对于不便于把指标细化到每一个人身上的部门来讲,联想认为这部分业务刚好也是异常强调团队协作的业务,团队业绩的好坏直接影响着个人绩效。"联想集团招聘总监卫宏说。

因此,夏伟绩效考核后的收入计算公式就是:

$$收入 = P \times Q \times G$$

其中,P 是部门业绩考核系数(也称权重);Q 是个人业绩考核系数;G 是岗位工资。"收入 $= P \times Q \times G$"这个公式虽然简单,不过作为一个复变多元函数,操作的难度和复杂性都是很大的。

因为在一定时期里,G 值是固定的(由岗位和能力级别确定),P 和 Q 就都成了导向性的"旗帜",给部门和员工工作行为和努力方向作出方向性的指挥,尤其是员工个人不能控制的 P 系数,对员工的导向性很大,这也是联想平衡个人和团队协作的法宝之一。

而对于指标极其明确,甚至很容易分配到个人头上去的产品或者销售部门,联想

[①] 资料来自《牛津管理评论》,作者张一君。

则尽量考核到人，比如华东区的年度销售任务，通过层层分解，每个销售人员的目标会非常明确，集团无须再为某个销售团队设立考核指标，直接到人反倒更明了。

联想集团华东区域总部人力资源总监曹金昌觉得这样看似混乱的双指标体系能共存正是联想在指标设置环节的特色："设置指标其实是绩效考核的关键，联想也遭遇过很多因为指标不清晰、不个性而带来的麻烦，慢慢地，我们摸索出了一条道路，在设置指标的时候尽量做到全面。"

曹金昌所说的全面包括四个方面的内容：一是根据不同的业务设置不同的考核指标；二是尽可能地定量；三是指标的界定一定十分清楚，描述也要让员工看得明白；四是设置指标时一定要和员工进行沟通。

"现在产品的更新换代快，我们会根据市场上同类产品的淘汰周期以及联想集团想要得到的业界标准确定研发周期。"

2. 每个人都要有个性化目标设置

在联想，每个员工都有两个目标：短期目标和中长期目标。

一般情况下，短期的目标都是由公司根据企业的目标分解到员工头上的，而中长期的目标则是每个员工对自己未来的描述。

每年年初，联想的员工都要向部门领导交一份自己的中长期发展规划，如果这份规划和部门领导对员工的判断一致，该规划就生效，人力资源部门也会创造各种条件，提供尽可能多的资源帮助员工。

而如果员工对自己中长期的发展规划和部门领导对其的观察、定位不一致，双方就一定要坐下来沟通。联想认为不管是什么样的考核方式，调动员工的积极主动性和创造性都是最终目的，而不是完全按照上级的意思办事。

为了做到考核尽量个性化，联想先从部门的个性化开始抓起，针对个性化表现不那么明显的销售部门，联想为每个销售人员都建立了一套销售系统，登录该系统就可以看到自己年度内的所有计划、完成情况等讯息。

对于绩效考核的难点——职能和研发部门的考核，联想也力争个性化。联想在研发上的投入很大，在考核的过程中也运用了大量的人力和物力。联想把研发部门分成研究院和二级研发机构（研发部门），虽然同为研发工作人员，但这两个系统的人员所从事的工作大不相同。研究院多从事基础性和前瞻性的研究，以保障联想未来的竞争力，而二级研发机构则多从事产品的更新换代等工作。

王明是二级研发机构的研发人员，联想在考核他的时候主要考虑两个方面的指标：研发周期和工程化。

"现在产品的更新换代快，我们会根据市场上同类产品的淘汰周期以及联想集团想要得到的业界标准确定研发周期。"曹金昌说研发周期反映在市场就是一个企业的市场反应速度，直接决定着企业是否能够跟上消费者的步伐。

而工程化指标则包括研发转化成产品的时间、件数以及一次生产成功率等，是衡量研发成果转化成市场价值的有效手段。

当然，除了这两个硬性的指标外，客户的满意度也是衡量二级研发机构员工绩效的重要指标之一。

研究院的考核指标与二级研发机构大相径庭。专利数是考核研究院的主要指标，同时还有论文发表数和国家课题的参与数。

研发人员在联想是可以换岗的，如果二级研发机构的研发人员喜欢从事基础性的研究工作，可以申请调到研究院去，申请的当季度，绩效考核内容跟随发生变化，王明就是从二级研发机构调到研究院的研发人员。

不仅不同的部门有不同绩效指标，根据业务的发展阶段，联想也采用不同的考核指标。联想一般把业务分为成熟业务、发展中业务、新兴业务。一般情况下，成熟业务更关注利润的成长，并将质量提升为部门考核指标；而发展中业务需要继续推进销量与销售额的提高，更关注销售额；新兴业务则更关注销量。

3. 沟通是捏在渔夫手中的收网线

如果把绩效管理比喻成一张错综复杂的渔网，沟通就是捏在渔夫手中的收网线，联想深信这一点。

联想的绩效沟通不只停留在事前让员工知道为什么考核和如何考核上，也不只停留在事后分析上，更重要的是事中的纠正和完善。

某年第四季度最后一个月，李雪莲（化名）领导的一个销售团队的考核目标发生了改变，原因是联想市场部门发现远程教育迅速崛起，伴随而来的肯定是大规模的采购，这对联想来说是一笔很大的生意，但在制定第四季度考核的时候并没有发现这样的现象，于是和员工沟通后删改绩效考核指标成为必然。

"市场发生了改变，我们部门的绩效考核表里立即增加上了远程教育项目的内容，类似的事件在联想的绩效考核过程中常有发生。"李雪莲说。

当然，并不是在发生变化的时候绩效沟通才开始运行，员工随时可以向人力资源部门反映问题，人力资源部门也随时期待着和员工面对面地讨论绩效。

卫宏一再提醒，绩效结果出来后的沟通一定不能大而化之，因为这直接关系着员工的积极性和下一阶段工作的正确与否，结果出来没有沟通而导致员工怨恨主管甚至企业的例子数不胜数。

很多企业也都认识到绩效沟通的重要性，纷纷强令人力资源部门进行绩效面谈，并制作绩效面谈的指标上交绩效管理中心，但事实上是否进行了面谈无从得知。

联想也非常害怕收上来的绩效面谈报告是人力资源部门闭门造车的结果，为此，每次绩效考核结束，联想都会对员工进行无记名调查，确认是否得到了绩效面谈的机会，绩效考核的知晓率是考核联想人力资源工作者的重要绩效指标之一。

"一般情况下，联想的季度考核成绩主要影响薪资浮动，而年度考核则与调岗或辞退、培训与个人发展、薪资等级调整、红包、股权、升迁、评优等结合。"

4. 在联想,你永远是"小马拉大车"

了解联想的人都知道,联想部门内给员工强制排序,把员工强制性地分成A,B,C三等,虽然不同团队之间的这种分级是保密的,但拿到C甚至B^+的员工都会黯然。

这个时候的人力资源工作者必须很努力地向C级别的员工说明这样分级的目的是为了更有效地利用资源,团队会根据他所处的级别给予相匹配的资源合作和有针对性的帮助、指导等。

如果有员工对绩效考核成绩或者排序有意见,员工有权向部门总经理或人力资源部提出申诉,如果申诉经调查属实,企业一定会对该员工进行重新评定。

一般情况下,联想的季度考核成绩主要影响薪资浮动,而年度考核则与调岗或辞退、培训与个人发展、薪资等级调整、红包、股权、升迁、评优等结合。

既然实行了绩效管理,联想就一定要让绩效成绩和员工紧密相关。联想的企业文化中有一条就是要求员工"踏踏实实工作,正正当当拿钱",反映到具体的管理措施就是用人不唯学历重能力,不唯资历重业绩,一切凭业绩说话。

在人才的选拔和任用上,联想也有一套规范的手段和流程。不是以某个人的主观判断来决定人员的录用和选择,而是通过绩效成绩和对素质、能力综合评价的基础上,把合适的人放在合适的位置上。

不断的修正和沟通的绩效让联想能够在赛马中识别好马。每个员工进入联想的时间可能有先后,学历也会有高低,但只要有能力,创造出了显著的业绩,都可以得到重用,都能够有所发展。在联想,因为业绩突出,一年之内提升三次者有之,进入联想仅3个月,能力强得到重用者有之。在联想,你永远会是"小马拉大车",因为一旦你长成大马,就会有更大的车让你拉,这也迫使员工不断给自己提出更高的要求,在提高中去应对工作的压力和挑战。

练习题:

1. 绩效考核主要有哪些功能?
2. 绩效考核有哪些主要方法?各自的特点如何?
3. 绩效考核过程中有哪些常见的误差?如何克服这些误差?

[案例1]

一个假设的考核——对和珅和纪晓岚的360度考核

背景:

乾隆时期,突然发生大面积饥荒,许多地方民不聊生,百姓急待朝廷安抚,半年后,没有任何改善的现象出现,百姓对朝廷非常失望,纷纷请命,希望皇帝能过问百姓疾苦。

满朝文武至此才统一认识，承认纪晓岚等少数人多次提到的大面积饥荒，但却无人承担责任，只是互相指责，而且国库空虚，余粮也难安百姓了。

乾隆皇帝龙颜大怒，认为整个管理团队出了问题，决定对下属来一次考评，提高文武百官的管理水平与意识，从根本上杜绝这类事情的发生。由于文武百官各有其责，苦无依据评价各官称职程度，只好来一次360度考核，其中和珅与纪晓岚的考评最有代表性，结果如下：

1．和珅评分情况

（1）上级评价：

和珅工作热情很高，对上级布置的工作总是积极处理、坚决执行，谈吐之间忧国忧民，充满激情；

善于领会领导精神，深受下级拥护，平级中大部分官员与和珅关系很好，说明和珅善于协调；

也许在每一方面的工作能力上，和珅都有不如其他人的地方，但他善于利用资源，团队成长迅速，是不可多得的管理人才。

综合结果：优

（2）同级官员评价：

95%的官员评价是优，5%评价是差。

典型意见四类：

和珅关心下属，带队能力强，理解上级指示到位，指明方向清楚，同级中再大的矛盾也能化解，合作愉快；

和珅能力不足，但却是团队中的润滑剂，是团队团结的核心；

和珅工资和大家一样，但却能开好车，住洋房，资产来源不明，可能有些问题，但和他相熟的同事都证明，这些财产是他老婆带来的，与他在朝中显著的管理才干相比，只是小节；

不了解和珅的能力与具体工作情况，但平时待人和蔼可亲，没有官架子，感觉是个不错的人。

极个别评价：

和珅这类官员，没有真实才干，却善于隐藏自己，分管的事情越做越差，官却越做越大，这样的人，朝中有一两个还不足以为患，但如果满朝文武都这样，能人志士就不能为国家效力，国库日渐空虚，繁荣与人民幸福就谈不上了。（乾隆皇帝批语：这样的说法，反映出对团队能力的不信任与对领导用人能力的怀疑，缺乏积极向上的心态，不宜收录。）

综合结果：优

（3）下级官员评价：

100%评价均是优。

以下省略好评数百条。

（4）结果：

总体评价：和珅得到满朝文武考评最高分，由于已经官居极品，无法升官，乾隆只好赐予尚方宝剑以资嘉奖。

2. 纪晓岚评分情况

（1）上级评价：

纪晓岚业务能力突出，专业能力很高，遗憾的是，过于固执，执行上级指示不坚决，经常提出反对意见，影响大局。

此外，与同级关系处理很差，权限认识不清晰，经常干涉其他部门事务，对同事间的配合缺乏信任。另外，处理下级关系容易走极端，过于生硬，即使其部门长期缺人。

特别是饥荒问题，虽然纪晓岚早已发现，可是却严重缺乏沟通能力，无法说服百官承认他的发现，更不能帮助皇帝认清形势。

纪晓岚经常指责有的官员水平不合格，但却不能从流程制度上帮助这些官员去提高与改善。

综合结果：差

（2）同级官员评价：

80%官员：差，10%及格，10%优。

典型意见：

业务虽强，但缺乏团队精神，过于突出个人能力，忽视集体作用；

对其他人缺乏信任感，总以为朝中许多官员不合格；

对上级不够尊重，爱自作主张；

做任何决定都不爱与大家交流，大家都不知道他在忙些什么；

与其他部门配合中，总是出现问题。

个别意见：

纪是难得的人才，为百姓与朝廷尽心尽力，家无余财，是难得的忠臣，有原则，应该号召大家向他学习。（乾隆皇帝批语：此人必然与纪关系亲密，不足为信。）

综合结果：差

（3）下级官员评价：

30%：差，30%优，40%一般。

典型意见：

有领导魅力，推动工作能力强，效率高，对国家忠心，对人民负责；

布置工作生硬，要求苛刻；

带领部门所做工作经常得不到皇帝肯定，说明领导水平有问题；

搞不清楚应该向哪个方向发展，因为老纪的主张常会被皇帝否定，为国做事还是听命行事，总是让下属面临选择。

（4）结果：

总体评价：差，排行处于朝廷末列，由于规定这次考评处于最后10%的管理者被淘汰，纪晓岚被降职处理，乾隆皇帝亲切地希望他多多历练，提高自己的管理素质。纪晓岚也开始认识到自己与和珅等人巨大的差距，是告老还乡，还是从此得过且过，混一个好评，没有拿定主意。

后来，乾隆皇帝将此决定昭告天下，安抚不满的黎民百姓，希望百姓能通过朝廷这次的行动，加强对朝廷的信心。

后续：

三年后，满朝文武管理素质大大提高，官员间团结一致，和珅式的大臣充满朝廷。而饥荒依旧，只是乾隆一个人不知道而已。

（此案例来源于天涯博客：小米的心情日志，作者：小米一号。）

讨论参考题：

1. 这个考核反映出哪些问题？
2. 360度考核应该怎么做才能做好？

[案例2]

绩效主义毁了索尼

2006年的索尼

公司迎来了创业60年。过去它像钻石一样晶莹璀璨，而今却变得满身污垢、暗淡无光。因笔记本电脑锂电池着火事故，世界上使用索尼产锂电池的约960万台笔记本电脑被召回，估计更换电池的费用将达510亿日元。

PS3游戏机曾被视为索尼的"救星"，在上市当天就销售一空。但因为关键部件批量生产的速度跟不上，索尼被迫控制整机的生产数量。PS3是尖端产品，生产成本也很高，据说卖一台索尼就亏3.5万日元。索尼的销售部门预计，2007年3月进行年度结算时，游戏机部门的经营亏损将达2 000亿日元。

多数人觉察到索尼不正常恐怕是在2003年春天。当时据索尼公布，一个季度就出现约1 000亿日元的亏损。市场上甚至出现了"索尼冲击"，索尼公司股票连续两天跌停。坦率地说，作为索尼的旧员工，我当时也感到震惊。但回过头来仔细想想，从发生"索尼冲击"的两年前开始，公司内的气氛就已经不正常了。身心疲惫的职工急剧增加。回想起来，索尼是长时期内不知不觉慢慢地退化的。

"激情集团"消失了

我是1964年以设计人员的身份进入索尼的。因半导体收音机和录音机的普及，索尼那时实现了奇迹般的发展。当时企业的规模还不是很大，但是"索尼神话"受到了社会的普遍关注。从进入公司到2006年离开公司，我在索尼愉快地送走了40年的岁月。

我46岁就当上了索尼公司的董事，后来成为常务董事。因此，对索尼近年来发生的事情，我感到自己也有很大责任。伟大的创业者井深大的影响为什么如今在索尼荡然无存了呢？索尼的辉煌时代与今天有什么区别呢？

首先，"激情集团"不存在了。所谓"激情集团"，是指我参与开发CD技术时期，公司那些不知疲倦、全身心投入开发的集体。在创业初期，这样的"激情集团"接连开发出了具有独创性的产品。索尼当初之所以能做到这一点，是因为有井深大的领导。

井深大最让人佩服的一点是，他能点燃技术开发人员心中之火，让他们变成为技术献身的"狂人"。在刚刚进入公司时，我曾和井深大进行激烈争论。井深大对新人并不是采取高压态度，他尊重我的意见。

为了不辜负他对我的信任，我当年也同样潜心于研发工作。比我进公司更早，也受到井深大影响的那些人，在井深大退出第一线后的很长一段时间，仍以井深大的作风影响着全公司。当这些人不在了，索尼也就开始逐渐衰败。

从事技术开发的团体进入开发的忘我状态时，就成了"激情集团"。要进入这种状态，其中最重要的条件就是"基于自发的动机"的行动。比如"想通过自己的努力开发机器人"，就是一种发自自身的冲动。

与此相反就是"外部的动机"，比如想赚钱、升职或出名，即想得到来自外部回报的心理状态。如果没有发自内心的热情，而是出于"想赚钱或升职"的世俗动机，那是无法成为"开发狂人"的。

"挑战精神"消失了

今天的索尼职工好像没有了自发的动机。为什么呢？我认为是因为实行了绩效主义。绩效主义就是："业务成果和金钱报酬直接挂钩，职工是为了拿到更多报酬而努力工作。"如果外在的动机增强，那么自发的动机就会受到抑制。

如果总是说"你努力干我就给你加工资"，那么以工作为乐趣这种内在的意识就会受到抑制。从1995年左右开始，索尼公司逐渐实行绩效主义，成立了专门机构，制定非常详细的评价标准，并根据对每个人的评价确定报酬。

但是井深大的想法与绩效主义恰恰相反，他有一句口头禅："工作的报酬是工作。"如果你干了件受到好评的工作，下次你还可以再干更好的工作。在井深大的时代，许多人为追求工作的乐趣而埋头苦干。

但是，因实行绩效主义，职工逐渐失去工作热情。在这种情况下是无法产生

"激情集团"的。为衡量业绩，首先必须把各种工作要素量化。但是工作是无法简单量化的。公司为统计业绩，花费了大量的精力和时间，而在真正的工作上却敷衍了事，出现了本末倒置的倾向。

因为要考核业绩，几乎所有人都提出容易实现的低目标，可以说索尼精神的核心即"挑战精神"消失了。因实行绩效主义，索尼公司内追求眼前利益的风气蔓延。这样一来，短期内难见效益的工作，比如产品质量检验以及"老化处理"工序都受到轻视。

"老化处理"是保证电池质量的工序之一。电池制造出来之后不能立刻出厂，需要放置一段时间，再通过检查剔除不合格产品。这就是"老化处理"。至于"老化处理"程序上的问题是否是上面提到的锂电池着火事故的直接原因，现在尚无法下结论。但我想指出的是，不管是什么样的企业，只要实行绩效主义，一些扎实细致的工作就容易被忽视。

索尼公司不仅对每个人进行考核，还对每个业务部门进行经济考核，由此决定整个业务部门的报酬。最后导致的结果是，业务部门相互拆台，都想方设法从公司的整体利益中为本部门多捞取好处。

团队精神消失了

2004年2月底，我在美国见到了"涌流理论"的代表人物奇凯岑特米哈伊教授，并聆听了他的讲演。讲演一开始，大屏幕上放映的一段话是我自进入索尼公司以来多次读过的，只不过被译成了英文。

"建立公司的目的：建设理想的工厂，在这个工厂里，应该有自由、豁达、愉快的气氛，让每个认真工作的技术人员最大限度地发挥技能。"这正是索尼公司的创立宗旨。索尼公司失去活力，就是因为实行了绩效主义。

没有想到，我是在绩效主义的发源地美国，聆听用索尼的创建宗旨来否定绩效主义的"涌流理论"。这使我深受触动。绩效主义企图把人的能力量化，以此作出客观、公正的评价。但我认为事实上做不到。它的最大弊端是搞坏了公司内的气氛。上司不把部下当有感情的人看待，而是一切都看指标，用"评价的目光"审视部下。

不久前我在整理藏书时翻出一封信。那是我为开发天线到东北大学进修时，给上司写信打的草稿。有一次我逃学跑去滑雪，刚好赶上索尼公司的部长来学校视察。我写那封信是为了向部长道歉。

实际上，在我身上不止一次发生过那类事情，但我从来没有受到上司的斥责。上司相信，虽然我贪玩，但对研究工作非常认真。当时我的上司不是用"评价的眼光"看我，而是把我当成自己的孩子。对企业员工来说，需要的就是这种温情和信任。

过去在一些日本企业，即便部下做得有点出格，上司也不那么苛求，工作失败了也敢于为部下承担责任；另一方面，尽管部下在喝酒的时候说上司的坏话，但在实际工作中仍非常支持上司。后来强化了管理，实行了看上去很合理的评价制度。于是大家都极力逃避责任。这样一来就不可能有团队精神。

创新先锋沦为落伍者

不单索尼,现在许多公司都花费大量人力物力引进评价机制。但这些企业的业绩似乎都在下滑。

索尼公司是最早引进美国式合理主义经营理论的企业之一。而公司创始人井深大的经营理念谈不上所谓"合理"。1968年10月上市的单枪三束彩色显像管电视机的开发,就是最有代表性的例子。

当时索尼在电视机的市场竞争中处于劣势,几乎到了破产的边缘。即便如此,井深大仍坚持独自开发单枪三束彩色显像管电视机。这种彩色电视机画质好,一上市就大受好评。其后30年,这种电视机的销售一直是索尼公司的主要收入来源。

但是,"干别人不干的事情"这种追求独自开发的精神,恐怕不符合今天只看收益的企业管理理论。索尼当时如果采用和其他公司一样的技术,立刻就可以在市场上销售自己的产品,当初也许就不会有破产的担心了。

投入巨额费用和很多时间进行的技术开发取得成功后,为了制造产品,还需要有更大规模的设备投资,亦需要招募新员工。但是,从长期角度看,索尼公司积累了技术,培养了技术人员。此外,人们都认为"索尼是追求独特技术的公司",大大提升了索尼的品牌形象。

更重要的是,这种独自开发给索尼员工带来荣誉感,他们都为自己是"最尖端企业的一员"而感到骄傲。单枪三束彩色显像管电视机之所以能长期成为索尼公司的收入来源,是因为技术开发人员怀着荣誉感和极大的热情,不断对技术进行改良。

具有讽刺意味的是,因单枪三束彩色显像管电视机获得成功而沾沾自喜的索尼,却在液晶和等离子薄型电视机的开发方面落后了。实际上,井深大曾说过:"我们必须自己开发出让单枪三束彩色显像管成为落伍产品的新技术。"包括我自己在内的索尼公司高管没有铭记井深大的话。

如今,索尼采取了极为"合理的"经营方针。不是自己开发新技术,而是同三星公司合作,建立了液晶显示屏制造公司。由这家合资公司提供零部件生产的液晶电视机"BRAVIA"非常畅销,从而使索尼公司暂时摆脱了困境。但对于我这个熟悉索尼成长史的人来说,总不免有一种怀旧感,因为索尼现在在基础开发能力方面,与井深大时代相比存在很大差距。今天的索尼为避免危机采取了"临时抱佛脚"的做法。

高层主管是关键

今天的索尼与井深大时代的最大区别是什么呢?那就是在"自豪感"方面的差别。当年创始人井深大和公司员工都有一种自信心:努力争先,创造历史。

当时索尼并不在意其他公司在开发什么产品。某大家电公司的产品曾被嘲讽为"照猫画虎",今天索尼也开始照猫画虎了。一味地左顾右盼,无法走在时代的前头。

在我开发"爱宝"机器狗的时候,索尼的实力已经开始衰落了,公司不得不采取冒险一搏的做法，但是出现亏损后，又遭到公司内部的批评，结果不得不后退。

今天的索尼已经没有了向新目标挑战的"体力"，同时也失去了把新技术拿出来让社会检验的胆识。在导致索尼受挫的几个因素中，公司最高领导人的态度是其中最根本的原因。

在索尼充满活力、蓬勃发展的时期，公司内流行这样的说法："如果你真的有了新点子，来。"也就是说那就背着上司把它搞出来，与其口头上说说，不如拿出真东西来更直接。但是如果上司总是以冷漠的、"评价的眼光"来看自己，恐怕没有人愿意背着上司干事情，那是自找麻烦。如果人们没有自己受到信任的意识，也就不会向新的更高的目标发起挑战了。在过去，有些索尼员工根本不畏惧上司的权威，上司也欣赏和信任这样的部下。

所以，能否让职工热情焕发，关键要看最高领导人的姿态。索尼当年之所以取得被视为"神话"的业绩，也正是因为有井深大。但是，井深大的经营理念没有系统化，也没有被继承下来。也许是因为井深大当时并没有意识到自己经营理念的重要性。

我尝试着把井深大等前辈的经营理念系统化、文字化，出版了《经营革命》一书。在这本书中，我把井深大等人的经营称为"长老型经营"。所谓"长老"是指德高望重的人。德高望重者为公司的最高领导人，整个集团会拧成一股绳，充满斗志地向目标迈进。

在今天的日本企业中，患抑郁症等疾病的人越来越多。这是因为公司内有不称职的上司，推行的是不负责任的合理主义经营方式，给职工带来了苦恼。

不论是在什么时代，也不论是在哪个国家，企业都应该注重员工的主观能动性。这也正是索尼在创立公司的宗旨中强调的"自由，豁达，愉快"。

过去人们都把索尼称为"21世纪型企业"。具有讽刺意味的是，进入21世纪后，索尼反而退化成了"20世纪型企业"。我殷切希望索尼能重现往日辉煌。

(《中国企业家》杂志2007年Z1期，原文刊登于日本《文艺春秋》2007年1月刊，作者为索尼公司前常务董事天外伺郎。)

讨论参考题：

1. 作为一个著名的跨国公司，相信索尼的绩效考核是比较完善的，但为什么作者却提出考核毁了索尼的说法？绩效考核真的毁了索尼吗？可以不要绩效考核吗？请查找索尼公司的相关资料，对该文展开讨论。

2. 应该怎么改革绩效考核以避免文中提到的弊端？

第七章 薪酬与福利

示例1：

A公司是一家著名民营家电企业，公司老总一直对公司在行业中颇具竞争力的薪资水平引以为豪。他认为优厚的薪水必然会吸引和留住人才并激发他们的创造力，从而依靠人才优势促进公司快速发展。但是，最近十余名技术骨干员工突然集体跳槽，老总很迷惑，为什么高薪还留不住人才？在与跳槽人员面谈问及原因时，有的人提出，虽然薪酬在同行业中处于较高水平，但公司经常要加班加点，劳动强度太高；有的人提出工作很紧张，但是似乎没有人重视自己的工作，自己的价值得不到体现；有的人则认为在公司已经学不到新东西，每天只是重复性的劳动，个人能力很难提高，发展空间有限。公司老总开始认真思考原有的人力资源管理体系是否存在问题。

示例2：

富士康集团董事长郭台铭可能没想到，从6月1日开始实施的基层员工涨薪三成的动作，会引来新的不满。2010年11月21日，富士康集团旗下佛山普立华科技有限公司（下称"佛山普立华"）一些老员工因不满公司"一刀切"的涨薪制度，在工厂门口聚集抗议。

公司从6月开始调整基层员工工资，除还在试用期的和没有通过技能考核的员工外，今年4月以前来的所有一线基层作业员基本工资都涨到了1400元。不满调薪的主要是老员工。因为基本工资涨到1400元的员工有一部分是工作3年以上的老员工，这些员工基本工资在4月以前就已有1200元，而有些新进富士康不到一年、4月前基本工资只有1000元的也和他们一样调了薪。

组织在任用员工后，对员工为组织所做的工作以货币收入、商品、服务及其他形式作为回报，这就构成了员工的薪酬。薪酬管理无论对组织还是个人都具有重要的作用。对于员工个人而言，组织所给予的薪酬福利是生存的物质条件，并从中显示自己在组织中的地位和荣誉等，得到某种形式的满足感；而对组织而言，薪酬直接决定了组织的人工成本，通过良好的薪酬管理可以吸引优秀人才为组织服务，并以此激励员工努力工作，为组织的发展作出贡献。薪酬管理在企业的人力资源管理中占有重要的地位，是人们最关心、也是议论最多的部分。

本章主要介绍薪酬管理的基本原则、薪酬设计的程序和方法、薪酬制度的类型和福利设计等内容。

第一节 薪酬管理概述

一、薪酬的概念及构成

薪酬是雇员以自己的劳动力与组织进行交换的回报。广义的薪酬可以分为经济性薪酬和非经济性薪酬。经济性薪酬主要是企业提供的工资、奖金、佣金、福利等，非经济性薪酬是指工作本身和工作环境所提供的各种条件，包括工作的趣味性、挑战性，组织的政策和管理，等等。我们平时所说的薪酬主要是经济性薪酬。表7.1是薪酬的具体构成。

基本薪酬。它主要是以员工所在的部门、岗位、职位以及员工个体间的劳动差异为基准，根据员工完成劳动定额的实际劳动消耗而计付的劳动报酬。这一部分又可分为基本工资、岗位工资、技能工资、年功工资、绩效工资等部分。

奖励薪酬。它是根据员工超额完成任务，以及优异的成绩而计付的薪酬，其数额不固定，形式多样。如经常性工作奖、年终奖、劳动分红、特殊贡献奖等。

福利。它是企业为了吸引员工或维持人员稳定而支付的作为基本薪酬补充的项目。如失业保险、养老保险、免费食宿、带薪假等。

二、薪酬管理的基本原则

1. 公平性

员工对薪酬的公平感，也就是对薪酬发放是否公正的认识与判断，是设计薪酬制度和进行薪酬管理时必须首先考虑的。员工的满足感固然重要，但更重要的是让员工认为自己所得到的报酬是公平的，自己能够通过改进工作绩效增加报酬。公平感取决于员工所获得的报酬和他所作出的贡献之比与某一衡量标准相比是高还是低。这种衡量标准既可以是组织内的其他员工或组织外部员工获得的报酬与他们的贡献之比，还可以是对自我价值的估价或者是组织所作出的许诺。我们将公平理论应用于薪酬管理，可以得到三种公平的表现形式，即外部公平、内部公平和员工个人公平。

表7.1 薪酬构成

经济性薪酬	基本薪酬	基础工资
		年功工资
		学历工资
		职位工资
		技能工资
		绩效工资等
	奖励薪酬	奖金
		佣金
		分红
		股票等
	福利	津贴
		社会保险
		带薪休假
		旅游等
非经济性薪酬		工作认可
		挑战性工作
		工作环境
		工作氛围
		发展、晋升机会
		能力提高
		职业安全等

(1) 外部公平。是指同一行业或同一地区或同等规模的不同企业中类似职位的报酬应当基本相同，因为对从事这种职位的人的知识、技能和经验等的要求相似，他们各自的付出也基本相似。如果企业不能保证这种外部公平，就难以吸引和留住足够数量的合格员工。

(2) 内部公平。是指同一企业中不同职位员工所获得的报酬应与各自的贡献成正比。只要比值一致，便是公平。这就要求企业内部的报酬水平的相对高低要以员工各自对组织的贡献为基础，这既与不同职位的工作内容、所需技能有关，也与员工的努力、程序有关。

(3) 员工个人公平。是指员工创造价值得到的回报应该与企业的成长同步。这意味着企业在薪酬设计时要考虑到员工和企业的双赢，让员工分享企业高速成长的成果；否则，必然带来员工忠诚度降低。2010年南海本田零部件公司的员工罢工事件就是因为公司利润几近翻番，工厂的一线员工却都没有分享到这一果实，加上工资低、加薪困难，最终引发了工人的极大不满。

为了保证企业薪酬的公平性，企业要做到：①薪酬制度要有明确一致的原则作指导，并有统一的、可以说明的规范为依据。②报酬制度要有民主性和透明度，让群众了解和监督薪酬政策与制度的制定和管理，并能对政策有一定的参与和发言权，猜疑与误解便容易消失，不公平感会明显降低。③要为员工创造机会均等、公平竞争的条件。单纯的收入与贡献比相等，并不能代表公平，只有在收入与贡献相比均等的基础上，机会也均等，才是真正意义上的公平。

2. 竞争性

竞争性是指在社会上和人才市场上，企业的薪酬标准要有吸引力，才足以战胜竞争对手，招到和留住企业所需的人才。因此，有条件的企业，在制定薪酬政策时，应采取高于其他企业的薪酬政策，以保证最大限度地吸引和保持最优秀的人才为本公司服务。如果企业的薪酬水平较低，必然在与其他企业的人才竞争中处于不利的地位，优秀人才将与企业无缘。并且，企业原有的人才也会在其他企业高额的薪酬诱惑下，产生不满情绪以致工作热情下降，甚至会辞职，另谋高就。因此，在制定薪酬制度时，不妨先暗中"刺探"一下同行业的其他企业，尤其是实力相当的竞争对手，以及虽属不同行业但与企业在同一人才市场上争夺人才的企业的薪酬水平，然后使本企业的薪酬标准稍高一些。

3. 激励性

这是指在确定内部各类、各级职位的报酬水准时，要适当拉开差距，体现按贡献分配的原则。只有这样，才能不断激励员工掌握新知识，提高业务能力，创造出更佳的业绩。因为当他们业绩突出，就能获得比别人更多的报酬。相反，如果企业内部不同类别、等级的职位之间薪酬相差不大，也就是实行平均主义的"大锅饭"分配制度，将难以产生足够的吸引力，优秀的、能力出众的员工就可能不甘于埋没自己的才华而辞职，那些没有辞职的员工的工作积极性也难以提高。

4. 经济性

提高企业的报酬水平，固然可以提高其竞争性与激励性，但同时也要明白，企业支付给员工的报酬是企业所生产的产品或服务的成本的重要组成部分，过高的劳动报酬必然会提高产出在市场上的价格，从而降低企业的产品在市场上的竞争力。所以，报酬制度不能不受经济性的制约。不过，企业领导在考察人力成本时，不能仅看薪酬水平的高低，还要看员工的绩效水平。实际上，员工的绩效水平对企业产品竞争力的影响会大于成本因素。此外，人力成本的影响还与行业的性质及成本构成有关。在劳动密集型行业中，人力成本在总成本中的比重可高达70%，薪酬水平稍有提高就可能使企业的负担明显加重。而在技术密集型行业，人力成本只占总成本的8%—10%，科技人员的工作积极性和创新性却对企业的发展起着关键的作用，因此，对他们就不能过于计较薪酬的高低。

5. 合法性

合法性是指企业的薪酬制度要符合国家的法律和政策，不能有一些性别、民族、地区等方面的歧视性政策。目前，我国已有一些这方面的法律法规，如最低工资规定、《妇女权益保护法》等，但总的来看，这方面立法的完备性、成熟性和执行程序上的严格性等，还有一定的差距，有待逐步完善。

三、影响薪酬制定的主要因素

决定薪酬水平高低的因素可以分为外在的和内在的两大类。

1. 外在因素

（1）当地的生活水平。企业在确定员工的薪酬水平时，必须考虑当时当地的生活水平，确保员工及其家庭获得维持生活费用的薪资，以保证员工生活的安定。随着生活水平和物价水平的提高，员工对薪酬的期望也会提高，对企业形成一种制定偏高的薪酬标准的压力。

（2）劳动力市场的供求状况。在市场经济条件下，劳动力供给与商品供给相类似。当劳动力供过于求时，员工可以接受较低的报酬水平；当劳动力供不应求时，企业为了吸引人才，竞相提高待遇。此外，劳动力市场上还存在着一些愿意接受低薪酬的临时工、妇女或下岗工人，他们对在职人员的工资水平构成一定的影响。

（3）地区和行业间通行的薪酬水平。企业在确定本单位的薪酬标准之前，一般都要进行本地区和本行业的薪酬水平调查，以便对相对薪酬水平有一定的了解。同一行业在不同企业的收入不能相差太多，否则收入低的企业就不稳定。

（4）国家的法律和政策。不同时期国家的政策会有所不同，有时要刺激消费，有时要抑制通货膨胀，甚至下令冻结工资。许多国家以法律的形式规定最低工资水平。此外，国家还有有关各类职工权益保护方面的法律规定，也会影响薪酬标准的制定。

2. 内在因素

（1）企业的经营性质与内容。在劳动密集型企业，员工主要从事简单的体力劳动，劳动成本在总成本中占很大比例；在高科技企业中，高技术员工占主导，这些员工从事的是科技含量高的脑力劳动，因此劳动力成本在总成本中比重不大。这两种类型企业的薪酬策略必定不同。

（2）企业的经营与财政状况。一般来说，实力雄厚的大公司和利润好并正处于发展上升时期的企业，对员工往往会比较慷慨，薪酬水平较高；反之，规模较小或处境不景气的企业，则不得不量入为出，薪酬水平会定得较低。但是经营状况是不断变化的，经营好坏也没有绝对的标准，员工一般不愿以此来评价企业薪酬的合理性。所以，经营状况对薪酬水平的影响只是间接和远期性的。

（3）员工的劳动量。员工的劳动能力有大有小，同等条件下，不同员工所提供的现实劳动量也有差别。劳动量的差异是导致员工薪酬水平高低不一的基本原因。

（4）工作本身的差别。员工从事的工作，存在着责任、劳动强度、技能水平和复杂程度等方面的差别，薪酬自然也会有所不同。

（5）年龄和工龄。年龄和工龄之所以会成为影响薪酬的因素，主要是出于以下考虑：为补偿员工过去的投资；减少员工的流失；保持平衡的年龄收入曲线。

（6）工作的时间性和危险性。从事季节性或临时性工作的劳动者，一般比正常受雇员工的工资高；而某些具有危险性工作的员工，比在舒适、安全的工作环境中工作的员工的工资要高，这一方面是为了补偿他们的体能消耗、耐力和冒险精神，另一方面也是对他们工作的一种鼓励和安慰。

第二节 薪酬制度设计

目前薪酬制度设计的依据有三种：基于职位、基于能力和基于绩效。基于职位的薪酬设计是企业根据职位的相对价值给员工支付报酬，这种方式是现在我国应用最多的一种。基于能力的薪酬设计是企业根据员工能力的高低付酬，常采取宽带薪酬的形式。这是近些年来随着知识型企业的大量出现而兴起的一种薪酬设计方法，开始被越来越多的企业接受。基于绩效的薪酬设计是根据员工的绩效付酬，严谨的绩效考核是基础，可以根据职位、能力或流程等设计。本书主要介绍应用最广泛的基于职位的薪酬制度设计。此外，简单介绍一下宽带薪酬。

一、薪酬制度设计的基本过程

典型的薪酬制度设计过程分为七个步骤，如图7.1所示。图中的实线框表示各步骤的名称，虚线框说明各步骤对应的主要内容和活动。[①]

1. 付酬原则与策略的确定

这是企业文化的一部分，对以后的各个环节具有重要的指导作用。它包括对员工本性的认识（人性观），对员工总体价值的评价，对管理人员及高级技术人才所起作用的估计等企业的核心价值观。要真正按贡献大小决定收入分配的共识，并在它的指导下制定薪酬分配的政策与策略，如薪酬等级之间的差距，工资、奖金和福利费用的构成比例等。

---

① 参见余凯成主编《人力资源开发管理》，企业管理出版社1997年版，第189—1991页。

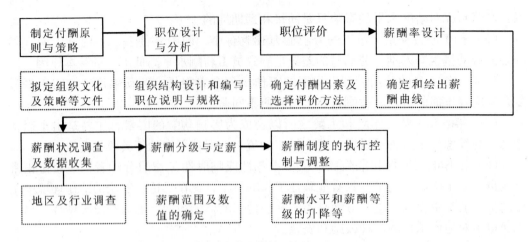

图 7.1　薪酬制度设计流程

2．职位设计与分析

这是工资制度建立的依据，其操作程序和方法在本书第三章已经介绍过，这里不再重复。

3．职位评价

这是保证内在公平的关键一步，要有必要的精确性，以具体的金额来表示每一职位对本企业的相对价值，它反映了企业对各职位任职者的要求。但是，这些表示职位相对价值的金额，并不就是各个任职者的真正工资额。员工的真正薪酬额要经过第五个步骤，实现外部公平，并再经过第六个步骤之后才能完成。

4．薪酬率设计

经过职位评价之后，可得到表明每一职位对本企业相对价值的顺序、等级、分数或象征性的金额，使企业内所有职位的薪酬都按同一的贡献率原则定薪，保证企业薪酬制度的内在公平性。但这是属于理论上的价值，它必须转换成实际的薪酬值，才有实用价值，这就需要进行薪酬率的设计。

所谓薪酬率，是指一个企业的组织结构中各项职位的相对价值及其对应的实付薪酬间的一种关系。这种关系以某种原则为依据，形成一定的规律。这种关系和规律通常以"薪酬曲线"来表示，使其更直观、更清晰、更易于分析和控制，也更易于理解。

5．外部薪酬状况调查及数据分析

外部薪酬状况调查主要是对本地区、本行业，尤其是主要竞争对手的薪酬的调查，目的是要保证企业薪酬制度的外在公平性。调查的数据来源及渠道首先是公开的资料，如国家和地区统计部门、劳动人事部门、工会等公开发布的资料，图书馆及档案馆中的统计年鉴等工具书，人才交流市场与有关组织、有关高等学校、研究机构及咨询单位的薪酬调查报告，等等。其次，可以通过抽样调查等方式获取第一手的资料。最后还可以通过招聘过程了解到外部薪酬状况的一些数据资料。

6. 薪酬分级和定薪

在职位评价之后，企业根据其确定的薪酬曲线，将众多类型的职位薪酬归并组合成若干等级，形成一个薪酬等级（或称职级）系列，就可以确定企业内每一职位具体的薪酬范围，保证员工个人的公平性。

7. 薪酬制度的执行、控制与调整

企业薪酬制度建立后，如何把它付诸实施并进行适当的控制和调整，真正发挥其应有的功能，是一个长期而复杂的工作，需要根据制度的运行状况和企业经营环境的变化而进行灵活处理。

二、职位评价

要做到薪酬制度的内在公平性的前提是明确企业中各种工作的相似性或者差别性，以及这些工作对企业的整体目标实现的相对贡献的大小，为此，就需要进行职位评价。所谓职位评价，就是要找出企业内各种职位的共同付酬因素，根据一定的评价方法，按每项职位对企业贡献的大小，确定其具体的价值。职位评价的方法，本书主要介绍排序法、分类法、计点法、因素比较法、海氏职位评价系统和 IPE 职位评价系统。

1. 排序法

排序法是根据各种工作的相对价值或它们各自对企业的相对贡献来由高到低地进行排列。它与绩效考核中的排序法非常相似，唯一的区别是员工绩效考核中的排序法关注的是员工的工作绩效，而职位评价中的排序法所排列的对象是工作本身。排序法的优点是操作简单，无须聘请专家参与，也无须复杂的量化技术，主管可以自己操作和实施，因而成本较低。它的缺点是没有详细具体的评价标准，主观成分很大，尤其是在评价复杂的职位时。由于它把职位作为一个整体来综合考察，评价者对职位某一方面印象的好坏，极易影响到对其总体的排序。因此，这种方法只适合那些规模小、结构简单、职位类型相对较少的企业。

排序法又可以分为以下几种方法[①]：

（1）定限排序法。它是将一个单位相对价值中最高与最低的工作选择出来，作为高低界限的标准。然后在此限度内，将所有的工作，按其性质与难易程度，逐一排列，分出工作的高低差异。但高低差异究竟是多少，以及所有差异是否均衡，都不能

---

① 参见付亚和、许玉林编著《现代管理制度·程序·方法范例全集：劳动人事管理实务卷》，中国人民大学出版社 1993 年版，第 501—502 页。

表示出来,因而这种排序法很不精确。

(2) 配对排序法。这类似于绩效考核中的配对比较法。它的精确度要比定限排序法高,但仍不能显示差异的间距与均衡。

(3) 委员会排序法。这是在一个单位内组成一个委员会,所有工作等级的高低由这个委员会评估。在评估前,对评估的原则、目的和方法等要予以明白解释,使委员们达成一致的认识。而后由各委员评估所有的工作,将结果予以平均(这种方法亦称平均法)。所得结果,因是多数判断的平均,所以较正确和客观,较易为人接受。但缺点是不能显示工作高低的间距与均衡。

(4) 组织结构排序法。这是按工作在组织中的重要位置来排序的。如果组织结构紧密合理,各个层次的工作搭配恰到好处,据此所排列出来的工作等级高低应该比较正确。但由于专业化的发展,组织中专业与非专业的工作之间差别很大,就是同一专业之间也差别很大,因此,这种方法在今天的大规模组织中难以适用。

(5) 间距排序法。上述几种方法都粗略简单,结果都只是一个大致的价值顺序。为了弥补这一缺陷,就产生了间距排序法。它是将一个单位的工作数,用一条有刻度的线来作比较,比较的结果记于刻度上,整个刻度上的记录,就是全部工作的高低顺序排列。如图 7.2 所示,纵轴表示工资的金额,横轴表示间距刻度。该间距刻度分成 100 等分或 100 度。X 职位是某单位中最高等级的工作,处于 100 度的位置。然后将接近 X 职位的 Y 职位与之比较,其位置在 90 度,将 Y 记于 90 度的刻度上。依此方法一直排下去,形成从 X 职位到 R 职位的比较记录,构成了一条高低顺序的排列线,这样,工作与工作之间的间距一目了然,比较准确,可用于制定工资待遇。

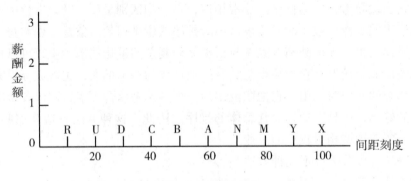

图 7.2 间距排序法

2. 分类法

分类法是将各种工作与事先设定的一个标准进行比较,从而确定各职位的相应等级。它也是一种较简便易行的评价方法。与排序法相比,分类法的主要不同之处是需预先制定一套供参考的等级标准。其实施步骤是:第一步,职位评价者确定工作类别的数目，先分大类再分小类。比如把企业的职位先分为营销、管理、研发、生产等，然后再在研发下细分为软件开发、硬件研发，在管理下细分为人力资源、财务、行政等。第二步，选择报酬因素，制定同报酬因素的数量或基准有关的等级说明书，然后为各种工作类别中的各个等级进行定义，这些定义为薪酬体系的建立提供了依据。例如，表7.2是为办事员工作类别而划定的五个等级的定义。第三步，将各种工作与确定的标准进行对照，然后将它们定位在合适工作类别的合适等级上。

表7.2 办事员工作类别体系

第一级	简单工作，没有监督责任，不需要与公众交往
第二级	简单工作，没有监督责任，需要与公众交往
第三级	中度的工作复杂性，没有监督责任，需要与公众交往
第四级	中度的工作复杂性，有监督责任，需要与公众交往
第五级	复杂工作，有监督责任，需要与公众交往

分类法的优点是简单明了，容易被员工理解和接受。在需要对大量的工作岗位进行评价而且这些工作在任务的内容、责任、工作环境和工作所需要的技能差别很大的情况下，分类法是非常实用的一种评价技术。它还具有很大的灵活性，当组织的工作岗位增加时，新增加的岗位很容易被定位在合适的位置上。当一种工作的要求变化以后，也可以对之进行重新定位。由于分类法强调的是工作类别的差异，而不是单个工作的差异，因此非常适合在大公司的管理人员和专业技术人员中应用。分类法的缺点是，它实际上假设工作因素与工作价值之间存在着稳定的关系，因此，有时工作岗位在分类体系中的定位有些牵强，会产生不公平感。另外，对工作类别的划分也有一定的难度，如果类别太少，就难以准确区分工作的价值；如果类别太多，对各种工作等级进行定义就是一个非常复杂的工作。[①]

3. 计点法

计点法又称为点数法，是运用得最普遍的一种职位评价法。运用此法时，首先把工作的构成进行要素分解，然后按照事先设计出来的结构化量表对每种工作要素进行估值。

计点法的实施程序如下：

（1）确定职位的评价因素。这些评价因素也就是付酬因素，是能够为各种职位的相对价值的比较提供客观依据的职位特性。不同类型的职位有不同的付酬因素，例如，"工作的危险性"这一因素，对于在一线从事体力劳动的蓝领职工，尤其是在井

---

① 参见张一驰编著《人力资源管理教程》，北京大学出版社1999年版，第208—209页。

下、高空、强辐射、有毒介质等环境下工作的职工，是必不可少的重要的付酬因素，但对于在有空调的宽敞明亮的办公室工作的白领职工，则是无须考虑的。对于科研、开发、设计、广告、营销等类职位，"独创性"这一因素很重要，但对必须严格遵守既定操作规程的工作岗位来说，就显得没有必要。典型的付酬因素主要有技能、责任、体能和工作环境。

（2）为各个评价因素下定义并划分等级。应以最通俗、最清楚的文字，为每个评价因素下一个定义。应视各因素的复杂程度决定合适的等级，一般以4—8级为宜。各个等级之间的差别程度应尽可能相等。

（3）确定各因素的点数。各因素点数之和，以易于转换为货币工资为准。经常选用的点数之和多为300点、500点、800点等。各因素权重和点数分配按照付酬因素的重要性视具体情况而定，美国较多采用的百分比为技能50%、责任20%、身体条件和工作环境各占15%。近来，减少技能比重，增加责任比重的趋势越来越明显。一般来说，各评价因素的权重最好由评委会讨论决定，或采用平均值。在各因素权重和配点决定以后，就要决定各因素的等级划分，然后以最高点数除以级数求得最低点，也就是各级的级差，最后制成各级点数表。表7.3是一个职位付酬因素等级划分及分数分配表的范例。

表7.3 职位付酬因素等级划分及分数分配举例

付酬因素	1级	2级	3级	4级	5级
一、所需技能					
1. 职务专业知识	14	28	42	56	70
2. 专业工作经验	22	44	66	88	110
3. 主动性与独创性	14	28	42	56	70
二、所付努力					
4. 体力上的要求	10	20	30	40	50
5. 智力上的要求	5	10	15	20	25
三、所负责任					
6. 对设备	5	10	15	20	25
7. 对材料或产品	5	10	15	20	25
8. 对别人的安全	5	10	15	20	25
9. 对别人的工作	5	10	15	20	25
四、工作条件					
10. 工作环境	10	20	30	40	50
11. 危险性	5	10	15	20	25

资料来源：余凯成主编：《人力资源开发与管理》，企业管理出版社1997年版，第194页。

4. 因素比较法

因素比较法与计点法的相同之处，是都要首先找出适当的付酬因素。两者的不同之处在于因素比较法无需预先开发出一个"评比标尺"，而是先在本企业中找出若干有代表性的关键职位作为评价时的参照物。

因素比较法因直接用具体的工值来标示各职位的价值，从而简化了评价的操作过程。但由于各个因素的赋值过程影响重大且技术复杂，通常需由经验丰富的专家们组成的工作小组和定薪委员会来进行。所以，成本较大，而且员工不易理解它。然而，一旦关键职位选出并经分解、排序、赋值，将其余非关键性的待评职位逐一按因素对照评比加权，便可直接得出工资值。而且随着被评价的职位的增多，参照点也随之增多，比照起来，就更容易。

因素比较法的步骤通常包括以下几个环节：

（1）确定关键职位。这些职位的数量应有较大的涵盖面，足以代表本企业内各种类型的职位，通常需15—20个。它们都是员工们普遍熟悉和了解并为企业外部公认的具有典型性的职位。每个关键职位附有简要而准确的职位说明与职位规格。

（2）选定关键职位的付酬因素，并依次按所选各付酬因素，将各关键职位从相对价值最高到最低，排出顺序来。

（3）为各关键职位按各付酬因素分配薪值。这一步就是要决定从各职位月薪总值中分多少份额给各因素。据此，可排出各项职位在同一因素上的高低顺序。

（4）将非关键职位与关键职位的付酬因素进行逐个比较，确定各非关键职位在各种付酬因素上应得的报酬金额。

（5）将非关键职位在各付酬因素上应得到的报酬金额加总，就是这些非关键职位的工资总额。

表7.4是一个因素比较法的例子。在这个例子中，工作的付酬因素包括技能、努力、责任和工作条件。职位1、职位2和职位3是关键职位。职位1的小时工资率为8.5元（1.00＋2.00＋0.50＋5.00），职位2的小时工资率为9.5元，职位3的小时工资率为15元。如果现在需要评价职位X，它在各种付酬因素上的地位如表中的位置所示，那么，通过计算就可以知道X的小时工资率应该为12元。[1]

5. 海氏职位评价系统[2]

海氏职位评价系统又叫"指导图表—形状构成法"，实际上也是一种计点法，由美国工资设计专家爱德华·海于1951年研究开发。这一评价方法比较好地解决了对不同职能部门不同职位之间的相对价值进行对比的问题，特别适合对管理类和专业类工作岗位进行评价。

---

[1] 参见张一驰编著《人力资源管理教程》，北京大学出版社1999年版，第207页。
[2] 本部分参考刘军胜编著《薪酬管理实务手册》，机械工业出版社2002年版，第46—54页。

表 7.4　因素比较法量表

小时工资率（元）	技　能	努　力	责　任	工作条件
0.50			职位 1	
1.00	职位 1			职位 2
1.50		职位 2		
2.00		职位 1	职位 X	
2.50	职位 2			职位 3
3.00	职位 X			
3.50		职位 X	职位 3	职位 X
4.00	职位 3			
4.50			职位 2	
5.00		职位 3		职位 1

　　海氏职位评价系统把职位评价因素分为三个方面，即技能水平、解决问题的能力和职务所承担的责任。每一个因素又细化为若干个成分和等级，并对每个成分的等级赋予相应的分值或百分数，在运用时只需要把一些代表性的职位在三个评价因素方面进行对比，然后在事先设计好的图表里找到各自的位置，即可得到在这些因素中的分值或百分数。表 7.5 是海氏付酬因素，表 7.6、表 7.7、表 7.8 是海氏职位评价系统在三个方面的分数分布表。

　　当一个职位在三个因素方面都赋分后，还要根据技能水平和解决问题的能力两因素相对于职位责任这一因素的影响力之间的对比与分配，确定"职位形状构成"，是"上山型"、"下山型"还是"平路型"（如图 7.3 所示）。"上山型"职位的责任比技能与解决问题的能力重要，如公司总裁、销售经理、负责生产的职位等。"平路型"职位的技能和解决问题能力与责任并重，平分秋色，如会计、人事等职位。"下山型"职位的职责不及技能与解决问题能力重要，如科研开发、市场分析职位等。之后根据职位的实际情况确定两因素的权重分配，例如，"上山型"的确定为 40% + 60%，"平路型"的为 50% + 50%，"下山型"的为 70% + 30%。最后，计算出各职位的综合得分，即可以确定各职务的薪酬点数。

表7.5 海氏付酬因素分析表

付酬因素	付酬因素定义	子因素	子因素释义
技能水平	要使工作绩效达到可接受的水平所必需的专门知识及相应的实际运作技能的总和	专业理论知识	对该职位要求从事子行业领域的理论、实际方法与专门知识的理解。该子系统分八个等级，从基本的（第一级）到权威专门技术的（第八级）
		管理诀窍	为达到要求绩效水平而具备的计划、组织、执行、控制、评价的能力与技巧。该子系统分五个等级，从起码的（第一级）到全面的（第五级）
		人际技能	该职位所需要的沟通、协调、激励、关系处理等方面主动而活跃的活动技巧。该子系统分"基本的"、"重要的"、"关键的"三个等级
解决问题的能力	在工作中发现问题，分析诊断问题，提出、权衡与评价对策，作出决策等能力	思维环境	制定环境对职位行使者的思维的限制程度。该子系统分八个等级，从几乎一切按既定规则办的第一级（高度常规的）到只做了含糊规定的第八级
		思维难度	指解决问题时对当事者创造性思维的要求，该子因素分五个等级，从无须动脑只按老规矩办的第一级（重复性的），到完全无先例可供借鉴的第五级（无先例的）
承担的职务责任	指职务行使者的行动对工作最终结果可能造成的影响及承担责任的大小	行动的自由度	职位能在多大程度上对其工作进行个人性指导与控制，该子系统包含九个等级，从自由度最小的第一级（有规定的），到自由度最大的第九级（一般性无指导的）
		职务对后果形成的作用	该因素包括四个等级：第一级是后勤性作用，即只在提供信息或偶然性服务上出力；第二级是咨询性作用，即出主意与提供建议；第三级是分摊性作用，即与本企业内外其他几个部门和个人合作，共同行动，责任分摊；第四级是主要作用，即由本人承担主要责任
		职务责任	可能造成的经济性正负后果。该子因素包括四个等级，即微小的、少量的、中级的和大量的，每一级都有相应的金额下限，具体数额要视企业的具体情况而定

表 7.6 海氏职位评价系统——技能水平点数分配表

专业理论知识	人际技能	管理诀窍 起码的 基本的	管理诀窍 起码的 重要的	管理诀窍 起码的 关键的	管理诀窍 相关的 基本的	管理诀窍 相关的 重要的	管理诀窍 相关的 关键的	管理诀窍 多样的 基本的	管理诀窍 多样的 重要的	管理诀窍 多样的 关键的	管理诀窍 广博的 基本的	管理诀窍 广博的 重要的	管理诀窍 广博的 关键的	管理诀窍 全面的 基本的	管理诀窍 全面的 重要的	管理诀窍 全面的 关键的
	基本的	50 57 66	57 66 76	66 76 87	66 76 87	76 87 100	87 100 115	87 100 115	100 115 132	115 132 152	115 132 152	132 152 175	152 175 200	152 175 200	175 200 230	200 230 264
	初等业务的	66 76 87	76 87 100	87 100 115	87 100 115	100 115 132	115 132 152	115 132 152	132 152 175	152 175 200	152 175 200	175 200 230	200 230 264	200 230 264	230 264 304	264 304 350
	中等业务的	87 100 115	100 115 132	115 132 152	115 132 152	132 152 175	152 175 200	152 175 200	175 200 230	200 230 264	200 230 264	230 264 304	264 304 350	264 304 350	304 350 400	350 400 460
	高等业务的	115 132 153	132 152 175	152 175 200	152 175 200	175 200 230	200 230 264	200 230 264	230 264 304	264 304 350	264 304 350	304 350 400	350 400 460	350 400 460	400 460 528	460 528 608
	基本专门技术	152 175 200	175 200 230	200 230 264	200 230 264	230 264 304	264 304 350	264 304 350	304 350 400	350 400 460	350 400 460	400 460 528	460 528 608	460 528 608	528 608 700	608 700 800
	熟练专门技术	200 230 264	230 264 304	264 304 350	264 304 350	304 350 400	350 400 460	350 400 460	400 460 528	460 528 608	460 528 608	528 608 700	608 700 800	608 700 800	700 800 920	800 920 1056
	精通专门技术	264 304 350	304 350 400	350 400 460	350 400 460	400 460 528	460 528 608	460 528 608	528 608 700	608 700 800	608 700 800	700 800 920	800 920 1056	800 920 1056	920 1056 1216	1056 1216 1400
	权威专门技术	350 400 460	400 460 528	460 528 608	460 528 608	528 608 700	608 700 800	608 700 800	700 800 920	800 920 1056	800 920 1056	920 1056 1216	1056 1216 1400	1056 1216 1400	1216 1400 1600	1400 1600 1840

表 7.7　海氏职位评价系统——解决问题的能力分数表

		思维难度				
		重复性的	模式化的	中间型的	适应性的	无先例的
思维环境	高度常规性的	10%	14%	19%	25%	33%
	常规性的	12%	16%	22%	29%	38%
	半常规性的	14%	19%	25%	33%	43%
	标准化的	16%	22%	29%	38%	50%
	明确规定的	19%	25%	33%	43%	57%
	广泛规定的	22%	29%	38%	50%	66%
	一般规定的	25%	33%	43%	57%	76%
	抽象规定的	29%	38%	50%	66%	87%

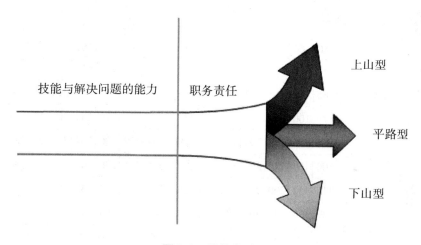

图 7.3　职位类型

表 7.8 海氏职位评价系统——承担的职务责任点数分配表

职务责任	大小等级	微小				少量				中量				大量			
	金额范围																
	职务对后果形成的作用	间接		直接		间接		直接		间接		直接		间接		直接	
		后勤	辅助	分摊	主要	后勤	辅助	分摊	主要	后勤	辅助	分摊	主要	后勤	辅助	分摊	主要
行动的自由度	有规定的	10	14	19	25	14	19	25	33	19	25	33	43	25	33	43	57
		12	16	22	29	16	22	29	38	22	29	38	50	29	38	50	66
		14	19	25	33	19	25	33	43	25	33	43	57	33	43	57	76
	受控制的	16	22	29	38	22	29	38	50	29	38	50	66	38	50	66	87
		19	25	33	43	25	33	43	57	33	43	57	76	43	57	76	100
		22	29	38	50	29	38	50	66	38	50	66	87	50	66	87	115
	标准的	25	33	43	57	33	43	57	76	43	57	76	100	57	76	100	132
		29	38	50	66	38	50	66	87	50	66	87	115	66	87	115	152
		33	43	57	76	43	57	76	100	57	76	100	132	76	100	132	175
	一般性规范的	38	50	66	87	50	66	87	115	66	87	115	152	87	115	152	200
		43	57	76	100	57	76	100	132	76	100	132	175	100	132	175	230
		50	66	87	115	66	87	115	152	87	115	152	200	115	152	200	264
	有指导的	57	76	100	32	76	100	132	175	100	132	175	230	132	175	230	304
		66	87	115	152	87	115	152	200	115	152	200	264	152	200	264	350
		76	100	132	175	100	132	175	230	132	175	230	304	175	230	304	400
	方向性指导的	87	115	152	200	115	152	200	264	152	200	264	350	200	264	350	460
		100	132	175	230	132	175	230	304	175	230	304	400	230	304	400	528
		115	152	200	264	152	200	264	350	200	264	350	460	264	350	460	608
	广泛性指导的	132	175	230	304	175	230	304	400	230	304	400	528	304	400	528	700
		152	200	264	350	200	264	350	460	264	350	460	608	350	460	608	800
		175	230	304	400	230	304	400	528	304	400	528	700	400	528	700	920
	战略性指引的	200	264	350	460	264	350	460	608	350	460	608	800	460	608	800	1056
		230	304	400	528	304	400	528	700	400	528	700	920	528	700	920	1216
		264	350	460	608	350	460	608	800	460	608	800	1056	608	800	1056	1400
	一般性无指引的	304	400	528	700	400	528	700	920	528	700	920	1216	700	920	1216	1600
		350	460	608	800	460	608	800	1056	608	800	1056	1400	800	1056	1400	1840
		400	528	700	920	528	700	920	1216	700	920	1216	1600	920	1216	1600	2112

例如对营销副总的职位评价。①技能水平方面。营销副总在企业中全面主管营销事务,而营销工作往往是企业中最难应付的工作,需要很高的管理技巧,因此在管理技巧方面是全面的;营销副总要精通营销管理的各项专门知识,并要在下属当中树立起自己的绝对权威,方可充分调动广大营销人员的积极性,因此在专业知识方面应是权威专门的;在人际技巧方面,他需要熟练的人际技能,这是关键的。因此营销副总的技能因素价值为1 600。②解决问题的能力方面。营销副总是企业市场的开拓者,每天都要面对瞬息万变的市场独立做出营销决策,很多情况下企业都缺乏明确的政策指导,其思维环境属"抽象规定的"。为了占领市场,营销副总需要开展高度的创造性工作,这些工作在企业无先例可循,其思维难度要列入"无先例的"。因此解决问题能力便评价为技能的87%。③承担的职务责任。营销副总在企业内地位很高,享有广泛授权,行动的自由度高,属"战略性指引的";他全面主管企业的营销工作,所起的作用是最高的第4级"主要的";营销副总的决策有时直接决定企业的生死存亡,其职务责任是"大量的"。该职务在这一因素的整体评分为1 400。④由于该职务的责任比技能和解决问题的能力重要,所以营销副总属于"上山型"。我们粗略地确定"上山型"两组因素的权重分配分别为40% + 60%。⑤将这三个职务在三个因素上的岗位评价得分及其相应权重汇总如下:

营销副总评价总分 = 1 600（1 + 87%）× 40% + 1 400 × 60% = 2 036.8

6. IPE 职位评价系统

IPE 即 International Positional Evaluation（国际职位评估），最早由 CRG（Corporate Resources Group）提出，后来著名咨询公司 Mercer 将其并购并对 IPE 作了修改完善。国际职位评估系统（第三版）共有4个因素，10个维度（见图7.4），104个级别，1 225分。评估结果共可以分成48个级别。简单说来，就是对企业中每一个职位在4个因素的10个维度上进行评估，在事先设计好的表格中查找对应的分数，将分值总和以后，就可以形成职位序列并按照企业的意愿划分层次。

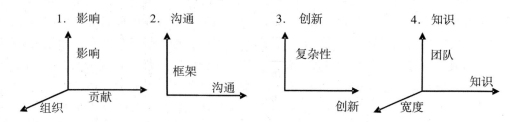

图7.4 IPE 职位评价系统

三、薪酬调查

薪酬调查提供的市场数据，能够向企业提供各种职位薪酬的详细市场趋势信息，同时还能提供不同职位之间市场数据的比较。作为企业薪酬管理的重要工具，薪酬调查的过程及结果的质量都直接影响到整个薪酬管理体系。高质量的薪酬调查可以使企业及时把握市场薪酬行情，有助于企业搭建一套兼顾外部竞争和内部公平的、对于自身最合适的薪酬管理体系，成为企业的"增值"手段；相反，低质量的薪酬调查会因给企业提供了不准确的信息而误导企业，阻碍企业人力资源战略的顺利实施。

薪酬调查的渠道有：企业自己进行薪酬调查、委托专业机构进行薪酬调查、购买专业调查机构的薪酬数据库或调查报告。一般来说，薪酬是各公司的商业机密，企业自己进行薪酬调查很难做到科学、完全的程度，一般只能靠收集调查网站、招聘网站、晒薪类网站的公开报告，或者靠私人关系收集零星信息，而这些信息往往太过笼统和粗略，缺乏严谨性，但是因为数据来源是网友或网上求职者，提交的数据大致能代表他们当前的工资数额或者是期望薪水，作为免费资源还是可以作参照的。委托专业机构进行薪酬调查可以按照本企业的薪酬实践和职位特点进行专门调查，获得专业、精准的结果，但是成本很高，只有实力雄厚的公司才做得到。购买专业调查机构的薪酬数据库或调查报告是成本较低而效果较好的方式，但是选择合适的调查报告以及恰当地使用调查报告非常重要，现在我国越来越多的公司采用这种渠道。

薪酬调查要了解的内容有：

1. 本地区的薪酬水平

不同地区因为生活费用不同，生产发展会不同，薪酬差别可能很大。如 2014 年部分城市城镇私营单位从业人员人均工资为：北京 52 902 元，浙江 38 689 元，广东 41 295 元，重庆 40 139 元。

2. 企业所在同行业企业的薪酬水平

选择时最理想的是"绝对同行业比较"。如 A 公司是广州一家生产及销售保健食品、饮料及药品的企业，那么如果参加调查的公司都是该行业的就最好了。但是，目前还未形成这种气候，国内企业有很多没有参与调查，也不想参与调查，而欧美跨国公司已形成了参与市场调查的风气。现在，几个大城市如广州、北京和上海的顾问公司的通行做法是，对企业进行分类，如技术型企业和非技术型企业。非技术型企业与消费品企业可视为同行业。技术型企业，只要是生产工艺比较接近、人员要求比较接近，其工厂可视为同行业。要注意的是，在某些情况下，听起来像是同行业，其实则不然，比如一家组装成套通信设备的通信公司与一家生产通信设备配件的通信公司。这时，可以这样考虑，若是其他类似公司里的大部分工作说明与自己的比较接近，可考虑为"同行业比较"。此外，企业也可按照规模、性质、行业等方面的相近程度来选择。

3. 相应职位的薪酬水平

确定某一职位的薪酬水平,尤其是正确确定企业高级管理人员和专业技术人员的薪酬水平,是避免人才跳槽的有效途径。在一家公司里,有很多职位是可以与其他公司类似职位相比较的,如财务会计人员、文秘人员、人事管理人员、电工、司机、保安、厨师、仓管员等等。而一些从事新产品开发的技术性较强的职位有其自己的特点而难以比较,这种情况下,可根据类似职位的资料与公司内部情况作对比而定。对于薪酬调查来说,最首要的也是考察其质量最为关键的就在于职位的可比性。对于不同的企业,相同的职位称谓可能对应着完全不同的职位职责及难度,单纯地使用职位称谓的做法反而是一种误导。因此,一定要考察薪酬调查中针对职位的调查是否具有统一的标准,是否是不同企业中工作性质及难度相同的类似职位。企业要比较自身职位及薪酬调查中的职位的工作说明及该职位在组织结构中的位置,以顾问公司的职位为标准职位,确定本公司的各个职位相当于哪一个标准职位。然后把调查报告中薪酬的中位数相同或者比较接近的职位归纳为同一组并视为同一级别,标出相应于该公司的哪些职位。

4. 薪酬结构

因为同样数额的薪酬发放形式不同所起的作用差别很大,所以,薪酬结构的调查应该是全面的,除了了解基本工资、奖金、津贴外,还要了解股票、佣金、分红、福利等形式的薪酬。

四、绘制市场薪酬线和企业薪酬曲线[①]

薪酬曲线可以分为市场薪酬线和企业薪酬曲线,它们都反映了职位评价分数与薪酬之间的关系。

1. 市场薪酬线

通过薪酬调查得来的数据可以以市场薪酬线的形式表现出来。以典型职位的职位评价分数作变量,以调查得来的薪酬数额作因变量,经线性回归得到的一条直线就是市场薪酬线(如图7.5所示)。当然,绘制市场薪酬线时不一定是直线,也可以根据薪酬数值的分布状况是曲线或分段折线。由于每个典型职位都有很多薪酬数据,一般取平均值或中位值作为其薪酬数值。此外,还可以绘制25%分位、50%分位、75%分位市场薪酬线,这些市场薪酬线对薪酬水平设计更具有指导意义。市场薪酬线描述了外部市场为典型职位支付的薪酬是多少,企业可以参照该曲线解决薪酬的外部竞争性问题。

---

① 本部分主要参考余凯成主编《人力资源开发与管理》,企业管理出版社1997年版,第198—205页。

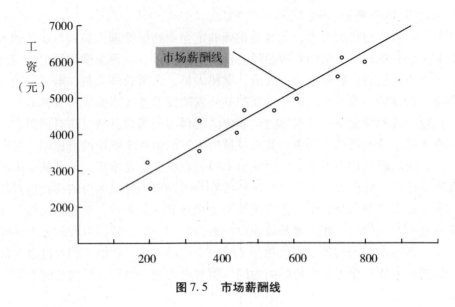

图 7.5 市场薪酬线

2. 企业薪酬曲线

企业薪酬曲线显示的是企业内各个职位的相对价值与其实付薪酬之间的关系，如图 7.6 所示。图中，横坐标表示根据职位评价所获得的各个职位相对价值的分数，纵坐标表示所付的实际薪酬值。以横、纵坐标数值交叉点所绘制的连续的线即是薪酬曲线，A、B、C、D 是典型的薪酬曲线。

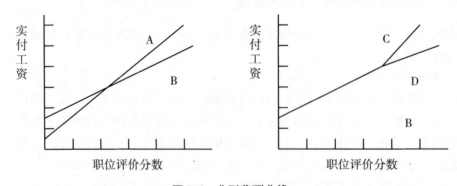

图 7.6 典型薪酬曲线

企业薪酬曲线多呈直线或若干直线段构成的一种折线的形式。这是因为薪酬结构首先要考虑到内在公平性，使企业内各项职位的薪酬按某种一致的分配原则确定，也即等价交换的原则，谁的贡献越大，对企业的价值相对越高，所获得的报酬也越多。由于报酬与贡献成正比关系，其对应的关系线便会呈直线形式。

图 7.6 中的 A、B 两条曲线都是单一的直线，说明这个企业是按统一的原则来确

定各个职位的薪酬值的，即薪酬值正比于职位的相对价值。但 A 与 B 的倾斜度不同。A 斜率较大，较陡直，说明这一企业偏向于拉大不同贡献的员工之间的收入差距；而 B 则斜率较小，较平缓，说明这个企业偏向于照顾大多数，不喜欢收入悬殊。

图中的 C、D 则都是折线，在前面一段两者重合，到后面则倾斜度不一样。C 斜率增大，可能企业认为自某一级别以上的员工均属企业骨干和精英，对企业成败的影响很大，是企业最宝贵的人力资源，故应高薪酬以激励他们的积极性。D 斜率减小，可能企业着眼于不致使高层骨干太脱离群众，以减少中、下层员工的不平衡感和抱怨，对高层骨干则通过非经济性薪酬来激励和补偿。

从以上的分析中，我们可以看出，薪酬曲线的第一种用途，是要通过开发出企业的薪酬系统，使各个职位的薪酬都对应于它的相对价值，达到内在公平，并反映企业的薪酬制度与管理价值观。

薪酬曲线的设计还有另一个用途，就是用来检查薪酬制度的合理性，作为改进薪酬制度的依据。也就是说，通过薪酬曲线，可以看出某些职位的薪酬的偏离程度，从而制定纠正的政策，使它们回到薪酬曲线中正常的工资点上。如图 7.7 所示，一些职位的实际薪酬水平可能偏离薪酬曲线，即同本企业的其他职位相比，其薪酬值过高或过低。如果薪酬低于薪酬曲线，可能就要提高该职位的薪酬；反之，如果薪酬高于薪酬曲线，就可能要削减或冻结当前的薪酬水平。对于薪酬水平过低的员工来说，这个问题容易解决，只需将其薪酬水平调高到其所在的薪酬等级水平即可。对于那些位于薪酬曲线以上的职位，一般不予调低，而是予以暂时冻结或延期提升。因为人们心理上一般难以接受降薪的做法，降薪会造成一种挫折感而使人沮丧，其余职工也易滋生危机感，担心哪一天自己也会遭此处理，从而影响士气。另一替代办法是设法增加这些职位的工作负荷与责任，提高工作效率，使其相对价值得以提高。

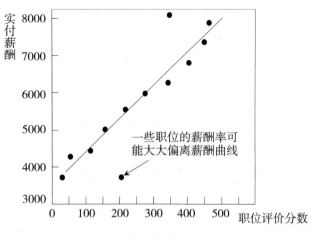

图 7.7　偏离薪酬曲线的一些职位

3. 市场薪酬线与企业薪酬曲线的结合运用

上述薪酬曲线的两种作用均是要实现薪酬的内在公平,但真正合理的薪酬曲线设计还要考虑其外在公平性,因此要与市场薪酬线比较作调整。这是薪酬曲线的第三个用途。

如图 7.8 所示,其中的实线表示企业原有的薪酬曲线,最上一根点划线及最下一根双点划线,分别代表薪酬调查得出的高分位和低分位的薪酬水平,中间的虚线代表同行业的平均薪酬水平。把企业的薪酬曲线与这几条线进行比较,就可以发现企业在市场上的薪酬地位及竞争力的强弱了。然后,企业再根据自己的管理价值观、竞争策略、付酬能力、盈亏状况等因素,进行综合考虑和平衡,便可决定对薪酬曲线的调整政策。图中的点线是调整后的企业薪酬曲线,它是在兼顾了内外公平性因素后全面权衡的结果。从图中可看出,它基本上与市场平均线重合,这可能是由于该企业财务实力属中等,付酬能力既不太差,也不太宽裕,同时也说明它未感到人才不足的压力。但这条线的下端高于市场平均线而上端则略低于平均线,表明高级人才的薪酬低于市场平均价,这可能是该企业高层骨干实力较强,不太缺乏,而市场上此类人才也较多。但中下层干部,尤其是普通技工人员较缺乏,而劳动力市场上这类人才又略偏紧俏,于是企业只好出价高于市场平均价。

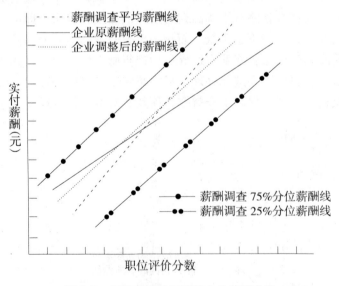

图 7.8 根据市场状况调整企业薪酬曲线

五、薪酬水平定位

薪酬水平是指企业支付给不同职位的平均薪酬的高低状况,反映了企业薪酬的外部竞争性。企业可以根据公司战略、职位特点、人员类别、支付能力、企业文化等因素决定采取何种薪酬水平。一般而言，企业的薪酬策略有四种[①]：

1. 薪酬领先策略

企业的薪酬在同行业同地区处于较高水平。这种策略有利于企业招聘到满足本企业要求的高素质人才。采取这样的薪酬政策要求企业有相当的实力。如微软即采用这种薪酬策略，其员工工资处于行业领先水平。

2. 市场跟随策略

企业的薪酬水平处于同行业同地区的中等水平，这可以保证企业能够找到中等水平的人才，同时在一定程度上控制人工成本。大多数企业采取这种薪酬策略。

3. 薪酬滞后策略

企业的薪酬水平处于同行业同地区的较低水平。这意味着企业可能找不到较好的人才。一般当企业不景气或者刚起步时采取这种策略。

4. 混合策略

企业针对不同的职位采取不同的薪酬政策。例如，对核心职位采取领先策略；对要求不高、贡献不大的职位采取滞后策略；其他采取跟随策略。

六、确定薪酬结构

这包括分等、确定每等对应的薪酬区间以及相邻等级之间的交叉。

1. 分等

由于企业存在许多种工作，企业不可能为每个职位确定一个独特的薪酬值。为了管理上的方便，通常设定若干薪酬等级，每个等级中包含相同的若干种工作或技能水平相同的若干名员工。同一个薪酬等级内的各种职位得到相同的基本工资。在设置薪酬等级的数目时，主要考虑薪酬管理上的便利和各种职位之间相对价值（点数）差异的大小。在相对价值最大的职位与相对价值最小的职位之间的点数差异既定的情况下，如果薪酬等级数目太少，意味着在工作任务、责任和工作环境上差别很大的员工之间的基本薪酬差距就会太小，损害薪酬政策的内部公平性。如果薪酬等级数目太多，那些没有什么明显差别的工作之间的基本工资差距就会太大，同样会损害薪酬政策的内部公平性。总的原则是，级别的数目不能少到相对价值相差甚大的职位都处于同一级别而无区别，也不能多到价值稍有不同便处于不同级别而需作区分的程度。在实践中，有的企业薪酬等级只有4—5级，也有的是它的几倍，平均约在10—15级之间。每个级别一般再细分为几个档次，一般是3—8级。

2. 确定每等对应的薪酬区间

在确定薪酬等级的过程中，还需要设计合理的薪酬区间。这样，可以使在同一薪

[①] 参考秦璐、王国颖主编《人力资源管理》，中山大学出版社2006年版，第206页。

酬等级内的职位得到相同的基本工资，在此基础上，员工个人的报酬要受到其资历、绩效水平、生产率、倒班情况等因素的影响。所谓薪酬区间，是指在一个薪酬等级的范围内上限和下限之间差距的大小。一般来说，在职位评价中点数越低的职位，其薪酬等级的范围就应该越小，点数越高的职位，其薪酬等级的范围就应该越大。这是因为：第一，相对价值越大的工作，任职者工作绩效的差别就越大；而相对价值越小的工作，任职者工作绩效的差别就越小。因此，只有报酬的变化比较大，才能激励那些承担对企业相对价值比较大的工作的员工努力工作。第二，企业的组织结构一般都呈金字塔型，级别越高或者相对价值越大的工作岗位上的员工继续晋升的空间就越小，因此，需要设置比较大的报酬变化空间，以激励他们努力工作。在一个企业，各个薪酬等级范围可以是一样大的，如都是平均工资±25元，即每级范围为50元。但更常见的是薪酬范围随等级的上升而呈螺旋式的扩大（如图7.9所示）。

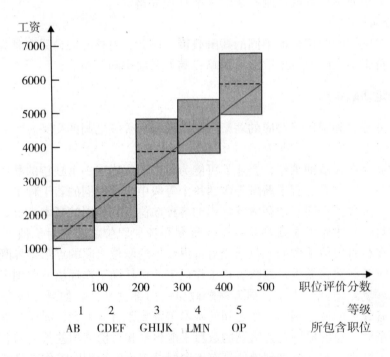

图7.9　薪酬等级划分及其范围

3. 确定相邻等级之间的交叉

需要注意的是，并不是较高等级的薪酬水平就一定高于较低等级的薪酬水平。如果各个级别的薪酬范围大到一定程度，相邻的两个薪酬等级之间会出现一定的交叉现象，即一个薪酬等级的最高水平通常高于与它相邻的较高级别的最低水平。薪酬等级交叉的程度取决于以下几个因素：第一，相邻两个薪酬等级中的工作在职位评价中得到的点数差异的大小，点数差异越大，交叉的程度应该越小；点数差异越小，交叉的程度就应该越大。第二，在每一个薪酬等级内，员工从该级别的下限向上限的提升可以取决于年资，也可以取决于绩效。如果薪酬的增长主要根据员工的年资，那就需要使每个薪酬等级的范围大些，结果会使相邻两个薪酬等级之间的交叉程度较高。这种交叉是必要的和有益的，它可以使那些长期从事某一类工作但又不可能再有晋升职位的机会的员工可以不断提高薪酬而获得激励。因此，有可能出现这样的情况，较低级别的员工的薪酬高于较高级别的员工的薪酬。这会存在一种消极的后果，那就是有些在较低级别中获得上限或接近上限薪酬的员工在获得晋升后，他们的薪酬却不能从这较高一级的最低起薪点计薪，升职不能同时提薪，而必须至少与提升前相等。这样，由于其工资距此级别的最高薪点已较近，增薪机会不多，从而减弱了薪酬制度的激励功能，也给管理工作增添了困扰。因此，级别数目与宽度、工资曲线斜率及各级别的变化幅度等因素，必须统筹兼顾，恰当平衡。

4. 宽带薪酬

随着知识型企业越来越多，人的能力成为企业能否取得良好绩效的决定性因素，宽带薪酬开始引起人们的注意。宽带薪酬就是企业将原来十几个甚至二十几个、三十几个薪酬等级压缩成几个级别，但同时将每一个薪酬级别所对应的薪酬浮动范围拉大，从而形成一种新的薪酬管理系统及操作流程。宽带中的"带"，意指薪酬等级，宽带则指工资浮动范围比较大。与之对应的则是"窄带薪酬"管理模式，即工资浮动范围小、级别较多。目前国内很多企业实行的都是窄带薪酬管理模式。宽带薪酬的优点有：①减少工作间的等差别，有利于企业提高效率、创造学习型的企业文化、保持组织结构的灵活性；②能引导员工重视技能的增长和能力的提升，而不是职位的升降；③有利于企业内部职位的轮换与员工职业生涯发展；④上级对下级员工的薪酬有更大的决策权，从而增强组织的灵活性和创新性思想的出现，有利于提高企业的绩效；⑤支持组织扁平化设计；⑥能密切配合市场供求的变化，有利于提高企业适应外部环境的能力。

七、薪酬结构设计

构成薪酬的各个部分的性质不同，它们以不同的方式组合在一起，就构成了不同的模式。基本薪酬具有高刚性和高差异性，不同岗位上的员工的基本薪酬之间差异明显，而且每个人的基本薪酬既不容易增加，也不能随便扣减。奖励薪酬具有低刚性和高差异性，不同劳动者的工作绩效不同，员工的效率越高，超额劳动越多，其奖金就越高。同时，随着公司的发展，企业奖励性薪酬的整体水平也会呈现弹性。福利是每个人都可以享受的利益，而且设立的目的是为了吸引和长期稳定员工队伍，它一旦设立，应在一定时期内保持一定的稳定性，所以具有高刚性和低差异性。

这几种薪酬形式排列组合后，便可以产生不同的模式，主要是：

1. 高弹性模式

高弹性模式是一种绩效决定模式，根据员工的工作绩效付给不同的薪酬，薪酬固定部分少，浮动部分多。尽管薪酬数额经常变化会给管理者带来更多风险，但它鼓励员工和管理者进行明智的冒险和不断寻求改善。这种模式适用的条件是：企业人员流动率较大，业绩的伸缩范围较大的岗位，如营销。其优点是：激励功能较强；薪酬与绩效紧密挂钩，不易超支。缺点是：薪酬水平波动较大，不易核算成本；员工缺乏安全感。

2. 高稳定模式

高稳定模式下员工的薪酬主要取决于公司的经营状况及员工的工龄，浮动部分所占比例小，因此，员工的收入相对稳定。这种模式很得厌恶风险的管理者欢心，但它往往会抑制员工创新的精神，形成不思提高的企业文化。这样的薪酬结构比较适合业绩稳定、员工工作热情较高、企业人员流动率不大、有固定现金流，但业绩没有多大改善空间的企业。优点是薪酬水平波动不大，容易核算成本；员工安全感较强。缺点是缺乏激励功能，企业人均成本稳定，容易形成较重的负担。

3. 折中模式

折中模式兼具稳定性和弹性，既能激励员工的绩效，又能给他们一定的安全感。但要达到理想的效果，需要将薪酬结构的各个部分，根据公司的生产经营特点、发展阶段和经济效益进行合理的搭配。一般来说，折中模式下的基本薪酬部分趋向于高刚性，然后可以配合与员工个人绩效挂钩的奖励薪酬，或是与企业经济效益相关联的辅助薪酬，或者是比较灵活的员工福利，等等。这种模式适应面较广泛，但对薪酬理论水平要求相对较高。

需要注意的是，由于企业在初创、发展、成熟和衰退等不同发展阶段上，呈现出巨大差异，所以，薪酬结构也要相应地变化。表7.9是企业的发展阶段与薪酬结构的选择。

表7.9 企业的发展阶段与薪酬结构的选择

发展阶段	经营战略和薪酬策略	模式	策略
初创	以投资促发展，刺激创业	高稳定模式	高基本薪酬，中高等奖金与津贴，中等福利水平
发展	保持利润和保护市场，奖励管理技巧	高弹性模式	高奖励薪酬，平均的基本薪资，中等福利水平
成熟和衰退	收获利润并向别处投资，着重成本控制	折中模式	较低的基本薪资，与成本控制相结合的奖金，标准的福利水平

八、几种常见的薪酬制度

1. 职位薪酬制

这是根据职位的工作特点与工作价值来决定薪酬标准的一种薪酬制度。具体讲，就是依据该职位对人员的知识、技能需求和工作复杂程度、责任大小及工作环境等因素来确定薪酬标准。

2. 岗位技能薪酬制

这是以工作技能、责任、强度、工作环境等因素为评价基础，以岗位工资和技能工资为主要单元的薪酬制度。

3. 结构薪酬制

这是按照薪酬的各种职能将其分为相应的几个组成部分，分别确定薪酬额的一种薪酬制度。常包括基本工资、年功工资、职位工资、绩效工资等。

4. 年薪制

年薪制是以企业的有关经营业绩指标为依据，确定经营者年度薪酬的一种制度。它以企业会计年度为时间单位计发薪酬收入，主要用于公司经理及高层管理人员。这是一种风险薪酬制度，依靠的是约束和激励相互制衡的机制。一般说来，年薪制包括基本薪金和风险收入两大部分。从理论上讲，基本薪金主要依据企业经济效益水平（薪酬调查）和企业经营规模及支付能力而确定，主要包括基本工资和福利性报酬。风险收入则依据经营者的经营业绩来确定，包括短期激励报酬（年终奖金与花红）和长期激励报酬（股票期权）。在实践过程中，一般是先确定年薪总额，然后再切割基薪和风险收入的比例，常见的做法是基薪占 70%，风险收入占 30%。

实行年薪制首先要制定明确的目标和完善的评估体系，否则便无法发挥其优势。可以量化的销售额及利润数、优秀人才的选拔、团队的建立、企业文化的形成乃至员工的归属感等等，都应成为对经营者考核的内容。但在实践中，由于考核期以年为单位，因此经营者中"杀鸡取卵"者大有人在，年薪制反而促成了某些经营者的短期行为。其次，年薪设定应具有强刺激性。国内多数企业将年薪基数锁定在 30 万—50 万元，甚至有的只有十几万。年薪太低，则不能有效激发经营者的积极性。再次，是要拉开差距。一般来说，企业所设定的职等职级可将年薪差距拉开，最低级与最高级之间最多可达 50—100 倍，这对企业高管而言，体现了"多劳多得"、"按劳分配"的原则，才能让企业高管感到具有体现其自身价值的功效。最后，应设置风险制约。年薪制必须奉行奖罚分明的原则，如果只奖不罚，企业一旦经营不善，高管便拍拍屁股走人，会给企业带来较大的风险。

九、薪酬调整政策

对任何一个员工来说，其薪酬确定之后并不是一成不变的，需要不断进行调整，否则其激励的功能会大大退化。薪酬的调整大致有如下几个类型。

1. 绩效性调整

绩效性调整是指根据员工绩效考核的结果对薪酬所做的调整。这种调整主要从两个方面影响员工的薪酬增长：第一，员工在绩效考核中得到的评定等级越高，其薪酬提高的幅度就越大；反之，所得到的评定等级越低，其薪酬提高的幅度越小。在实践中，企业一般综合员工在一年中各次绩效考核中的结果进行薪酬调整。第二，从长期来看，对于两个处于相同薪酬幅度的员工，在绩效考核中经常得到较高评定等级的员工要比不能经常得到较高评定等级的员工更快地达到该级别薪酬的上限。所以，绩效考核的结果不仅影响员工工资增长的幅度，也会影响员工薪酬水平的增长速度。

2. 生活指数调整

这是为了补偿员工因通货膨胀而导致的实际收入相对减少的损失而做的调整。这种调整通常有两种方式：第一，等比式调整，即所有员工都在原有薪酬基础上调升同一百分比。这种调整可以保持薪酬结构内在的相对级差，使代表企业薪酬政策的薪酬曲线的斜率虽有变化，却是按同一规律变化的。但是，由于较高级别的薪酬调升的绝对值幅度较大，似乎进一步扩大了级差，从而使薪酬偏低的多数员工很容易产生不公平感。第二，等额式调整，即全体员工不论原有薪酬高低，一律给予相同幅度的调升。这种调整表面上看似公平，但却会导致薪酬级差的缩小，使薪酬曲线上每一点的斜率按不同规律变化，造成薪酬管理的混乱，动摇原薪酬结构设计的依据。

3. 效益性调整

效益性调整是企业经营效益良好，有较多盈利时，对全体员工进行的普遍调高。它可能是浮动式的、非永久性的，当效益欠佳时也可能重新调回。

4. 工作经验性调整

随着时间的增加，工作者对岗位、系统工作的熟悉程度也必然会随之增加，他的经验以及他对这项工作的理解也会越来越深，从而有利于他改进工作方法，提高工作效率，更好、更合理地完成本职工作。有的公司用年功工资的形式调整，实行人人等额逐年递增。但实际上，不同的职位随着工作年限的增加，工作经验的累计情况是不同的，因此，最好借鉴经验曲线来调整。经验曲线描述的是工作年限与工作经验的关系。一般来说，越是简单、易做的工作，其经验积累得越快，并且这种经验也将很快达到顶峰，不再继续增加。但如果工作本身难度很高，需要较强的创新精神，那么这种经验的积累速度将是十分缓慢并且是长期的，只要稍微增加就必将极大地促进员工能力的大幅提升和工作效率的提高。薪酬上调的一般原则是，经验曲线效应越强的工作，薪酬越需要上涨；经验曲线效应不强的简单工作，其薪酬就可以很少调整。薪酬的调整如果跟不上员工经验的积累和能力增长，必将导致人才的流失，因为凭着他（她）的经验、能力，完全可以在市场上得到更高的报酬。以电脑工程师和门卫为

例。电脑工程师的工作性质决定了其经验曲线累积效应十分重要,随着经验的积累,其进行研究开发的能力也会有很大提升,薪酬也应相应增加。如刚进公司第一年薪酬为 3 000 元/月,第二年经验增加,薪酬调整为 4 000 元/月,第三、四年经验曲线继续增加,薪酬调整为 4 900 元/月、5 500 元/月……,否则,工程师会流失以寻求更好的工作。而对门卫而言,经验曲线累积效应就很小了。第一年薪酬为 1 600 元,第二年经验曲线增加,则薪酬可调整为 2 200 元,否则门卫会流走,到第三年,门卫的经验已经积累到底,其薪酬就不必调整,仍为 2 200 元,因为门卫即使换工作,到外面也只能拿 2 200 元,这样的流动就没意义了。

第三节 奖金计划

奖金是对超额劳动所支付的报酬,是企业薪酬体系的重要组成部分。在企业中,奖金表现为企业对员工圆满完成工作任务的一种额外奖励,是企业对员工工作的一种肯定。奖金的作用主要是:第一,激励作用。奖金能增加员工的收入,体现了组织对员工工作结果的认可,因而能够有效激励员工的积极性。第二,提高效率。由于奖金计划主要考查员工的工作结果及其对企业的贡献,因此,合理的奖金计划能促使员工注重工作效率,改善绩效水平。第三,稳定人才。奖金计划的实行可以使组织中一些能力强、表现良好的员工在增加收入的同时,感到组织对他的认可而有成就感,使他对企业更加忠诚,继续为企业服务,从而稳定企业人才。

一、个人奖金计划

个人奖金计划是以员工个人作为计算奖金的单位的一种奖励计划。它直接将个人奖金同绩效挂钩,若员工超额完成或表现超过预先制定的标准,便可以获得奖金或者额外的报酬。个人奖金计划包括计件制、佣金制、红利以及绩效工资。

1. 计件制

对生产工人实行计件奖金制是一种被普遍采用的方法。其基本做法是,根据产出水平的高低划分两种不同的工资率,对于产出水平高于某一标准者实行高工资率,而对于产出水平低于标准者则实行低工资率。但是这种方法缺乏最低工资的保障,不能对低技能工人所费工时进行适当补偿。

2. 佣金制

佣金制广泛应用于对销售人员的奖励计划中,其基本做法是针对销售人员的业绩(如销售额),以一定比例提成的收入作为对销售人员的奖励。目前,大部分销售人员的报酬系统是建立在佣金制基础之上的。佣金制又可以分为三种形式:①单纯佣金制。即销售人员收入完全来自于佣金,佣金等于销售量与佣金率的乘积。②混合佣金制。对于销售难度比较大的行业，简单的佣金制很难吸引销售人员产生积极性，于是就产生了混合佣金制。在这种制度下，销售人员所拿的佣金只构成其收入的一部分，此外还领取一定数额的固定工资。③超额佣金制。对于一些相对较稳定的行业，可以采取这种超额佣金制的形式。在这种形式下，销售人员要保证完成一定的销售额，超额部分按一定的比例给他们提成。

由于佣金制使个人收入与工作绩效直接挂钩，而且绩效具有客观性和可测量性，因此便于管理。但如果过于注重销售额，销售人员就可能忽视一些对组织来说很重要的长期因素，如售后服务和开发有潜力的客户等，从而影响了企业的竞争力和长远发展。

3. 红利

红利是指企业在达到一定的绩效水平后对员工的一次性支付。它主要是在年终确定了企业的利润水平后对管理人员进行的一种奖励。受奖人的资格条件可以用以下三种方法确定：①关键职位。这需要对职位进行逐个评价予以确定（通常是直线职位），这些职位对企业效益的影响是可测算的。②工资阈值。即通过设定工资水平阈值来确定资格，任何超过这个值的员工都有资格参加红利分配计划。③工资等级。这是对工资阈值方法的一种改进，它规定所有在某一工资等级以上的员工都具有参加分红计划的资格。

在美国，高层管理人员红利数额较大。例如，对于年薪在15万美元以上的高层管理人员来说，红利可能多达其年薪的80%。而在同一企业的年薪为8万美元的中层管理人员，其红利可能为年薪的30%，基层管理人员的红利则可能只有其年薪的15%。

4. 绩效工资

绩效工资也是一种与绩效紧密相关的报酬增长方式，它根据个人绩效状况决定一定比例的加薪。绩效加薪的幅度与员工在当前报酬中的位置有关。如果所有的绩效表现好的员工都获得同样比例的绩效加薪，那么用不了多久，这些员工的薪酬将升至该职位的薪酬上限，超过了该职位的内在价值。因此，在实践中，对于同一职级中的员工，接近该职位薪酬上限的，所获得的绩效加薪比较小，而处于该职位薪酬范围较低位置的，可能获得较高比例的绩效加薪。

绩效加薪存在着以下四个方面的不足从而影响其激励的效果：第一，绩效加薪常常建立在绩效考核的基础上，员工对报酬与绩效之间的联系的感觉可能不同，不少人觉得这种方法会使绩效考核不那么公平、客观；第二，绩效加薪一般是每年一次，对于那些需要立即予以肯定的绩效，这种方法的激励作用会下降；第三，绩效加薪的工资额分摊至每个月，甚至每周，在总工资额中所占的比重不大，也会降低激励效果；第四，绩效工资预算每年会有所不同，因此，同样的绩效表现可能得到的加薪额不同，从而使员工产生一种不公平感。

二、集体奖金计划

以上阐述的奖励对象是个人,但我们往往会发现报酬差距过大会导致企业内部人心浮动,而且企业效益的提高不仅是生产人员的功劳,还凝聚着管理人员和后勤人员的劳动。因此,在某些情况下还应当实施集体奖金计划,做到个人奖励与集体奖励的有机结合。此外,现代化的工作流程也需要集体奖励,这样可以促进企业员工之间的合作精神,还可以利用团体压力,防止和减少个别员工的工作标准不一致的情况。以集体为单位进行奖励还可以节省不少行政费用和时间。当然,我们也要明白,实施集体奖金计划有其不利的一面,即它不容易激发个别员工的积极性,助长平均主义和吃大锅饭的现象。集体奖金计划主要有利润分享计划、增益分享计划、员工持股计划、股票分享计划和股票权五类。

1. 利润分享计划

利润分享计划是指用盈利状况的变动来作为对部门或整个企业的业绩的衡量,超过目标利润的部分在整个企业的全体员工之间进行分配,通常是把这一部分以现金的形式或将支付存入员工的某一信托账户让员工退休后领取的形式分配给员工。这种奖励会使员工对企业的利润目标有更高程度的认同感,从而更加关心企业的发展,努力工作,减少浪费,提高劳动生产率。它与增益分享计划的区别在于:利润分享计划是对整个企业范围适用的,而增益分享计划则是在业务单位层次上实施的;利润分享计划是以利润为基础的,而增益分享计划则以生产率因素的改善为基础。

2. 增益分享计划

增益分享计划是将一个部门或整个企业在本期生产成本的节约或者人工成本的节约与上期的相同指标进行比较,然后把节约额度的某一个事先确定的比例在这一部门或整个企业中的全体员工之间进行分配。其目的是以薪酬为纽带将员工个人的目标和组织整体的目标联系起来,同时强调组织绩效的改进是员工个人和团队共同努力的结果,因此,有利于促进员工之间的密切合作。常见的增益分享计划有斯坎伦计划(Scanlon Plan)、拉克计划(Rucker Plan)、通过分享改善生产率计划(Improved Through Sharing Plan)和胜利分享计划(Win Sharing)。

(1) 斯坎伦计划。这种计划是斯坎伦于19世纪20年代末开发出来的,是一种致力于减少劳动成本的员工参与计划。其要点是:设计一个部门性或全厂性的识别工人建议的系统,以及同有关员工分享节约劳动力而带来的收益。一种典型的节约额分配比例为:员工占50%,企业占25%,另外25%是应急基金。应急基金在以后的若干年内也可以分配给工人。斯坎伦计划在分享收益时,一般通过计算斯坎伦比率作为奖金支付的基准。基本公式为:

斯坎伦比率(SVOP)=劳动力成本/产品销售价值

表 7.10 是采用斯坎伦计划奖励团队的例子。

表 7.10　斯坎伦计划

2015 年某团队的斯坎伦比率基准数据（作为下一年的基准斯坎伦比率）
SVOP = 100 万元（其中 70 万元是销售收入，30 万元是存货价值） 劳动力成本（总工资额）= 20 万元 斯坎伦比率 = 20 万元/100 万元 = 20%
2016 年斯坎伦奖金发放期数据
SVOP = 95 万元 按基准斯坎伦率计算的计划劳动力成本（计划工资额）= 95 万元×20% = 19 万元 本年度实际劳动力成本（实际发放工资额）= 16 万元 节省成本 = 190 万元 − 160 万元 = 30 万元（这 30 万元的节余就作为奖金发放给团队员工） 本年度的斯坎伦率 = 16 万元/95 万元 = 16.8%（较之去年降低了）

（2）拉克计划。这种计划的原理与斯坎伦计划相似，但计算方式要复杂得多，其公式包括材料、服务、供给等用来生产的货币值，目的不仅要使员工节约劳动力，而且节约一切投入生产的资源。其计算公式为：

$$拉克比率 = 增加值/计划参与人的雇佣总成本$$

其中：

$$增加值 = 净销售额 - 原料成本、购买供给和服务的成本$$
$$雇用总成本 = 工资 + 奖金 + 工资税 + 其他薪酬$$

表 7.11 是采用拉克计划奖励团队的例子。

表 7.11　拉克计划

2015 年某公司的拉克比率计算
净销售额 = 7 500 元　　　　　　　　　　购买原材料成本 = 3 200 元 购买各种供给的成本 = 250 元　　　　　购买服务的成本 = 225 元 增加值 = 7 500 −（3 200 + 250 + 225）= 3 825 元　　雇佣成本 = 2 400 元 　　　　　　　　　　拉克比率 = 3 825/2 400 = 1.59
2016 年拉克奖金发放期数据
增加值 = 670 元　　雇佣成本 = 625 元　　拉克比率 = 670/625 = 1.07 以上年度拉克比率（1.59）为基准的增加值标准 = 625 × 1.59 = 994 元 显然，本年度增加值 670 元 < 上年度的增加值基准要求 994 元，说明本年度的绩效比上年度下降了，没有增加值余额，从而员工得不到收益的分享

(3) 通过分享改善生产率计划。斯坎伦计划和拉克尔计划属于第一代增益分享计划，而通过分享改善生产率计划则属于第二代增益分享计划，它由米歇尔·费因（Mitchell Fein）于1974年第一次采用。我们以下面的例子来说明这一计划的实施方法。一个工作大约需每星期5 000个工时生产1 000个单位产品，也就是单位产品需5个小时。当5 000工时生产出1 300个单位产品时，就节约了1 500个小时（300单位×5小时/单位=1 500小时），企业将1 500工时的收益与员工平分，也就是750个工时。由于750工时是5 000工时的15%，因此，该计划得出：这个星期员工得到15%的红利。

(4) 胜利分享计划。这是第三代增益分享计划。由于第一代和第二代增益分享计划不能对经济和市场变化及时作出反应，因而可能导致这样的结果：员工奋力节约和提高生产率，但生产的产品无法在市场上卖出。而胜利分享计划则试图将增益分享同利润分享计划结合起来，为此，它扩大了目标集，包括了利润、质量、顾客价值以及生产率。

3. 员工持股计划

员工持股计划是让员工以持有企业一定比例的股票形式来分享利润，使员工对企业未来持续盈利均拥有一种收益权。由于员工可以享受到企业发展带来的额外收益，从而使他们更加关注企业的经营状况，增加对企业的信任。而对企业来说，这种奖励支付不需现金支付，实际上是一种筹资手段，能使有限的资金投入到再积累中去，有利于企业的发展。通常的运作方式是企业把一部分股票（或者是购买同量股票的现金）交给一个信托委员会，这个数额通常依据雇员个人年报酬总量的一定比例来确定，一般不超过15%。信托委员会把股票存入雇员的个人账户，在雇员退休或不再工作时再发给他们。

4. 股票分享计划

股票分享计划是公司在特定时间内给员工直接授予公司股票。覆盖范围可以是所有员工，也可以是部分员工。实施过程中需要对股票套现时间进行设计。

5. 股票期权

股票期权是公司给予被授权者在约定时间内按约定价格和数量购买公司股票的一种权利。公司给予的既不是现金报酬，也不是股票本身，而是一种权利，被授权者可以以某种优惠条件购买或不购买公司股票。它是许多大公司最重要的长期激励方式，现代企业理论和实践证明股权激励对于改善公司治理结构，降低代理成本、提升管理效率，增强公司凝聚力和市场竞争力起到非常积极的作用。图7.10是股票期权行权收益图。

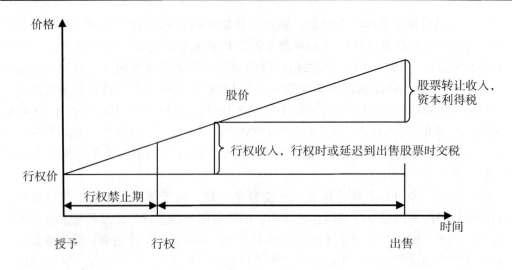

图 7.10　股票期权行权收益图

从图 7.10 可以看出，在行权期，如果股票市价高于当初约定的价格，受权人可以购买股票，即行权，从而获得价差收入；如果股票市价低于约定价格，受权人可以不购买股票，但出现这种情况时，股票期权就失去了激励作用。所以，股权激励实际上给被授予者戴上了"金手铐"，鼓励他们长期在企业工作，通过不断的努力，使公司价值增长，从而自己也得到更多的报酬，有利于被授予者与公司形成共同的利益和价值偏好。

三、薪酬管理实例——微软公司的期权革命①

微软（中国）公司人力资源总监邓康明最近最为忙碌的就是和北京市税务局以及其他相关政府机构汇报沟通于 9 月份开始实施的股票奖励计划。

在美国时间 2003 年 7 月 8 日下午 1：30 举行的电话新闻发布会上，微软总裁巴尔默向新闻界宣布取消微软已经实施了 17 年的股票期权制度，代以实施限制性股票奖励为主的长期激励方式，所奖励的股票的所有权将在 5 年后转交到员工手中。

同时进行的重大变革还有公司高层管理者的绩效考核体系，客户满意度被列为重点考核指标，并在全球公司设立了专门负责客户及合作伙伴满意度管理的总监级负责人。自此，微软全球薪酬体系变革掀开了帷幕。

1. 革期权的命

微软（中国）公司的一位副总经理告诉记者说："我们几乎是在新闻发布会的同一时间收到由美国总部寄出的电子邮件通知。"

---

① 材料来源：《21 世纪经济报道》2003 年 9 月 11 日第 27 版，作者段晓燕，内容有删节。

早在 2002 年三四月份，由微软全球公司人力资源部负责执行的一项针对微软薪酬体系的调查就已经在进行之中。此次改革的方案正是建立在调查和多方咨询的基础上。

微软全球人力资源部的一位负责人介绍，微软之前的员工薪酬结构中主要包括基本工资、奖金、年度分红、员工股票购买计划、401（K）福利补偿、健康、医疗、人寿、工残保险等其他福利内容。

自 1982 年在纳斯达克上市以来，微软就是实行以期权为主的长期激励方式的公司之一，在纳斯达克牛气冲天的 20 世纪 90 年代，期权已经让近千名微软员工成为百万富翁甚至千万富翁。

股票期权无疑是目前北美公司治理结构中对管理层及员工长期激励的主要方式。根据美世人力资源公司的调查报告，2002 年接受调查的 350 家公司中有 295 家向管理层授予股票期权，而在 2001 年有 314 家企业这样做。

在 2001 年修改的微软公司股票计划中，已经将股票奖励作为一种激励方式单列出来，但此前只是针对全球公司副总裁以上职位的高管人员发放的"贵族式"激励方式。在经过一年多的调查和论证之后，微软正式痛下决心，封杀期权，将股票奖励平民化。

2. 为什么革命

"如果不是高科技股泡沫潮的出现，我下半辈子完全可以不工作了。"微软（中国）公司的这位副总经理告诉记者。

但恰恰就是高科技股泡沫潮改变了一切。纳斯达克的持续下滑使得一夜之间，微软的市值从 6 000 多亿缩水至 3 000 多亿，期权的弊端也就陡然显现。

这样可能带来的问题就是，比如，某员工获得 100 股的期权当天的股票价格是 10 元，根据期权兑现的时间表，一年后该员工可以兑换其中的 1/8，即 12.5 股（之后每半年可逐次分别兑换 1/8），假设一年后的当天股价从 10 元涨到 20 元，那么，该员工一年后兑换期权可获得 12.5 × (20 − 10) 的现金收益。可是，如果一年后的股票还不足 10 元，兑换期权所得就是负值了。

原本可以将员工和公司利益紧密联系在一起的期权制度也受到了挑战，许多在最近几年加入微软的员工所持股权的执行价格高于微软目前的股价，期权也就成了空头支票，激励作用随之丧失。

对于像微软这样的知识型公司来说，员工的创造性和敬业度是公司赖以持续发展的动力所在，如果薪酬体系无法达到激励的作用，那怎么办呢？

"那就需要实行变革，"微软全球人力资源部的这位负责人回答，"薪酬体系必须要与市场和经营环境相匹配。"

荣正咨询的郑培敏认为，安然事件暴露出来的高层管理人员不惜弄虚作假，刺激股市对公司股票的预期以实现行权也是股票期权制弊端的体现，此事对微软作出放弃股票期权的决定有很大影响。

在宣布结束期权制的同时，巴尔默亦表示，微软正在商讨实行股票回购计划，委托第三方金融机构回购已经发放的"潜水"期权。微软将开始支付包括以往已经发出的股票认购权在内的股票红利。

3. 绩效体系变革

如果说股票期权制转为股票激励制只是解决了薪酬体系中的长期激励方式的话，那么，绩效考核体系的变革则决定了支付的标准。

在宣布实施股票激励制度的同时，微软高管薪酬考核体系也进行了调整，主要考核指标为业绩考核和客户满意度。

据微软方面介绍，在此之前，微软绩效考核所设置的近20个主要指标都集中在业绩方面。而在7月份之后，对全球600位高层管理者的绩效考核中，50%为业绩考核，50%为客户满意度考核。

"更厉害的是，对客户满意度考核是实行一票否决制。"微软（中国）公司的这位副总经理告诉记者。

所谓的"一票否决制"的意思就是，如果客户满意度考核不过关的话，那么，该季度的整体绩效考核就被确定为不过关，业绩考核成绩再好也无济于事。

这样，在微软就形成了两套绩效考核体系，一是公司原有的业绩考核，由部门负责人和人力资源部负责；二是由全球公司客户和合作伙伴满意度管理部门委托的第三方机构进行的客户满意度调查。公司管理层在这两方面的考核得分来自所管辖部门所有员工业绩和客户满意度得分的累计。

据微软（中国）人力资源部介绍，在2003年7月份的时候，第三方机构就已经将各部门客户满意度的细化指标告知各个员工。"但是第三方机构会采取怎样的方式进行考察，会在什么时候进行考察，我们也完全不知道。"微软（中国）公司发言人马涛称。

"这种绩效考核方式能最大程度地体现公正和透明。"翰威特（中国）咨询公司薪酬问题专家庞锦峰称赞道。

"微软此次对薪酬体系改革的根本目的是希望微软能够以最合理的支付成本将微软打造为人才磁场，更好地吸引和留住员工，"微软全球公司的这位负责人称，"我们通过给予员工真正的股票并保持长期的经济刺激，让员工以主人翁身份参与公司的发展，让高层管理团队的所得能够和主要客户的满意度成正比，这是很好的做法。"

第四节　员工福利

一、福利的含义及其重要性

福利是指企业通过开办福利设施和建立各种补贴，为员工生活提供方便，减轻员工经济负担的一种非直接支付。福利是组织整体报酬体系的一部分，福利与工资和奖金不同，它的提供与员工的工作绩效及贡献无关。

福利的作用主要表现在：第一，具有维持劳动力再生产的作用。企业中的福利可以满足员工的一些基本生活要求，解决他们的后顾之忧，从而创造一个安全、稳定、舒适的工作和生活环境，有利于员工体力和智力的恢复。第二，是激励员工的重要手段。福利计划有利于员工的生存和安全需要，增加职业安全感。同时，福利体现了企业对员工生活的关心，可以增强企业的凝聚力和员工对企业的认同感，使员工对企业更加忠诚，与企业结成利益共同体。

二、福利的形式

福利的形式多种多样，既有货币形式的，又有实物形式的。在实践中，几乎没有一个企业能为其员工提供所有形式的福利，一般是从中挑选一些适合本企业的福利形式。此外，不少企业对不同性质的员工（如正式工、临时工、合同工等）提供不同形式的福利。但应注意，无论采取哪种形式的福利，都必须以公平、合理、能平衡员工的心理要求和推动组织的发展为前提。福利可以分为法定福利和企业自设福利。

1. 法定福利

（1）安全福利。我国历来十分重视对职工的劳动保护问题，为此，国家颁布和制定了许多有关的法规和制度，包括：①关于安全生产的管理制度，如编制劳动安全保护措施计划，实行安全生产责任制、安全教育制度、安全生产检查制度、伤亡事故报告制度、国家劳动保护监察制度等；②安全卫生标准和安全技术标准；③劳动保护用品的供应制度；④对女工的特殊保护制度，如禁止女工从事有害健康和生理机能的工作、对女工"五期"期间的保护工作、健全女职工保护设施等。

（2）保险福利。五种保险，包括养老保险、医疗保险、失业保险、工伤保险和生育保险。保险缴费比率由政府部门根据有关的法律规定确定，不同地区稍有不同。

（3）节假日。我国实行每周40小时工作制，《劳动法》规定，用人单位应当保证劳动者每周至少休息一天。《全国年节及纪念日放假办法》规定法定假日包括元旦、春节、清明节、端午节、"五一"劳动节、中秋节和"十一"国庆节，此外，还有婚假、产假、探亲假、丧假。《职工带薪年休假条例》规定职工连续工作1年以上的，享受带薪年假，单位应当保证职工享受年休假。职工在年休假期间享受与正常工作期间相同的工资收入。

2. 企业自设福利

企业自设福利主要包括各种津贴，如交通津贴、洗理津贴、服装津贴、节日津贴或实物、住房津贴等；各种补助，如购物补助、子女入托补助、困难补助、教育补助等；各种实物，如班车、免费午餐、旅游或疗养机会、生日礼物、儿童看护、娱乐或体育活动等。

目前，我国大多数企业的福利制度虽然涵盖面广、形式多样，却不明显，而且成本高。有的福利是只提供给某类员工的，如对因公致伤残的员工的福利，其他员工不能享受。尤其是对高层管理人员的许多优厚的专有福利和特殊待遇，虽说这是对他们所做贡献的奖赏，但容易引起社会超前消费和攀比心理，又易造成群众的不平衡心理，影响干群关系。如何在有限的福利条件下，最有效地发挥福利的作用，已成为社会关注的焦点。在此背景下，一种强调福利由员工自由选择的弹性做法，即"自助餐式福利"应运而生。

所谓自助餐式福利，就是员工可以从企业所提供的各种福利项目菜单中选择其所需要的一套福利方案。它有别于传统固定福利，具有一定的灵活性，使员工更有自主权。自助餐式福利具有传统福利制度不可比拟的优点，主要表现在：①对员工而言，可以根据自己的实际，选择对自己最有利的福利，对员工具有更好的激励作用，也可以改善员工与企业的关系。②对企业而言，弹性福利由于通常会在每个福利项目之后标示其金额，从而使员工了解每项福利和成本间的关系，让员工有所珍惜，并有利于企业管理和控制成本。③弹性福利制度有利于吸引优秀人才，并降低员工的离职率。但自助餐式福利也存在缺点，主要是：①弹性福利的设计要比传统的固定福利设计更复杂，造成承办人员的极大负担，也会增加行政费用；②有时员工的福利选择会使成本增加，如选择牙科保险的员工通常都是那些牙齿本来有毛病的人。③部分员工在选择福利项目时，未仔细了解该项目，结果选择了不实用的项目，从而造成浪费。

在制定自助餐式福利制度时，企业应遵循以下的原则：①核心福利由企业支付费用，提供给每位员工；②根据员工的薪酬、年资或家庭情况等因素来设定每一个员工的福利限额及范围；③制定的员工福利计划比该员工福利计划提供服务范围小而且少于福利限额的，企业向其提供其他福利存款或以现金支付差额；④制订的福利计划比该员工福利计划提供服务范围大而且费用超出福利限额的，其超出费用由员工自行支付；⑤核心福利应定期评审一次以保持其效用性；⑥非核心福利根据员工的选择，可适当增加新内容列入福利清单中。

三、福利实例——GOOGLE 的超豪华福利

美国招聘网站 Glassdoor 发布了 2015 年英美最佳雇主榜单，谷歌夺魁。而谷歌之所以坐上冠军宝座的主要原因就是它提供给员工的各种丰厚福利，以及在平衡工作与生活方面所做的一系列改善。谷歌也因此而声名远播。

"实在是太多了。供应免费美食，因为这是生活必需品。我的一日三餐都在公司解决。接下来是健身中心，24 小时开放的健身房。还有瑜伽课。"谷歌（Google）公司高级产品行销经理戈皮·卡拉伊尔在一次电话采访中罗列出他在享用的一些广为流传的员工福利。他说自己还听过演讲，享受过医疗服务，咨询过营养师，用过干衣机

和按摩服务。私人教练、游泳池和温泉水疗（Spa）还没用过，至少到目前为止还没有。另外，他也没有乘坐过公司为员工提供的班车，这种以生物柴油为燃料的班车是先进技术的产物，配有无线上网服务，之所以没有乘坐班车只是因为他就住在公司附近，驾车上下班非常方便。

美世人力资源咨询公司史蒂夫·格罗斯说，谷歌正在利用各种令人眼花缭乱的福利来同其他公司争抢优秀人才。而这些公司近年来也在大力拓展自己的员工福利。"这样做完全是为了在员工中树立起良好的口碑。这种技术类型的人才，也是谷歌想吸纳的人才，在市场上非常抢手。公司正在为知识工人创造另类的员工体验。谷歌等公司传达的信息是，'来我们公司工作，努力工作，我们会尽力帮你处理日常事务。'"

沃顿商学院教授罗思巴德对此表示赞同。她说，公司既想打造令人向往的环境来吸引和保留人才，并且让他们有归属感，同时也希望借此提高生产力。员工会因为照顾孩子、做饭洗衣、看医生等烦心的事而分散精力。

假如员工工作的公司不提供谷歌等公司提供的优厚福利，公司会留给员工怎样的印象呢？卡普利指出，"这可能表明公司对于员工的需求不够重视，也可能表明公司不愿介入你的私人生活。或许他们更喜欢看到你把工作与个人生活完全区分开来。"

格罗斯强调指出，谷歌等公司的做法"是否有益还不得而知，但它意味着员工应该重视自己所在公司的整个价值取向，即'看看公司给我们的福利，这些福利对我而言有何价值？'有人认为在谷歌工作更加令人激动，但谷歌员工的工作时间长得可怕。所以到最后你还是要扪心自问，'付出这样的代价合算吗？公司到底为我们提供了什么？我们又得到了什么？'提供照顾孩子的服务对于单身汉没有任何意义。每个人的价值取向都是千差万别的。激励每个员工的动力都各不相同。我们每个人都从中获得适合自己的东西，我们如何看待这些福利取决于我们各自的价值取向"。

格罗斯还指出，随着时间的流逝，这些福利，不论有多么诱人，都不足以留住员工。他说："员工的去留还要取决于薪酬。这些福利确实诱人，但不是吸引员工的全部。"

练习题：

1. 试述薪酬管理的基本原则。
2. 影响薪酬制定的主要因素有哪些？
3. 薪酬设计主要有哪些步骤？
4. 职位评价主要有哪些方法？它们各自是如何操作的？
5. 薪酬调整政策有哪些？
6. 试述奖金计划的类型。

[案例1]

兰大公司的薪酬

兰大公司的主要业务是开发和生产某种机器的解码板。基本的业务流程是：技术人员根据客户要求在解码板的芯片中写入程序，然后由业务人员交给外协厂批量生产，再由业务人员将生产出的产品送到客户处。

公司员工有10个人，都是老板杨光的亲戚、老乡、好友。整个公司像个大家庭一样，杨光常说："咱们兄弟一起赚钱！"员工的工资待遇比较平均，相互间的差距不大。两名技术人员的基本月薪是5 500元，津贴500元，午餐补助240元，一共是6 240元，另外每月的手机费可以报销，年终时还可以分享纯利的10%—20%。

3个业务人员，小乔的工资为5 500元，小李的工资为5 000元，小张的工资为4 000元。公司分别给小乔和小李配了车，业务人员的电话费、交通费、油料费全部实报实销。

但是不久，小乔突然提出要求业务提成。对此，杨光开始觉得实在难以接受：小张是我的表弟，但他的工资最低；小李虽说是我的同乡，可也没有你小乔的工资高啊！

但小乔也有他的理由：同行业中的很多公司对业务人员都是实行提成工资制，且报酬丰厚。而且小李和小张都没有开发新客户的能力，只不过是送送货而已。但他小乔有开拓市场的能力，并且已经在广州联系了一些客户，目前这种工资水平不能够体现他的价值。

当时的行情是同行业其他公司的业务人员都没有底薪，各种费用都不报销，只给每块解码板0.50元的提成，而且客户全由业务人员开拓。兰大公司的情况有所不同，业务人员只是送送货而已，基本没有开拓新客户的职责，公司的业务基本上都是由老板杨光联系的。

但是迫于小乔的压力，杨光同意提成，方案是：小乔和小李底薪3 000元，小张底薪2 500元；提成为小乔每块板0.35元，小李每块板0.25元，而小张是新手，所以提成为每块板0.05元，其他都不变。公司还给三人划分了势力范围：小乔负责公司目前最大的客户S公司和他在广州联系的业务，小李和小张两人负责深圳宝安区的客户，以小李为主。

当时公司一个月的业务量为2万—3万块板，小乔每个月的提成平均为3 670元，加上底薪，每月的收入有6 600多元，大大高于提成之前；而小李和小张加起来每个月的提成平均为2 465元，每月的收入与以前相比变化不大，三人倒也相安无事。

后来由于种种原因小乔离开了公司，只剩下小李和小张两个业务人员，公司再次给两人划分了职责范围:由于S公司是公司的主要客户,因此由资历较老的小李接手小乔的工作,小张则仍负责宝安的客户。两人的提成都调为每块板0.30元。

调整后的第一个月,小李的提成为4 000元,小张的提成为5 000元,小张的工资第一次超过了小李;第二个月,小李的提成为3 000元,小张的提成为7 000元,两人的工资差距达到了3 500元。随后的一段时间,S公司的业务量逐渐萎缩,而宝安的业务则越来越红火,小李和小张的工资差距更大了:有一个月,小李的提成是2 600元,而小张的提成达到了11 600元,这更引起了小李的不满,认为老板杨光偏心,业务分配不公。

这时技术人员也开始不满,他们认为跟客户洽谈都是老板和技术人员,售后服务工作主要是由技术人员完成的,业务人员只不过是送送货,并没有创造什么价值,却拿那么高的工资,这明显不公平。

(案例来源于中国劳动咨询网。)

讨论参考题:

1. 兰大公司的薪酬安排有什么问题?
2. 你认为兰大公司在小乔走后应采用什么样的薪酬更好。
3. 该如何解决技术人员的不满?

[案例2]

工资改革的风波

北京WCB通信设备有限公司的人力资源总监张然最近非常头痛。自从新的工资方案出台以后,每天他都不得不面对各种各样针对他的敌意。有人用匿名信、匿名邮件,有人甚至通过小字条等形式对他进行诽谤和攻击。在公司里,没有人和他打招呼,整个公司似乎都和他是对立的。"只有这种改变才能使公司生存下去,可为什么这么多人反对呢?"张然已经在考虑要辞职了。

这其中的原委还得从头说起。危机突发的北京WCB公司成立于1992年,主要生产手机。其母公司WCB集团是一家日本跨国电子和电器设备制造公司,在国际上享有盛誉。

随着国产手机的飞速发展,北京WCB面临着前所未有的人才挑战。北京WCB的关键技术人员开始流失,而那些暂时没有离开的技术人员也抱怨声声。通过调查,北京WCB的领导层发现,技术人员不满的原因主要集中在工资方面,这还得从公司的用人制度说起。

像许多日本大型企业集团那样,北京WCB通信设备有限公司在人力资源管理方面延续了日本企业赖以自豪的终身雇佣制和年功序列制。

终身雇佣制，简单地说就是员工一旦进入企业，通常就会一直工作到退休。实行终身雇佣制，企业可以放心大胆地培养员工，不用担心员工接受培训后或成才后会跳槽。另一方面，员工会像对待自己的家庭一样为企业这个"大家庭"努力工作。在这种制度下，员工与企业之间是一种"一荣俱荣，一损俱损"的共同利益关系。企业经营得好，员工就会待遇高、奖励多；倘若企业因为经营得不好而倒闭，员工就会失业。因此，在经济不景气或企业经营发生困难时，员工就会更加拼命工作，忍受减少工资、降低福利等个人经济损失，为企业分忧，与企业共渡难关。从某种意义上说，正是这种与日本民族文化相融合的制度，为日本企业建立了强大的人力资源基础。

年功序列制的逻辑是，业务能力和技术熟练程度的提高与本人年龄的增长成正比，工龄越长贡献越大，因此，工资应逐年增加。也就是说，新员工进入企业后，在相当长的一段时期（5—10年）内工资待遇按照资历逐年平稳上升，不产生明显的个人差异。在以后的职业生涯中，工资待遇也是随着工龄的增加而持续上升。

北京WCB公司从成立之初就按照WCB集团的做法，实行了终身雇佣制和年功序列制。在公司人员考核上，没有绩效发展体系，工资待遇过于平均，内部工资差距不大。

具体来看，北京WCB从事技术研发的关键人员由于工龄短，工资待遇并不高，大大低于同行业厂家的技术研发人员。而公司的行政人员及其他支持人员却由于工作年限长而获得了较高的待遇，他们的工资明显高于行业内水平。相反，其他很多手机厂商的人力资源政策则是特别偏重研发人员，工资上也给予了很大的激励。在这种工资制度下，随着外部人力资源市场的吸引力越来越大，北京WCB的关键研发人员开始流失。

公司领导层也已经清楚地意识到，沿袭WCB集团人力资源政策的一些做法已经无法满足目前的形势要求。经过认真分析，领导层决定在稳定生产和市场开发的前提下，对公司多年来的人力资源政策尤其是薪酬政策进行变革。

首先公司领导层向WCB集团汇报了薪酬变革的背景和初衷。这件事情在整个集团影响很大，因为这将会影响到集团人力资源管理的传统。考虑到经营环境的变化以及公司的具体情况，集团认可了公司的变革思路。

之后，公司领导层决定引入外部咨询公司，希望利用专业化的分析工具和理念为变革提供高效快捷的解决方式。于是2006年3月，M咨询公司成为北京WCB公司的合作伙伴。M咨询公司是世界知名的人力资源咨询公司，曾经为全球500强中的400多家企业提供过人力资源咨询服务，1995年进入中国市场，积累了丰富的中国本土咨询经验。

为了更好地进行分析诊断，北京WCB公司决定成立一个薪酬方案协调小组与咨询公司对接。这个内部协调小组由公司的人力资源总监张然负责。张然是一所名牌大学的 MBA，有过近 10 年的人力资源管理工作经验，一年前加入公司。

张然深知工资调整是一件非常困难的事情，尤其是改变人们已经习惯的工资系统。他决定让外部咨询公司的人员去说服组织内部人员。他和 M 咨询公司的人认真设计了咨询流程，并安排了大量的访谈、研讨和培训，以便咨询公司的人能够充分接触公司人员。

在进行了两个月的详尽调查后，M 项目小组和张然领导的协调小组决定采用点因素分析方法，重新评估岗位价值。另外，与薪酬相关联的工作分析、绩效评估也成为咨询公司着力的方向。

因为张然的工作性质，在整个诊断和设计过程中，张然自始至终地都在积极参与。尽管张然解释说新的工资方案是由 M 咨询公司设计的，但许多员工认为张然一定给咨询公司提供了很多信息和施加了很大压力。一时间，张然几乎和新的工资方案划了等号。

变革半年后，M 咨询公司结束了咨询项目并且提交了咨询报告，其中包括岗位评估的详细文件以及 WCB 员工工资设计草案。

北京 WCB 公司对 M 咨询公司的工作给予了相当程度的肯定，认为咨询公司带来的是一套基础性的方案，传递了一些理念，带来了新的东西，是规范化、标准化的。但同时，公司领导层知道，这场变革不同于其他变革，它涉及员工收入变化这样一个敏感问题，需要慎之又慎，要仔细估计到每个人可能的变化，以及由此给业务带来的可能影响。领导层认为，咨询公司提供的整套方案与公司的实际还有一定的距离，还要根据公司具体情况进行一些调整才能最终落地。

于是从 M 咨询公司 2006 年 9 月提供报告到 2007 年 4 月，张然根据公司的实际情况，对咨询公司的方案进行了一些调整，使得改革方案温和了许多。尽管如此，工资改革的方案一推出，整个公司顿时掀起了惊涛骇浪。

在新的工资方案中，员工的薪酬发生了很大的变化：关键技术人员和一些关键岗位的人员的薪水大幅度提升，而行政、支持性人员和操作层面的工人降薪幅度比较大，尤其是一些老员工的工资降幅很大。最大的加薪幅度有 80%，最大的减薪幅度达到了 60%。

加了薪的员工没有到处宣扬、称赞变革的好处，可减了薪的员工却会满世界地宣扬变革的弊端。特别是对老员工来说，由于时代的进步和信息的更新，这些员工往往成为变革中被降级减薪的主要人群。人老了，在组织中就有一种老资格的意识，也会有一种更强的自卫心理。他们通常会认为自己在企业干了这么多年，没有功劳，也有苦劳，把青春都献给了企业，现在却突然被降了级、降了薪。"为什么被降级减薪的就是我？"虽然张然不停地解释说明，如果工资不进行调整，公司就会面临巨大的问题，但是人们的情绪还是进一步地恶化。

咨询公司已经走了，北京WCB的员工都认为"罪魁祸首"是张然，是他用所谓的西方的工资体系替代了他们已经习惯了的工资系统，是他降低了他们的工资水平和尊严。随着方案一天天被执行，员工的情绪有了失控的苗头。有些人开始采取一些非正常的手段对张然进行攻击和诽谤。也有些人开始质疑："在实施变革时，一定要尽量照顾到所有层级员工的感情和需要，尤其对于生产制造型企业，如果把基层制造员工和支持人员的薪金降得过低，是不是会影响到产品的质量和产量，是不是会影响到企业的声誉和发展？"

这时的张然希望得到那些薪酬提升的人的支持，但是这些改革的获益者并没有明确地站出来表示支持；张然也试图得到公司领导的支持，但领导的话语却含糊其词。张然似乎被抛弃在了变革的孤岛上。

半年后，在顶住了各种压力后，北京WCB公司的新工资方案在跌跌撞撞中开始执行。关键人员的流失问题得到了一定的遏制，公司的经营业绩也有了一定幅度的提升。但是还是有一些员工无法接受自己工资下降这样一个现实，同事的敌意以及领导层的含糊都让张然倍感失落。"怎么会变成这样呢？"张然实在有些想不通。

（资料来源于《北大商业评论》2007年第5期，作者吕峰、王新超，内容有删改。）

讨论参考题：

1. 该公司的薪酬改革存在哪些问题？应如何改进？
2. 如果你是张然，在目前这种情况下，下一步你会做什么？

第八章　劳动关系管理

示例1：

2010年5月17日，因为不满工资福利太低、加薪缓慢，佛山南海狮山工业园区的本田汽车零部件制造有限公司（以下简称南海本田）的员工开始罢工。厂方表示要征集员工意见，一周后答复，工人复工。

5月20、21日，劳资双方展开了两次谈判。工人的谈判目标清晰而简洁：工资提高800元，全部加入基本工资，未来工资年度增幅不低于15%。谈判过程中，工会代表一言不发。管理方则认为工人的加薪幅度过高，直接拒绝了工人要求。5月21日，南海本田公布了加薪方案，工厂所有正式员工加薪55元，实习生暂不加薪。工人再度罢工。

5月22日中午，公司宣布开除2位罢工领导者，带来了更大面积的罢工。从5月23日起，穿着白色工作服的工人潮水般涌向篮球场，高唱国歌、《团结就是力量》。三天后，由于自动变速箱供应中断，随着东风本田武汉工厂的最后一辆汽车驶下总装线，本田在华另外一家零部件厂和四家组装厂开始全部停工。此前，本田零部件公司高层对媒体估计的日损失产值4 000万元，这5家工厂的日产值损失合计约为2.4亿元。

5月26日，资方感到事态的严重性，提出新方案：实习生增加工资及生活补贴共477元，正式员工增加340—355元。工人认为与自己要求相差较大，再次拒绝。27日，工人经过集体讨论向总经理提交书面《工人要求》，除工资、奖金要求外，还特别提出，要重整工会，重新选举工会主席及各相关工作人员。

6月1日，广汽集团副董事长曾庆红来到南海本田，承诺6月4日下午3点给工人答复，并要求工人复工生产，工人答应了这一要求。同日，工人成立16人的谈判代表团。6月3日，工人代表与常凯教授联系，希望他以工人法律顾问的身份参加劳资谈判。6月4日，经过5个小时的谈判，双方达成协议。在原有工资总额1 544元的基础上增加500元，其中包括基本工资部分增加300元，奖金和补贴部分66元，其他部分134元，共计2 044元，从工人罢工当月施行。

2011年6月5日，工人恢复正常生产，历时20多天的罢工结束。

示例2：

1996年9月，丁某、府某从部队转业到中国东方航空江苏有限公司从事飞机驾驶工作，双方在无固定期限劳动合同中约定：作为飞行员的乙方在约定服务年限内要求解除合同时，甲方可按规定协议向乙方收取各类赔偿补偿费用。2004年7月，丁某、府某向该航空公司递交辞职报告，未获准。2004年8月，丁某、府某不再去单位上班，该航空公司亦停发了两人的工资，但未与两人办理解除合同的手续。2004年12月7日，江苏省劳动仲裁委对此纠纷进行裁决，二人与公司合同自2004年8月13日解除，丁某一次性赔偿公司培训费38.8万元，府某赔偿33.8万元。该航空公司不服裁决，向江宁区法院起诉，请求法院判令丁某、府某各向原告赔偿相关损失100万元。2005年8月11日，江宁区法院判决，丁、府与航空公司解除合同，但因违反服务期限约定构成违约，二人需赔偿航空公司培训费等损失100万元。同时原告航空公司为两被告办理解除劳动合同手续。

劳动是人类社会最基本的社会活动，企业与员工之间形成的劳动关系是最基本的社会关系。我国正处于经济社会转型时期，劳动关系的主体及其利益诉求越来越多元化，劳动关系矛盾已进入凸显期和多发期，劳动争议案件居高不下。党的十八大报告明确提出构建和谐劳动关系，国务院于2015年3月发布了关于构建和谐劳动关系的意见。对于企业来说，调整好劳动关系，处理好劳动关系中的不和谐因素，是人力资源管理的重要问题。

第一节 劳动关系管理概述

一、劳动关系和劳动关系管理概念

广义的劳动关系，是指在实现劳动过程中劳动者与劳动力使用者所结成的社会经济关系，贯穿企业生产、经营、分配的各个环节。用人单位自用工之日起即与劳动者建立劳动关系。劳动者和劳动力使用者是劳动关系的主体，双方建立关系的目的是通过劳动力使用与被使用获取彼此追求的利益。在劳动关系中，用人单位与劳动者一方面有共同的利益，另一方面又有不同的利益需求，是一对既统一又对立的矛盾共同体。狭义的劳动关系，是指劳动法所调整的劳动关系，即劳动者在实现劳动过程中与所在单位之间发生的关系。

劳动关系的主体包括两方：一方是劳动者；另一方是用人单位。劳动者指劳动力所有者，包括所有自愿参加社会劳动的公民。用人单位指生产资料的所有者或经营管理者，在我国包括企业、个体经济组织和一定范围中的国家机关、事业单位、社会团体。

企业劳动关系管理是企业依据国家劳动法律、法规的规定，遵照劳动关系法律调整的基本原则，运用企业管理的技能和手段，以劳动关系的和谐、稳定为目标开展的一系列活动的总称。具体内容包括劳动合同制度、平等协商集体合同、职业安全卫生管理、劳动争议预防与处理以及工会与员工民主参与管理等。企业人力资源管理工作中的员工招收、录用，企业内人力资源的配置调整等项事务，在劳动关系管理中表现为劳动合同的订立、履行、变更、解除和终止，这些都属于劳动法律行为。因此，必须依照严格的程序，按照有关法律、法规和企业内部劳动管理规则的规定实施。我国企业劳动关系的调节形式依据调节手段的不同，主要分为六种：通过劳动法律、法规对劳动关系的调节；劳动合同规范的调节；集体劳动合同规范的调节；职工代表大会的调节；企业内部劳动关系管理规则的调节；劳动争议处理的调节。

二、劳动关系的类别

按实现劳动过程的方式来划分，劳动关系分为两类，一类是直接实现劳动过程的劳动关系，即用人单位与劳动者建立劳动关系后，由用人单位直接组织劳动者进行生产劳动的形式，当前这一类劳动关系占绝大多数；另一类是间接实现劳动过程的劳动关系，即劳动关系建立后，通过劳务输出或借调等方式由劳动者为其他单位服务实现劳动过程的形式。

按劳动关系的具体形态来划分，可分为：常规形式，即正常情况下的劳动关系；停薪留职形式；放长假的形式；待岗形式，下岗形式；提前退养形式；应征入伍形式；等等。

按用人单位性质分类，可分为：国有企业劳动关系，外资企业劳动关系，私营企业劳动关系，等等。

按劳动关系规范程度划分，可分为：规范的劳动关系（即依法通过订立劳动合同建立的劳动关系），事实劳动关系（是指未订立劳动合同，但劳动者事实上已成为企业、个体经济组织的成员，并为其提供有偿劳动的情况）和非法劳动关系（如招用童工和无合法证件人员，无合法证、照的用人单位招用劳动者等情形）等。

三、劳动关系的性质

市场经济下的劳动关系具有如下性质。

1. 劳动关系双方具有平等性

劳动关系的平等性主要表现为，劳动者与用人单位是平等的主体，对是否建立劳动关系以及建立劳动关系的条件、内容等问题，双方可在平等自愿、协商一致的基础上依法确定；在劳动关系维持期间，双方各自应遵守自己的权利和义务；发生争议时，法律地位平等。

2. 劳动关系双方具有隶属性

劳动关系建立后，劳动者是用人单位的职工，处于提供劳动力的被领导地位；用人单位则成为劳动力使用者，处于管理劳动者的领导地位，双方形成领导与被领导的隶属关系。用人单位由于其对资本、资源的拥有，是劳动关系中占有绝对优势的一方。劳动者则只有劳动力资本而没有物质资本，在劳务与劳动报酬的交换过程中处于绝对弱势地位。

3. 具有在社会劳动过程中形成和实现的特征

只有在将劳动者与用人单位提供的生产资料相结合以实现社会劳动的过程中，才可能形成劳动者与用人单位之间的劳动关系。在劳动过程中形成和实现的劳动法律关系，使劳动法律关系与市场、流通过程中形成和实现的民事法律关系区别开来。

第二节 入职管理

一、劳动合同的订立

劳动合同是维护劳动者和用人单位合法权益的法律保障，是劳动者和用人单位确立劳动关系，明确双方权利和义务的协议。劳动合同有书面和口头两种形式。依法订立的劳动合同受国家法律的保护，对订立合同的双方当事人产生约束力，是处理劳动争议的直接证据和依据。

1. 劳动合同的内容

劳动合同的内容是指劳动者与用人单位之间设定劳动权利与义务的具体规定。根据条款内容是否为一个劳动合同所必需，可将劳动合同的内容分为必备条款和补充条款两部分。

劳动合同的必备条款有：①用人单位的名称、地址和法定代表人或者主要负责人；②劳动者的姓名、住址和居民身份证或者其他有效身份证件号码；③劳动合同期限；④工作内容和工作地点；⑤工作时间和休息休假；⑥劳动报酬；⑦社会保险；⑧劳动保护、劳动条件和职业病危害防护；⑨法律、法规规定应当纳入劳动合同的其他事项。劳动合同除前款规定的必备条款外，用人单位与劳动者可以约定试用期、培训、保守秘密、补充保险和福利待遇条款等补充条款。

2. 劳动合同的形式

劳动合同的形式是当事人意思表示一致的表现形式。合同的形式主要有书面形式和口头形式。《劳动合同法》第10条规定："建立劳动关系，应当订立书面劳动合同。"第69条规定："非全日制用工双方当事人可以订立口头协议。"对其他的用工形式，《劳动合同法》在立法制度上鼓励签订书面合同。第10条规定："已建立劳动关系，未同时订立劳动合同的，应当自用工之日起一个月内订立书面劳动合同。"第82条规定："用人单位自用工之日起超过一个月不满一年未与劳动者订立书面劳动合同的，应当向劳动者每月支付二倍的工资。用人单位违反本法规定不与劳动者订立无固定期限劳动合同的，自应当订立无固定期限劳动合同之日起向劳动者每月支付二倍的工资。"第14条规定："……用人单位自用人之日起满一年不与劳动者订立书面劳动合同的，视为用人单位与劳动者已订立无固定期限劳动合同。"

3. 劳动合同的种类

劳动合同分为固定期限劳动合同、无固定期限劳动合同和以完成一定工作任务为期限的劳动合同。固定期限劳动合同，是指用人单位与劳动者约定合同终止时间的劳动合同。劳动关系只在合同期限内存续，期限届满则劳动关系终止。

无固定期限劳动合同，是指用人单位与劳动者约定无确定终止时间的劳动合同。没有明确约定合同终止期限，劳动关系可以在劳动者的法定劳动年龄范围内和企业的存在期限内无限期存续，只有在符合法定或约定的合同解除条件出现的情况下，劳动关系方可终止。

以完成一定工作任务为期限的劳动合同，是指用人单位与劳动者约定以某项工作的完成为合同期限的劳动合同。这是一种特殊的定期劳动合同，工作任务完成后一般不存在合同延期的问题。

用人单位与劳动者协商一致，可以签订以上三种合同中的一种。但是，《劳动合同法》第14条规定："……有下列情形之一，劳动者提出或者同意续订、订立劳动合同的，除劳动者提出订立固定期限劳动合同外，应当订立无固定期限劳动合同：（一）劳动者在该用人单位连续工作满十年的；（二）用人单位初次实行劳动合同制度或者国有企业改制重新订立劳动合同时，劳动者在该用人单位连续工作满十年且距法定退休年龄不足十年的；（三）连续订立二次固定期限劳动合同，且劳动者没有本法第三十九条和第四十条第一项、第二项规定的情形，续订劳动合同的。"

二、试用期管理

试用期是建立劳动关系时，由用人单位与劳动者约定的试用工作的期限。在试用期，用人单位和劳动者可以互相考察对方，互相对彼此的情况作进一步了解，从而根据具体情况作出是否履行或者解除劳动合同的决定。劳动者被用人单位录用后，双方可以在劳动合同中约定试用期，试用期应当包括在劳动合同期限内。

1. 试用期的期限

《劳动合同法》第19条规定："劳动合同期限三个月以上不满一年的，试用期不得超过一个月；劳动合同期限一年以上不满三年的，试用期不得超过二个月；三年以上固定期限和无固定期限的劳动合同，试用期不得超过六个月。同一用人单位与同一劳动者只能约定一次试用期。以完成一定工作任务为期限的劳动合同或者劳动合同期限不满三个月的，不得约定试用期。"第70条规定："非全日制用工双方当事人不得约定试用期。"当用人单位违反《劳动合同法》规定与劳动者约定试用期的，由劳动行政部门责令改正；违法约定的试用期已经履行的，由用人单位以劳动者试用期满月工资为标准，按已经履行的超过法定试用期的期间向劳动者支付赔偿金。

2. 试用期内的工资待遇

在工资方面，"劳动者在试用期的工资不得低于本单位相同岗位最低档工资或者劳动合同约定工资的百分之八十，并不得低于用人单位所在地的最低工资标准。"同时，试用期员工的工资还要注意不能低于当地最低工资标准。在福利待遇方面，根据有关规定，劳动者在试用期内，依法享有社会保险、劳动安全卫生等的权利。劳动者除获得劳动报酬外，用人单位方如有违反法律法规及合同约定的行为并对劳动者造成损害的，劳动者有权依法获得赔偿。

3. 试用期内劳动合同的解除

在试用期内，劳动者可以不需任何理由，有权提前三天通知用人单位解除劳动合同。但是，用人单位却不可以随意解除合同。根据《劳动合同法》第21条规定："在试用期中，除劳动者有本法第三十九条和第四十条第一项、第二项规定的情形外，用人单位不得解除劳动合同。用人单位在试用期解除劳动合同的，应当向劳动者说明理由。"第39条规定的是因劳动者过错而解雇劳动者的情形，第40条第一项规定的是劳动者患病或非因工负伤的情况下用人单位与其解除劳动合同的情形，第二项是关于劳动者不能胜任工作的情形下被解雇的情形。因此，除非劳动者不符合录用条件、不能胜任工作，否则用人单位不能随意与试用期员工解除劳动合同。在这样的规定下，作为用人单位，在招聘时应该有明确、具体、操作性强的录用条件，而且要能够证明劳动者不符合录用条件，并在试用期内解除劳动合同才不用支付经济补偿。

三、培训协议与服务期

《劳动合同法》第22条规定："用人单位与劳动者提供专项培训费用，对其进行专业技术培训的，可以与该劳动者订立协议，约定服务期。劳动者违反服务期约定的，应当按照约定向用人单位支付违约金。违约金的数额不得超过用人单位提供的培训费用。用人单位要求劳动者支付的违约金不得超过服务期尚未履行部分所应分摊的培训费用。用人单位与劳动者约定服务期的，不影响按照正常的工资调整机制提高劳动者在服务期期间的劳动报酬。"因此，用人单位和劳动者签订的《培训协议》应该遵守《劳动法》、《劳动合同法》和相关法律规章的规定。

培训期间，用人单位不能随意扣发劳动者的工资和奖金。《劳动合同法》第11条和《劳动法》第46条规定：如果职工脱产学习，或者因为参加学习而不能或无法完成工作任务的，单位可以根据工作量和考核标准，适当调整工资和奖金发放标准。

四、竞业限制

竞业限制是指用人单位与劳动者约定，负有特定义务的员工在任职期间或者离开岗位后一定期间内不得自营或为他人经营与其所任职的企业同类的经营项目。

《劳动合同法》第23条规定："用人单位与劳动者可以在劳动合同中约定保守用人单位的商业秘密和与知识产权相关的保密事项。对负有保密义务的劳动者，用人单位可以在劳动合同或者保密协议中与劳动者约定竞业限制条款，并约定在解除或者终止劳动合同后，在竞业限制期限内按月给予劳动者经济补偿。劳动者违反竞业限制约定的，应当按照约定向用人单位支付违约金。"其中，商业秘密是指不为公众所能够知悉、能为权利人带来经济利益、具有实用性、经权利人采取保密措施的技术信息和经营信息。与知识产权相关的保密事项，是指那些尚未纳入知识产权法（著作权法、商标法、专利法）保护范围，又不构成商业秘密，但对于用人单位仍具有一定保密价值的事项或信息。

第24条规定："竞业限制的人员限于用人单位的高级管理人员、高级技术人员和其他负有保密义务的人员。竞业限制的范围、地域、期限由用人单位与劳动者约定，竞业限制的约定不得违反法律、法规的规定。在解除或者终止劳动合同后，前款规定的人员到与本单位生产或者经营同类产品、从事同类业务的有竞争关系的其他用人单位，或者自己开业生产或者经营同类产品、从事同类业务的竞业限制期限，不得超过二年。"

竞业限制补偿金不能包含在工资中，只能在劳动关系结束后，在竞业限制期限内按月给予劳动者。补偿金的数额由双方约定。用人单位未按照约定在劳动合同终止或者解除时向劳动者支付竞业限制经济补偿的，竞业限制条款失效。劳动者违反劳动合同中约定的保密义务或者竞业限制，给用人单位造成损失的，应当承担赔偿责任。

五、劳动合同的效力

劳动合同的效力是指已经成立的劳动合同是否在当事人之间产生法律效力。

1. 劳动合同的生效

劳动合同当事人双方就权利义务达成意思表示一致只是表示劳动合同成立，只有当劳动合同符合法律的规定时，劳动合同才生效，对当事人双方发生法律上的约束力。劳动合同生效的要件包括主体合法、内容合法和意思表示真实。劳动合同当用人单位与劳动者在劳动合同文本上签字或者盖章时生效。

2. 劳动合同的无效

无效劳动合同，是指劳动合同因为违反法律、法规的规定，或者采取不正当手续订立，因而不具备法律效力的合同。《劳动合同法》第26条规定了劳动合同无效的三个要件：①以欺诈、胁迫的手段或者乘人之危，使对方在违背真实意思的情况下订立或者变更劳动合同的；②用人单位免除自己的法定责任、排除劳动者权利的；③违反法律、行政法规强制性规定的。第27条规定，"劳动合同部分无效，不影响其他部分效力的，其他部分仍然有效。"

对于劳动合同无效或部分无效的认定，只能由劳动争议仲裁机构或者法院进行确认，劳动合同的当事人双方或者其他任何第三方均无权要求确认劳动合同无效。劳动合同的无效在法律上会导致两个后果的产生：一是劳动合同自成立之日起就是无效的，一旦被确认为无效，劳动关系即不存在，当事人双方也不得基于原劳动合同请求对方履行权利义务。二是当事人承担相应的法律责任。

对于劳动合同被确认为无效之后，劳动者已经付出劳动的情况下，根据《劳动合同法》第28条的规定，用人单位应当向劳动者支付劳动报酬。劳动报酬的数额，参考用人单位相同或者相近岗位劳动者的劳动报酬确定。

第三节 在职管理

一、工资报酬

广义的工资，泛指人们从事各种劳动而获得的货币收入或有价物，它既包括用人单位支付给劳动者的各种收入，也包括公民个人因加工承揽、委托、运输、约稿等行为获得的各种劳动收入。狭义的工资，专指《劳动法》中所规定的劳动者基于劳动法律关系而取得的各种劳动收入，包括薪金和津贴等。工资额的确定必须以劳动法规、劳动政策、集体合同和劳动合同的规定为依据。工资必须以法定的方式支付。

根据有关规定，劳动者的以下劳动收入不属于工资的范围：①单位支付给劳动者个人的社会保险福利费用，如丧葬抚恤救济费、生活困难补助费、计划生育补贴等；②劳动保护方面的费用，如用人单位支付给劳动者的工作服、解毒剂、清凉饮料费用等；③按规定未列入工资总额的各种劳动报酬及其他劳动收入，如根据国家规定发放的创造发明奖、国家星火奖、自然科学奖、科学技术进步奖、合理化建议和技术改进奖、中华技能大奖等，以及稿费、讲课费、翻译费等。

工资虽然可以由用人单位和劳动者共同约定，但也不是可以随意约定的。劳动和社会保障部《最低工资规定》在第12条明确规定，在劳动者提供正常劳动的情况下，用人单位应支付给劳动者的工资在剔出下列各项后，不得低于当地最低工资标准：①延长工作时间工资；②中班、夜班、高温、低温、井下、有毒有害等特殊工作环境、条件下的津贴；③法律、法规和国家规定的劳动者福利待遇；等等。《最低工资规定》第3条规定，所谓正常劳动，是指劳动者按依法签订的劳动合同约定，在法定工作时间或劳动合同约定的工作时间内从事的劳动。劳动者依法享受带薪年休假、探亲假、婚丧假、生育假、节育手术假等国家规定的假期间，以及法定工作时间内依法参加社会活动期间,视为提供了正常劳动。最低工资标准一般采用月最低工资标准和小时最低工资标准的形式。月最低工资标准适用于全日制就业劳动者,小时最低工资标准适用于非全日制就业劳动者。用人单位如果违反最低工资规定,将承担法律责任。除补足差额外,用人单位还有可能受到劳动行政部门的处罚。《劳动合同法》第85条规定,劳动报酬低于当地最低工资标准的,应当支付余额部分,逾期不支付,劳动行政部门将责令用人单位按应付金额50%以上100%以下的标准向劳动者加付赔偿金。最低工资标准每两年至少调整一次。如2015年部分地区最低工资标准中,月最低工资标准分别为:深圳2 030元,上海2 020元,广东1 895元,天津1 850元,北京1 720元。小时最低工资标准分别为:深圳18.50元,上海18元,广东18.30元,天津18.50元,北京18.70元。

在工资支付上,《劳动合同法》第30条规定:"用人单位应当按照劳动合同约定和国家规定,向劳动者及时足额支付劳动报酬。"劳动部《工资支付暂行规定》对工资支付作了更详细的规定:①工资支付的形式:法定货币。不能用实物或有价证券支付工资。②工资支付的对象:劳动者本人。劳动者本人因故不能领取工资时,可以由其委托亲属或他人代领。用人单位可以委托银行代发工资。用人单位不论以何种方式支付工资,都应当向劳动者提供一份本人的工资清单,并办理签收存档。③工资支付的周期:至少每月支付一次。如果用人单位实行周、日、小时制的,可按周、日、小时支付工资。如遇休息日、节假日,应提前到最近的工作日支付。用人单位无正当理由超过规定工资支付日期未支付工资的行为,即为拖欠工资。④工资支付的数额:劳动者按劳动合同约定,在法定工作时间提供正常劳动的情况下,用人单位应当支付劳动者全部劳动报酬。

无正当理由不足额支付劳动者工资就是克扣工资。对于克扣工资的,用人单位除补足应发工资的差额部分以外,还应当按规定支付劳动者赔偿金。《劳动合同法》明确规定,用人单位未按照劳动合同的约定或者国家规定及时足额支付劳动者劳动报酬的,由劳动行政部门责令限期支付劳动报酬,逾期不支付的,责令用人单位按应付金额50%以上100%以下的标准向劳动者加付赔偿金。用人单位拖欠或者未足额支付劳动报酬的,劳动者可以依法向当地人民法院申请支付令,人民法院应当依法发出支付令。

二、工作时间和休息、休假

1. 标准工作时间和加班

根据国务院《关于职工工作时间的规定》,职工实行每日工作8小时,每周40小时的工时制度。在正常工作日用人单位延长劳动者工作时间称为加点,在休息日和法定休假日安排劳动者延长工作时间的称为加班。用人单位安排劳动者加班、加点的,应该符合国家有关法律法规的规定。《劳动合同法》第31条规定:"用人单位应当严格执行劳动定额标准，不得强迫或者变相强迫劳动者加班。用人单位安排加班的，应当按照国家有关规定向劳动者支付加班费。逾期不支付的，责令用人单位按应付金额的50%以上100%以下的标准向劳动者加付赔偿金。"用人单位不能擅自延长工作时间，《劳动法》对延长工作时间做了限制性规定。

（1）协商延长。《劳动法》第41条规定，用人单位由于生产经营需要，经与工会和劳动者协商以后可以延长工作时间，一般每日不超过1小时；因特殊原因需要延长工作时间的，在保障劳动者身体健康的情况下延长工作时间每日不得超过3小时，但是每月不得超过36小时。

（2）无时间限制的延长。《劳动法》第42条规定，有下列情形之一的延长工作时间不受第41条规定的限制：①发生自然灾害、事故或者因其他原因，威胁劳动者生命健康和财产安全，需要紧急处理的；②生产设备、交通运输线路、公共设施发生故障，影响生产和公众利益，必须及时抢修的；③法律、行政法规规定的其他情形。

（3）特殊情形的延长：①在法定节假日和公休假日内工作不能间断的，必须连续生产、运输或者营业的；②必须利用法定节日或公休假日的停产期间进行设备检修、保养的；③为了完成国防紧急任务的；④为完成国家下达的其他紧急生产任务的。

在以上这些规定之外，不经过员工同意任意延长工作，是违反《劳动法》规定的行为，要承担相应的法律责任。用人单位安排劳动者延长工作时间的，支付不低于工资的150%的工资报酬。

2. 休息、休假

《劳动法》规定的职工享有的休息、休假待遇包括以下内容：①劳动者每日休息时间；②每个工作日内劳动者的工间、用膳时间；③每周休息时间；④法定节假日放假休息；⑤带薪年休假休息；⑥特殊情况下的休息，如探亲假、病假休息等。

用人单位应当保证劳动者每周至少休息1日。用人单位根据实际需要休息日安排劳动者工作又不能安排补休的，支付不低于工资的200%的工资报酬；法定休假日安排劳动者工作的，支付不低于工资的300%的工资报酬。

2008年1月1日起施行的《职工带薪休假条例》对带薪休假作了详细规定："职工累计工作已满1年不满10年的，年休假5天；已满10年不满20年的，年休假10天；已满20年的，年休假15天。"单位可以根据生产、工作的具体情况，并考虑职工本人意愿，统筹安排职工年休假。单位应该保证职工享受年休假。职工在年休假期间享受与正常工作期间相同的工资收入。"单位确因工作需要不能安排职工休年休假的，经职工本人同意，可以不安排职工休年休假。对职工应休未休的年休假天数，单位应当按照该职工日工资收入的300%支付年休假工资报酬。""单位不安排职工休年休假又不依照本条例规定给予年休假工资报酬的，由县级以上地方政府人事部门或者劳动保障部门依据职权责令限期改正；对逾期不改正的，除责令该单位支付年休假工资报酬外，单位还应当按照年休假工资报酬的数额向职工加付赔偿金。……"

三、社会保险

为了确保员工利益，同时也保障企业的利益，国家已经制定了有关保险的法律条款，要求员工个人、企业按照各自的比例缴纳养老等社会保险费。用人单位和劳动者应当依照法律参加社会保险并支付社会保险金。社会保险包括失业保险、养老保险、医疗保险、工伤保险以及生育保险，根据有关规定，不同的保险要求缴付的比例不同，用人单位和劳动者分担的比例也不同。社会保险具有强制性，其强制性表现在：社会保险对劳动者来说，既是权利也是义务，因此劳动者无权放弃社会保险。对用人单位来说，不但应当依法缴纳社会保险费，还要履行代扣代缴的义务。表 8.1 是 2015 年北京市各项保险缴费比率。

表 8.1 2015 年北京市各项保险缴费比率

		养老保险	失业保险	工伤保险	生育保险	基本医疗保险	
						基本医疗	大额互助
本市城镇职工	单位	20%	1%	核定比例	0.8%	9%	1%
	个人	8%	0.2%	0	0	2%	3元
外埠城镇职工	单位	20%	1%	核定比例	不参加	9%	1%
	个人	8%	0.2%	0		2%	3元
本市农民工	单位	20%	1%	核定比例	0.8%	1.8%	0.2%
	个人	8%	0	0	0	0	0
外地农民工	单位	20%	1%	核定比例	不参加	1.8%	0.2%
	个人	8%	0	0		0	0

四、住房公积金

国务院《住房公积金管理条例》对企业和个人缴纳住房公积金做了规定。

单位应当到住房公积金管理中心办理住房公积金缴存登记，经住房公积金管理中心审核后，到受委托银行为本单位职工办理住房公积金账户设立手续。新设立的单位应自设立之日起 30 日内到管理中心办理住房公积金缴存登记。每个职工只能有一个住房公积金账户。单位录用职工，应自录用之日起 20 日内为职工办理住房公积金账户设立手续。单位与职工终止劳动关系的，单位应当自劳动关系终止之日起 30 日内到住房公积金管理中心办理变更登记。新参加工作的职工从参加工作第二个月起开始缴存住房公积金。新调入的职工从调入单位发放工资之月起缴存住房公积金。

住房公积金的月缴存额由职工住房公积金月缴存额和单位住房公积金月缴存额两部分组成：职工住房公积金月缴存额为职工月平均工资乘以职工住房公积金缴存比例；单位住房公积金月缴存额为职工月平均工资乘以单位住房公积金缴存比例。职工和单位住房公积金的缴存比例均不得低于职工上一年度月平均工资的5%；有条件的城市，可以适当提高缴存比例。职工个人缴存的住房公积金，由所在单位每月从其工资中代扣代缴。住房公积金自存入职工住房公积金账户之日起按照国家规定的利率计息。

职工有下列情形之一的，可以提取住房公积金账户内的存储余额：①购买、建造、翻建、大修自住住房的；②离休、退休的；③完全丧失劳动能力，并与单位终止劳动关系的；④出境定居的；⑤偿还自住住房贷款本息的；⑥房租超出家庭工资收入规定比例的。

缴存住房公积金的职工，在购买、建造、翻建、大修自住住房时，可以向住房公积金管理中心申请住房公积金贷款，贷款利率低于商业银行贷款利率。

单位不办理住房公积金缴存登记或者不为本单位职工办理住房公积金账户设立手续的，由住房公积金管理中心责令限期办理；逾期不办理的，处1万元以上5万元以下的罚款。单位逾期不缴或者少缴住房公积金的，由住房公积金管理中心责令限期缴存；逾期仍不缴存的，可以申请人民法院强制执行。

五、劳动合同的履行

《劳动合同法》规定，依法订立的劳动合同具有约束力，用人单位与劳动者应当按照劳动合同的约定，全面履行各自的义务。劳动合同的履行以劳动合同的合法有效为前提，合同全部有效，当事双方必须全部履行；劳动合同部分有效，就只有部分履行的效力；如果全部无效，就不会产生劳动合同的履行行为。

劳动合同的履行必须遵循亲自履行、实际履行、全面履行和协作履行的原则。①亲自履行原则是指劳动合同必须由合同当事人双方自己履行，不能由合同之外的其他第三人代为履行。《劳动合同法》第33条规定："用人单位变更名称、法定代表人、主要责任人或者投资人等事项，不影响劳动合同的履行。"第34条规定："用人单位发生合并或者分立等情况，原劳动合同继续有效，劳动合同由承担其权利和义务的用人单位继续履行。"②实际履行原则是指劳动合同双方当事人都必须按照合同条款履行自己的义务和实现自己的权利。对于用人单位而言，必须按照合同的约定向劳动者提供适当的工作场所和劳动安全卫生条件、相关工作岗位，并按照约定的金额和支付方式按时向劳动者支付劳动报酬；对于劳动者而言，必须遵守用人单位的规章制度和劳动纪律，认真履行自己的劳动职责，并且亲自完成劳动合同约定的工作任务。《劳动合同法》第88条规定，用人单位劳动条件恶劣、环境污染严重，给劳动者身心健康造成严重损害的，依法给予行政处罚；构成犯罪的，依法追究刑事责任；给劳动者造成损害的，应当承担赔偿责任。第30条规定："用人单位拖欠或者未足额支付劳动报酬的，劳动者可以依法向当地人民法院申请支付令，人民法院应当依法发出支付令。"③全面履行原则是指劳动合同双方当事人都必须按照劳动合同约定的条件、时间、地点和方式严格、全面地履行。④协作履行原则是指双方当事人在合同的履行过程中要发扬协作精神，互相帮助，共同完成合同规定的义务，共同实现合同规定的权利。

六、劳动合同的变更

劳动合同变更，是指劳动合同没有履行或虽已开始履行但尚未完全履行之前，当事人依照法律规定的条件和程序对已生效的劳动合同进行条款修改或补充的法律行为。《劳动合同法》第35条规定："用人单位与劳动者协商一致，可以变更劳动合同约定的内容。变更劳动合同，应当采用书面形式。"因此，劳动合同的变更是当事人双方达成协议后的法律后果。未经对方许可，单方面对劳动合同内容予以变更或者修改的行为都是无效的。劳动合同的变更，只能在原劳动合同的有效期内进行，并且只限于劳动合同条款内容的变更，不包括当事人的变更。劳动合同内容的变更只是变更内容的一部分，而不是全部内容，如果是对全部内容进行修订，那么属于重新订立劳动合同的行为；如果变更的内容影响到劳动合同的性质和效力，导致劳动合同失效，这属于对原订合同的提前终止。

1. 劳动合同变更的条件

在以下条件下，可以变更劳动合同：

(1) 双方当事人经协商，达成一致的，可以变更劳动合同。

(2) 订立劳动合同时所依据的法律、法规已经修改或废止。

(3) 企业经上级主管部门批准或根据市场变化决定转产或调整生产任务。

(4) 劳动合同订立时所依据的客观情况发生重大变化，致使劳动合同无法履行。

(5) 法律、法规允许的其他情况。

2. 劳动合同变更的程序

(1) 一方当事人向另一方当事人提出变更合同的请求，说明变更合同的理由、内容、条件以及请求双方答复的期限等项内容。

(2) 被请求方按期作出答复。可以表示同意，也可以提出不同意见。

(3) 双方达成书面协议。双方当事人就变更劳动合同的内容经过协商，取得一致意见，达成和拟定书面协议，载明变更的具体内容、变更的生效日期，经双方签字、盖章生效。

(4) 备案或鉴证。凡在订立时经过备案或鉴证的企业劳动合同，变更合同的书面协议也需要送交企业主管部门备案，或到鉴证机构办理鉴证手续。需要鉴证的变更协议，只有在鉴证后才能生效。

七、劳动合同的续订

劳动合同的续订是指在劳动合同期期限届满或其他法定、约定终止条件出现，双方继续签订劳动合同的法律行为。

任何一方要求续订劳动合同应当提前 30 日向对方发出《续订劳动合同通知书》，并及时与对方进行协商，依法续订劳动合同。续订劳动合同时，如果原劳动合同的主要条款已经有较大改变，双方应重新协商签订新的劳动合同；如原劳动合同的条款变动不大，双方可以签订《续签劳动合同协议书》，并明确劳动合同延续的期限及其他需重新确定的合同条款。续签劳动合同后，用人单位应该将双方重新签订的劳动合同或《延续劳动合同协议书》（附原劳动合同）一式两份，送有管辖权的劳动鉴证机构进行鉴证，并到社会保险经办机构办理社会保险延续手续。

在续订无固定期限劳动合同方面，《劳动合同法》第 14 条规定："……有下列情形之一，劳动者提出或者同意续订、订立劳动合同的，除劳动者提出订立固定期限劳动合同外，应当订立无固定期限劳动合同：（一）劳动者在该用人单位连续工作满十年的；（二）用人单位初次实行劳动合同制度或者国有企业改制重新订立劳动合同时，劳动者在该用人单位连续工作满十年且距法定退休年龄不足十年的；（三）连续订立二次固定期限合同，且劳动者没有本法第三十九条和第四十条第一项、第二项规定的情形，续订劳动合同的。"要注意的是，在订立无固定期限劳动合同中，企业应该主动与员工协商订立。《劳动合同法》第 82 条规定："用人单位违反本法规定不与劳动者订立无固定期限劳动合同的，自应当订立无固定期限劳动合同之日起向劳动者每月支付二倍的工资。"

在一些特殊情形下，企业必须续签劳动合同，这包括：①劳动合同期满时，女员工处于孕期、产期、哺乳期的，孕期为 10 个月，产期和哺乳期共 12 个月，用人单位应当续订劳动合同，期限至少至孕期、产期、哺乳期期满为止。②劳动合同期满时，劳动者处于医疗期的，用人单位应当续订劳动合同，期限至少至医疗期满为止。③劳动者患职业病或者因工负伤并被确认达到伤残等级，要求续订劳动合同的，用人单位应当续订劳动合同。

第四节　离职管理

一、劳动合同的解除

劳动合同的解除是指劳动合同生效以后，尚未履行或还没全部履行以前，当事人一方或双方依法提前解除劳动关系的法律行为。劳动合同解除的情形有两种：一种是由双方当事人根据各自客观情况的变化协商一致就可以解除劳动合同，另一种是由一方当事人根据《劳动合同法》规定的事由单方面解除劳动合同。

1. 劳动者单方面解除劳动合同

劳动者单方面解除劳动合同，可以分为提前通知解除和即时解除。根据《劳动合同法》第37条规定，提前30日以书面形式通知用人单位，可以解除劳动合同。如果在试用期内，那么提前3日通知用人单位，就可以解除劳动合同。《劳动合同法》第38条规定，在用人单位有过错的情况下，劳动者可以即时解除劳动合同，而不用提前通知用人单位。这包括："（一）未按照劳动合同约定提供劳动保护或者劳动条件的；（二）未及时足额支付劳动报酬的；（三）未依法为劳动者缴纳社会保险费的；（四）用人单位的规章制度违反法律、法规的规定，损害劳动者权益的；（五）因本法第二十六条第一款规定的情形致使劳动合同无效的；（六）法律、行政法规规定劳动者可以解除劳动合同的其他情形。用人单位以暴力、威胁或者非法限制人身自由的手段强迫劳动者劳动的，或者用人单位违章指挥、强令冒险作业危及劳动者人身安全的，劳动者可以立即解除劳动合同，不需事先通知用人单位。"

2. 用人单位单方面解除劳动合同

用人单位单方面解除劳动合同，可以分为过失性解除和无过失性辞退。根据《劳动合同法》第39条规定，劳动者有下列情形之一的，用人单位可以立即解除劳动合同而不用提前告知也不用支付补偿："（一）在试用期间被证明不符合录用条件的；（二）严重违反用人单位的规章制度的；（三）严重失职，营私舞弊，给用人单位造成重大损害的；（四）劳动者同时与其他用人单位建立劳动关系，对完成本单位的工作任务造成严重影响，或者经用人单位提出，拒不改正的；（五）因本法第26条第一款第一项规定的情形致使劳动合同无效的；（六）被依法追究刑事责任的。"第二十六条第一款指的是以欺诈、胁迫的手段或乘人之危，使对方在违背真实意思的情况下订立或者变更劳动合同的情形。除以上因劳动者过失解除劳动合同情况外，用人单位也可以提前30日以书面形式通知劳动者本人或者额外支付劳动者一个月工资后，解除劳动合同，即无过失性辞退。无过失性辞退需要满足的条件是："（一）劳动者患病或者非因工负伤，在规定的医疗期满后不能从事原工作，也不能从事由用人单位另行安排的工作的；（二）劳动者不能胜任工作，经过培训或者调整工作岗位，仍不能胜任工作的；（三）劳动合同订立时所依据的客观情况发生重大变化，致使劳动合同无法履行，经用人单位与劳动者协商，未能就变更劳动合同内容达成协议的。"

3. 经济性裁员

企业经济性裁员，是用人单位濒临破产进行法定整顿期间或者生产经营状况发生严重困难，为改善生产经营状况而辞退成批人员。

（1）经济性裁员的条件。①依照企业破产法规定进行重整的；②生产经营发生严重困难的；③企业转产、重大技术革新或者经营方式调整，经变更劳动合同后，仍需裁减人员的；④其他因劳动合同订立时所依据的客观经济情况发生重大变化，致使劳动合同无法履行的。符合以上四条的裁员不一定属于经济性裁员，还必须满足裁员人数20人以上或者裁减不足20人但占企业职工总数10%以上的条件。

（2）经济性裁员的程序。用人单位提前30日向工会或者全体职工说明情况，听取工会或者职工的意见后，裁减人员方案经向劳动行政部门报告，可以裁减人员。用人单位违反法律、行政法规规定或者劳动合同约定的，工会有权要求用人单位纠正。用人单位应当研究工会的意见，并将处理结果书面通知工会。

（3）经济性裁员的要求。裁减人员时，应当优先留用下列人员：①与本单位订立较长期限的固定期限劳动合同的；②与本单位订立无固定期限劳动合同的；③家庭无其他就业人员，又需要扶养老人或者未成年人的。用人单位依照破产法规定进行重整裁减人员，在6个月内重新招用人员的，应当通知被裁减的人员，并在同等条件下优先招用被裁减的人员。

4. 用人单位不得解除劳动合同的情形

《劳动合同法》第42条规定，劳动者有下列情形之一的，用人单位不得依照本法第40条、第41条的规定解除劳动合同。第40条即过失性辞退，第41条即经济性裁员。

（1）从事接触职业病危害作业的劳动者未进行离岗前职业健康检查，或者疑似职业病病人在诊断或者医学观察期间的；

（2）在本单位患职业病或者因工负伤并被确认丧失或者部分丧失劳动能力的；

（3）患病或者非因工负伤，在规定的医疗期内的；

（4）女职工在孕期、产期、哺乳期的；

（5）在本单位连续工作满15年，且距法定退休年龄不足5年的；

（6）法律、行政法规规定的其他情形。

二、劳动合同的终止

劳动合同的终止是指因为当事人双方已经完全履行了双方的权利和义务，劳动合同期满或当事人有一方已经不具备履行劳动合同的条件，劳动合同效力自然丧失。《劳动合同法》对合同终止的条件作了规定，只有在法定情形下，劳动合同才能中止。《劳动合同法》第43条规定，有下列情形之一的，劳动合同终止：

（1）劳动合同期满的；

（2）劳动者开始依法享受基本养老保险待遇的；

（3）劳动者死亡，或者被人民法院宣告死亡或者宣告失踪的；

（4）用人单位被依法宣告破产的；

（5）用人单位被吊销营业执照、责令关闭、撤销或者用人单位决定提前解散的。

《劳动合同法》第45条作了补充性规定，"劳动合同期满，有本法第四十二条规定情形之一的，劳动合同应当续延至相应的情形消失时终止。但是，本法第四十二条第二项规定丧失或者部分丧失劳动能力劳动者的劳动合同的终止，按照国家有关工伤保险的规定执行。"第42条即上面所列用人单位不得解除劳动合同的情形。

三、劳动合同解除或终止时的经济补偿

《劳动合同法》对经济补偿的适用条件和计算方法都作了明确规定。

1. 经济补偿的适用条件

有下列情形之一的，用人单位应当向劳动者支付经济补偿：

（1）因为用人单位存在过失，劳动者根据《劳动合同法》第38条规定辞职的。

（2）由用人单位提出，用人单位和劳动者协商一致同意解除劳动合同的。

（3）根据第40条规定，劳动者无过失被辞退的。

（4）企业依照破产法规定进行重整而经济性裁员的。

（5）固定合同期限届满终止合同的。此种情况的例外是用人单位维持或者提高劳动合同约定条件续订劳动合同，劳动者不同意续订的，不用支付经济补偿金。

（6）用人单位被依法宣布破产，或用人单位被吊销营业执照、责令关闭、撤销或者用人单位决定提前解散的。

（7）法律、行政法规规定的其他情形。

2. 经济补偿金的计算

解除劳动合同的经济补偿，是指因解除劳动合同而由用人单位给付劳动者的一次性的经济补偿金。目前，用人单位解除劳动合同依法应支付的补偿金在性质上可以分为三种：一是劳动贡献积累补偿，即根据劳动者在劳动关系存续期间为用人单位已作贡献的积累所给予的经济补偿，其数额一般与劳动者在本单位的工资和工龄挂钩；二是伤病补贴，主要是对因患病或者非因工负伤而解除劳动合同的劳动者所给予的医疗补助，其数额一般与劳动者的工资和伤病情况挂钩；三是惩罚性补偿，即用人单位解除劳动合同后，未按规定给予劳动者经济补偿的，除全额补发经济补偿金外，还必须支付额外经济补偿金。

《劳动合同法》第47条规定："经济补偿按劳动者在本单位工作的年限，每满一年支付一个月工资的标准向劳动者支付。六个月以上不满一年的，按一年计算；不满六个月的，向劳动者支付半个月工资的经济补偿。劳动者月工资高于用人单位所在直辖市、设区的市级人民政府公布的本地区上年度职工月平均工资三倍的，向其支付经济补偿的标准按职工月平均工资三倍的数额支付，向其支付经济补偿的年限最高不超过十二年。本条所称月工资是指劳动者在劳动合同解除或者终止前12个月的平均工资。"

劳动者患病或非因工负伤，经劳动鉴定委员会确认不能从事原工作也不能从事由用人单位另行安排的工作而解除劳动合同的，用人单位应按其在本单位的工作年限，每满1年发给相当于1个月的工资的经济补偿金，同时还应发给不低于6个月工资的医疗补助费。患重病和绝症的还应增加医疗补助费，患重病的增加部分不低于医疗补助费的50%；患绝症的增加部分不低于医疗补助费的100%。

用人单位解除劳动合同后，未按规定给予劳动者经济补偿的，除全额发给经济补偿金外，还须按该经济补偿金数额的50%以上100%以下的标准支付额外经济补偿金。

如果用人单位违反《劳动合同法》规定解除或者终止劳动合同，劳动者要求继续履行劳动合同的，用人单位应当继续履行；劳动者不要求继续履行劳动合同或者劳动合同已经不能继续履行的，用人单位应当依照经济补偿标准的两倍向劳动者支付赔偿金。

对不具备合法经营资格的用人单位的违法犯罪行为，依法追究法律责任，劳动者已经付出劳动的，该单位或者出资人应当依照《劳动合同法》有关规定向劳动者支付劳动报酬、经济补偿、赔偿金；给劳动者造成损害的，应当承担赔偿责任。

第五节 集 体 合 同

集体合同，是指用人单位与本单位职工根据法律、法规、规章的规定，就劳动报酬、工作时间、休息休假、劳动安全卫生、职业培训、保险福利等事项，通过集体协商签订的书面协议。如果只是就集体协商的某项内容签订专项书面协议，则称为专项集体合同。集体合同具有以下特征：第一，集体合同是最低标准合同，企业和职工个人签订的劳动合同所订的各种待遇不得低于集体合同的标准。第二，集体合同规定企业承担的义务都具有法律性质，企业不履行义务，就要承担相应的法律责任。第三，集体合同是要式合同，要以书面形式签订，并经主管机关登记备案，才具有法律效力。

一、集体合同的主体

根据《劳动合同法》第51条规定，集体合同由工会代表企业职工一方与用人单位订立；尚未建立工会的用人单位，由上级工会指导劳动者推举的代表与用人单位订立。由此可见，签订集体合同的双方主体为企业职工与用人单位，工会作为企业职工一方的代表参与集体合同的签订。

二、集体合同的签订程序

根据劳动和社会保障部发布的《集体合同规定》第四章和《劳动合同法》第五章第一节的相关规定，集体合同产生的程序为：

1. 集体协商

双方签约人为集体协商进行各项准备工作，包括确定协商代表、拟定协商方案、预约协商内容、日期、地点。双方协商达成一致的，应当形成集体合同草案或专项集体合同草案，由双方首席代表签字。集体协商任何一方均可就签订集体合同或专项集体合同以及相关事宜，以书面形式向对方提出进行集体协商的要求。一方提出进行集体协商要求的，另一方应当在收到集体协商要求之日起20日内以书面形式给予回应，无正当理由不得拒绝进行集体协商。

2．审议

经双方协商代表协商一致的集体合同草案或专项集体合同草案应当提交职工代表大会或者全体职工讨论。职工代表大会或者全体职工讨论集体合同草案或专项集体合同草案，应当有 2/3 以上的职工代表或者职工出席，且须经全体职工代表半数以上或者全体职工半数以上同意，集体合同草案或专项集体合同草案方获通过。

3．签字

双方首席代表在经过审议通过的集体合同文本上签字。

4．政府劳动行政部门审核

集体合同订立后，应当自双方首席代表签字之日起 10 日内，由用人单位一方将文本一式三份报送劳动保障行政部门审查。劳动保障行政部门应当对报送的集体合同或专项集体合同的下列事项进行合法性审查：集体协商双方的主体资格是否符合法律、法规和规章规定；集体协商程序是否违反法律、法规、规章规定；集体合同或专项集体合同内容是否与国家规定相抵触。

劳动保障行政部门自收到集体合同文本之日起 15 日内未提出异议的，集体合同即行生效。劳动保障行政部门对集体合同或专项集体合同有异议的，应当自收到文本之日起 15 日内将《审查意见书》送达双方协商代表。用人单位与本单位职工就劳动保障行政部门提出异议的事项经集体协商重新签订集体合同或专项集体合同的，用人单位一方应将文本报送劳动保障行政部门审查。

5．集体合同的公布

经审核确认生效的集体合同或自行生效的集体合同，签约双方及时以适当的方式向各自代表的成员公布。

三、集体合同的内容

通常情况下，集体合同一般包括以下内容。

1．劳动条件标准部分

这是集体合同的核心内容，对个人劳动合同起制约作用。主要包括劳动报酬、工作时间和休息休假、保险福利、劳动安全卫生等条款。上述条款应当作为劳动合同的基础，指导劳动合同的协商与订立，也可以直接作为劳动合同的内容。

2．一般性规定

规定劳动合同和集体合同履行的有关规则。包括员工录用规则、劳动合同的变更、续订规则、辞职辞退规则，集体合同的有效期限、集体合同条款的解释、变更、解除和终止等项。

3．过渡性规定

集体合同的监督、检查、争议处理、违约责任等项。

4. 其他规定

此项条款通常作为劳动条件标准的补充条款，规定在集体合同的有效期间应当达到的具体目标和实现目标的主要措施。此类规定一般不能作为劳动合同的内容，只是作为签约方的义务而存在。在集体合同的有效期内，随着设定目标的实现而终止。例如，规定建成某项福利设施等。

四、集体合同的解除、终止和续订

集体合同或专项集体合同期限一般为1—3年，期满或双方约定的终止条件出现，即行终止。集体合同或专项集体合同期满前3个月内，任何一方均可向对方提出重新签订或续订的要求。双方协商代表协商一致，可以变更或解除集体合同或专项集体合同。除此之外，《集体合同规定》第40条规定，有下列情形之一的，可以变更或解除集体合同或专项集体合同：①用人单位因被兼并、解散、破产等原因，致使集体合同或专项集体合同无法履行的；②因不可抗力等原因致使集体合同或专项集体合同无法履行或部分无法履行的；③集体合同或专项集体合同约定的变更或解除条件出现的；④法律、法规、规章规定的其他情形。

第六节 劳务派遣和非全日制用工

一、劳务派遣

劳务派遣是指有从事劳务派遣资格的派遣单位根据与用工单位的劳务派遣协议，按照用工单位的要求将与自己签订劳动合同的劳动者派遣到用工单位，在用工单位的组织、监督、管理之下从事劳动，完成劳动力与生产资料的结合。劳务派遣涉及劳动者、派遣单位和用工单位三方之间的关系。劳动者与派遣单位之间签订劳动合同，形成劳动关系，但是不发生劳动力给付的事实。派遣单位与实际用工单位之间签订劳务派遣协议，形成劳务派遣关系。劳动者与实际用工单位之间形成劳务关系，发生劳动力给付事实。《劳动合同法》规定，劳动者在劳动过程中由于组织管理而产生的纠纷不由实际用工单位来承担，而是由派遣单位承担，用工单位承担《劳动合同法》上的特殊责任。

对用工单位来说，采用劳务派遣，可以增强用人的机动灵活性，降低人力资源成本，而且由于与劳动者之间不是劳动合同关系，可以避免一些劳资纠纷，因此，劳务派遣用工数量不断增长，但由于法规的滞后，劳务派遣人员的权益不能得到很好的保护。《劳务派遣暂行规定》自2014年3月1日起施行，对劳务派遣单位经营劳务派遣业务，企业使用被派遣劳动者做了具体规范。

1. 劳务派遣的用工范围和用工比例

用工单位只能在临时性、辅助性或者替代性的工作岗位上使用被派遣劳动者。用人单位使用的被派遣劳动者数量不得超过其用工总量的 10%。

2. 劳动合同、劳务派遣协议的订立和履行

劳务派遣单位应当与被派遣劳动者订立 2 年以上固定期限的书面劳动合同。劳务派遣协议合同应当载明如下内容：派遣的工作岗位名称和岗位性质；工作地点；派遣人员数量和派遣期限；按照同工同酬原则确定的劳动报酬数额和支付方式；社会保险费的数额和支付方式；工作时间和休息休假事项；被派遣劳动者工伤、生育或者患病期间的相关待遇；劳动安全卫生以及培训事项；经济补偿等费用；劳务派遣协议期限；劳务派遣服务费的支付方式和标准；违反劳务派遣协议的责任；其他事项。协议签订后，应当将协议内容告知被派遣劳动者，依法支付被派遣劳动者的劳动报酬并给予相关待遇、为被派遣劳动者缴纳社会保险费，并办理社会保险相关手续。被派遣劳动者在用工单位因工作遭受事故伤害的，劳务派遣单位应当依法申请工伤认定，用工单位应当协助工伤认定的调查核实工作。劳务派遣单位承担工伤保险责任，但可以与用工单位约定补偿办法。

3. 劳动合同的解除和终止

被派遣劳动者提前 30 日以书面形式通知劳务派遣单位，可以解除劳动合同。试用期内提前 3 日即可。

用工单位有如下情形时可以退回被派遣劳动者：有《劳动合同法》第四十条第三项、第四十一条规定的情形；被依法宣告破产、吊销营业执照、责令关闭、撤销、决定提前解散或者经营期限届满不再继续经营；劳务派遣协议期满终止。

当被派遣劳动者被用工单位退回，劳务派遣单位重新派遣时维持或者提高劳动合同约定条件，被派遣劳动者不同意的，劳务派遣单位可以解除劳动合同。重新派遣时降低劳动合同约定条件，被派遣劳动者不同意的，劳务派遣单位不得解除劳动合同。但被派遣劳动者提出解除劳动合同的除外。

二、非全日制用工

非全日制用工是指以小时计酬为主，劳动者在同一用人单位每天以及每周工作的时间少于全日制工作时间的一种灵活就业方式。目前我国非全日制用工主要以小时工或钟点工的形式出现。非全日制用工有利于企业降低人工成本，促进就业，随着社会的发展，非全日制用工在我国发展非常迅速。

1. 非全日制用工合同

《劳动合同法》规定，非全日制用工是劳动者与用人单位之间的劳动关系的一种。从事非全日制用工的劳动者可以与一个或者一个以上用人单位订立劳动合同；但是，后订立的劳动合同不得影响先订立的劳动合同的履行。非全日制合同可以订立书

面合同，也可以订立口头协议。非全日制用工不能约定试用期。用人单位和劳动者均可以随时通知终止用工，并且不需要支付经济赔偿金。

2. 非全日制用工的计酬

非全日制用工中，劳动者平均每天工作时间不超过 4 小时，每周工作时间累计不超过 24 小时，计酬标准是以小时计酬。不得低于当地的最低小时工资标准。劳动报酬结算支付周期最长不得超过 15 日。

第七节　职业安全卫生管理

一、职业安全卫生保护概述

职业安全卫生制度是指国家为了保护劳动者在劳动过程中的安全和健康而制定的各种法律规范的总称。职业安全卫生法律法规具有必须严格执行的法律约束力，企业职业安全卫生标准的制定不得低于国家规定的标准。获得职业安全卫生保护是劳动者的一项基本权利，也是用人单位的一项重要职责。职业安全卫生是基于劳动关系而产生的保护关系，包括工作时间和休息休假制度、劳动安全技术规程、劳动卫生规程、女职工和未成年工特殊保护、劳动保护管理制度等法律规范。它区别于社会上一般的安全、防病及卫生保健工作，职工在职务之外的伤害及防病治病工作，不属于职业安全卫生的保护范围。

用工单位在劳动安全卫生工作中的主要职责是：

（1）组织实施有关劳动安全卫生的法律、法规、规程和标准。

（2）建立、健全各项劳动安全卫生规章制度，并组织实施。

（3）在计划、布置、检查、总结、评比生产工作的同时，计划、布置、检查、总结、评比劳动安全卫生工作。

（4）对职工进行安全卫生教育和安全技术培训。

（5）组织各项劳动安全卫生活动，消除各类事故隐患。

（6）应及时做好事故的统计报告与调查处理工作。

（7）按国家规定执行职工休息、休假制度。

（8）为劳动者提供符合国家规定的劳动安全卫生条件和必要的劳动防护用品。

（9）定期向职工代表大会报告劳动安全卫生工作和安全技术措施经费使用情况，执行职工代表大会有关劳动安全卫生工作的决议。

在劳动关系中，劳动者享有劳动安全保护权，即享有要求用人单位保护其在劳动过程中的安全和健康的权利。包括：①有权要求用人单位提供符合国家规定的劳动安全卫生条件和劳动防护用品；②有权要求用人单位确定合理的劳动定额；③有权享受法定的休息、休假；④有权获得从事本职工作所应具备的安全技术和劳动卫生知识；

⑤对用人单位管理人员违章指挥、强令冒险作业,有权拒绝执行;⑥对危害生命安全和身体健康的行为,有权提出批评、检举和控告;⑦女职工和未成年工有权拒绝用人单位安排其从事女职工和未成年工禁忌劳动范围的作业;⑧从事有职业危害作业的劳动者和未成年工有权要求用人单位定期进行健康检查。[①]《劳动法》第 56 条明确了劳动者在职业健康安全方面享有的权利和承担的义务:劳动者依法享有劳动保护权,可以拒绝违章指挥和冒险作业,但同时要严格遵守各项安全操作规程;女职工依法享有特殊保护的权利,对危害生命安全和身体健康的行为,有权提出批评、检举和控告;劳动者负有遵守劳动纪律,执行劳动安全卫生法规的义务;劳动者负有及时报告劳动过程中险情的义务;劳动者负有接受安全卫生教育的义务。

二、职业安全卫生管理制度的内容[②]

国家为了保护劳动者在生产过程中的安全健康,根据生产的客观规律和生产实践经验的总结,规定用人单位必须建立、健全劳动安全卫生制度,严格执行国家劳动安全卫生规程和标准,对劳动者进行劳动安全卫生教育,防止劳动过程中的事故,减少职业危害。

1. *安全生产责任制度*

生产部门对安全生产要坚持"五同时",即在计划、布置、检查、总结、评比生产的时候,同时计划、布置、检查、总结、评比安全工作;企业各级领导、职能部门、工程技术人员和生产工人在生产过程中,对各自的职务或职责范围内劳动安全卫生都负有相应的责任。安全生产责任制度是从企业组织体系上规定企业各类人员的劳动安全卫生责任,使各个层次的安全卫生责任与管理责任、生产责任统一起来。其中,企业法定代表人对本单位安全卫生负全面责任,分管安全卫生的负责人和专职人员对安全卫生负直接责任,总工程师负安全卫生技术领导责任,各车间主任对本车间职工的安全负责,对车间职工进行安全教育,及时报告伤亡事故;工段长具体执行安全操作规程,负责具体的安全工作,班组长应执行安全操作规程,经常检查本班组工人使用的机器等设备是否处于良好的状态,企业的职工应自觉遵守安全生产规章制度,不违章作业,积极参加安全生产活动,爱护和正确使用机器设备、工具及个人防护用品等。

2. *安全技术措施计划管理制度*

安全技术措施计划管理制度是企业编制年度生产、技术、财务计划的同时,必须编制以改善劳动条件,防止和消除伤亡事故和职业病为目的的技术措施计划的管理制

[①] 参见秦璐、王国颖主编《人力资源管理》,中山大学出版社 2006 年版,第 248 页。
[②] 参见劳动和社会保障部"中国就业培训技术指导中心"《国家职业资格培训教程·企业人力资源管理人员》,中国劳动社会保障出版社 2002 年版,第 293 页、第 294 页。

度。主要包括技术措施和组织措施两方面的内容。技术措施可分为安全装置、防护装置、保险装置、配套装置、报废标准等。组织措施主要有安全技术机构设置、安全技术管理人员的配备,对企业管理干部、工程技术人员和工人进行安全技术培训、制定安全计划等。安全卫生技术措施所需资金,按照计划专款专用,专户储存,在更新改造基金中予以安排;上述措施所需设备、材料,应列入物资供应计划,并应确定实现的期限和负责人。

3. 安全生产教育制度

安全生产教育制度是企业对劳动者进行安全技术知识、安全技术法制观念的教育、培训和考核制度,是防止发生工伤事故的重要措施。《劳动法》规定,用人单位必须对劳动者进行安全卫生教育;从事特种作业的劳动者必须经过专门培训并取得特种作业资格。对劳动者进行安全生产教育是用人单位的一项基本义务和责任。

4. 安全卫生检查制度

安全卫生检查制度是落实安全卫生法规,揭露和消除事故隐患,推动劳动安全卫生工作的制度。此项制度是劳动部门、产业主管部门、用人单位、工会组织对劳动安全卫生法律、法规、制度的实施依法进行监督检查的制度。安全卫生检查的内容包括:执行各项安全卫生规程的情况,安全卫生措施计划落实情况,各项通风设备的有效状况,各种机器设备和厂房建筑的安全卫生状况,个人防护用品的管理和使用情况,职工对安全卫生规章制度掌握情况,等等。

5. 重大事故隐患管理制度

重大事故隐患管理制度是对企业可能导致重大人身伤亡或重大经济损失,潜伏于作业场所、设备设施以及生产、管理行为中的安全缺陷进行预防、报告、整改的规定。其要点为:重大事故隐患分类;重大事故隐患报告;重大事故隐患预防与整改措施;劳动行政部门、企业主管部门对重大事故隐患整改完成情况的检查验收。

6. 安全卫生认证制度

安全卫生认证制度是通过对劳动安全卫生的各种制约因素是否符合劳动安全卫生要求进行审查,并对符合要求者正式认可、允许进入生产过程的制度。其要点为:有关人员资格认证;有关单位、机构的劳动安全卫生资格认证;与劳动安全卫生联系特别密切的物质技术产品的质量认证;等等。凡是被国家纳入认证范围的对象,都实行强制认证。只有经认证合格的才能从事相应的职业活动或投入使用。

7. 伤亡事故报告和处理制度

伤亡事故报告和处理制度是国家制定的对劳动者在劳动生产过程中发生的和生产有关的伤亡事故的报告、登记、调查、处理、统计和分析的规定。其目的是及时报告、统计、调查和处理职工伤亡事故,采取预防措施,总结经验,追究事故责任,防止伤亡事故再度发生。它包括以下内容:企业职工伤亡事故分类;伤亡事故报告;伤亡事故调查;伤亡事故处理。《劳动法》第57条规定:国家建立伤亡事故和职业病统计报告和处理制度。县级以上各级人民政府劳动行政部门、有关部门和用人单位应当依法对劳动者在劳动过程中发生的伤亡事故和劳动者的职业病情况，进行统计、报告和处理。对于因忽视安全生产、违章指挥、违章作业、玩忽职守或者发现事故隐患、危害情况而不采取有效措施，以致造成伤亡事故的，给予行政处分；构成犯罪的，由司法机关依法追究刑事责任。对于违反规定，在伤亡事故发生后隐瞒不报、谎报、故意迟延不报、故意破坏事故现场的，给予行政处分；构成犯罪的，由司法机关依法追究刑事责任。

8. 个人劳动安全卫生防护用品管理制度

个人劳动安全卫生防护用品管理制度分为两类：其一是国家关于劳动安全卫生个人防护用品的国家标准和行业标准的制定、生产特种个人劳动防护用品的企业生产许可证颁发、质量检验检测的规定；其二是企业内部有关个人劳动防护用品的购置、发放、检查、修理、保存、使用的规定，包括个人劳动防护用品发放制度、检查修理制度、相关教育培训制度等，其目的是保证防护用品充分发挥对操作人员及有关人员的劳动保护作用。企业提供的劳动防护用品，必须是经过政府劳动部门安全认证合格的劳动防护用品。

9. 职业卫生管理制度

生产过程中存在粉尘、毒物、噪声、电磁辐射等职业有害因素，可损害健康，严重时可致职业病。据调查，我国每四个劳动者中就有一人可能受到职业病的危害，目前职业病防治形势严峻，职业病已经成为重大公共卫生和社会问题。用人单位与劳动者订立劳动合同（含聘用合同，下同）时，应当将工作过程中可能产生的职业病危害及后果、职业病防护措施和待遇等如实告诉劳动者，并在劳动合同中写明，不得隐瞒或欺骗；为劳动者建立职业健康监护档案，并按照规定的期限妥善保存；采用有效的职业病防护设施，并为劳动者提供个人使用职业病防护用品。职业病防治管理措施包括：①设置或指定职业卫生管理机构或者组织，配套专职或者兼职的职业卫生人员，负责本单位职业病防治工作；②制订职业病防治计划和实施方案；③建立、健全职业卫生管理制度和操作规程；④建立、健全职业卫生档案和劳动者健康监护档案；⑤建立、健全工作场所职业病危害因素监测及评价制度；⑥建立、健全职业病危害事故应急救援预案。⑦法律、行政法规和国务院卫生行政部门关于保护劳动者健康的其他要求。

三、职业安全卫生管理[①]

职业安全卫生管理涉及生产、技术、财务、行政人事等各部门，本部分主要从与

---

① 参见劳动和社会保障部"中国就业培训技术指导中心"《国家职业资格培训教程·企业人力资源管理人员》，中国劳动社会保障出版社2002年版，第294—297页。

人力资源管理有关的角度介绍职业安全卫生管理的内容。

1. 实施岗位安全教育

为加强员工的安全卫生意识，提高员工安全卫生操作水平，贯彻企业劳动安全卫生教育制度，必须结合实际情况，编写岗位技能培训教材，设计培训课程，组织实施安全卫生教育、培训和考试、考核。岗位安全卫生教育的内容为安全卫生知识教育和遵守劳动安全卫生规范教育。

（1）对新员工，应该实行三级安全卫生教育，即入场教育、车间教育和班组教育。

（2）对特种作业人员，《劳动法》规定，从事特种作业的劳动者必须经过专门的培训并取得特种作业资格。劳动部颁发的《特种作业人员安全技术培训考核管理规定》，对特种作业的范围和特种作业人员条件、培训、考核、发证等都作了明确规定。特种作业资格是指特种作业人员在独立上岗之前，必须进行安全技术培训，并经过安全技术理论考试和实际操作技能考核，考核成绩合格者由劳动部门和有关部门发给"特种作业人员操作证"，它是国家职业资格证书的一种。

（3）此外，还要组织生产管理人员，特种设备、设施的检测、检验人员，救护人员进行专门培训；凡采用新技术、新工艺、新材料、新设备，或员工调整工作岗位前，都必须结合新情况进行相关教育和培训。

2. 建立职业安全卫生防护用品管理台账

（1）一般防护用品发放台账。工作服、工作帽、工作靴、防暑降温用品等的发放记录。

（2）特殊防护用品发放台账。防尘、防毒、耐酸碱、耐油、绝缘、防水、防高温、防噪声、防冲击、真空作业用品等的发放记录。

（3）防护用品购置台账。

（4）防护用品修理、检验、监测台账。

3. 组织工伤伤残评定并给予相应待遇

用人单位委托劳动行政机关的劳动鉴定委员会，根据《工伤与职业病致残程度鉴定标准》对致残程度进行鉴定。根据致残后丧失劳动能力程度和护理依赖程度将伤残划分为十个等级：一至四级的为全部丧失劳动能力；五至六级的为大部分丧失劳动能力；七至十级的为部分丧失劳动能力。

在工伤医疗期，用人单位应该报销医疗费用和必要的护理费用，按照平均工资支付工伤津贴，与本单位其他员工享受同等福利待遇。

职工因工致残被鉴定为一至四级的，应当退出生产、工作岗位，终止劳动关系，发给工伤伤残抚恤证件。被鉴定为五至十级的，原则上由用人单位安排适当工作，并按照有关规定享受伤残补助金或抚恤金。

工伤职工经停工休息并确认需要护理的，应当按月发给与护理登记相对应的护理费。其标准为当地职工月平均工资的一定百分比。

工伤职工因日常生活和辅助生产劳动需要，必须安置假肢、义眼、假牙和配置代步车等辅助器具的，按国内普及型标准报销费用。

工伤职工经过劳动鉴定确认完全恢复和部分恢复劳动能力后可以工作的，应当服从用人单位的工作安排。

4. 女职工和未成年工特殊保护

国家对女职工和未成年工实行特殊劳动保护。未成年工是指年满十六周岁未满十八周岁的劳动者。

对女职工实行特殊劳动保护，主要规定女职工禁忌从事的劳动。所谓女职工禁忌从事的劳动是指生产过程中存在着可能对女职工生理机能产生不利影响的职业性有害因素，这些有害因素有的直接损伤女职工生殖系统或生殖机能，有的间接造成生殖损伤。《劳动法》明确规定不允许安排女职工在某些职业性有害因素条件下生产或工作。包括禁止安排女职工从事的劳动，如矿山井下、国家规定的第四级体力劳动强度的劳动等；女职工在月经期间禁忌从事的劳动，如高处、低温、冷水作业和国家规定的第三级体力劳动强度的劳动等；女职工在已婚待孕期间禁忌从事的工作，如国家规定的第三级体力劳动强度的劳动和孕期禁忌从事的劳动，对于怀孕 7 个月的女职工，用人单位不得安排其延长工作时间和夜班劳动，并在劳动时间应当安排一定时间的休息，对于难以完成原工作任务的，应当根据医务部门的证明减轻其劳动量或者安排其他劳动；女职工在哺乳未满 1 周岁的婴儿期间禁忌从事的工作，如国家规定的第三级体力劳动强度的劳动、接触有毒有害物质的，以及哺乳期禁忌从事的其他劳动，不得安排其延长工作时间和夜班劳动。女职工生育享受不少于 90 天的产假。

用人单位在招用未成年工时，要对其进行体格检查。体格检查合格者方可录用。录用后还要定期进行体格检查。不得安排未成年工从事矿山井下、有毒有害、国家规定的第四级体力劳动强度的劳动和其他禁忌从事的劳动。

第八节 劳动争议处理

自 1987 年我国恢复劳动争议处理制度以来，随着《企业劳动争议处理条件》和《劳动法》的相继颁布实施，形成了以协商、调解、仲裁、诉讼为主要环节的劳动争议处理制度。在 30 年间，劳动争议处理案件一直处于大幅增长过程中，且企业在劳动争议案件中败诉的比例高居不下。劳动争议案件数量大幅度上升，说明我国的劳动关系不够和谐，劳资关系比较紧张。从劳动争议案件的处理结果看，劳动者胜诉率比较高，这反映出劳动者的合法权益受到侵害的情况较严重。

当前劳动关系呈现复杂多样的变化态势，劳动关系双方当事人矛盾纠纷不断增多，劳动争议案件案情日益复杂，原来的劳动争议处理制度存在处理劳动争议耗时长、力量不足、申请仲裁时效过短等问题，已经不能适应形势发展的需要。为完善劳动争议仲裁制度，2007年12月29日《中华人民共和国劳动争议调解仲裁法》发布，2008年5月1日正式施行。

根据《中华人民共和国企业劳动争议处理条例》的有关规定，劳动争议主要包括：因确认劳动关系发生的争议；因订立、履行、变更、解除和终止劳动合同发生的争议；因除名、辞退和辞职、离职发生的争议；因工作时间、休息休假、社会保险、福利、培训以及劳动保护发生的争议；因劳动报酬、工伤医疗费、经济补偿或者赔偿金等发生的争议；法律、法规规定的其他劳动争议。根据最高人民法院《关于审理劳动争议案件适用法律若干问题的解释（二）》第7条的规定，下列纠纷不属于劳动争议：①劳动者请求社会保险经办机构发放社会保险金的纠纷；②劳动者与用人单位因住房制度改革产生的公有住房转让纠纷；③劳动者对劳动能力鉴定委员会的伤残等级鉴定结论或者对职业病诊断鉴定委员会的职业病诊断鉴定结论的异议纠纷；④家庭或者个人与家政服务人员之间的纠纷；⑤个体工匠与帮工、学徒之间的纠纷；⑥农村承包经营户与受雇人之间的纠纷。用人单位违反国家规定，拖欠或者未足额支付劳动报酬，或者拖欠工伤医疗费、经济补偿或者赔偿金的，劳动部门可以向劳动行政部门投诉，劳动行政部门应当依法处理。

一、劳动争议的处理机构和途径

有权受理劳动争议案件的专门机构有：设在企业的基层调解委员会，地方的各级劳动争议仲裁委员会和同级人民法院。

处理劳动争议的途径包括：

（1）协商。发生劳动争议后，劳动者可以与用人单位协商，也可以请工会或者第三方共同与用人单位协商，协商不成或不愿协商或达成和解协议后不履行的，可以申请调解。

（2）调解。发生劳动争议，当事人可以到有关组织申请调解。经调解达成协议的，制作调解协议书，双方当事人应当自觉履行；不愿调解或调解不成或一方当事人不履行调解协议的，当事人在规定期限内，可以向劳动争议仲裁委员会申请仲裁。

（3）仲裁。县、市、市辖区均设立劳动争议仲裁委员会。劳动行政主管部门的劳动争议处理机构为仲裁委员会的办事机构，负责办理仲裁委员会的日常事务。除了当事人双方调解不成而要求仲裁的劳动争议外，当事人也可以直接向仲裁委员会申请仲裁。

（4）诉讼。人民法院是处理解决劳动争议的最终程序，主要负责处理对仲裁裁决不服的劳动争议案件。根据国家有关规定，人民法院的民事审判庭负责审理劳动争议案件，对劳动争议进行最终裁判。

从实践看，发生争议后，协商的方式很少使用，用得较多的是调解、仲裁和诉讼三种形式。按照有关规定,调解、仲裁都实行一次性原则,而诉讼是两审终审制,因此,根据这三种形式的特点,我国劳动争议处理体制常被概括为"一调一裁两审制"。

二、劳动争议调解

1. 劳动争议调解的含义及组织

劳动争议调解,是指劳动者和与之发生劳动争议的企业,因劳动权利义务发生争议,由有关的劳动争议调解组织,以劳动法律、法规、政策等规范性文件为依据,促使当事人在互让互谅基础上达成协议,从而化解争议的处理方法。劳动争议调解组织包括:①企业劳动争议调解委员会;②依法设立的基层人民调解组织;③街道设立的具有劳动争议调解职能的组织。

2. 企业调解委员会的组成

用人单位劳动争议调解委员会由职工代表和企业代表组成。其中,职工代表由工会成员担任或者由全体职工推举产生;企业代表由企业负责人指定。企业劳动争议调解委员会主任由工会成员或者双方推举的人员担任。

3. 调解程序

(1) 当事人申请。劳动争议的当事人在知道或应当知道其权利被侵害之日起30日内,以口头或书面形式向调解委员会提出申请,并填写《劳动争议调解申请书》。

(2) 调解委员会受理。在当事人递交调解申请后,调解委员会依法审查并决定是否接受申请。首先,调解委员会在接到调解申请后,应征询对方当事人的意见,对方当事人不愿调解的,应作好记录,在3日内以书面形式通知申请人。之后,调解委员会应在4日内作出受理或不受理申请的决定,对不受理的,应向申请人说明理由。对调解委员会无法决定是否受理的案件,由调解委员会主任决定是否受理。调解委员会主要从以下几方面审查:申请事由是否属于劳动争议;申请人是否合格;申请双方是否明确;调解请求和事实根据是否明确;是否经过仲裁裁决或法院判决。

(3) 调解委员会调解。根据有关法规,调解委员会按下列程序进行调解:①及时指派调解员对争议事项进行全面调查核实,调查应作笔录,并由调查人签名或盖章;②调解委员会主任主持召开有争议双方当事人参加的调解会议,有关单位和个人可以参加调解会议协助调解,简单的争议,可由调解委员会指定一至二名调解委员进行调解;③调解委员会应听取双方当事人对争议事实和理由的陈述,在查明事实、分清是非的基础上,依照有关劳动法律、法规,以及依照法律、法规制定的企业规章和劳动合同,公正调解。

(4) 制作调解协议书或调解意见书。①经调解达成协议的,制作调解协议书,双方当事人应自觉履行,协议书应写明争议双方当事人的姓名(单位、法定代表人)、职务、争议事项、调解结果及其他应说明的事项,由调解委员会主任(简单争议由调解委员）以及双方当事人签名或盖章，并加盖调解委员会印章，调解协议书一式五份（争议双方当事人、调解委员会、当地劳动争议仲裁委员会、上级工会各一份）；②调解不成的，应当做好记录，并制作调解意见书，说明情况。调解委员会调解劳动争议案件的时效为15天，15天内未达成调解协议的，当事人可以依法申请仲裁。

4. 调解的法律效力

《劳动法》第80条规定：劳动争议经调解达成协议的，当事人应该履行，而不应当擅自变更或解除。但是，调解协议不具有强制执行的法律效力，当事人可以反悔，可以不履行。一方不履行，另一方不能申请人民法院强制执行，只能向仲裁机构申请仲裁。如果未达成协议或期满后调解不成的，调解委员会制作的调解意见书不具有法律效力，也无执行性，只是劳动争议调解委员会发送的公文，是一种建议性质的文书，但在仲裁程序中可以为劳动争议仲裁委员会提供参考意见。《劳动争议调解仲裁法》特别规定，对因支付拖欠劳动报酬、工伤医疗费、经济补偿或赔偿金事项达成调解协议，用人单位在协议约定期限内不履行的，劳动者可持调解协议书依法向人民法院申请支付令，人民法院应当依法发出支付令。

三、劳动争议仲裁

劳动争议仲裁，是指劳动争议仲裁机构对争议当事人自愿申请仲裁的劳动争议，依据法律规定或是双方当事人的约定和劳动争议仲裁程序，居中进行公断或调解，并作出对双方当事人都有约束力的裁决的一种处理方式。劳动争议发生后，如果当事人不愿选择协商和调解，或者虽然选择了但最终没有成功，那么要解决争议就必须进行劳动争议仲裁。

1. 劳动争议仲裁机构的组成

劳动争议仲裁机构主要包括仲裁委员会、仲裁委员会办事机构以及仲裁庭。

仲裁委员会是国家授权，依法独立处理劳动争议的专门机构。其职责是负责处理本委员会管辖范围内的劳动争议案件；聘任专职和兼职仲裁员，并对仲裁员进行管理。根据《劳动法》第81条和《劳动争议调解仲裁法》第19条规定，劳动争议仲裁委员会由劳动行政部门代表、同级工会代表、用人单位方面的代表组成，三方组织各自选派。仲裁委员会设主任1人，副主任1—2人，委员若干。主任由同级劳动行政主管部门代表担任，副主任由仲裁委员会委员协商产生，委员的确认或更换，须报同级人民政府批准。仲裁委员会的组成人员必须是单数。仲裁委员会召开会议时应有2/3以上的委员参加。

劳动行政主管部门的劳动争议处理机构为仲裁委员会的办事机构，负责办理仲裁委员会的日常事务，如：承办处理劳动争议案件的日常工作；管理仲裁员，组织仲裁庭；管理仲裁委员会的文书、档案、印鉴；劳动争议处理方面的法律、法规及政策咨询；等等。

2. 劳动争议仲裁的程序

(1) 当事人申请。可以申请仲裁的劳动争议有两种情况：一是发生争议后直接向仲裁委员会申请仲裁的；二是发生争议后，经调解不成的。当事人应当根据《劳动争议调解仲裁法》第27条规定，劳动争议申请仲裁的时效期间为一年。仲裁时间从当事人知道或应当知道其权利被侵害之日起计算。如因当事人一方向对方当事人主张权利，或者向有关部门请求权利救济，或者对方当事人同意履行义务而中断。从中断时起，仲裁时效期间重新计算。劳动关系存续期间因拖欠劳动报酬发生争议的，劳动者仲裁不受该仲裁时效期间的限制，但是，劳动关系终止的，应当自劳动关系终止之日起一年内提出。

(2) 仲裁案件受理。仲裁委员会办事机构工作人员接到仲裁申诉书后，经过审查符合受理条件的案件，要填写《立案审批表》，然后及时报仲裁委员会或由其办事机构负责人审批。仲裁委员会应当自收到仲裁申请之日起5日内作出受理或者不予受理的决定。仲裁委员会决定受理的，应当向申诉人发出通知书，并在5日内将申诉书的副本送达被诉人，要求被诉人在10日内提交答辩书和证据。决定不予受理的，应当书面通知申诉人。

(3) 仲裁审理。仲裁审理主要包括组成仲裁庭、进行审理准备和开庭审理。①劳动争议仲裁委员会，应在立案之日起5日内组成仲裁庭。②审理准备。包括：仲裁庭在开庭5日前，将开庭的时间、地点的书面通知送达当事人；开庭当日，由书记员查明双方当事人、代理人员是否到庭；书记员宣布仲裁庭纪律；首席仲裁员宣布开庭，宣布仲裁员、书记员名单，并告知当事人的权利义务，询问当事人是否申请回避。③开庭审理。主要通过庭审调查进一步查清双方当事人的申诉请求和争议的事实，然后，申诉人和被申诉人围绕争议的主要分歧和证据进行辩论。

(4) 结案。根据《劳动争议调解仲裁法》第43条规定，仲裁庭处理劳动争议，应该自受理仲裁申请之日起45日内结束；案情复杂需要延期的，经报仲裁委员会主任批准后可适当延长，但最长不得超过15日。逾期未作出仲裁裁决的，当事人可以就该劳动争议事项向人民法院提出诉讼。劳动争议仲裁委员会处理劳动争议的结案方式有：①撤诉。申诉人提出撤诉申请，并得到仲裁委员会的准许。②仲裁调解。争议双方当事人在仲裁委员会的主持下，自愿达成调解协议。仲裁委员会制定仲裁调解书。③仲裁裁决。仲裁庭对调解无效的案件依法裁决。仲裁委员会制定仲裁裁决书。

3. 劳动争议仲裁的法律效力

仲裁裁决具有法律约束力，仲裁调解书或仲裁裁决书在送达当事人起，即具有法律效力，当事人一方逾期不履行的，另一方可以申请人民法院强制执行。但当事人如果对仲裁裁决不服，可以自收到仲裁裁决书之日起15日内向人民法院起诉。但以下劳动争议，仲裁裁决为终局裁决：①追索劳动报酬、工伤医疗费、经济补偿或者赔偿金，不超过当地月最低工资标准 12 个月金额的争议；②因执行国家的劳动标准在工作时间、休息休假、社会保险等方面发生的争议。

四、劳动争议诉讼

劳动争议诉讼，是指劳动争议双方当事人不服劳动争议仲裁委员会的裁决处理，在法定的期限内，依法向人民法院起诉，人民法院按照法律规定的程序进行审理和判决的活动。2006 年 10 月 1 日起实施的最高人民法院《关于审理劳动争议案件适用法律若干问题的解释（二）》第 3 条规定："劳动者以用人单位的工资欠条为证据直接向人民法院起诉，诉讼请求不涉及劳动关系其他争议的，视为拖欠劳动报酬争议，按照普通民事纠纷受理。"除此之外，其他的劳动争议案件均需要先经过劳动争议仲裁程序才能进入诉讼程序。

劳动争议诉讼的程序为：

（1）当事人提起诉讼。当事人应当在收到仲裁决定书后 15 日内，向发生劳动争议的县、市辖区的人民法院提起诉讼。起诉时应当向法院递交诉状和有关资料。

（2）案件受理。人民法院在接到当事人诉讼后，应当进行认真审查。对起诉手续不完备、起诉内容不明确的，人民法院可以限期让当事人补正。

（3）开庭审理。审理劳动争议案件一般可先行调解，调解达成协议的，制作调解书。调解书自送达双方当事人后即发生法律效力。如果当事人不同意调解的，就进入审理阶段，一般包括：开庭准备、法庭调查、法庭辩论、评议和宣判等几个阶段。当庭宣判的，应当在 10 日内将判决书送达当事人；不能当庭宣判而定期宣判的，宣判后应立即将判决书送达当事人。

在上诉期内，判决和裁定不发生法律效力。上诉期届满，当事人没有提起上诉的，判决和裁定即发生法律效力。

二审的程序与此类似，如果当事人不服第一审判决，法律规定准许上诉的，当事人可以在判决书送达之日起 15 日内、裁定书送达之日起 10 日内向上一级人民法院提起上诉。二审人民法院应当对上诉请求的有关事实和适用的法律进行审查。然后，根据当事人自愿和合法的原则进行调解。调解不成的，应当及时判决。

练习题：

1. 劳动合同的主要内容包括哪些？
2. 试述劳动合同的法定解除条件和程序。
3. 在何种情况下用人单位可以解除劳动合同而不用支付经济补偿金？
4. 劳动合同续订有何规定？
5. 试述集体合同的主要内容和签订程序。
6. 试述劳动争议仲裁的程序。

[案例1]

月薪9 000元的清洁工

2007年7月的最后一天,一则"开给怀孕员工的劳动合同"的帖子在网上出现,网友张贴了一张手机拍摄的劳动合同文本(见下图),上面写着公司同意聘用员工担任"机动工作职位"。

> 变更内容:
> 第一条:职位;职务说明
> 一、职位:
> 公司同意聘用雇员担任机动工作职位。
> 二、职务说明:
> (1) 雇员负责公司所有员工的杯子清洁工作。
> 工作要求:每天上班后半小时内应将所有员工的杯子清洗干净;如有需要,雇员应当随时帮助清洗杯子;每次清洁需登记清洁时间,由检查人员在每次雇员清洁后签字确认。若检查人员认为未达到要求的,有权要求雇员返工直至符合要求,雇员应当服从。
> (2) 雇员负责公司内所有植物的养护工作。
> 工作要求:每周为公司内所有植物浇一次水,保证植物的生命活力;大片绿萝的叶面始终应保持无灰尘;每次养护需登记清洁时间,由检查人员在每次雇员养护后签字确认。若检查人员认为未达到要求的,有权要求雇员返工直至符合要求,雇员应当服从。
> (3) 雇员负责清扫公司男、女厕所,负责地面、纸篓、马桶和洗手面盆等的清洁、消毒和卫生工作。
> 工作要求:厕所应当每天清扫3次,马桶和洗手面盆每天应当清洁、消毒3次以上,分别为上午一次(每天应当在上午十点半前完成)和下午二次(下午二点前和五点半前完成)。应保证厕所地面、纸篓的整洁干净,马桶内外无污垢、异味和灰尘;洗手面盆内无污垢、洗手面盘台面上无污垢和水渍。每次清洁需登记清洁时间,由检查人员在每次雇员清洁后签字确认。若检查人员认为未达到要求的,有权要求雇员返工直至符合要求,雇员应当服从。
> (4) 若公司认为有必要,可随时要求雇员执行其他工作(包括但不限于登记访宾客、泡茶、买盒饭、寄邮件、协助其他员工等工作),雇员应当无条件服从。
> 工作要求:雇员应当根据每项工作布置时上级所发出的具体指示执行,不得违反。
> (5) 雇员应当保证上班时间不得看书读报(杂志)、串岗、闲谈、睡觉和玩游戏,不得做与工作岗位内容无关的事情。
> (6) 雇员应当保证上班时间不得使用手机对外联系。若有特殊情况,经公司允许可使用公司提供的电话进行通讯。

事情的起因是:当事人杨华原本担任公司资深策划,月薪9 000元。今年4月休了一个月长假到国外探望丈夫。5月21日重新上班时,意外得知公司一个项目宣布解散,包括她在内共有10余名员工将要离职。"公司在5月29日与我解除合同。但我发现,我已意外怀孕了。"杨华和其他员工申请了劳动仲裁,同时杨华表示怀孕妇女不得被解聘,应当恢复劳动合同关系。7月27日,杨华在公司人事部门有关人士陪同下去了指定的仁济医院检查,发现自己妊娠13周。"按此计算,怀孕肯定是在5月29日合同解除日前,所以公司重新安排我上班。"

7月30日早上,杨华到了公司,公司人事部门提供了她一份"清洁工"的机动职位。"一看合同,气就不打一处来。除了扫厕所外,合同上还说半小时内应将所有员工的杯子清洗干净,但是老板之前就群发邮件告诉我们,阿姨不是佣人,杯子都自己洗。"

此外,合同中还有"保证上班时间不得使用手机对外联系,经公司允许可使用公司提供的电话进行通讯"等规定。杨华反问:"这些规定对一个怀孕员工来说,是不是太不合理了?"目前,她已经和公司负责人发了电子邮件,与其沟通。

记者联络到杨华所在公司办公室的Kitty女士。Kitty表示,公司负责人尚在休假,目前无法对此事作出回应,但她对此发表了个人意见。她表示,项目解散后,公司确实没有其他岗位可以安排,这个项目的其余员工均已结束劳动关系。Kitty表示,这份机动职位工作应该说工作量很轻微。公司只有20余人,只要每天打扫卫生间、洗洗杯子,每周浇一次花,实际工作时间每天累计不到3小时,也便于杨华灵活请假,且只要符合公司规定,公司均予以准假,从来没有为难她。Kitty说,该员工恢复上班第一天就说需要看医生,公司也当即允许,到目前为止该员工没有来上过一天班。目前,公司已经考虑到孕妇需要随时休息,而且部分公司内的清洁工作还是由原清洁工作人员来完成,如擦玻璃、拖地、擦桌子、提纯净水、整理仓库等稍重体力的活都没有安排她做。从劳动强度来说,也符合国家规定,没有攀高、入水等国家禁止的一些劳动。更重要的是,公司给该员工重新安排新岗位后并没有减少一分劳动报酬和福利,月薪保持9 000元不变,公司一直坚持做到符合法律的要求。她认为,杨华不肯接受这份工作,实际上是轻视清洁工这一工种。

对此,杨华认为这是公司人事部门找的借口。"在换岗之前,应当和我协商一致,不应该选择这一方式。"

(本案例根据毛懿《白领孕妇自嘲"史上最贵清洁工"》编写,《新闻晨报》2007年8月2日晨报社会版。)

讨论参考题:

1. 请分析公司的做法是否合法。
2. 如果在换岗之前,公司与杨华协商但不能达成统一意见,公司可以怎么做?

[案例2]

苹果公司"中毒门"事件

2011年新年伊始,公众环境研究中心、达尔问、自然之友、环友科技中心等36家环保NGO发布了《IT行业重金属污染调研报告(第四期)苹果特刊》,针对苹果公司的代工厂污染导致多名员工中毒事件,提出了"拯救'白雪公主',为'苹果'清毒"的倡议。早在2010年4月,这36家环保组织便已就该问题向苹果等29家国际知名IT品牌提出质疑。经过9个月的沉默,2011年2月15日,苹果公司发布了2011年度"供应商责任进展报告",首次披露并公开承认了中国供应链员工因污染致残的事实。报告称,"2010年,我们了解到,在苹果公司供应商胜华科技苏州工厂(即联建科技),有137名工人因暴露于正己烷环境,健康遭受不利影响。……我们会继续检查工人们的病历,直到他们完全康复。胜华科技已按照中国法律的要求为患病工人和康复期的工人支付了医药费和伙食费,补发了工资。137名工人中的大部分已经返回该工厂工作。"

位于苏州工业园区的联建科技公司于1999年12月建厂,注册资本1.23亿美元,主要生产新型平板显示器及相关电子零组件、五金配件等相关产品,现有员工1.6万余人,平均年龄20岁左右。据调查,2008年10月至2009年8月,联建科技公司模组五课在作业场所开始使用正己烷替代酒精等清洗剂进行擦拭显示屏作业。2009年8月初,部分员工出现头晕、手脚麻木等正己烷中毒症状。

胜华科技苏州工厂(即联建科技)27岁的中毒员工贾景川说,2009年5月他开始感觉手心容易出汗,浑身没力气,腿又酸又痛,睡觉时还会抽筋。"刚开始以为是工作压力大导致,6月份听说有员工瘫痪了,才开始紧张起来。"他透露,从2008年7月起,联建科技要求员工使用正己烷,2009年5月陆续有员工出现病症,但公司一直不承认。"后来我们的车间被称为魔鬼车间,里面的员工几乎都出现问题。我是2009年9月确诊的,医生告诉我如果不住院,3个月后就会瘫痪。"目前,贾景川被定为9级伤残。

据了解,根据国家有关规定,综合江苏省苏州市居民的平均年龄和苏州市社会平均工资标准等参数,完成工伤等级认定的员工中,有58人认同鉴定结果,在离职后获得了7万—14万元不等的一次性伤残补助金、一次性工伤医疗补助金和一次性伤残就业补助金,56人回到工作岗位。员工离职时签署了一份协议,就是拿了公司的赔偿之后,以后即使病情复发都与公司没有任何联系。但是,有一些员工不同意认定的工伤等级,有些人认为自己没有完全康复并有复发迹象,提出需要进一步治疗。他们均对目前的处理结果表示不满。受害员工担心"离开公司自己得不到保障"。据新华网透露，不少中毒员工表示，他们之所以目前仍留在公司，是不想拿那一次性补助去赌自己的未来。"我们不知道未来会怎样，在这里坚持工作，（一旦中毒病症复发）最起码公司还要对我们负责。"

苏州工业园区安监局的信息称，联建科技于2008年9月进行了职业危害申报，但并未申报使用正己烷。2008年10月，公司在大量使用正己烷后，也始终未向园区安监局作变更申报。联建科技原驻厂最高主管杨瑞祥连续两年对公司应履行的职业危害防治责任签字承诺，但公司始终未向监管部门申报使用正己烷，也未开展作业场所空气中正己烷浓度的委托监测。因此，至2009年7月底，园区安监、卫生部门未将联建公司作业场所正己烷浓度监督监测纳入年度计划中。调查组在对生产现场的空气进行抽样检测后发现，挥发性极强的正己烷在空气中堆积，严重超过了国家规定的安全标准，员工们在没有有效防护的情况下，时间一长，整个车间内的许多员工慢性中毒。对此，联建科技副总经理张立升承认，之前的工厂主管使用正己烷来代替酒精擦拭手机屏，主要是因为正己烷比酒精挥发得快，很快去除污渍，保留光洁度，且成本低，而工厂主管要求作业的速度也要比较快。贾景川告诉记者，"使用酒精的良品率只能有50%—60%，而使用正己烷的良品率能达到96%。"

曾牵头发布一份名为《苹果的另一面》的独立调研报告的北京公众与环境研究中心主任马军，接受记者采访时表示，苹果今年的报告已经较往年有了一定的进步，已经承认联建科技是其供货商及其对137名工人造成的危害，并披露了这些供应商对存在问题的整改。他说，以往数次，苹果曾以拒绝透露供应链信息为名消极回应，或表示不能确定出现严重职业毒害和污染的联建科技是其供应商，同时要求环保组织"提供证据"证明联建科技与苹果公司的供货关系。他们在苏州联建科技的中毒事件调查中发现，在同一个工厂里生产其他公司产品时就没有出现中毒现象。一些工人们向环保组织反映，苹果要求联建科技用大的塑料片把整个工作台全部包起来，以保证iPhone的触摸屏在无尘的环境下进行生产，这样密闭的环境导致工人们中毒。从现有披露出来的信息可以看出，苹果公司对供应链的各个环节有着很深的干预，"这家工厂的良品率在短期内大幅提升，很难相信苹果对此毫不知情。"

根据截至2010年12月25日的2011财年一季度财报，苹果本季度营收为267.4亿美元，同比增长71%，净利润60亿美元，同比增长78%，创下苹果史上单季最高纪录。

（本案例根据《羊城晚报》、凤凰财经、新华网等媒体2011年2月的相关文章内容改编）

讨论参考题：

1. 请分析该案例中工人权益受损的原因。
2. 应该采取什么措施避免类似事件？

主要参考书目

1. （美）西奥多·W. 舒尔茨. 论人力资本投资 [M]. 北京：北京经济科学院出版社，1992
2. 苏廷林，王通讯主编. 人才资源学导论 [M]. 北京：中国人事出版社，1994
3. 卢福财主编. 人力资源经济学 [M]. 北京：经济管理出版社，1997
4. 刘熙瑞主编. 现代管理学基础 [M]. 北京：高等教育出版社，1991
5. （美）加里·德斯勒著. 人力资源管理 [M]. 北京：中国人民大学出版社，2012
6. （美）R. 韦恩·蒙迪，罗伯特·M. 诺埃著. 人力资源管理 [M]. 北京：经济科学出版社，1998
7. 张一驰编著. 人力资源管理教程 [M]. 北京：北京大学出版社，1999
8. 余凯成主编. 人力资源开发与管理 [M]. 北京：企业管理出版社，1997
9. 何娟主编. 人力资源管理 [M]. 天津：天津大学出版社，2000
10. 焦小谋主编. 企业人力资源管理——理论与案例 [M]. 北京：北京科学技术出版社，1997
11. 郑绍濂，陈万华，胡君辰，杨洪兰著. 人力资源开发与管理 [M]. 上海：复旦大学出版社，1995
12. 张德编著. 人力资源开发与管理 [M]. 北京：清华大学出版社，1996
13. 梁裕楷，袁兆亿，陈天祥编著. 人力资源开发与管理 [M]. 广州：中山大学出版社，1999
14. 罗旭华编著. 实用人力资源管理技巧 [M]. 北京：经济科学出版社，1998
15. 赵曙明著. 中国企业人力资源管理 [M]. 南京：南京大学出版社，1995
16. 赵曙明著. 企业人力资源管理与开发国际比较研究 [M]. 北京：人民出版社，1999
17. 袁俊昌编著. 人的管理科学 [M]. 北京：中国经济出版社，1995

18. 孙彤主编. 组织行为学教程 [M]. 北京：高等教育出版社，1990
19. 朱淑倩编著. 劳动人事管理理论与实务 [M]. 广州：中山大学出版社，1998
20. 叶向峰，黄杰，张玲，孟庆波编著. 员工考核与薪酬管理 [M]. 北京：企业管理出版社，1999
21. 彭剑锋主编. 现代管理制度·程序·方法范例全集——劳动人事管理实务卷 [M]. 北京：中国人民大学出版社，1993
22. 彭剑锋主编. 现代管理制度·程序·方法范例全集——人事考核卷 [M]. 北京：中国人民大学出版社，1993
23. 彭剑锋主编. 现代管理制度·程序·方法范例全集——组织设计与组织运作卷 [M]. 北京：中国人民大学出版社，1995
24. 彭剑锋主编. 现代管理制度·程序·方法范例全集——人员甄选录用与培训卷 [M]. 北京：中国人民大学出版社，1993
25. 萧鸣政编著. 工作分析的理论与方法 [M]. 北京：兵器工业出版社，1997
26. 彭剑锋编著. 人员素质测评 [M]. 北京：中国华侨出版社，1990
27. 陆沪根编著. 现代人事心理学 [M]. 上海：华东师范大学出版社，1997
28. 黄希庭主编. 心理学 [M]. 上海：上海教育出版社，1997
29. 高玉祥编著. 个性心理学概论 [M]. 西安：陕西人民教育出版社，1985
30. 刘光起编著. A 管理模式——塑造经理 [M]. 北京：企业管理出版社，1999
31. 郭纪金著. 企业文化 [M]. 广州：中山大学出版社，1991
32. （美）彼得·圣吉著. 第五项修炼——学习型组织的艺术与实务 [M]. 上海：上海三联书店，1998
33. （美）迈克尔·哈默，詹姆斯·钱皮著. 改革公司——企业革命的宣言书 [M]. 上海：上海译文出版社，1998
34. 谌新民主编：新人力资源管理 [M]. 北京：中央编译出版社，2002
35. 叶向峰，黄杰，张玲，孟庆波编著. 员工考核与薪酬管理 [M]. 北京：企业管理出版社，1999
36. 杰弗里·梅洛著. 战略人力资源管理 [M]. 吴雯芳译. 北京：中国财政经济出版社，2004
37. 詹姆斯·沃克著. 人力资源战略 [M]. 吴雯芳译. 中国人民大学出版社，2001
38. 程延园主编. 劳动合同新规则之 HR 应对 [M]. 北京：中国法制出版社，2007
39. 余薇著. 最新劳动合同全攻略 [M]. 北京：中国法制出版社，2007

40. 程延园编著. 员工关系管理［M］. 上海：复旦大学出版社，2004
41. 秦璐，王国颖主编. 人力资源管理［M］. 广州：中山大学出版社，2006
42. 张彦宁，陈兰通主编. 2007中国企业劳动关系状况报告［M］. 北京：企业管理出版社，2007
43. 左祥琦编著. 劳动关系管理［M］. 北京：中国发展出版社，2007
44. 彭剑锋主编. 人力资源管理概论［M］. 上海：复旦大学出版社，2007
45. 彭剑锋，饶征著. 基于能力的人力资源管理［M］. 北京：中国人民大学出版社，2003
46. 彭剑锋，荆小娟著. 员工素质模型设计［M］. 北京：中国人民大学出版社，2003
47. 付亚和，许玉林主编. 绩效管理［M］. 上海：复旦大学出版社，2003
48. 许玉林主编. 组织设计与管理［M］. 上海：复旦大学出版社，2003
49. 饶征，孙波著. 以KPI为核心的绩效管理［M］. 北京：中国人民大学出版社，2003
50. 文跃然主编. 薪酬管理原理［M］. 上海：复旦大学出版社，2003
51. 陈维政，余凯成，程文文主编. 人力资源管理与开发教程［M］. 北京：高等教育出版社，2004
52. 孙健敏，李原，张孝宇编著. 人力资源开发与管理［M］. 北京：中国人民大学出版社，1999
53. （英）耶胡迪·巴鲁著. 职业生涯管理教程［M］. 北京：经济管理出版社，2005
54. 付亚和，许玉林编著. 绩效考核与绩效管理［M］. 北京：电子工业出版社，2005
55. 劳动和社会保障部"中国就业培训技术指导中心"编写. 国家职业资格培训教程·企业人力资源管理人员［M］. 北京：中国劳动社会保障出版社，2002